权威·前沿·原创

皮书系列为
"十二五""十三五"国家重点图书出版规划项目

互联网经济蓝皮书

BLUE BOOK OF
INTERNET ECONOMY

中国互联网经济发展报告
（2018）

ANNUAL REPORT ON THE DEVELOPMENT OF
CHINA'S INTERNET ECONOMY (2018)

主　　编／孙宝文　李　涛
执行主编／欧阳日辉

社会科学文献出版社
SOCIAL SCIENCES ACADEMIC PRESS（CHINA）

图书在版编目（CIP）数据

中国互联网经济发展报告. 2018 / 孙宝文，李涛主
编. -- 北京：社会科学文献出版社，2018.12
（互联网经济蓝皮书）
ISBN 978 - 7 - 5097 - 9481 - 4

Ⅰ. ①中… Ⅱ. ①孙… ②李… Ⅲ. ①网络经济 - 经
济发展 - 研究报告 - 中国 - 2018 Ⅳ. ①F492.3

中国版本图书馆 CIP 数据核字（2018）第 286359 号

互联网经济蓝皮书
中国互联网经济发展报告（2018）

主　　编／孙宝文　李　涛
执行主编／欧阳日辉

出 版 人／谢寿光
项目统筹／邓泳红　吴　敏
责任编辑／吴　敏

出　　版／社会科学文献出版社·皮书出版分社 （010）59367127
　　　　　　地址：北京市北三环中路甲29号院华龙大厦　邮编：100029
　　　　　　网址：www.ssap.com.cn
发　　行／市场营销中心（010）59367081　59367083
印　　装／三河市龙林印务有限公司

规　　格／开 本：787mm × 1092mm　1/16
　　　　　　印 张：27　字 数：409 千字
版　　次／2018 年 12 月第 1 版　2018 年 12 月第 1 次印刷
书　　号／ISBN 978 - 7 - 5097 - 9481 - 4
定　　价／128.00 元

皮书序列号／PSN B - 2018 - 790 - 1/1

摘　要

互联网经济是依托信息网络，以信息、知识、技术等为主导要素，通过经济组织方式创新优化重组生产、消费、流通全过程，提升经济运行效率与质量的新型经济形态。《互联网经济蓝皮书》是系统研究我国互联网经济发展的年度报告，具有权威性、系统性、全面性、前瞻性和实用性等特点。

互联网经济是人类文明经历农业经济和工业经济之后一种新的社会经济发展形态，是对工业经济进行的革命性扬弃。《互联网经济蓝皮书》通过理论分析，深入研究互联网经济模式或重大问题，提出政策建议。总报告分析当年互联网经济发展的总体情况、存在问题和发展趋势。理论篇综述互联网经济研究的情况，分析了互联网经济对消费侧、生产侧与流通侧的影响机制，构建了互联网经济统计监测体系。形势篇研究主要国家互联网经济发展指数与排名、全球互联网经济发展趋势、中国互联网经济发展指数与排名，并用互联网类脑架构分析互联网经济发展趋势。产业篇分析中国互联网经济基础设施发展情况，中国电子商务发展情况，中国互联网金融发展情况，中国数字产品发展情况，中国数字技术融合发展情况。案例篇从互联网经济下新设施、新电商、新制造、新产品、新技术五个维度，用相关案例进行分析。政策篇综述互联网经济政策法规，互联网经济标准规范发展情况，互联网平台治理与政府治理。大事记梳理了 2017 年互联网经济领域的重大事件。

《互联网经济蓝皮书》基于理论分析框架，研究互联网经济推动实体经济转型的作用机制，分析互联网经济促进实体经济转型升级的路径及所营造的公平竞争、创新有序的生态系统，构建"互联网＋"背景下的互联网经济与实体经济融合程度与效率的统计监测体系，对发展情况进行排序，对未来趋势进行预测。

目 录

Ⅰ 总报告

Ⅱ 理论篇

Ⅲ 形势篇

Ⅳ 产业篇

Ⅴ 案例篇

Ⅵ 政策篇

Ⅶ　附录

皮书数据库阅读**使用指南**

总 报 告

B.1

2017年中国互联网经济发展
情况与趋势展望

中央财经大学中国互联网经济研究院课题组*

摘　要：　本文首先对2017年中国互联网发展的主要成就加以总结，并给出中国2016年各省份互联网经济发展排名；其次，指出中国互联网经济存在垄断与不正当竞争、政府监管与平台治理、互联网数据确权、个人信息保护等问题；再次，对中国互联网经济发展的特征与趋势加以总结；最后，在健全竞争政策与监管体系、加强监管与治理的协同性、确立互联网数据交易的监管模式以及完善互联网个人信息安全的法律法规等方面提出了促进中国互联网经济发展的具

---

* 研究团队包括孙宝文教授、李涛教授、欧阳日辉研究员、刘航副研究员、鞠雪楠副研究员、荆文君博士。

体政策建议。

关键词： 互联网经济　政府监管　平台治理

一　2017年互联网经济发展的主要成就及排名

互联网经济是以互联网为基础条件、以电子商务为核心的各类线上市场经济活动总和，这些经济活动在人工智能、大数据、云计算等新一代信息技术支撑下，形成了以平台经济、共享经济为代表的新型商业模式。近年来，随着中国互联网经济设施不断完善、互联网用户迅猛增长、各类智能终端普及，中国互联网经济的发展势头十分强劲，成为推动经济发展提质增效升级的新引擎。①

（一）2017年中国互联网经济发展主要成就

1. 截至2017年12月网民规模达7.72亿

根据中国互联网络信息中心（CNNIC）《第41次中国互联网络发展状况统计报告》，截至 2017 年 12 月，我国网民规模达 7.72 亿，新增网民 4074 万人。互联网普及率为 55.8%。其中，手机网民规模达 7.53 亿，相较于 2016 年底增加了 5734 万人，手机网民占比较 2016 年提升了 2.4 个百分点；村镇网民与农村网民规模分别为 5.63 亿与 2.09 亿，占比分别为 73.0% 与 27.0%，较 2016 年底分别增加了 3281 万人与 793 万人，增幅分别为 6.2% 与 4.0%。

此外，2017 年我国个人互联网应用发展增速明显，各类应用的用户规模均呈现上升趋势。其中，网上订餐用户规模增速最为显著，年增长率达 64.6%。截至 2017 年 12 月，我国网民各类互联网应用使用情况如表 1 所示。

---

① 孙宝文、李涛、欧阳日辉：《互联网经济：中国经济发展的新常态》，经济科学出版社，2014，第 21 ~ 22 页；孙宝文、李涛：《互联网：推动经济发展提质增效升级》，经济科学出版社，2016，第 20 ~ 26 页。

表1　截至2017年12月我国网民各类互联网应用使用情况

单位：万人，%

应用	用户规模	使用率	年增长率	应用	用户规模	使用率	年增长率
即时通信	72023	93.3	8.1	电子邮件	28422	36.8	14.5
搜索引擎	63956	82.8	6.2	互联网理财	12881	16.7	30.2
网络新闻	64689	83.8	5.4	网上炒股或基金	6730	8.7	7.2
网络视频	57892	75.0	6.3	微博	31601	40.9	16.4
网络音乐	54809	71.0	8.9	地图查询	49247	63.8	6.7
网上支付	53110	68.8	11.9	网上订餐	34338	44.5	64.6
网络购物	53332	69.1	14.3	在线教育	15518	20.1	12.7
网络游戏	44161	57.2	5.9	网约出租车	28651	37.1	27.5
网上银行	39911	51.7	9.2	网约专车或快车	23623	30.6	40.6
网络文学	37774	48.9	13.4	网络直播	42209	54.7	22.6
旅行预订	37578	48.7	25.6	共享单车	22078	28.6	—

资料来源：中国互联网络信息中心《第41次中国互联网络发展状况统计报告》。

在手机应用方面，手机网上订餐以及手机旅行预订的用户规模增长明显，年增长率分别达到66.2%与29.7%。截至2017年12月，我国网民各类手机互联网应用使用情况如表2所示。

表2　截至2017年12月我国网民各类手机互联网应用使用情况

单位：万人，%

应用	用户规模	使用率	年增长率	应用	用户规模	使用率	年增长率
手机即时通信	69359	92.2	8.7	手机网上银行	37024	49.2	11.0
手机网络新闻	61959	82.3	8.5	手机网络文学	34352	45.6	13.1
手机搜索	62398	82.9	8.5	手机旅行预订	33961	45.1	29.7
手机网络音乐	51173	68.0	9.4	手机邮件	23276	30.9	18.1
手机网络视频	54857	72.9	9.7	手机在线教育	11890	15.8	21.3
手机网上支付	52703	70.0	12.3	手机微博	28634	38.0	18.9
手机网络购物	50563	67.2	14.7	手机地图、导航	46504	61.8	7.8
手机网络游戏	40710	54.1	15.8	手机网上订餐	32229	42.8	66.2

资料来源：中国互联网络信息中心《第41次中国互联网络发展状况统计报告》

2. 2017年电子商务交易总额达29.16万亿元

2017 年，我国电子商务交易规模呈现持续增长趋势（见图 1）。国家统计局数据显示，全年电子商务交易总额达 29.16 万亿元，较 2016 年增长 11.72%。其中，商品服务类交易额为 21.83 万亿元，合约类交易额为 7.33 万亿元。此外，我国近两年电子商务交易总额增速逐年放缓，表明我国电子商务交易进入相对平稳增长的阶段。

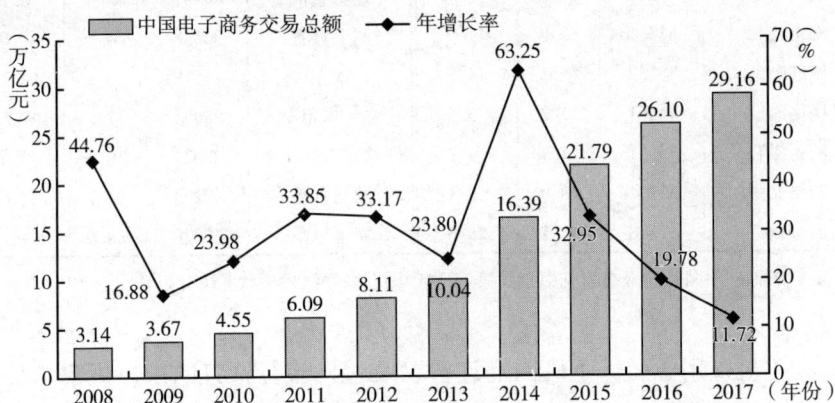

图1 2008～2017 年中国电子商务交易总额及年增长率

资料来源：国家统计局，商务部历年《中国电子商务报告》。

3. 2017年网上零售额达7.18万亿元

2017 年，我国网上零售交易规模继续保持快速增长态势（见图 2）。国家统计局数据显示，2017 年全国网上零售额达 71751 亿元，同比增长 39.17%。其中，实物商品网上零售额为 54806 万亿元，占全部零售额的 76.4%，同比增长 28.0%，占社会消费品零售总额的比重为 15.0%，比 2016 年提高 2.4 个百分点；非实物商品网上零售额为 16945 亿元，同比增长 48.1%。

在网上商品零售额中，吃类商品增长 28.6%，穿类商品增长 20.3%，用类商品增长 30.8%。按经营方式划分，自营平台实现的网上零售额为 10360 亿元，同比增长 18.1%；非自营平台实现的网上零售额为 61391 亿元，同比增长 34.9%。

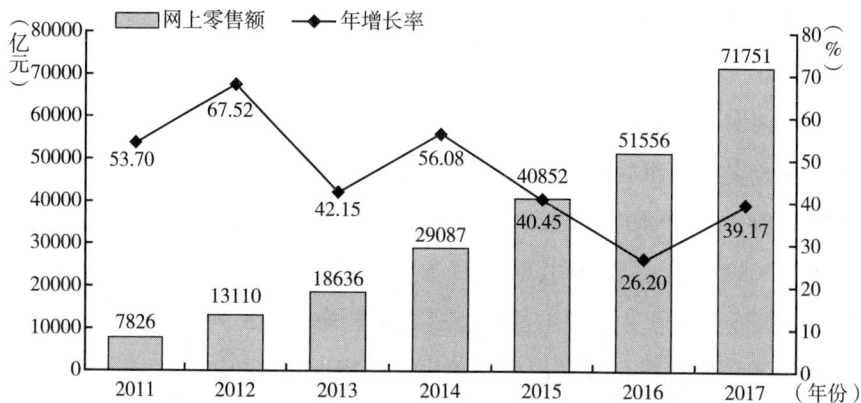

图2　2011～2017年中国网上零售额及年增长率

资料来源：国家统计局，商务部历年《中国电子商务报告》。

4. 2017年网上服务类产品市场规模达2.90万亿元

2017年，中国电子商务服务业继续保持稳步增长态势，市场规模再上新台阶，电子商务服务业营收规模达到2.9万亿元人民币，同比增长18.37%，如图3所示。其中，电商交易平台服务营收规模强势反弹，达5027亿元，增速为25.7%；支撑服务领域中的电子支付、电商物流、信息技术服务等市场营收规模持续高速增长，达1.1万亿元，增速为17.9%；

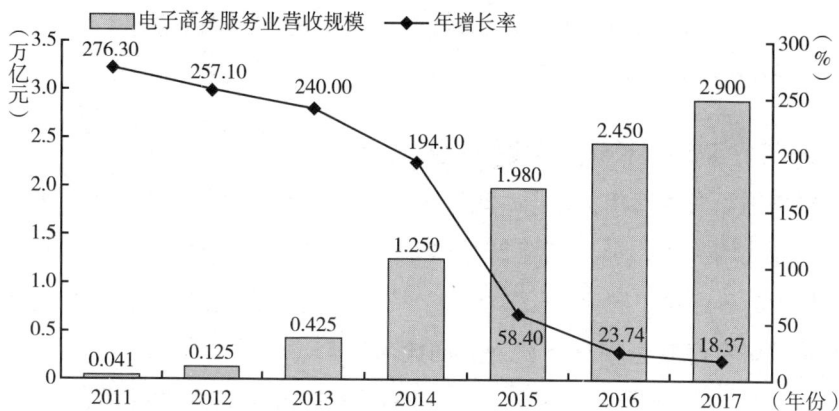

图3　2011～2017年中国电子商务服务业营收规模及年增长率

资料来源：商务部历年《中国电子商务报告》。

衍生服务领域业务规模持续增长，达 1.3 万亿元，增速为 18.2%。

5. 2017年跨境电子商务交易额达到9.02万亿元

根据国家统计局《2017 年国民经济和社会发展统计公报》，2017 年，我国货物进出口总额为 27.79 万亿元，比上年增长 14.2%。跨境电商增长势头依旧强劲，带动进出口扭转之前连续两年的下滑趋势。中国海关总署数据显示，2017 年，我国跨境电子商务交易规模 9.02 万亿元，同比增长54.2%，如图 4 所示。跨境电商已经成为中国外贸增长的重要动力，2013 ~ 2016 年，我国跨境电商零售出口额年均增长率近 60%。①

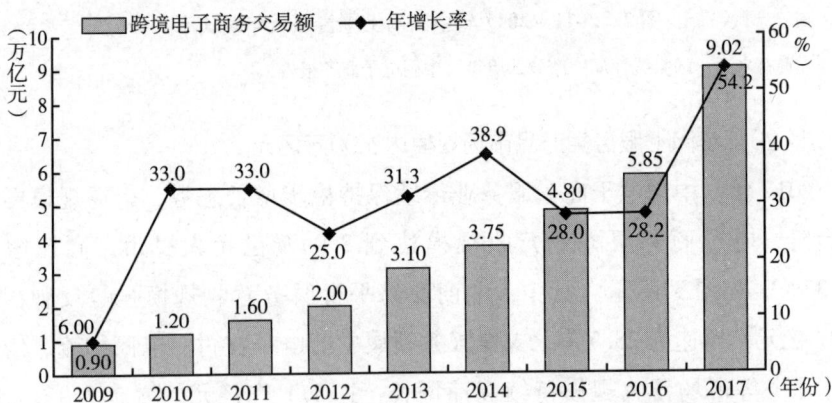

图 4 2009~2017 年中国跨境电商交易规模及年增长率

资料来源：商务部历年《中国电子商务报告》。

6. 2017年农村网络零售额达1.24万亿元

根据国家商务部相关数据，2017 年，全国农村实现网络零售额 12448.8 亿元，同比增长 39.1%。截至 2017 年底，农村网店达 985.6 万家，较 2016 年增加 169.3 万家，同比增长 20.7%，带动就业人数超过 2800 万人。全国农产品网络零售额达 2436.6 亿元，同比增长 53.3%。

其中，农村实物类产品网络零售额为 7826.6 亿元人民币，同比增

---

① 《中国对外贸易形势报告（2017 年秋季）》，商务部网站，2017 年 11 月 2 日。

长35.1%，占农村网络零售总额的62.9%。其中，服装鞋包、家装家饰和食品保健居前三位，分别达到1600.3亿元、1129.5亿元和1031亿元，同比分别增长30.5%、6.4%和61%。农村服务类产品网络零售额达到4622.2亿元，同比增长46.6%，占农村网络零售总额的37.1%。其中，在线旅游、在线餐饮、生活服务居前三位，分别达到1831.9亿元、1625.8亿元、180.7亿元，同比分别增长66.8%、58.6%、45.3%。在线旅游、在线餐饮表现尤为突出，对农村网络零售额增长的贡献率分别达到了21%和17.2%，在农村网络零售全部19个品类中居前两位。

从区域看，2017年东部、中部、西部、东北农村分别实现网络零售额7904.5亿元、2562.1亿元、1700.5亿元、281.8亿元，同比分别增长33.4%、46.2%、55.4%、60.9%。其中，东部农村网络零售额占比达到63.5%，优势依然明显。中西部及东北农村网络零售额合计为4544.4亿元，同比增长50.4%，高出东部农村增速17个百分点。

7. 2017年互联网经济就业人员突破4250万人

据中央财经大学中国互联网经济研究院、电子商务交易技术国家工程实验室测算，2017年，我国电子商务直接和间接带动就业达4250万人，如图5所示。互联网经济继续将在"稳增长、调结构、惠民生、增就业、促创业创新"方面发挥重要的作用。

8. 2017年互联网支付用户与快递业务量快速增长

物流、支付是互联网经济发展中重要的支撑条件，也是互联网经济服务业的重要组成部分。国家邮政局统计数据显示，2017年全国快递服务企业业务量累计完成400.6亿件，同比增长28%；业务收入累计完成4957.1亿元，同比增长24.7%。其中，同城业务量累计完成92.7亿件，同比增长25%；异地业务量累计完成299.6亿件，同比增长28.9%；国际/港澳台业务量累计完成8.3亿件，同比增长33.8%。

根据中国互联网络信息中心数据，截至2017年12月，我国使用网上支付的用户规模达5.31亿，较2016年底增加5661万人，年增长率为11.9%，

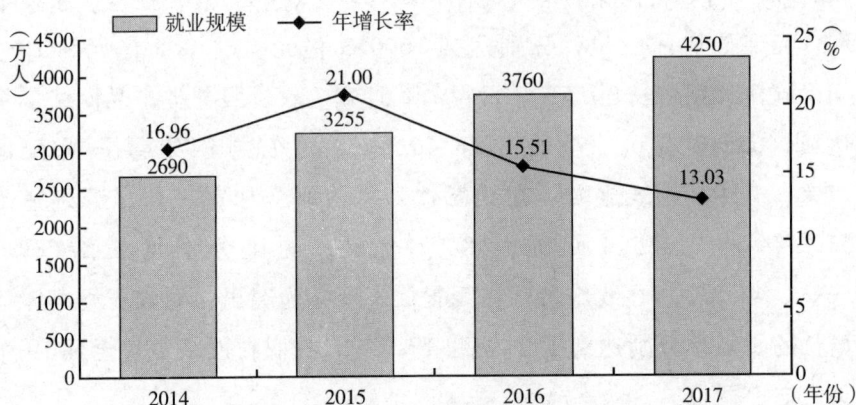

图5　2014～2017年中国互联网经济就业规模及年增长率

资料来源：商务部历年《中国电子商务报告》。

使用率达68.8%。其中，手机支付用户规模增长迅速，达到5.27亿，较2016年底增加5783万人，年增长率为12.3%，使用率达70.0%。[①]

（二）2016年中国各省份互联网经济发展指数排名

2016年全国31个省份互联网经济发展指数的具体排名如表3所示。[②]

表3　2016年全国各省互联网经济发展指数排名

排名	省份	供给指数	需求指数	流通指数	支撑指数	互联网经济发展指数
1	广东	32.656	35.609	10.000	3.723	81.988
2	北京	24.071	27.303	2.548	10.000	63.922
3	上海	18.759	34.335	3.386	5.970	62.450
4	浙江	19.848	18.207	7.802	2.357	48.215

---

① 中国互联网络信息中心：《第41次中国互联网络发展状况统计报告》，http://www.cnnic.net.cn/hlwfzyj/hlwxzbg/hlwtjbg/201801/t20180131_70190.htm，2018年1月31日。

② 互联网经济发展指数的具体计算方法及排名依据见本书"形势篇B.7"。

排名	省份	供给指数	需求指数	流通指数	支撑指数	互联网经济发展指数
5	山东	20.813	20.448	1.563	0.930	43.754
6	江苏	18.016	12.562	3.693	2.460	36.732
7	四川	11.475	7.285	1.036	1.954	21.750
8	福建	9.939	7.420	1.673	2.680	21.711
9	安徽	11.164	7.874	0.889	1.583	21.510
10	河南	7.929	9.690	1.085	0.375	19.079
11	湖北	9.824	7.135	1.000	0.959	18.918
12	重庆	8.484	8.146	0.361	0.651	17.641
13	河北	6.267	7.831	1.170	1.152	16.420
14	天津	4.918	7.973	0.525	2.655	16.071
15	湖南	8.379	5.590	0.625	1.312	15.906
16	陕西	7.749	5.088	0.472	2.259	15.567
17	西藏	9.323	4.524	0.000	1.031	14.878
18	贵州	7.721	5.961	0.137	0.293	14.112
19	海南	6.620	2.908	0.054	3.706	13.288
20	青海	7.050	1.414	0.004	3.476	11.944
21	云南	7.528	2.519	0.218	1.666	11.931
22	江西	3.689	6.410	0.490	0.947	11.537
23	辽宁	3.408	5.042	0.510	2.426	11.387
24	广西	5.832	3.366	0.288	1.466	10.952
25	内蒙古	4.459	4.812	0.101	1.469	10.840
26	宁夏	3.807	3.107	0.033	2.529	9.476
27	山西	4.542	2.716	0.234	1.048	8.540
28	吉林	2.316	2.719	0.172	2.931	8.137
29	甘肃	4.338	2.241	0.070	1.111	7.759
30	黑龙江	2.772	1.167	0.274	3.490	7.704
31	新疆	1.628	0.523	0.103	1.824	4.078
平均		9.527	8.772	1.307	2.272	21.877

二 2017年中国互联网经济发展存在的问题

（一）互联网行业垄断与不正当竞争问题

互联网行业存在"一家独大、赢者通吃"的现象，涉及垄断与不正当竞争的纠纷与诉讼不断增多。正如帕克等[①]指出的那样，平台革命也存在阴暗面。例如，2017年9月，饿了么因不正当竞争被法院判处罚款5万元并要求赔礼道歉，然而，在"双十一"期间，饿了么在宣传中打出"每单比美团优惠"的字样，因存在虚假宣传问题，再次引起纠纷。

造成这一问题的原因：一方面源于互联网行业自身的特点，即存在不同群体之间的网络外部性所导致的市场集中度较高；另一方面相关法律以及行业法规不健全，无法跟上互联网行业迅速发展的步伐，从而损害了互联网企业之间公平有序的竞争态势。这一问题既会造成消费者权益受损，又会挫伤企业研发创新的积极性。

（二）平台经济与共享经济的政府监管与治理问题

尽管以网上购物为代表的平台经济与以网上服务类行业为代表的共享经济为人们的日常生活带来了极大的便利，但也应该看到这两类新型市场中出现的各类问题。例如，2016年"魏则西事件"所揭开的百度竞价排名乱象；2017年摩拜、ofo等共享单车企业过度投放自行车导致乱停乱放、阻碍正常通行；2018年滴滴、携程、饿了么等网上服务类企业被曝光大数据"杀熟"问题。这些问题都反映出互联网行业在高速发展过程中需要高度重视政府监控与平台治理。这不仅需要政府监管部门合理设计相关法律法规以维护互联网行业的健康发展，也需要互联网平台企业发挥作用，对自身进行有效治理，实现市场监管与平台治理的良性互动。

---

① 杰奥夫雷·G. 帕克、马歇尔·W. 范·埃尔斯泰恩、桑基特·保罗·邱达利：《平台革命：改变世界的商业模式》，机械工业出版社，2017，第231页。

（三）互联网企业网上交易数据确权问题

互联网经济不断深入发展，互联网企业交易规模及其涉及领域随之不断扩张，进而产生了大量的交易数据。这些数据包含交易时间、买卖双方、商品价格与数量、物流等具体信息。这些信息构成了互联网经济大数据，其背后所蕴含潜在的巨大价值不言而喻。生产厂商通过这些数据可以了解市场的需求信息，从而更好地制定产品与定价决策；平台企业利用这些数据可以了解供求双方的信息，从而更好地制定治理决策；政府利用这些数据可以了解互联网经济运行情况，从而更好地制定相关的法律法规与经济政策；这些数据对于从事互联网经济的研究人员来说，更是至关重要。但这些数据通常由平台企业所拥有。此外，很多企业和个人通过设计网络爬虫程序，不间断地从网上销售商品的网页上抓取信息，积累了规模可观的交易数据。通过这些数据，可以推断出平台企业与消费者的商业信息，因此如果缺乏对这些数据的有效保护，很有可能损害平台企业的商业利益与消费者权益。因此，如何确定这些数据的采集权、所有权和使用权成为非常重要且敏感的问题。

（四）互联网个人信息保护问题

2018年3月，脸书网（Facebook）的用户数据泄露事件使得互联网个人信息保护问题再次成为人们关注的焦点问题。在互联网经济中，个人之间、企业之间、个人与企业之间的互联非常紧密，信息流在个体间的传送十分频繁。这虽然加速了信息通信的深度融合，填补了信息鸿沟，但也加剧了个人信息泄露的风险。近年来，从淘宝、360、携程到12306官网，大规模的信息泄露问题加剧了社会对网络信息安全的忧虑。我国针对个人信息保护方面的法律法规将近70部，但相关法规过于空泛，针对性较弱，在实践中难以操作，这在一定程度上加剧了互联网个人信息发生的频率和不良影响。①

---

① 罗力：《我国移动互联网用户个人信息安全风险和治理研究》，《图书馆学研究》2016年第13期。

三　中国互联网经济发展特征与趋势

（一）中国互联网经济发展主要特征

1. 助力供给侧结构性改革，拉动传统经济转型升级

互联网经济通过网上交易平台类企业直接对接供求两端：一方面能够将消费者偏好信息传递给生产企业；另一方面将企业设计生产出来的产品信息传递给消费者，从而形成需求端与生产端的良性互动。以此为基础，互联网经济可以在去产能、去库存、去杠杆、降成本、补短板五个方面助力供给侧结构性改革[①]。从"去产能"看，通过对接消费者的需求信息，互联网企业可以实现产品的定制化，以满足消费者个性化的需求，实现生产能力有效、充分的利用。从"去库存"看，互联网经济能够释放潜在购买力，提高资源利用率。从"去杠杆"看，以众筹为代表的互联网金融投融资模型能够帮助投资者更好地判断项目未来的发展前景，帮助创业能力强的企业家纾解融资瓶颈，以股权融资替代以银行信贷为代表的传统债权融资，实现社会资金的有效配置。从"降成本"看，根据麦肯锡的研究报告，网上销售商品价格比实体店低 6%～16%，低价的原因在于更低的采购成本、库存成本、营销成本以及日常管理费用的节省。从"补短板"看，互联网经济可以为普通民众提供创业机会、降低创业门槛，特别是对于处于贫困地区的农民群众，可以通过互联网将特色农产品卖到城市，有助于更好更快地实现精准扶贫、精准脱贫。

互联网经济在传统经济转型升级方面的作用同样不可忽视。互联网经济的关键要素是数据。数据的流通实现了传统经济中以劳动、资本和土地为代表的生产要素以更有效率的方式加以整合与重组，带动全要素生产率的提

[①]　骞芳莉：《充分发挥电子商务作用，积极推进供给侧结构性改革》，《中国人大》2016 年第 19 期。

升，改善供给侧、需求侧和流通侧的体系结构，实现资本和产业的新融合，助力经济转型升级。

2. 以平台经济、共享经济为代表的互联网相关产业增势迅猛、竞争激烈

2017 年，在人工智能、大数据、云计算等新一代信息技术的推动下，以平台经济、共享经济为代表的互联网经济相关产业迈入了新阶段。

首先，互联网平台市场集中度进一步提升，互联网行业已经步入寡头竞争阶段。其中，以阿里巴巴与腾讯最为突出。从规模上看，这两家企业占行业总体营收和市值的比重分别达 65.6% 和 35%，均创下历史新高。从行业生态上看，这两家互联网巨头在以网上零售为代表的电子商务领域和以互联网支付为代表的金融领域、网络社交领域、在线影音视频领域、网络游戏领域均进行广泛布局，竞争十分激烈，许多初具规模的互联网企业均被这两家企业收购或控股，成为其生态布局的重要环节。

其次，以共享单车为代表的共享经济在 2017 年进入爆发期，并迅速进入调整期。这表现为共享单车品牌与数量急速增多，以及部分单车企业倒闭。从数量上看，单车投放量从 2016 年的约 200 万辆大幅增长到 2017 年的 2300 万辆，并扩张到 200 多个城市。在需求端，共享单车注册用户数量从 2016 年的 1886.4 万人增至 2017 年的 2.21 亿人，累计距离从 2016 年的 25 亿公里升至 2017 年的 299.47 亿公里。然而，到 2017 年下半年，二、三梯队的共享单车品牌迅速进入破产、倒闭阶段，行业格局趋于稳定。一、二线城市由摩拜与 ofo 两家公司所占据，并且供需相对平衡；其他单车企业如小明单车、骑呗单车、优拜单车等则转战三、四线城市。

3. 网上服务类行业快速推进，成为互联网经济重要组成部分

近年来，以 O2O 为代表的网上服务类行业发展迅速，市场规模迅速提升。通过互联网来满足日常的饮食、出行、旅游、娱乐、教育等方面需求的消费者越来越多。根据艾瑞咨询的统计数据，2017 年我国网上美容美护、线上休闲娱乐、线上餐饮、线上婚庆、线上亲子、在线教育、商超宅配、在线电影、家政维修、洗衣 10 个行业交易规模达到 11457.4 亿元，同比增速

高达 49.6%。

网上服务市场规模扩张速度加快的原因可归纳为以下三点：第一，智能设备与移动支付的普及为本地生活服务的互联网化提供了必要的物理基础；第二，O2O 场景消费对消费者生活服务的覆盖面不断扩大，满足了用户多元化、碎片化的消费需求；第三，以线上餐饮、线上娱乐为代表的行业出现许多明星产品，通过大规模补贴的投入培养了消费者的付费习惯，使得用户使用频率不断上升。

需要特别指出的是，网上服务类行业未来的市场发展空间依然非常广阔，这表现为这类行业的互联网渗透仅为 12.7%[①]，存在巨大的潜力空间。

4. 制造业同互联网不断深入融合，催生制造业新模式、不断涌现新业态

正如腾讯研究院在 2017 年出版的一本专著中指出的那样，"互联网开放、共享、协同、去中心化的特征正在推动制造业创新主体、创新流程、创新模式的深刻变革"。[②] 通过与互联网深度融合，传统制造业企业可以在创新、成长与发展、转型与升级等层面实现量的提升与质的转变，同时也在这一过程中不断涌现出新模式、新业态以及新产品。

制造业与互联网的深度融合主要表现在以下三个层面。首先是网络化协同生产。传统制造业企业通过工业云平台实现同行业之间的协同研发，通过众包平台实现同用户直接对接、需求带动的产品创新，通过 B2B 平台实现上下游企业之间的供应链协同。其次是个性化定制。个性化定制是传统产业拥抱互联网的必然产物，通过互联网平台直接获取用户需求信息，将传统产业单一化、规模化生产转变为个性化、定制化生产，而智能制造、3D 打印等技术的应用则会大大降低个性定制产品的边际成本。最后是生产服务化。我国制造业一直以来最关注实际的生产过程，而对于产品设计以及售后服务则重视不足，因此将制造业从生产型转向服务型是实现制造业转型升级的关键。

---

① 艾瑞咨询：《润物有声Ⅱ——中国互联网产业发展报告》，2018 年 1 月。
② 腾讯研究院：《数字经济——中国创新增长新动能》，中信出版集团，2017，第 78 页。

（二）中国互联网经济发展趋势

1. 线上线下融合程度将不断深化，网络资源服务化趋势逐步显现

我国经济进入新常态，新旧动能已经进入实质转换期。在传统产业转型升级过程中，互联网经济一方面发挥了关键的引导和促进作用，如通过电子商务进农村方便农村老百姓网络消费，打造农村新型流通体系，带动农业供给侧的产业化、组织化、规模化、品牌化发展；在促进工业转型方面，互联网经济通过带动生产企业的组织和管理模式变革，推动技术、商业模式和组织方式"三位一体"的协同创新。在此基础上，新型制造企业通过互联网在设计端与研发端实现个性化，在营销端实现网络化，从微笑曲线的底端走向高附加值的两端（研发、营销），实现产业升级。此外，传统产业转型升级所形成的巨大市场需求也将吸引网络资源聚焦线下，发挥线上优势，助力转型升级，拓展自身的成长空间。未来，互联网将进一步扩大各融合领域的长尾市场和消费空间，随着网络资源的服务化不断深入发展，线上线下融合程度将进一步提升，从而实现更优质的产品、更便利的服务、更丰富的业态。

2. 零售业将展开新一轮革命，网络零售将实现多元化发展

随着我国人民生活水平不断提升及新一代消费群体逐步成为社会的主要消费人群，模仿型排浪式消费阶段基本结束，个性化、多样化消费逐渐成为主流。在这一背景下，阿里巴巴提出的"新零售"概念、京东提出的"第四次零售革命"概念，均认为零售业将发展根本性的变革，以线下营销、产品为中心的传统零售业将转变为线上线下融合、以服务为中心的现代零售业，主要体现为：一是线下物流、服务、体验与线上的信息流、资金流进一步融合，实现消费端与营销端的无缝对接；二是零售业智能化程度进一步提升，这源于人工智能、大数据、云计算等新一代信息技术不断成熟，及其在无人超市、无人机送货等场景的应用；三是网络零售销售模式不断创新，如精准营销、催化营销、场景化营销、定制化营销等新模式将不断涌现；四是零售业供应链不断优化，数据在零售上下游企业间的贯通与共享将实现产品的设

计、采购、配送等全链条布局的协同化，极大节约交易成本。

互联网大数据的应用创新催生了微商、网红电商、直播电商、内容电商等新型网络零售业态，为需求营销、制造业 C2B 个性化定制、网络众创空间、网络协同制造、3D 打印、智能物流、O2O 移动服务等新的模式的出现创造了新场景，促进销售业实现多元化发展，从而带动消费需求再次升级换代。

3. 平台经济与共享经济将进入新发展阶段

尽管目前我国平台经济与共享经济已进入垄断或寡头竞争阶段，但由于互联网行业进入壁垒低，同一家平台企业在不同领域之间存在很强的用户外部性，平台企业仍然面临较大的竞争压力。例如，在网约车领域，尽管滴滴通过同快的、优步中国的合并，在该行业一枝独秀，但进入 2018 年之后，美团、高德两家互联网企业强势进入网约车市场。特别是美团，对乘客与司机的补贴力度非常大，在短时间内占据了很大的市场份额，对滴滴造成了相当程度的冲击。

诸如此类的事例还有很多。这表明，平台经济与共享经济将进入一个新的发展阶段：互联网企业间不再局限于同一个领域内的竞争，很可能通过在熟悉领域所积累的用户基础，迅速进入另一个似乎关联度很小的产业，并获得相当的竞争优势。在上例中，美团就是从 O2O 团购、网上餐饮行业突然进军网约车领域，让滴滴措手不及。

4. 依托"一带一路"，跨境电商成为互联网经济发展新热点

伴随"一带一路"倡议的逐步实施，加快网上丝绸之路建设，扶植优质跨境电商企业，推动跨境电商依托"一带一路"逐步发挥先导作用，成为互联网经济发展的新热点。在跨境电商基础设施方面，海外仓、海外运营中心、海外电商园区等都成为互联网企业投资热点，越来越多的海外供应商把跨境电商作为进入中国市场的优先通道，包括互联网企业在内的越来越多的中国企业利用跨境电商创立专属品牌、销售产品，同时中国互联网企业海外收购步伐也在加速，中国互联网企业的国际化程度快速提升。在这一背景下，B2B 模式将成为跨境电商的主力。

四　促进互联网经济发展政策建议

（一）健全互联网行业竞争政策与监管体系，坚持宽严相济的反垄断执法原则[1]

维护互联网行业有效有序竞争，关键是完善相关规制政策与监管体系。这需要积极发挥政府相关部门（如国务院反垄断委员会）的监管与监督作用。对于互联网行业竞争政策的制定，需要考虑互联网行业区别于传统行业所独有的特征，如网络效应、平台多属等，这些特征使得互联网企业在竞争策略方面有别于传统企业。例如，在定价方面，互联网企业可能会对价格相对敏感的群体（如网上购物的消费者）采取低价甚至补贴的定价策略，但这是由互联网经济本身所具有的产业特征所致，而非不正当竞争意义下的掠夺性定价。

此外，尽管互联网行业普遍存在产业集中度较高的现象，但行业自身仍存在较大的竞争，上文提到的滴滴与美团在网约车行业的竞争便可体现出这一点。因此，互联网行业反垄断政策的实施，需要充分考虑到行业自身特点，坚持宽严相济的执法原则，避免干扰正常的市场竞争秩序。对于需要执行反垄断法的情况，应综合考虑互联网行业的技术更新快、商业模式新、创新周期短和企业间竞争复杂等因素，以更好地平衡维护竞争与促进创新之间的关系。

（二）合理确定互联网平台企业治理责任，加强政府监管与平台治理的协同[2]

互联网平台企业区别于传统企业的一个关键点是其作为一种做市商（market maker），不仅需要实现自身利润的最大化，还要达成一种类似于市

---

①　时建中：《互联网市场垄断已见端倪亟须规制》，《经济参考报》2016年8月17日。
②　高少丽：《平台经济模式下平台治理相关问题探究》，《中国工商报》2017年4月29日。

场的撮合交易的职能，即通过连接供求两端，帮助消费者找到最合意的商品，同时帮助网店实现更高的销售额。互联网平台企业的做市商角色意味着这类企业对自身的治理具有公共属性，因而具有较强的正外部性，需要其对治理责任有较为清晰的认知。对政府相关监管部门来说，需要将市场监管政策同互联网平台企业的治理有机结合起来，达到最佳的监管与治理的协同效果。

首先是基于大数据的平台治理，即互联网平台企业根据自身积累的大量网上交易数据，有效判别虚假交易与假冒伪劣产品，保障消费者的合法权益；其次是实现互联网平台企业与政府监管部门之间的信息共享，监管部门通过获取互联网平台企业提供的脱敏数据，分析平台治理的有效性，确保监管措施制定的针对性；最后是建立信用制度与连带责任制度，通过对互联网平台企业上违法失信店铺进行公示，加强平台企业对自身信用的重视程度，并且将针对违法失信店铺的处罚同对互联网平台企业的惩戒有机结合起来，建立有效的连带责任制度，实现政府监管与平台治理的有效协同。

（三）确立互联网数据交易自律监管与行政监管并行的监管模式①

互联网数据具有相当的商业价值、政策价值与学术价值，因此互联网数据的市场需求是非常旺盛的。为了有效保障互联网数据交易的安全性与有效性，需要在制度层面上尽快确立交易平台与政府监管部门的自律监管与行政监管并行的具体举措。对于互联网数据交易平台，首先要对数据本身进行脱敏，特别是涉及消费者的私人信息，必须加以清除；其次要对数据质量，特别是真实性进行监督；最后要对数据买家的资质进行有效筛查，以避免互联网数据滥用所造成的对互联网企业利益与消费者权益的侵害。政府监管部门需要明确互联网数据交易行业规范，制定数据交易的具体规则；具体监管内容方面，则应针对不同的监管事项确定法律与行业规范对应的监管范围。

---

① 张敏：《交易安全视域下我国大数据交易的法律监管》，《情报杂志》2017 年第 2 期。

（四）完善互联网个人信息安全法律法规，提高用户的个人信息保护意识①

互联网个人信息的安全关系着每一位消费者的切身利益。首先，应制定详细、全面的个人信息保护细则，从法律和制度层面对个人信息安全进行保护。其次，企业应结合相关的法律法规，加强企业网络安全管理和专业人员的技术培训教育。最后，企业信息管理人员应主动学习网络维护及管理等相关知识，增强对信息系统的掌控能力。这样，从政府、企业和个人等方面入手，建立一个全面的信息安全管理体系，将用户的重要信息全方位地保护起来，避免企业信息遭到攻击。此外，还应该从用户端下手，增强用户的个人信息保护意识。通过加强个人信息安全宣传保护等手段使用户增强自身的安全意识，如在不同平台注册和使用个人信息时，尽可能地设置不一样的登录账号和密码，减小个人关键信息暴露的可能，不随意点击不明链接和网站，文明上网。同时，当出现个人信息被侵犯时，要积极地利用法律法规维护个人信息安全与权益。

参考文献

孙宝文、李涛、欧阳日辉：《互联网经济：中国经济发展的新常态》，经济科学出版社，2014。

孙宝文、李涛：《互联网：推动经济发展提质增效升级》，经济科学出版社，2016。

骞芳莉：《充分发挥电子商务作用，积极推进供给侧结构性改革》，《中国人大》2016年第19期。

腾讯研究院：《数字经济——中国创新增长新动能》，中信出版集团，2017。

杰奥夫雷·G.帕克、马歇尔·W.范·埃尔斯泰恩、桑基特·保罗·邱达利：《平台革命：改变世界的商业模式》，机械工业出版社，2017。

罗力：《我国移动互联网用户个人信息安全风险和治理研究》，《图书馆学研究》

---

① 朱稷、崔晓勤：《浅谈互联网时代的个人信息安全与保护》，《法制与社会》2018年第1期。

2016 年第 13 期。

时建中：《互联网市场垄断已见端倪亟须规制》，《经济参考报》2016 年 8 月 17 日。

高少丽：《平台经济模式下平台治理相关问题探究》，《中国工商报》2017 年 4 月 29 日。

张敏：《交易安全视域下我国大数据交易的法律监管》，《情报杂志》2017 年第 2 期。

朱稷、崔晓勤：《浅谈互联网时代的个人信息安全与保护》，《法制与社会》2018 年第 1 期。

理 论 篇

B.2
2017年互联网经济研究文献综述

史宇鹏*

摘　要：　互联网的出现与广泛应用，是近百年来最激动人心的事件之一。它从各个方面对居民观念与行为造成了冲击，改写了企业与产业的运行规律，改变了整个经济的面貌。从影响的深度与广度上说，互联网对经济的改变不啻是一场革命。经济学界已经从互联网所带来的最初冲击中冷静下来，不再仅仅满足于对互联网经济现象的简单描述与预测，而是更多地使用较为严格和成熟的分析工具来关注更加深入的研究问题。

关键词：　互联网经济　互联网金融　互联网治理

---

* 史宇鹏，中央财经大学经济学院副院长。

对于互联网经济引发深刻的社会变革，包括经济学在内的各个学科都显示了极大的兴趣，纷纷展开对互联网的研究，特别是最近几年，对互联网的研究文献出现了爆炸式增长。图1是在知网的期刊数据库中，以"互联网"为关键词进行检索所统计出的论文数量。可以看出，从2015年开始，关于互联网的期刊论文数量有了显著增长。2010年以"互联网"为关键词的论文仅有765篇，而到了2017年，这个数字增长到了3375篇，增长了341%。可见，对互联网的研究已经成为学术界的热门话题（见图1）。

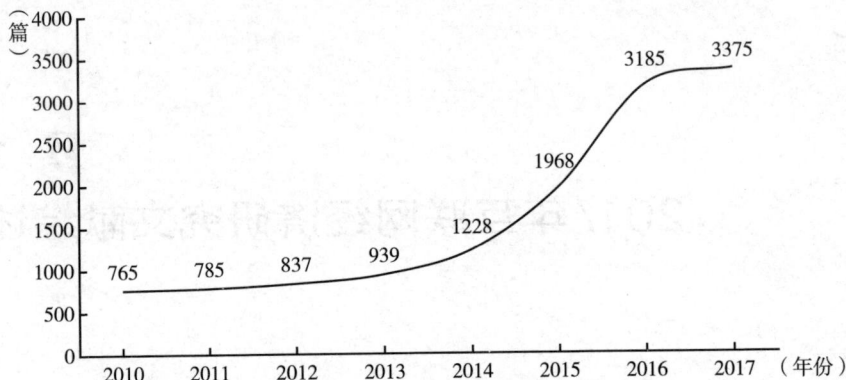

图1 2010～2017年以"互联网"为关键词的期刊论文数量

在对互联网的众多学科研究中，从经济学角度开展的互联网研究正方兴未艾，而且取得了不少研究成果。但是，正如我们随后将看到的那样，互联网经济学的研究焦点并不集中，成果比较零散，也没有形成系统的分析框架。之所以出现这种现象，至少有两方面的原因：第一，互联网技术还在迅速发展，行业热点转换很快，所以对应的经济学研究也就比较分散。第二，互联网经济的一些特征有待进一步认识和总结，因而共识很难达成。比如，对于互联网金融的参与者究竟符不符合理性的要求等基本问题还存在不同意见，因此对互联网金融的效率和福利意义就会有不同的预测。

下面笔者将对2017年我国的互联网经济学研究文献进行一番梳理，以便从总体上给读者描绘出一幅我国互联网经济学的研究图景。诚如上一段所言，目前的文献仍然比较分散，已有文献也没有涵盖所有的经济学问题，笔者竭尽全力按照文献的研究主题进行梳理与归纳，以方便读者的掌握。但受本人研究水平所限，总有疏漏和错误之处，还请读者海涵。

一 互联网经济学分析

（一）互联网研究的经济学方法论

互联网技术的飞速发展，不仅创造出互联网产业，更是通过对传统产业的渗透、融合与改造，从根本上改变了整个经济面貌，对经济的影响不啻是一场无声的革命。从经济学的角度而言，互联网技术改变了微观主体的行为模式，改变了交易规则，也极大地影响了宏观经济的发展。同时，一些经济规律的重要性日益凸显，而这些规律要么是在传统经济中不存在，要么长期被主流经济学所忽视。比如网络效应、长尾理论、共享经济、价值共创等等。如何认识这些规律、如何构建符合互联网经济运行特点的经济学分析框架，这成为萦绕在经济学界的首要问题。

有学者指出，以杨小凯、黄有光为代表的新兴古典经济学分析框架、超边际分析方法也许是较为合适的研究工具。比如，向国成等认为，在研究分享经济（共享经济）时，新兴古典经济学就比新古典经济学更有优势。[①] 分享经济是互联网时代出现的新经济现象，这种现象打破了所有制、交易参与者身份的限制，扩展了社会分工与合作秩序，进而提升了资源匹配效率。而新兴古典经济学的研究主线正是劳动分工，以及劳动分工与交易成本之间的冲突如何引起经济的发展与演进，且这种分析并不需要事先假定生产者与消费者的绝对分离。从这个角度上说，新兴古典经济学是比新古典经济学更合适的分析工具。郑小碧借用超边际分析方法，对"互联网＋"是如何产生

[①] 向国成、钟世虎、谌亭颖、邓明君：《分享经济的微观机理研究：新兴古典与新古典》，《管理世界》2017 年第 8 期。

的内在机理进行了理论分析。① 他区分了"互联网＋""＋互联网"这两个容易混淆的概念。这两个词都是学术界曾经使用的术语，但是"互联网＋"是"＋互联网"的更高级阶段，它打破了行业与连接方式的限制，是社会各部门借助互联网技术、互联网思维实现高度融合与粘连的产物。接着他使用超边际分析模型，对"互联网＋"出现的机理进行了探讨。研究表明，市场交易效率、连接效率的提升是推动社会从"＋互联网"到"互联网＋"转变的关键动力；伴随着这一转变，劳动力更多地从其他部分向连接服务部门流动，人均收入与社会福利也得到了提升。他的研究意味着，交易效率提升和"互联网＋"之间是相互促进、共生共荣的关系。

西米欧奈斯库、兹姆曼以失业分析为例，为经济学如何使用互联网与大数据技术进行经济学研究给出了示范。② 随着居民对政策及时性和精准性要求的提高，特别是金融危机以来，民众对就业状况变得非常敏感，因此政府比以往要更加及时地发布准确的失业数据。传统的收集失业数据的方式的效率不高，导致失业数据的发布往往滞后，甚至数据本身也不一定准确。互联网的出现，使得及时收集更真实的失业数据成为可能。他们对不同国家的学者如何通过使用关键词搜索来统计失业数据逐一进行了分析，证明互联网在收集可靠数据方面大有可为，是未来经济学研究的重要帮手。当然他们也指出，不同国家的学者在使用互联网技术时要从各国国情出发设计合理的搜索方案，以保证数据的可靠性。

戴克清等则对互联网经济的重要组成部分——共享经济的研究状况进行了综述。他们借助 Citespace、Ucinet 等知识图谱绘制工具对 2005～2017 年 6 月以来 Web of Science 上刊载的 253 篇以共享经济（sharing economy）为关键词的英文文献进行了可视化分析。③ 研究表明，就文献总量来看，2005～

---

① 郑小碧：《"＋互联网"、"互联网＋"与经济发展：超边际一般均衡分析》，《经济学动态》2017 年第 6 期。
② 米哈埃拉·西米欧奈斯库、克劳斯·F. 兹姆曼：《大数据与失业分析》，《中国人民大学学报》2017 年第 6 期。
③ 戴克清、陈万明、李小涛：《共享经济研究脉络及其发展趋势》，《经济学动态》2017 年第 11 期。

2012 年文献数量很少，每年仅有个位数文章发表，但自 2013 年以来，有关共享经济的文献出现爆炸式增长。这表明，学术界对共享经济的关注有了翻天覆地的变化。从全球研究力量来看，文献产量最高的是美国，中国排名第7，但是与外界缺乏交流，且仅有北京交通大学一家研究机构上榜。从发表刊物看，共享经济发文量最多的杂志是《商业研究杂志》（*Journal of Business Research*），被引量最高的杂志是《旅游研究年刊》（*Annals of Tourism Research*）。从研究内容上看，目前文献集中在共享经济产生的原因、基本特征与影响因素等主题上，但是关于共享经济的基本内涵与边界、理论分析框架等研究内容学界尚未取得共识，仍然是研究的热点话题。

（二）互联网对微观主体的影响研究

构建统一的互联网经济学分析框架，前提是要对互联网情境下微观主体行为进行研究，总结其科学规律。互联网对微观主体的影响研究可以分为两部分：互联网对居民行为的影响研究和互联网对企业行为的影响研究。

1. 互联网对居民行为的影响

互联网的广泛使用首先对居民的消费行为产生了显著影响。祝仲坤、冷晨昕以农民消费支出为例，研究了互联网技能是否会影响居民的消费水平。[1] 互联网的使用可能会对居民消费支出造成正反两种影响。一方面，互联网降低了信息不对称程度、降低了交易成本，也改变了居民的消费观念、激发了主动消费，因此可能提升居民消费水平。另一方面，互联网的使用使得居民愈发不愿意进行线下消费，这对消费支出可能又具有负面影响。他们通过对中国社会状况综合调查（Chinese Social Survey，CSS）2015年数据的研究表明，当农民掌握了互联网技能之后，他们的消费支出有了显著增加，而且对消费水平较低的居民而言，这种提升作用更加明显。这

---

[1] 祝仲坤、冷晨昕：《互联网与农村消费——来自中国社会状况综合调查的证据》，《经济科学》2017 年第 6 期。

表明，互联网的应用对于扩大居民消费具有积极作用。龚诗阳等则以视频播放为例，研究了在线社交对消费需求的影响。① 从经济学逻辑上讲，消费者的在线交流能够减少信息不对称，特别是当消费者得知其他消费者对商品评价比较正面时，会增加对该商品的需求。龚诗阳等收集了 Acfun 网站（www.acfun.cn）、Bilibili 网站（www.bilibili.com）和豆瓣网（www.douban.com）的数据，研究了消费者在线交流程度（以弹幕数量来衡量）对视频播放需求的影响。研究表明，消费者在线交流越多，他们对视频的需求也就越大，而且这种效应对于评分较低的视频来说作用更加明显。这表明，互联网所带来的消费者信息沟通的便利，能够增加市场需求。

部分学者研究了互联网对居民创业行为的影响。王金杰、李启航对电子商务环境下的农村居民创业行为进行了研究。② 就已有文献看，农民的创业行为与其所受的教育密切相关，而这种教育并不是仅仅来源于学历教育，而是存在多维来源，比如默会知识（tacit knowledge）、创业教育、金融知识等。那么，电子商务在农村的兴起是否影响多维知识对农民创业行为的作用效果？他们使用中国家庭追踪调查（CFPS）数据和阿里巴巴电子商务发展指数 a - EDI 对此问题进行了分析。研究结果表明，电子商务的发展削弱了学历教育对农民创业的影响，放大了默会知识的影响。此外，如果农民选择的是在资本密集型行业创业，那么电商环境并不会改变多维教育对农民创业的影响；但是，如果农民是在劳动密集型行业创业的话，那么电商环境会显著削弱学历教育、互联网教育对农民创业的影响。本文的研究提出了互联网对个体创业发挥作用的一个间接渠道，即互联网通过影响教育进而影响创业，对个体创业行为间接地产生作用。陈转青、董晓舟则以淘宝卖家为例，对网络创业者的战略导向进行了分析。③ 他们认为，网络个体创业者的战略

---

① 龚诗阳、李倩、余承镛：《在线社交对消费者需求的影响研究——基于网络视频产业的实证分析》，《中国软科学》2017 年第 6 期。

② 王金杰、李启航：《电子商务环境下的多维教育与农村居民创业选择——基于 CFPS 2014 和 CHIPS 2013 农村居民数据的实证分析》，《南开经济研究》2017 年第 6 期。

③ 陈转青、董晓舟：《网络个体创业者的战略导向与利润的关系——基于淘宝卖家的营销资源异质性分析》，《经济管理》2017 年第 2 期。

导向就是对其自身的定位，核心是网络个体创业者根本性的经营理念是什么，包括对自身竞争优势的判断以及如何看待与消费者的关系等基本问题。他们主要关注了创业者战略定位中的市场导向和创业导向，收集了近千份针对淘宝卖家的调研问卷，对这两种导向的实际作用进行了对比分析。研究表明，不论淘宝卖家的营销资源如何，市场导向总是能够增加他们的利润；但是，创业导向对淘宝卖家利润的影响受到他们自身营销资源多寡的影响。

周广肃、孙浦阳则研究了互联网使用对居民幸福感的影响。① 基于马斯洛需求层次理论，他们提出并验证了互联网影响居民幸福感的三种渠道：物质需求渠道、精神需求渠道以及主观评价渠道。基于中国家庭追踪调查（CFPS）的数据研究表明，整体而言，互联网的使用提高了中国居民的幸福感，削弱了物质收入对居民幸福感的边际效果，也就是说，互联网的使用使得居民不那么看重物质享受。进一步的分析表明，互联网对居民幸福感的作用会因居民个人特征的不同而存在显著差异，导致这种作用主要存在于中等收入、中等教育和社会资本较少的人群。

朱良杰等通过对数字世界价值共创相关文献的梳理，总结了数字时代价值共创的基本规律。② 随着消费者参与意识的增强，消费者不再被认为是企业价值被动的接受者。随着数字技术的发展，消费者的参与程度发生了重大变化，价值共创在数字世界呈现出新的特点。朱良杰等对代表性文献进行了初步的整理。他们首先对数字世界的价值共创的核心内涵和创新内容进行了总结，从价值创造关系、价值创造的互动方式、价值创造的体验、价值创造的融入程度、价值创造的控制权或授权、消费者角色等六大方面对传统的价值共创现象与数字世界的价值共创现象进行了详细的比较。随后，他们从互动、融入、授权三个核心维度对数字世界价值共创的相关文献进行了述评。

---

① 周广肃、孙浦阳：《互联网使用是否提高了居民的幸福感——基于家庭微观数据的验证》，《南开经济研究》2017 年第 3 期。

② 朱良杰、何佳讯、黄海洋：《数字世界的价值共创：构念、主题与研究展望》，《经济管理》2017 年第 1 期。

最后，他们重点梳理了社交媒体的价值共创、品牌社群的价值共创、数字世界的价值共创与品牌创建等三大研究主题。通过文献梳理，他们指出，数字世界的价值共创虽然已经取得了相当的研究成果，但仍然存在不少的研究空白，学界仍然需要继续予以关注和研究。

2. 互联网对企业行为的影响

李兵、李柔使用中国工业企业数据和海关数据，研究了互联网使用与企业出口之间的关系。① 他们指出，互联网的使用降低了信息成本，因而降低了国际贸易的交易成本，因此对企业出口产生了显著的促进作用。具体而言，企业使用互联网（比如建立主页与拥有电子邮箱）对企业出口额有显著的提升作用，而且对企业内广延边际也有正向影响，即增加了企业出口商品的种类。此外，互联网的使用也提高了企业间广延边际，即促使更多的企业进行出口。这表明，互联网的使用对于促进我国企业进一步开拓国际市场、参与国际分工具有重要意义。

阮荣平等则以新型农业经营主体为例，研究了互联网背景下的信息获取、信息需求与信息供给的匹配问题。他们使用全国范围内 1394 个新型农业经营主体调查数据，对互联网背景下新型农业经营主体的信息获取行为进行了系统研究。② 他们的分析表明，就总体而言，伴随着互联网技术的广泛应用，新型农业经营主体均已具备了一定的互联网信息获取手段，但是不同主体间差异较为明显；从互联网信息的内容来源看，他们获取的大部分信息都是政府发布的，从市场中获得的信息较少；从信息需求、供给的匹配度上看，相当一部分经营主体所得信息与所需信息之间匹配程度不高。这表明，为了进一步推动农业的现代化和信息化，必须要重视农业经营主体的信息需求、提高供给与需求匹配程度，进一步发挥市场在信息供给中的重要作用。

---

① 李兵、李柔：《互联网与企业出口：来自中国工业企业的微观经验证据》，《世界经济》2017 年第 7 期。
② 阮荣平、周佩、郑风田：《"互联网 +"背景下的新型农业经营主体信息化发展状况及对策建议——基于全国 1394 个新型农业经营主体调查数据》，《管理世界》2017 年第 7 期。

杨德明、陆明以上市公司为例，研究了互联网商业模式对公司审计费用的影响。[①] 互联网商业模式出现时间并不长，不少公司仍然不够熟悉，所以对它们而言会增加审计的固有风险。同时，互联网商业模式本身比较灵活，所以也会增加审计人员的工作成本。因此，他们的研究表明，随着公司对互联网商业模式采用得越多，公司的审计成本变得越高。不过，随着互联网技术在社会的广泛应用，企业对互联网模式越来越熟悉，互联网对审计成本的影响作用显著下降。

"购买还是制造"（buy or make）是企业经营中面临的一个基本问题，也是企业理论的核心问题之一。万兴、杨晶以电影市场为例，研究了影院选择不同的互联网平台对其绩效的影响。[②] 在现实中，影院既可以选择加入自己所属院线自建的网络平台，也可以加入类似猫眼、格瓦拉、时光网、百度糯米、淘票票等第三方电影平台。他们的研究表明，影院通过加入第三方平台，确实能够吸引更多的观众、提高影院的收入，而且当影院与院线一体化程度较低时，影院加入的第三方平台越多（即作者所说的平台多属），影院收入越高；当影院与院线一体化程度较高时，影院能够享受更多的内部化所带来的好处，因此影院加入院线自建平台能够提高绩效。

叶伟巍从知识产权保护的角度对网络众包现象进行了分析。[③] 他指出，网络众包不同于以往的外包，外包有明确的发包方和接包方，都是企业法人，权利义务很明确；而网络众包面向的是个人的网络创客，可能分布在世界各地，权利义务不容易明确，存在知识产权泄露的风险。这种风险既来自网络创客的智力成果可能得不到有效保护，也来自发包方可能在发包阶段的技术泄露。因此，需要进行针对性的知识产权保护制度建设，以更好地促进网络众包的发展。

① 杨德明、陆明：《互联网商业模式会影响上市公司审计费用么?》，《审计研究》2017年第6期。
② 万兴、杨晶：《互联网平台选择、纵向一体化与企业绩效》，《中国工业经济》2017年第7期。
③ 叶伟巍：《激励众包网络化创新的知识产权制度研究》，《管理世界》2017年第6期。

有学者还研究了互联网经济中企业的社会责任问题。随着互联网技术的发展，企业社会责任（CSR）也开始逐渐和互联网密切接触，虚拟 CSR 共创行为应运而生。樊帅等基于社会存在感理论，通过收集问卷对消费者参与虚拟 CSR 的动机进行了分析。[1] 研究证实，虚拟 CSR 共创对虚拟社区认同确实存在正向影响，这种正向影响既可能来自于利己动机，也可能来自利他动机，且自我展示通过社会存在感调节了实用价值和享乐价值对虚拟社区认同的影响。

（三）互联网对宏观经济的影响

互联网技术的发展不仅极大地改变了微观主体的行为，也对宏观经济发展产生了重大影响。但就总体而言，2017 年我国学界针对互联网经济的宏观层面研究比微观层面研究要少很多。

刘亚军、储新民以"淘宝村"为例，研究了互联网发展如何推动包容性增长。[2] 按照阿里研究院的定义，如果一个农村地区的行政村能够被称为"淘宝村"，即它的电子商务年交易额在 1000 万元以上，本村活跃网店数量达到 100 家以上，或者活跃网店数量达到当地家庭户数的 10% 以上。[3] 截至 2016 年，全国出现了 1000 多家"淘宝村"，"淘宝村"的出现带动了各地经济的发展，走出了包容性发展的新路。他们总结了"淘宝村"的发展路径，指出它是互联网技术对传统农村进行彻底改造后的产物，这种发展路径具有自组织性、变异的彻底性和弱的路径依赖性，同时企业家精神是"淘宝村"出现的内生动力。"淘宝村"的出现，是互联网技术推动经济发展的一个生动例证，也为农村地区如何在互联网时代进行跨越式发展提供了新的思路。

---

[1] 樊帅、杜鹏、田志龙、程师：《互联网 + 公益背景下虚拟共创行为的影响研究》，《宏观经济研究》2017 年第 7 期。

[2] 刘亚军、储新民：《中国"淘宝村"的产业演化研究》，《中国软科学》2017 年第 2 期。

[3] 阿里研究院：《中国淘宝村研究报告（2014）》，http://www.aliresearch.com/blog/article/detail/id/20049.html。

李雅楠、谢倩芸则使用2004～2011年的中国营养与健康调查（CHNS）数据，研究了互联网使用对于个人工资收入及整体工资差距的影响。[①] 她们认为，互联网对社会整体工资差异的影响主要来自两个方面：一是互联网使用比例的变化，二是使用互联网所带来的收益率本身的变化。研究表明，互联网的使用对工资率的影响显著为正，且对高中文化程度的居民影响最大，即使排除了自选择效应后依然如此；互联网的使用也有助于减小整体的收入差异，互联网使用收益率的下降在一定程度上可以解释这种效应。

（四）互联网商业模式研究

2017年我国经济学界对互联网商业模式的研究主要围绕着平台经济和共享经济两大主题展开。

1. 平台经济研究

平台企业是典型的互联网经济形式，所以对平台企业的研究一直是互联网经济研究的热点之一。汪旭辉、张其林对平台型电商企业声誉的构建与管理机制进行了分析。[②] 他们认为，平台型电商企业的声誉由平台企业本身与平台内进驻的卖家共同创造与分享，是共创的价值。当然，总体而言，平台企业在平台声誉建立与管理过程中具有主导权。在平台企业声誉建立之后，平台企业可以通过社会信号效应、社会网络效应将自身的声誉传递给平台卖家。同时，平台卖家的声誉也会对平台自身声誉产生影响。因此，平台企业需要进行声誉管理，平台企业可以通过市场化、产业化和行政化等方案来对平台卖家进行管理，维护平台声誉。

汪旭辉、张其林等对平台企业"柠檬问题"存在的机理与应对方案进行了研究。[③] 他们认为，平台企业对解决信息不对称问题有很大的帮助，但

---

① 李雅楠、谢倩芸：《互联网使用与工资收入差距——基于CHNS数据的经验分析》，《经济理论与经济管理》2017年第7期。

② 汪旭辉、张其林：《平台型电商声誉的构建：平台企业和平台卖家价值共创视角》，《中国工业经济》2017年第11期。

③ 汪旭辉、张其林：《平台型网络市场中的"柠檬问题"形成机理与治理机制——基于阿里巴巴的案例研究》，《中国软科学》2017年第10期。

是它本身也会产生新的"柠檬问题",主要原因是平台企业存在信息超载、信息衰减和信息投机,进而产生了新的信息不对称问题。此外,在围绕平台企业展开的诸多委托代理关系中,平台企业与平台卖家之间的委托代理、平台卖家与买家之间的委托代理也并不有效。因此,平台企业仍然存在"柠檬问题"。对于平台企业的"柠檬问题",需要充分发挥平台企业本身的治理作用,充分发挥市场、政府和平台三方的协同作用,共同解决"柠檬问题"。

孙浦阳等从价格角度研究了电子商务交易平台对于市场交易的影响。[①]从理论上说,电子商务交易平台降低了消费者的搜寻成本,提高了需求与供给的匹配程度,有助于市场效率的提高,进而导致市场价格的下降。但是,电子商务交易平台对不同类型的商品价格可能存在差异性影响。孙浦阳等的研究从理论和实证两方面证明,消费者搜寻效率的提升对商品价格的影响会因初始价格不同而存在异质性:对于原来价格较高的商品而言,消费者通过电商平台提高了搜寻效率,会导致商品价格下降;但是,如果商品一开始价格就较低的话,搜寻效率的提升反而会带来商品价格的提升。

张新香、胡立君从信任构建和信任迁移角度对 O2O 商业模式进行了分析。[②] 他们认为,O2O 商业模式的成功,依赖于线上线下的深度融合与无缝对接,依赖"引流—转化—消费—反馈—留存"的完整闭环,而这个完整闭环的实现是由线上线下之间的信任迁移驱动形成的。他们以农村旅游 O2O 为研究对象,收集了 256 份有效问卷对 O2O 中的信任迁移进行了研究。研究表明,由于消费者相信线上平台对线下商家具有约束力,消费者的线上初始信任非常重要,这使得信任迁移变成可能。此外,他们的研究还表明,线上信任对线下信任的迁移,是通过在线评价有效性、在线信息有效性等渠道实现的。

---

① 孙浦阳、张靖佳、姜小雨:《电子商务、搜寻成本与消费价格变化》,《经济研究》2017 年第 7 期。
② 张新香、胡立君:《O2O 商业模式中闭环的形成机制研究——基于信任迁移的视角》,《经济管理》2017 年第 10 期。

2. 共享经济研究

史竹琴等通过对沈阳机床厂的案例分析，对智能生产共享商业模式进行了较为深入的研究。[①] 沈阳机床厂在传统制造时期已经是我国第一大机床制造厂，2014年沈阳机床厂通过与科研单位的联合攻关，成功发布了全球首台智能数据机床——i5智能化数据系统。通过这种颠覆性的技术创新和商业模式创新，沈阳机床厂改变了自身的战略定位，实现了从传统生产制造商到现代工业服务商的成功转型。沈阳机床的i5智能共享平台实现了操作、服务、编程与诊断的智能化，同时通过互联网平台开展融资性和经营性租赁，让客户能够以低成本参与智能生产共享平台。他们详细分析了智能生产共享模式的价值主张、价值洞察、价值创造、价值传递、可持续价值获取及价值体系的运行机制，对传统制造业如何借助互联网技术实现战略转型提出了相关建议。

杨学成、涂科以优步为例，对共享经济的用户价值共创机理进行了分析。[②] 他们通过访谈、参与式观察、收集二手数据等多种方式收集了相关资料，从用户连接、用户接触、用户分离3个阶段，对价值共创的影响因素、价值共创模式进行了初步分析。他们的研究发现，在不同的价值创造阶段，价值创造的逻辑会因交易主体对价值创造的主导程度不一样而改变：在用户连接、用户接触阶段，用户是主导者，因而价值创造遵循着用户主导逻辑；而在用户分离阶段，平台是主导者，因而服从的是供应方主导逻辑。甄艺凯同样对网约车行业进行了研究，不过他关注的焦点是2016年各地纷纷实行的网约车新政所带来的福利后果。[③] 2016年7月交通运输部、工业和信息化部、公安部、商务部、工商总局、质检总局和国家网信办等部门联合发布《网络预约出租汽车经营服务管理暂行办法》，对网约车行业进行规范。

---

① 史竹琴、蔡瑞林、朱先奇：《智能生产共享商业模式创新研究》，《中国软科学》2017年第6期。

② 杨学成、涂科：《出行共享中的用户价值共创机理——基于优步的案例研究》，《管理世界》2017年第8期。

③ 甄艺凯：《网约车管制新政研究》，《中国工业经济》2017年第8期。

随后，北京、上海等城市纷纷跟进，发布实施细则，对网约车进行更加严格的管理。比如，北京市的实施细则要求京人京车（北京市户籍司机驾驶的北京牌照车辆），同时对车辆性能也做了一定要求。网约车新政的实行对于规范网约车运营、缓解城市交通拥堵有很大作用，但是也极大地减少了网约车的供应数量。甄艺凯通过模型分析表明，网约车新政对社会福利带来了一定程度的负面影响，事实上可以用数量上限管制或价格管制来进行替代。

蔡宁等以滴滴出行为例，对互联网企业如何在现有制度约束下进行跨界经营展开了研究。[①] 众所周知，互联网企业拥有技术优势，这也成为它们跨界经营的资本。但是，目前不少行业仍然面临比较严格的进入管制，比如金融行业、城市出租车行业等。在这种制度压力情况下，互联网企业该如何进行跨界经营或者说跨界创业呢？蔡宁等指出，在存在制度压力的情况下，互联网公司需要因地制宜，在合法性机制和效率机制上进行平衡。以滴滴出行为例，它在创立之初更多的是考虑合法性机制，通过只提供信息中介服务的方式"嵌入"出租车市场建立品牌，然后再使用效率机制"能动"地进入专车、快车市场，最后再进入顺风车市场。滴滴出行的发展壮大，为互联网企业如何在现有制度约束下展开跨界经营提供了一个可行的思路。

二　互联网金融研究

（一）互联网金融参与主体研究

从已有研究来看，对互联网参与主体的研究主要集中在一个问题，那就是互联网金融的参与者是否存在非理性行为？

[①] 蔡宁、贺锦江、王节祥：《"互联网＋"背景下制度压力与企业创业战略选择——基于滴滴出行平台的案例研究》，《中国工业经济》2017 年第 3 期。

胡金焱、宋唯实以P2P贷款中投资者的行为为例对此问题进行了研究，并给出了否定的回答。[①] 他们通过构建理论模型表明，如果投资者是以收益最大化为目标的理性人，那么他们对网络贷款存在一个最偏好的利率水平。随后，他们使用P2P贷款平台"人人贷"超过14万笔的数据，对上述结论进行了实证检验。实证结果表明，投资者的行为表明确实存在一个最偏好的利率区间（样本中的最优利率水平在12%～13%），这是投资者在风险和收益之间进行权衡后得到的最优利率水平。因此，从分析结果上，互联网金融的投资者并没有出现过度狂热或者过度保守，而是非常理性的投资者。

高铭等的研究同样使用了P2P贷款平台"人人贷"的数据，不过他们是从"性别效应"（gender effect）的角度入手来分析投资者的行为是否理性。[②] 通过对"人人贷"平台超过5000名投资者的行为分析，他们发现，男性投资者的收益显著比女性投资者要低。进一步的分析表明，男性投资者收益低是因为他们的换手率更高，导致了更高的交易成本，进而降低了他们投资的收益率。那么，为什么男性换手率更高呢？研究指出，男性投资者换手率更高，不是他们具有更高的风险偏好，也不是他们的预算约束更紧，而是他们对自己过度自信，进而导致了过度的交易行为。因此，高铭等从性别效应的角度证明，P2P市场中投资者存在非理性的投资行为。

向虹宇等则从注意力的角度对P2P市场中投资者行为进行了分析。[③] 注意力是人的大脑处理信息的能力，显然在一定时间内是宝贵的稀缺资源。随着需要处理信息的增加，投资者的注意力会下降，就会对某些信息视而不见。通过对P2P贷款平台"人人贷"数据的分析，向虹宇等指出，随着可

---

① 胡金焱、宋唯实：《P2P借贷中投资者的理性意识与权衡行为——基于"人人贷"数据的实证分析》，《金融研究》2017年第7期。

② 高铭、江嘉骏、陈佳、刘玉珍：《谁说女子不如儿郎？——P2P投资行为与过度自信》，《金融研究》2017年第17期。

③ 向虹宇、廖理、王正位：《注意力与P2P投资者投资决策——来自人人贷的证据》，《经济学报》2017年第3期。

贷款项目数量的增加，投资者的注意力会集中在名义利率上，而其他的贷款信息则会被投资者所忽视，因为这些信息要么被放在不起眼的地方，要么投资者不能准确理解它们对项目风险与收益的意义。随着投资者注意力的下降，他们对高名义利率的追逐、对非利率信息的忽视，最终导致了他们的投资行为会出现偏差，出现了非理性的投资行为。

周勤等的研究结论似乎更加符合人们的直觉。他们对互联网股权众筹中项目发起方在确定其控股比例过程中是否存在"锚定效应"（anchoring effect）进行了深入分析。他们首先通过构建博弈模型，探寻了"锚定效应"可能存在的原因。随后他们以 243 个 2014 年 11 月 1 日至 2016 年 2 月 29 日"人人投"平台上发布的股权众筹项目为样本，对是否存在锚定效应进行了实证检验。研究结果表明，项目发起方确定项目控股比例的过程确实存在锚定效应，且新上线项目主要以前一批次上线项目的控股比例平均值作为"锚值"。当然，他们的研究也发现，随着国内股权众筹市场的逐渐成熟，锚定效应逐渐变弱，这意味着投资者的行为变得愈发的理性。[①]

（二）互联网金融运行模式研究

传统金融行业对基础设施有很强的依赖性，由于我国地区经济发展程度差异较大，东部地区金融业的发展水平远远高于西部地区。那么，以去中心化、消解了时间和空间限制为特征的互联网金融发展是否能够突破传统金融行业的时空限制，使得西部地区能够异军突起、跻身金融发展的第一梯队呢？姚耀军、施丹燕的研究表明，互联网金融的发展在很大程度上仍然对传统金融有依赖，不能高估它的作用；但是，在传统的金融欠发达地区，合理的政府干预确实可以使得互联网金融在一定程度上摆脱对传统金融的路径依赖，当然这种助推作用也不应该被夸大。[②]

何启志、彭明生则从中小企业发展的角度，研究了互联网金融对实体经

---

① 周勤、车天骏、庄雷：《股权众筹、控股比例和锚定效应》，《财贸经济》2017 年第 10 期。
② 姚耀军、施丹燕：《互联网金融区域差异化发展的逻辑与检验——路径依赖与政府干预视角》，《金融研究》2017 年第 5 期。

济的实际作用。① 对比传统金融行业，由于互联网技术能够降低交易成本，从直觉上说能够对中小企业的发展提供资金支持。但是，遗憾的是，实证研究的结果表明，互联网金融的发展并没有显著改善中小企融资难的问题，反而对股票市场具有一定的促进作用。这意味着，从对中小企业的支持角度而言，互联网金融并不比传统金融业做得更好。

金融排斥（financial exclusion）现象在互联网金融中是否存在？互联网金融的发展是否缓解了弱势群体的金融排斥现象？何婧等通过对广西、四川和贵州三个省份 6 个县近千户农民的互联网金融使用状况进行调研，对上述两个问题给出了初步回答。② 他们的研究发现，相对于传统金融行业来说，互联网金融具有手续简单、信息成本低等优势，但是对于贫困农户来说，农户的使用能力限制了互联网金融功能的发挥，互联网金融相对于传统金融而言成为锦上添花的产品，还没有实现对贫困人群的"雪中送炭"功能。从这个意义上讲，互联网金融对弱势群体的金融支持功能还未得到充分的发挥，还需要政府予以积极地引导，特别是需要对农户进行关于互联网、互联网金融等方面知识的培训，让他们了解互联网金融，这样互联网金融离农户才能越来越近。

王博等的研究则得出了与何婧等不同的结论。③ 他们使用"人人贷"的微观借贷数据，研究互联网金融的发展是否能够解决长尾群体的借贷难题。在传统金融行业中，由于存在严重的信息不对称以及高昂的交易成本，缺乏可证实的硬信息（比如学历、车房等信息）的长尾人群是被忽视的对象，他们的金融需求往往得不到满足。由于技术优势的存在，互联网金融的发展为满足这些群体的金融需求提供了可能。那么，现实情况是否如此呢？通过对"人人贷"微观数据的实证分析，王博等的研究表明，对互联网借

---

① 何启志、彭明生：《互联网金融、股票市场与中小企业发展》，《财政研究》2017 年第 9 期。
② 何婧、田雅群、刘甜、李庆海：《互联网金融离农户有多远——欠发达地区农户互联网金融排斥及影响因素分析》，《财贸经济》2017 年第 11 期。
③ 王博、张晓玫、卢露：《网络借贷是实现普惠金融的有效途径吗——来自"人人贷"的微观借贷证据》，《中国工业经济》2017 年第 2 期。

贷而言，即使长尾人群缺乏硬信息，成功的历史借贷记录、贷款归还比例等软信息对他们获得贷款仍然很有帮助，且在一定程度上与硬信息是替代关系。这表明，互联网金融的发展确实在一定程度上能够实现普惠金融的目标。

刘洋、王会战以20个代表性P2P平台为样本，采用因子分析法对P2P平台可能存在的风险进行了分析，并根据风险大小对这20个平台进行了排序。[1] 具体而言，他们从各种可能影响风险的变量中提取了4个公共因子，分别是平台运营因子、平台交易因子、潜在风险因子、借款影响因子，在此基础上构造加权综合因子函数，再根据此函数得到各个P2P平台的得分与排名。从影响因子的权重来看，平台运营因子的权重最高，高达38.45%，显示运营能力对P2P平台的风险影响最大；其次，P2P平台的综合排名与单个因子排名差异很大，显示现有的P2P平台大多只关注风险防控的个别方面，综合防控能力不足。

张海洋则对P2P不同运行模式的经济逻辑进行了解释。[2] 他观察到，从世界范围来看，P2P贷款主要存在两种运营模式：一种是以中国、英国为代表，贷款平台不仅仅提供信息中介服务，往往还对贷款项目进行担保；另一种是美国模式，贷款平台仅提供信息中介服务，不提供任何担保。为什么这两种模式存在这么大的差异呢？他给出的解释是，监管方式和信息披露制度的不同：美国对P2P行业是按照证券业监管，强制要求平台披露每笔借款的信息；而中国、英国两国目前是由行业协会自律监管，也没有强制性的信息披露要求。从经济学的逻辑上看，这两种监管方式可能带来的风险是不一致的：强制披露可能带来道德风险问题，否则可能带来逆向选择问题。他随后使用道德风险模型和信号博弈模型对这两种运行模式进行了分析。通过比较，他指出，美国的P2P运行模型更有利于充分发挥互联网金融的功能，值得我们学习和借鉴。

---

① 刘洋、王会战：《互联网视角下我国民间借资的风险评价与控制》，《宏观经济研究》2017年第3期。
② 张海洋：《信息披露监管与P2P借贷运营模式》，《经济学季刊》2017年第1期。

随着金融平台的发展，一些新的业务开始逐渐出现。比如，在 P2P 贷款上，一些平台通过汇集投资者资金，也开始参与投资。周雄伟等以拍拍贷平台"拍活宝"为例，对此现象进行了初步研究[①]。他们指出，由于羊群效应的存在，平台参与投资会使投资者进行跟随，进而会减少融资所需的时间。此外，平台参与投资具有信号传递功能，这也会减少融资所需的时间。进一步的分析表明，平台参与投资所带来的融资效率提升表现非常稳定，并不会因融资规模、风险程度的变化而变化。这意味着，在目前环境下，平台参与投资对 P2P 行业效率的提升具有帮助作用。

三　互联网治理研究

（一）互联网本身的治理

孙宝文等对传统的"三阶段"反垄断理论是否适用于互联网行业指出，[②] 依据传统的判断标准，阿里巴巴、百度、京东等大型互联网公司已经占据了大部分市场份额，似乎有必要引起反垄断部门的关注了；但是，需要注意的是，垄断的市场结构并不必然带来垄断势力，传统的"三阶段理论"也并不适合于分析互联网行业。因为，无论是从微观的生态竞争还是从行业的分层垄断竞争结构来看，相关市场界定的方法都不适合用于分析互联网行业；对垄断势力的实证测量显示，互联网行业中并不存在垄断势力；对互联网行业的福利分析也显示，互联网行业的垄断结构并没有造成社会福利的损失，甚至可能还有所增加。这表明，对于互联网行业的市场结构还需要在学理上进行更深入的分析，在此基础上才能提出符合社会福利最大化要求的管制政策，切不可简单照搬传统行业的反垄断政策。

---

① 周雄伟、朱恒先、李世刚：《"平台参与投资"与 P2P 筹资效率——基于拍拍贷平台"拍活宝"数据的经验研究》，《中国工业经济》2017 年第 4 期。

② 孙宝文、荆文君、何毅：《互联网行业反垄断管制必要性的再判断》，《经济学动态》2017年第 7 期。

唐晓彬等以网络突发事件的管控为例，针对如何更好地进行互联网治理，① 按照时间顺序，从网络事件发生前、发生中和发生后 3 个阶段来逐一探究合理的网络治理策略。他们认为，在网络突发事件发生前的策略应是提高网民素质，营造良好的网络氛围，建立多部门信息共享的平台；在网络突发事件发生中，政府应及时做好舆论的甄别和引导工作，第一时间进行权威发布，尽快做到信息透明化；在网络事件发生后，要对事件进行总结，加快针对网络突发事件的法律法规建设。

（二）互联网与政府治理

王衡、季程远研究了居民上网行为对其非制度化政治参与行为的影响。② 通过对 1953 名网民的样本进行分析，他们指出，上网经历是否增加居民的非制度化政治参与行为与其对网络的"使用目的"和"信息偏好"密切相关，而且受其政治信任、民主观念等政治态度的影响。研究结果表明，社交型网络使用、时政类网络信息偏好显著地提高了网民非制度化政治参与的可能性，而自我型网络使用则对其线下非制度化政治参与具有一定的抑制作用。有趣的是，他们的研究还发现，特定型政治信任（对中央和地方政府的信任）不仅没有抑制反而促进了网民的非制度化政治参与。他们给出的解释是，之所以居民出现"越信任、越参与"的奇怪现象，是因为一方面居民的某些诉求在目前的体制下得不到满足，另一方面居民又对政府有着较高的信任，所以才有非制度化政治参与。这意味着，我们需要健全居民诉求表达机制，以减少居民的非制度化政治参与行为。

刘成奎、徐啸研究了以互联网为代表的新兴信息通信技术（Information Communication Technology，ICT）对政府财政回应的影响③。政府财政回应

---

① 唐晓彬、魏超然、周志敏、董莉、刘敦虎：《网络突发事件的传播与控制策略研究》，《管理世界》2017 年第 8 期。
② 王衡、季程远：《互联网、政治态度与非制度化政治参与——基于 1953 名网民样本的实证分析》，《经济社会体制比较》2017 年第 4 期。
③ 刘成奎、徐啸：《ICT 发展是否增强地方政府财政回应性》，《经济理论与经济管理》2017 年第 8 期。

（government response）指的是政府的财政支出与居民需求之间的匹配程度。一般认为，信息通信技术的使用对政府财政回应具有积极影响。然而，现代互联网 ICT 和传统 ICT 在信息生产、传播方式中存在巨大差异，而且对于我国消费者而言，他们使用互联网 ICT 以反应诉求的可能性要远远大于传统 ICT。因此，需要认真分析互联网 ICT 的发展和广泛使用究竟对我国的财政回应具有何种影响。他们的研究表明，互联网 ICT 的广泛应用，显著增加了政府福利性支出在财政总支出中的比重，降低了政府公共安全支出、基本建设支出的比重，而以报刊普及率为代表的传统 ICT 技术的应用则要么影响不显著，要么影响方向完全相反。

谢波峰梳理了"互联网＋""互联网＋政务"概念的由来与发展，总结了我国税务部门"互联网＋"的主要做法，对未来我国如何进一步推进"互联网＋税务"提出了相应的政策建议。他指出，为了加快实现"互联网＋政务"的发展蓝图，必须要提升"互联网＋税务"的战略定位，更新建设理念，完善顶层设计，规范建设标准。[①]

张海波研究了大数据技术、大数据思维对社会治理的影响。[②] 他指出，大数据驱动本质是信息驱动，大数据驱动的社会治理是中国社会治理的方向，它是大数据思维在社会治理中的应用。之所以大数据驱动的社会治理是未来社会治理的重要方向，是因为目前社会治理中存在的"数据孤岛"、居民治理体验不佳、治理参与度低等问题都可以通过使用大数据技术，驱动整体性治理、精准化治理和参与式治理得到缓解。当然，在应用大数据驱动社会治理的过程中，需要我们突破信息技术、文化约束、制度约束和结构约束，才能使大数据驱动社会治理真正落地生根。

游宇等人使用世界价值观调查（World Value Survey）数据，研究了互联网兴起对特定政府机关信任程度的影响。[③] 他们指出，从 20 世纪后半叶

---

① 谢波峰：《"互联网＋税务"的内在逻辑及蓝图构建浅析》，《财贸经济》2017 年第 2 期。
② 张海波：《大数据驱动社会治理》，《经济社会体制比较》2017 年第 3 期。
③ 游宇、王正绪、余莎：《互联网使用对政治机构信任的影响研究：民主政治的环境因素》，《经济社会体制比较》2017 年第 1 期。

开始，随着技术和经济的发展，各国居民普遍对政府变得"挑剔"起来，互联网的发展则加剧了"批判性公民"（critical citizens）文化的兴起。他们的研究表明，就世界整体而言，居民使用互联网的频率越高，他们对特定政府机关的信任程度越低，而传统媒体的作用则完全相反。同时，互联网对居民特定政治信任的削弱作用会因国家的政治环境不同而存在显著差异。

（三）互联网与公司治理

杨晶等对网络舆论的公司治理作用进行了研究。[①] 他们认为，网络舆论作为公司外部的监督力量，能够对经理人的行为造成影响，进而提高公司运行的效率。企业之所以在意网络舆论，是因为网络舆论能够引起行政机关的关注，特别是网络关注度较高的负面新闻可能会导致政府对企业的干预，这使得网络舆论对企业行为具有监督作用。此外，网络舆论能够影响公司和经理人的声誉，这是网络舆论发挥公司治理功能的另一个渠道。他们收集了2008~2013年东方财富网上的超过6000万条帖子的数据，结合上市公司数据对此进行了实证分析。研究表明，网络舆论对国有企业确实具有公司治理作用，体现在网络负面舆论可以提高国有上市公司高管薪酬对会计业绩和市场业绩的敏感度，也缩小了公司高管与员工的薪酬差距；但是，网络舆论对非国有企业的公司治理作用并不明显。

余晓敏、李娜对在线慈善企业的代表——"善淘网"的运营与治理模式进行了案例分析。[②] 善淘网（www.shantaowang.com）于2011年正式上线，是在上海民政局正式登记注册的、国内首家在线慈善商店。从财务的角度看，善淘网作为慈善商店，基本做到了收支平衡，还略有盈余。它的收入来源分为两类：一类是自营性收入，主要包括捐赠物品和公益产品的销售收入，这是善淘网的主要收入来源；另一类是项目性收入，即公益捐助。从公

---

① 杨晶、沈艺峰、李培功：《网络负面舆论对高管薪酬公平与效率的影响》，《经济管理》2017年第2期。
② 余晓敏、李娜：《社会企业型在线慈善商店的创新模式分析——基于"善淘网"的案例研究》，《经济社会体制比较》2017年第5期。

司治理的角度而言，善淘网采用的是利益相关者（stake holder）的治理模式，而没有采用股东（share holder）治理模式，这种模式对于慈善企业来说能够更大程度地激发公众参与热情，创造更好的社会效益。

参考文献

阿里研究院：《中国淘宝村研究报告（2014）》，http：//www. aliresearch. com/blog/article/detail/id/20049. html。

蔡宁、贺锦江、王节祥：《"互联网＋"背景下制度压力与企业创业战略选择——基于滴滴出行平台的案例研究》，《中国工业经济》2017年第3期。

陈转青、董晓舟：《网络个体创业者的战略导向与利润的关系——基于淘宝卖家的营销资源异质性分析》，《经济管理》2017年第2期。

戴克清、陈万明、李小涛：《共享经济研究脉络及其发展趋势》，《经济学动态》2017年第11期。

樊帅、杜鹏、田志龙、程师：《互联网＋公益背景下虚拟共创行为的影响研究》，《宏观经济研究》2017年第7期。

高铭、江嘉骏、陈佳、刘玉珍：《谁说女子不如儿郎？——P2P投资行为与过度自信》，《金融研究》2017年第17期。

龚诗阳、李倩、余承铗：《在线社交对消费者需求的影响研究——基于网络视频产业的实证分析》，《中国软科学》2017年第6期。

何婧、田雅群、刘甜、李庆海：《互联网金融离农户有多远——欠发达地区农户互联网金融排斥及影响因素分析》，《财贸经济》2017年第11期。

何启志、彭明生：《互联网金融、股票市场与中小企业发展》，《财政研究》2017年第9期。

胡金焱、宋唯实：《P2P借贷中投资者的理性意识与权衡行为——基于"人人贷"数据的实证分析》，《金融研究》2017年第7期。

李兵、李柔：《互联网与企业出口：来自中国工业企业的微观经验证据》，《世界经济》2017年第7期。

李雅楠、谢倩芸：《互联网使用与工资收入差距——基于CHNS数据的经验分析》，《经济理论与经济管理》2017年第7期。

刘成奎、徐啸：《ICT发展是否增强地方政府财政回应性》，《经济理论与经济管理》2017年第8期。

刘亚军、储新民：《中国"淘宝村"的产业演化研究》，《中国软科学》2017年第2期。

刘洋、王会战：《互联网视角下我国民间借资的风险评价与控制》，《宏观经济研究》2017 年第 3 期。

米哈埃拉·西米欧奈斯库、克劳斯·F. 兹姆曼：《大数据与失业分析》，《中国人民大学学报》2017 年第 6 期。

阮荣平、周佩、郑风田：《"互联网＋"背景下的新型农业经营主体信息化发展状况及对策建议——基于全国 1394 个新型农业经营主体调查数据》，《管理世界》2017 年第 7 期。

史竹琴、蔡瑞林、朱先奇：《智能生产共享商业模式创新研究》，《中国软科学》2017 年第 6 期。

孙宝文、荆文君、何毅：《互联网行业反垄断管制必要性的再判断》，《经济学动态》2017 年第 7 期。

孙浦阳、张靖佳、姜小雨：《电子商务、搜寻成本与消费价格变化》，《经济研究》2017 年第 7 期。

唐晓彬、魏超然、周志敏、董莉、刘敦虎：《网络突发事件的传播与控制策略研究》，《管理世界》2017 年第 8 期。

向国成、钟世虎、谌亭颖、邓明君：《分享经济的微观机理研究：新兴古典与新古典》，《管理世界》2017 年第 8 期。

万兴、杨晶：《互联网平台选择、纵向一体化与企业绩效》，《中国工业经济》2017 年第 7 期。

汪旭晖、张其林：《平台型网络市场中的"柠檬问题"形成机理与治理机制——基于阿里巴巴的案例研究》，《中国软科学》2017 年第 10 期。

汪旭辉、张其林：《平台型电商声誉的构建：平台企业和平台卖家价值共创视角》，《中国工业经济》2017 年第 11 期。

王博、张晓玫、卢露：《网络借贷是实现普惠金融的有效途径吗——来自"人人贷"的微观借贷证据》，《中国工业经济》2017 年第 2 期。

王衡、季程远：《互联网、政治态度与非制度化政治参与——基于 1953 名网民样本的实证分析》，《经济社会体制比较》2017 年第 4 期。

王金杰、李启航：《电子商务环境下的多维教育与农村居民创业选择——基于 CFPS2014 和 CHIPS2013 农村居民数据的实证分析》，《南开经济研究》2017 年第 6 期。

向虹宇、廖理、王正位：《注意力与 P2P 投资者投资决策——来自人人贷的证据》，《经济学报》2017 年第 3 期。

谢波峰：《"互联网＋税务"的内在逻辑及蓝图构建浅析》，《财贸经济》2017 年第 2 期。

杨德明、陆明：《互联网商业模式会影响上市公司审计费用么?》，《审计研究》2017 年第 6 期。

杨晶、沈艺峰、李培功：《网络负面舆论对高管薪酬公平与效率的影响》，《经济管理》2017 年第 2 期。

杨学成、涂科：《出行共享中的用户价值共创机理——基于优步的案例研究》，《管理世界》2017 年第 8 期。

姚耀军、施丹燕：《互联网金融区域差异化发展的逻辑与检验——路径依赖与政府干预视角》，《金融研究》2017 年第 5 期。

叶伟巍：《激励众包网络化创新的知识产权制度研究》，《管理世界》2017 年第6 期。

游宇、王正绪、余莎：《互联网使用对政治机构信任的影响研究：民主政治的环境因素》，《经济社会体制比较》2017 年第 1 期。

余晓敏、李娜：《社会企业型在线慈善商店的创新模式分析——基于"善淘网"的案例研究》，《经济社会体制比较》2017 年第 5 期。

张海波：《大数据驱动社会治理》，《经济社会体制比较》2017 年第 3 期。

张海洋：《信息披露监管与 P2P 借贷运营模式》，《经济学季刊》2017 年第 1 期。

张新香、胡立君：《O2O 商业模式中闭环的形成机制研究——基于信任迁移的视角》，《经济管理》2017 年第 10 期。

甄艺凯：《网约车管制新政研究》，《中国工业经济》2017 年第 8 期。

郑小碧：《" + 互联网"、"互联网 +"与经济发展：超边际一般均衡分析》，《经济学动态》2017 年第 6 期。

周广肃、孙浦阳：《互联网使用是否提高了居民的幸福感——基于家庭微观数据的验证》，《南开经济研究》2017 年第 3 期。

周勤、车天骏、庄雷：《股权众筹、控股比例和锚定效应》，《财贸经济》2017 年第 10 期。

周雄伟、朱恒先、李世刚：《"平台参与投资"与 P2P 筹资效率——基于拍拍贷平台"拍活宝"数据的经验研究》，《中国工业经济》2017 年第 4 期。

朱良杰、何佳讯、黄海洋：《数字世界的价值共创：构念、主题与研究展望》，《经济管理》2017 年第 1 期。

祝仲坤、冷晨昕：《互联网与农村消费——来自中国社会状况综合调查的证据》，《经济科学》2017 年第 6 期。

B.3
新一代信息与通信技术和实体
经济融合理论

蔡跃洲*

摘　要： 以互联网、大数据、人工智能等为代表的新一代信息与通信技术
（New Generation of Information and Communication Technology,
NGIT），代表了新一轮科技革命（第六次技术革命）与产业
变革趋势下科技和经济发展的主流方向。NGIT 与实体经济的
融合，最终将体现为宏观经济增长和产业结构优化调整。
NGIT 和实体经济的融合理论本质就是 NGIT 影响经济增长及
产业结构的传导机制。为此，本文综合发展经济学、增长经
济学和创新经济学等理论，结合相关文献回顾，从 NGIT 的技
术—经济特征出发，分三个层次梳理 NGIT 影响实体经济/宏
观经济的作用机制，为推动 NGIT 和实体经济的深度融合提
供坚实的理论基础。

关键词： 新一代信息与通信技术　实体经济　产业结构
技术—经济特征

---

* 蔡跃洲，中国社会科学院数量经济与技术经济研究所研究员、经济学博士、博士生导师，研
究方向：大数据分析与数字经济。

一 概念辨析基础上的 NGIT 和实体经济融合层次

（一）实体经济

实体经济（Real Economy/Substantial Economy）是本文研究探讨的主要关键词最终指向，但它本身并非一个纯学术概念。实体经济是相对虚拟经济（Fictitious Economy）而言的对照物，某种意义上可以算是"虚拟经济"所衍生出来的概念。虚拟经济的提法可以溯源到马克思在《资本论》（第三卷）第 25 章（第 450~467 页）中提出的"虚拟资本"，"人们把虚拟资本的形成叫作资本化"。虚拟资本是财产所有权资本化的结果，其所对应的所有权是真实合法的；虽然虚拟资本作为货币资本可以进入流通并获取利润，但并没有任何商品或生产活动作为其物质基础（Harvey，2006）。《新帕尔格雷夫经济学大辞典》（第二卷，第 340 页）将虚拟资本定义为"通过信用手段为生产活动融通资金"。

根据《资本论》中的描述和上述界定，虚拟资本的概念涵盖股票、债券、银行汇票等几乎所有商品和生产没有直接对应的金融产品，因此，由虚拟资本衍生出的虚拟经济涵盖范围包括整个金融业，以及经济运行中与金融业密切相关的房地产业。相应的，实体经济则对应于虚拟经济以外的其他部分。英国金融时报网站对实体经济给出的定义是"经济中从事实际商品生产和服务提供的部分，区别于金融市场的交易活动"；经济术语（Economic Glossary）网站也给出了类似的定义："经济中涉及商品、服务和资源等实物的部分，主要任务是利用资源生产商品、提供服务以满足需求，与经济中的金融部分形成对照"。

实体经济是经济社会运行的物质基础；适度繁荣的虚拟经济通过提高资金融通效率，有助于实体经济发展，但过度的资本化必然导致全社会陷入"钱生钱"的虚幻之中。一旦社会资金源源不断"脱实入虚"，不仅影响实体经济正常的资金融通，还将积累大量金融风险，最终引发金融危机。决胜全面建成小康、实现两个百年奋斗目标，需要有高度发展的实体经济作为坚实的物质基础。如何有效防止经济"脱实入虚"，不断提高实体经济质量和水平是两个历史交汇期中国经济发展面临的重要挑战。

（二）新一代信息与通信技术

2010 年以来，（移动）互联网/物联网、大数据、人工智能等领域取得了许多突破性进展，为实体经济的发展带来了新的历史机遇。在深入研究和充分理解上述技术突破对实体经济发展的促进作用之前，需要对相关概念进行界定。（移动）互联网/物联网、大数据、人工智能都属于信息通信技术（Information and Communication Technology，ICT），更确切地说属于"新一代信息与通信技术"，不妨简称为"新一代信息技术"。[①] 在国内，新一代信息技术作为一个正式的表述最早出现在《国务院关于加快培育和发展战略性新兴产业的决定》（国发〔2010〕32 号）中，被列为战略性新兴产业的七大领域之一。从官方文件来看，新一代信息技术的涵盖范围是动态调整的。《"十二五"国家战略性新兴产业发展规划》中，新一代信息技术主要包括六个方面，即下一代通信网络、物联网、三网融合、新型平板显示、高性能集成电路和以云计算为代表的高端软件；而在《"十三五"国家战略性新兴产业发展规划》中，大数据、人工智能则被重点提及和布局。因此，新一代信息技术指代的应该是那些信息通信领域具有重大突破性技术变化的前沿领域；不仅涵盖一些分支领域，如集成电路、计算机、无线通信等的纵向技术升级，更指代特定产业的代际变迁以及整合多种信息技术的综合（数据信息）平台。

另外，需要特别指出的是，与 ICT 特别是网络相关的经济活动在中文里一度也被翻译为"虚拟经济"，但对应的英文是"Virtual Economy"。这里的"虚拟"指代的只是比特世界、赛博空间相对于物理世界的虚拟，但现实中

[①] 在本文中"新一代信息技术"与"新一代信息和通信技术"表达的是同一事物，出于简便且与国家有关部门文件表述一致的考虑，后续将主要使用"新一代信息技术"或 NGIT。

基于网络技术、信息通信技术形成的产品和服务，能够被实实在在所感知。因此，将这类经济活动称为网络经济、信息经济更为合理，它们本身也是实体经济的一部分。

基于 ICT 技术本身衍生的相关产业，包括 ICT 硬件制造、软件开发，以及基于互联网、大数据、人工智能等新一代信息技术形成的新兴产业和新模式、新业态，本身就是实体经济的重要部分。这类新兴产业的快速发展，对壮大实体经济规模发挥了重要作用。与此同时，ICT 具有的渗透性、协同性等技术特征，使得新一代信息技术有望与实体经济领域中的制造业、农业等传统产业相结合，通过提升传统产业的全要素生产率实现实体经济的提质增效（蔡跃洲，2017b）。

（三）NGIT 与实体经济融合的本质及层次

新一代信息技术与实体经济的融合，最终将体现为宏观经济增长和产业结构优化调整；研究新一代信息技术和实体经济的融合理论，本质上就是要弄清楚新一代信息技术影响经济增长及产业结构的传导机制。从技术—经济特征视角来看，新一代信息技术对宏观经济及产业结构的影响又可以分为三个层次：一是新一代信息技术作为支撑新一轮科技革命（第六次技术革命）的核心技术，通过推动技术革命影响经济增长及产业调整的实现机制；二是新一代信息技术作为 ICT，其通用目的技术（GPT）的相关属性和技术—经济特征对宏观经济及产业结构带来的影响；三是新一代信息技术不同于其他ICT 的独有技术—经济特征影响经济增长及产业结构的作用机制。本文后续关于新一代信息技术与实体经济融合的理论梳理，也将按照上述三个层次具体展开。

二 重大技术变化推动结构转换和动力变革的规律机制

以移动互联网（物联网）、大数据、云计算、人工智能为代表的新一代信息技术相对于电报、电话、个人电脑（PC）等 20 世纪的主流信息通信技术来说具有革命性的变化，代表了信息通信领域的重大技术进步。新一代信息技术对产业结构和增长动力的影响首先是作为关键领域重大技术进步所带来的影响。

（一）经济发展演进中的技术变化与结构转换

从发展经济学和创新经济学的视角来看，在经济增长的动态演进过程中，都伴随着技术变化（Technological Change）和产业结构转换。早在 20 世纪 50 年代，罗斯托（W. W. Rostow）、库兹涅茨（S. S. Kuznets）等发展经济学家基于经济史学意义上的观察，便发现了技术变化、产业结构转换及经济增长三者之间的内在关联。增长动力变革与产业结构转换密不可分，都是在经济发展动态演进过程中通过主导产业接续更替而最终实现的。从发展经济学的角度来看，产业结构转换过程中主导产业接续更替反映出来的就是增长动力变革。正如罗斯托（2001）指出的，对于大多数发展中国家来说，起飞之后的经济增长是由一系列主导部门支撑的；通常主导产业经过一段时间的强劲增长后增速必然放缓，而新的接续主导产业则会适时出现并重现强劲增长势头（见第三版序言）。

创新经济学不仅注意到主导产业的周期性更替，更强调增长动力变革源于产业结构转换过程中要素的重新组合。根据熊彼特创新理论，创新的本质是打破经济运行既有均衡状态下的循环流动（Circular Flow），将经济社会中部分要素重新组合；创新既是企业（垄断）利润的源泉，也是经济发展的（唯一）标志；随着创新的扩散，更多企业介入要素的重新组合中，创新活动所带来的利润将逐步衰减直至为零，经济社会运行也从原有均衡状态下的循环流动转变为新的均衡状态下的循环流动，并实现了经济发展（Schumpeter，1934）。熊彼特对于创新扩散和均衡状态转换机制的刻画，恰恰可以解释罗斯托（2001）所发现的迅速发展的（主导）工业部门经过一定时期（高增长）后必然放慢速度的事实。发展经济学与创新经济学对于产业结构转换实现增长动力变革的内在机制并无分歧，只是在侧重点和表述方式上有所区别。对于熊彼特所强调的"要素重新组合"，库兹涅茨将其统一归于产业结构转换，主张产业结构的变动既包括总产值（或 GDP）中各部门所占比例的变化，也包括劳动力和其他要素在各部门分布比例的变化；并且也注意到创新活动由最初创新者向模仿者扩散的现象（库兹涅茨，1989，第 23 页、第 6 页）。

（二）技术革命引发经济长周期的传导机制

库兹涅茨、罗斯托等还注意到技术因素对产业结构转换的决定性作用。库兹涅茨（1989）发现并指出："一个时代中任何循序渐进的增长都与技术进步和社会变革的共同作用密不可分……在任何时代，增长不仅仅是整体上的变动，还应包含结构的转变（第 4~5 页）……我们注意到技术进步是影响产业结构转变的重要原因（第 137 页）……自从 19 世纪后半叶开始，发达国家经济增长的主要源泉一直是科学技术，如电力、内燃机、电子、原子能以及生物利用的技术创新（第 8 页）。"而罗斯托在考察 18 世纪 80 年代到 19 世纪 90 年代期间迅速发展并相继成为（国民经济）主导部门的棉纺织业、生铁、煤炭、炼钢、制铜等时发现，这些部门在特定时期都经历了基本技术条件的革命性变化，由此开启了属于它们各自主导的新时代（罗斯托，2001，第二版序言）。

技术进步（或技术变化）源自技术创新，而技术创新可以分为渐进式创新（Incremental Innovation）和激进式创新（Radical Innovation）；前者是在既有技术轨迹（Technological Trajectory）下的改良，而后者意味着对既有技术轨迹的颠覆；当相互关联的通用目的技术（General Purpose Technology，GPT）领域相继出现激进式创新和突破，并逐步形成新的主导技术体系后，通常会爆发技术革命（Dosi，1982；Perez，2010；Lipsey 等，2005）。弗里曼（Christopher Freeman）、佩雷兹（Carlota Perez）等熊彼特的追随者，更关注技术革命对产业结构和经济增长所带来的影响。根据熊彼特、弗里曼、佩雷兹等的观察和归纳，工业革命以来全球性技术革命和重大产业结构转换都呈现出周期性规律，在时间上也存在耦合；通常技术革命标志性事件出现后 10~20 年，便会带来相关产业的快速发展，引发新的经济长周期，即跨度 50 年左右的熊彼特周期，也称康德拉季耶夫周期（Schumpeter，1934；Kondratiev，1935；Schumpeter，1939；Freeman & Perez，1988；Freeman，2002；Perez，2010；Mathew，2013）。技术革命和经济长周期在时间上出现耦合的内在机制在于，重大的技术革命对原有的技术体系带来了颠覆性的破坏，摧毁了原有的系统，社会需要经过一段时间的调整和适应；一旦跨越临界点就会引发大规模的投资需求，全社会要素资源向新技术领域大量集聚，推动新兴产业快速成长为接续主导产业，进而支撑宏观经济进入新一轮的繁荣（Kondratiev，1935；Schumpeter，1939；Mathew，2013）。

（三）技术变化影响经济增长的微观机制

从增长经济学视角来看，以索洛模型为起点的新古典增长理论以及此后乔根森等发展出来的增长核算模型，将经济增长的动力来源大致分为三部分，资本要素、劳动要素和全要素生产率（TFP）（Solow，1957；Jorgenson，1963；Jorgenson 和 Griliches，1967）。这种基于对生产过程高度抽象的宏观分析框架没有关注经济运行过程中经济结构（产业结构）的变动和演化，因此，无论是索洛余值还是乔根森的增长核算，都只能给出全要素生产率和各要素投入对增长贡献的结果，而无法对结果背后的推动因素和作用机制做出解释。这也是早期全要素生产率指数（增长率）测算经常被诟病为"黑箱"的重要原因。事实上，全要素生产率提高的实现绝非经济运行各组成部分整齐划一推进的结果，而是部分领域技术变化推动产业结构转换的动态演化过程。无论是单个产业部门的重大技术创新还是全局性的技术革命，在关键部门的生产环节都意味着投入产出效率的提升。要素资源向重大技术创新领域集聚后，全社会整体的投入产出效率（或全要素生产率）也将会明显改善。而更多依靠提高全要素生产率正是增长经济学视角下增长动力变革的重要标志。因此，产业结构转换与全要素生产率提高具有内在统一性，是技术变化结果在不同角度的具体体现。

另外，在经济发展演进过程中，不同增长阶段的跃迁通常还伴随着人均收入水平的提升；人均收入在很多时候也被用于衡量经济体所处的发展阶段。例如，世界银行作为全球专门致力于发展中国家减少贫困、实现繁荣的国际组织，就将世界各国（经济体）经济发展水平按照其人均国民总收入进行分组；通常分为四组，即低收入国家、中等偏下收入国家、中等偏上收入国家和高收入国家。人均收入水平对于经济发展的意义并不仅限于作为经济体发展阶段的标准，更能在很大程度上影响和推动产业结构转换。库兹涅茨、罗斯托等在对各国经济增长的观察中都注意到，人均收入水平能够通过影响需求结构，进而间接推动产业结构转换和经济增长。罗斯托（2001）主张，主导产业部门的出现（或接续更替）部分源于技术变化和微观层面企业参与现有创新的意愿；部分则与收入水平和需求价格弹性相关，特别是在大众消费时代，随着收入水平的大幅提高，主导产业（部门）在一定程度上对应于那些高价格和高收入弹性商品（第 14 ~ 15 页）。库兹涅茨（1989）还直接将经济增长界定为人均产值（收入水平）的提高，以人均产值的高增长作为现代经济增长的特征（第 432 页）。库兹涅茨（1989）指出："国民平均收入快速增长不仅反映出技术的快速进步，而且会对产业结构和需求结构带来更大转变。产业结构转变，部分由于技术变化，部分由于需求结构变化，后两者是相互联系的。（第 138 页）。"

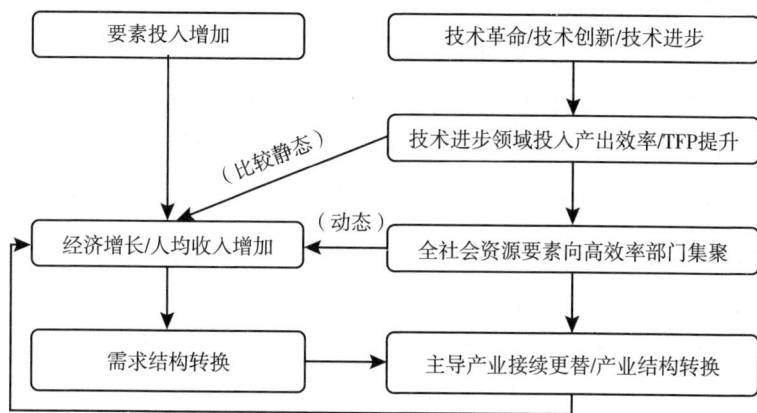

图 1　技术革命、结构转换与动力变革交互作用的传导机制

综上可以看出，经济发展本质上是由一个均衡向另一个均衡过渡的动态演进过程。在此过程中，由技术革命/技术创新推动，与产业结构、需求结构及增长动力形成相互关联的循环闭合链条，在发展阶段的动态演进中交互作用，共同推动经济增长动力的周期性变革，具体作用机制如下：①技术革命/技术创新在生产环节表现为"单位投入产出的增长"，即效率提升，同劳动、资本等资源要素投入增加一道构成了经济增长的主要来源，即"全要素生产率增长"。②技术革命/技术创新必然伴随着产业结构转换，表现为产业增加值规模结构、要素分布结构的变化；其微观基础是企业出于逐利动机进入技术创新领域后引发资源要素向该领域集聚，形成新的主导产业，在改变国民经济部门结构的同时实现增长动力变革。③增长动力变革伴生的需求结构变化又将间接作用于产业结构；技术变化基础上的经济增长会体现为人均收入水平上升，带来需求结构升级，基于新技术带来的新产品、新服务，能够直接创造新的需求，同样会改变需求结构；而需求结构变化会引致产业结构做出适应性调整，强化技术进步/技术创新对产业结构转换和增长动力变革的作用。

三 新一代信息技术作为ICT对经济增长的影响机制

新一代信息技术作为信息通信技术（ICT）所具备的、不同于其他通用目的技术（GPT）的技术—经济特征，对经济增长及产业结构有着特殊影响机制。ICT不同于其他GPT的技术—经济特征主要是其替代性和协同性。替代性最早源于以芯片制造中摩尔定律为代表的硬件生产成本持续快速下降所引致的ICT产品对其他产品的替代；新一代信息技术涌现后，软件产品及服务方面也存在成本下降的趋势，从而强化了ICT所具备的替代性特征。协同性则是指ICT资本作为一种特殊要素在经济运行过程中，特别是在生产过程中，能够提高其他要素之间的协同性，提高投入产出效率。替代性有助于从产品和需求侧推动新一代信息技术相关产业的发展壮大，而协同性则有助于提高全要素生产率，二者最终都将转化为宏观经济增长的动力支撑。

（一）"索洛悖论"与替代效应

ICT 与经济增长关系的讨论最早出现在美国，这与美国 ICT 革命策源地的地位有着直接关联。20 世纪 80 年代末 90 年代初，以个人电脑为代表，ICT 得到广泛应用；ICT 对经济增长特别是对生产率的提升效果似乎显而易见。然而，著名经济学家索洛却抛出"索洛悖论"，于是很多美国学者开始着手从实证角度对索洛的论断进行检验。

Oliner 和 Sichel（1994）从增长核算（Growth Accounting）角度出发测算 ICT 资本对美国经济增长及劳动生产率的贡献。利用 1970～1992 年期间数据，Oliner 和 Sichel（1994）发现，ICT 资本对于美国经济增长和劳动生产率的贡献很小，主要原因是相对于经济总量 ICT 资本的规模太小。Stiroh（1998）利用美国 1947～1991 年的分产业数据，分析了计算机与经济增长之间的关系，得出的结论与 Oliner 和 Sichel（1994）存在较大差异：在全要素生产率方面，计算机生产部门显现出很强的增长势头，而计算机使用部门则不明显；计算机生产部门对 20 世纪 80 年代美国经济复苏的重要贡献源于计算机对传统要素投入的替代。2000 年前后，美国主流文献基本达成共识，认为 ICT 在 1995～2000 年期间的复苏中发挥了重要作用。Jorgenson 和 Stiroh（1999）在增长核算框架下对美国经济增长的分解表明，由于以不变质量计算的 ICT 服务价格快速下降，ICT 对美国经济增长和复苏有着较大贡献；计算机成本和租赁价格的大幅下降引发了企业和居民支出方向的改变，出现 ICT 设备对其他产品的大规模替代，ICT 产品扩散对经济增长的贡献主要来自替代效应。此后，Jorgenson（2001）进一步指出，ICT 的发展和应用是美国经济复苏的基础，而 ICT 价格下降则是核心原因。Stiroh（2002）则主张，ICT 生产部门生产率水平的大幅度提升和大规模的 ICT 资本深化共同推动了美国生产率复苏。Oliner 和 Sichel（2000）也发现，ICT 和计算机产品对于支撑 1994 年以后美国劳动生产率增长发挥了重要作用。2005 年以后，美国生产率下降。Stiroh（2008）对 ICT 能否继续推动经济增长和生产率提升产生了质疑。Byrne 等（2013）提出，尽管 ICT 对美国经济增长的促进作用不如 1995～2004 年期间，但依然为美国生产率的提升提供了持续动力；而 ICT 本身也仍在以较快步伐进步。

除美国外，针对其他经济体也有不少相关研究。Jorgenson 和 Vu（2005）把研究对象拓展到全球，考察 1989～2003 期间 ICT 投资对世界经济复苏产生的影响，其分解测算结果表明，ICT 投入增长主导了各国经济增长；所有地区的 ICT 投资都出现增长，而发达经济体和亚洲新兴发展国家的增长更为明显。Shahiduzzaman 和 Alam（2014）对澳大利亚的实证分析则表明，20 世纪 90 年代 ICT 资本对澳大利亚宏观经济增长、劳动生产率提升和技术进步都有显著促进作用；不过近年来 ICT 资本的上述作用明显下降。Erumban 和 Das（2015）、Vu（2013）对印度和新加坡进行的测算同样表明 ICT 投资在经济增长中发挥重要作用。亚洲生产率组织（Asian Productivity Organization，APO）也采用增长核算框架测了 ICT 资本对亚洲各国经济增长的贡献，从测算结果来看，亚洲各国 ICT 资本对经济增长的贡献存在较大差异（APO，2014）。

（二）渗透效应与协同性特征

前述 Jorgenson、Stiroh、Oliner 和 Sichel 等测算的主要是 ICT 对经济增长的替代效应，它源于 ICT 生产部门自身技术进步和生产率提升带来的 ICT 产品价格下降。与此同时，ICT 在信息产生、存储和传递方面发挥着重要作用，能够增强生产过程中要素间的协同性，降低信息不对称带来的市场失灵，从而有助于使用部门 TFP 提升（David 和 Wright，1999）；而这正是 ICT 的渗透效应。Bresnahan 和 Trajtenberg（1992）的开创性研究将渗透效应看作是 GPT 的重要特征和一种规模报酬递增现象；渗透效应使得 GPT 能够影响生产率。Stiroh（2002）、Erumban 和 Das（2015）、Vu（2013）也注意到 ICT 使用部门生产率的提升及其对增长的间接作用，但没有将 ICT 使用部门的替代效应与渗透效应明确区分。近年来，随着产业和微观企业数据的日益丰富，不少研究从实证角度考察 ICT 渗透性特征对经济增长和生产率提升所带来的间接影响。Ketteni（2009）利用产业层面数据，估算 ICT 对不同产业生产率所产生的影响，结果表明：ICT 对于生产率有着正向影响，但影响程度会随时间和行业的不同而变化；在 ICT 渗透到不同行业的过程中，围绕新技术的应用必然会涉及生产组织结构重新调整、工人技能培训等所谓"调整成本"，调整成本的大小也会制约 ICT 资本作用的发挥。Fueki 和 Kawamoto (2009) 利用 1975～2005 年日本分行业数据的测算表明，生产率提升不仅存在于 ICT 生产部门，同样也广泛存在于 ICT 使用部门；由于互补性人力资本积累需要时间，ICT 使用部门生产率的提升在时间上有着 5～10 年的滞后。Bartel 等 (2007) 利用阀门产业企业微观数据的实证结果表明，ICT 资本的应用能够缩短生产的准备时间、运行时间和检测时间，提升生产过程各环节的效率，为降低生产转换成本、实现定制化生产创造前提条件。

（三）国内学者的相关探索

国内学者关于 ICT 与经济增长及生产率的相关研究基本都在 2000 年以后。北师大课题组 (2001) 在对 ICT 产业统计口径进行界定的基础上，从行业规模角度测算了 ICT 对 GDP 增长的贡献，并结合美国 ICT 产业发展态势对中国 ICT 产业发展进行展望。姜建强等 (2002) 则以"索洛悖论"为出发点，就"索洛悖论"涉及的不同理论和解释进行了述评。徐升华和毛小兵 (2004) 在分析信息产业对经济增长直接效应和间接效应的基础上，依托索洛增长模型估算技术进步、劳动投入、资本投入对中国信息产业增长的贡献度，并测算信息产业对中国经济增长的拉动作用。王宏伟 (2009) 借鉴乔根森相关定义将各产业划分为 ICT 生产业、ICT 应用业和非 ICT 产业三大类，测算信息产业 TFP 及其对经济增长的贡献。近来，张之光等 (2012，2014) 采用参数估计和向量自回归等计量工具，测度 ICT 对中国经济的影响，但其实证结果并不一致。除了实证测算外，周勤等 (2012) 还尝试着以新兴古典理论为基础，构造微观数理模型，刻画 ICT 影响经济增长的内在机制，并特别强调 ICT 所产生的网络效应对经济增长的支撑作用。蔡跃洲、张钧南 (2015) 明确信息通信技术 (ICT) 对经济增长的影响可分为替代效应和渗透效应。其中，前者是由技术进步带来 ICT 产品价格下降，从而实现 ICT 资本对其他资本的替代，支撑经济增长；后者则是 ICT 作为通用目的技术能渗透和应用于各产业部门，提高其全要素生产率（TFP），进而间接促进经济增长。蔡跃洲、张钧南（2015）进一步依托 Jorgenson 及OECD 的增长核算框架，对 1977～2014 年期间中国经济增长的来源进行细致分解，据此分析 ICT 的两种效应。实证结果表明，2010 年以后 ICT 替代效应对中国经济增长的贡献度接近 10%，而进一步的计量分析也印证了 ICT渗透效应的存在。

四　NGIT 特殊技术—经济特征对增长和产业的影响

新一代信息技术作为新技术体系的核心，同以往历次技术革命的核心技术类似，也将衍生出相关的新兴产业作为接续主导产业，进而推动产业结构转换、实现增长动力变革。与此同时，新一代信息技术相比以往历次技术革命的核心技术又有着非常鲜明的技术—经济特征。其中，最为突出的莫过于人工智能所表现出的"发明方法的发明"（Invention for the Method of Invention，IMI）特性和多种新一代信息技术共同支撑下形成的信息要素零边际成本特征。

（一）人工智能技术—经济特性及其对经济增长的影响机制

近两年来，得益于大数据技术和深度学习算法的快速演进，人工智能迅速发展为新一代信息技术中最具前景的领域。国际上，很多主流经济学家已经开始意识到新一代信息技术，特别是人工智能领域突破性进展对经济发展可能带来的巨大影响，纷纷将研究的焦点转向该领域。

2017 年 9 月 13～14 日，美国国民经济研究局（NBER）在多伦多专门召开"人工智能经济学"研讨会。在此次会议上的工作论文中，有多篇都在探讨人工智能影响经济增长的（特殊）作用机制。Brynjolfsson 等（2017）讨论了人工智能时代延续的"索洛悖论"现象，即人工智能在提高生产率方面的理论预期与实证测算中美国乃至全球生产率的普遍下降之间的矛盾；

并主张人工智能作为一种 GPT，要全面应用到经济社会各个领域环节，不仅是软硬件的投入，还需要很多配套措施，包括人员培训、商业（或生产）流程的再造；只有这些配套措施完善以后，人工智能在提升效率方面的作用才能充分发挥。Cockburn 等（2017）更加关注人工智能作为"发明方法的发明"（IMI）的特性及其在提升研发和创新活动效率方面的作用。Agrawal 等（2017）则进一步指出，很多领域中创新的模式呈现出"大海捞针"的特点，即能够确定创新存在于已知知识的某种有用组合中，但是有用知识范围广泛复杂，识别出其中的有用组合极不容易；基因组学、药物发现、材料科学、量子物理等领域的研发创新都具有这种特点；而人工智能技术的突破性进展，使得研究人员能够大大提高识别效率，找出那些最有价值的知识组合，从而提高创新效率，促进经济增长。Aghion 等（2017）也讨论了人工智能应用于知识创造的场景，并主张人工智能的这种特性将有助于促进经济增长，但该促进作用可能是暂时的，也可能是永久的，其最终效果尚无定论。

同其他 ICT 相比，人工智能技术最突出的技术—经济特征可能在于其"发明方法的发明"（IMI）属性，即在知识创造中人工智能技术能够用于模拟研发活动的具体过程及结果，从而大大提高研发环节的投入产出效率。根据内生增长理论，存量知识和知识创造是影响全要素生产率的重要因素；而人工智能上述特性影响知识创造的效率，最终还将体现到全要素生产率的变化上。

（二）信息要素零边际成本及其对实体经济的影响机制

在移动互联网、物联网、大数据、云计算等新一代信息技术共同作用下，信息作为一种要素投入，其生产成本呈现出零边际成本甚至是负边际成本的特征；因为不断累积的数据不仅可以被重复挖掘，还会随着新增数据的补充而产生更有价值的信息，这不仅突破了传统经济学理论中边际报酬递减、边际成本递增的一般规律，甚至将彻底改变经济运行的微观基础。

正是基于信息要素的零边际成本特征，各种以数据处理平台为核心的

"共享经济""平台经济"等新业态、新模式才得以不断涌现，如生活消费领域的"网约租车""共享单车""民宿短租"，生产领域的"虚拟联合工厂"等。数据处理平台的存在最大限度消除了平台两端供需主体间的信息不对称，提高了资源要素的配置效率，有助于减少闲置和浪费，从而提高经济运行的整体效率（全要素生产率），促进经济增长。

信息要素零边际成本同样也会带来产业结构转换。当然，这种形式的产业结构转换则不再局限于传统意义上某个具体产业部门比重份额的变动；以平台为核心、以产业融合为表征的新型产业组织模式将成为结构转换新形式。

五 小结

本文在实体经济和新一代信息技术等主要概念内涵界定基础上，将新一代信息技术和实体经济的融合归结为新一代信息技术影响宏观经济增长及产业结构转换的实现机制。据此，从新一代信息技术的技术属性和技术—经济特征出发，分三个层次，就相关的影响作用机制展开理论梳理。相关机制大致会体现在以下几点。

第一，新一代信息技术作为第六次技术革命的核心技术，首先会通过"技术变化/技术革命→产业结构转换→增长动力变革"这一机制影响经济增长和产业结构，即围绕新一代信息技术产业链上下游集聚各种要素资源，逐步壮大产业规模，成为接续主导产业并支撑宏观经济增长。

第二，新一代信息技术与其他 ICT 所共同具备的渗透性和协同性特征，对于提高全要素生产率、支撑经济增长有着不同于其他通用目的技术（GPT）的作用机制。这种机制的核心在于，ICT 在协同性方面的特殊技术—经济特征能够提高生产过程中其他要素之间的协同性，从而提高投入产出效率，并最终反应到全要素生产率的提高和宏观经济增长上来。

第三，作为新一代信息技术前沿的人工智能技术，具有"发明方法的发明"（IMI）特征，有望在一定程度上替代人类进行知识生产。这种特性将彻底改变现行的研发和创新模式，不仅对经济发展产生重大影响，还可能带来诸如科技伦理等一系列深远的社会问题。

第四，新一代信息技术的出现使得信息要素的供给可以实现（近乎）零边际成本，甚至负边际成本。因为不断累积的数据不仅可以被重复挖掘，还会随着新增数据的补充而产生更有价值的信息。这不仅突破了传统经济学理论中边际报酬递减、边际成本递增的一般规律，甚至将彻底改变经济运行的微观基础；在提高效率的同时，也带来产业组织模式的重构。

参考文献

北京师范大学经济与资源管理研究所课题组：《信息技术产业对国民经济影响程度的分析》，《经济研究》2001 年第 12 期。

蔡跃洲、张钧南：《信息通信技术对中国经济增长的替代效应与渗透效应——基于乔根森增长核算框架的测算与分析》，《经济研究》2015 年第 12 期。

蔡跃洲、付一夫：《全要素生产率增长中的技术效应与结构效应——基于中国宏观和产业数据的测算及分解》，《经济研究》2017 年第 1 期。

姜建强、乔延清、孙烽：《信息技术革命与生产率悖论》，《中国工业经济》2002 年第 12 期。

库兹涅茨：《现代经济增长》（中译本），北京经济学院出版社，1989。

李文兵：《结构转变、资本深化与生产率增长》，《中国科技论坛》2011 年第 5 期。

罗斯托：《经济增长的阶段：非共产党宣言》（中译本），中国社会科学出版社，2001。

速水佑次郎：《发展经济学——从贫困到富裕》（中译本），社会科学文献出版社，2003。

王德文、王美艳、陈兰：《中国工业的结构调整、效率与劳动配置》，《经济研究》2004 年第 4 期。

王宏伟：《信息产业与中国经济增长的实证分析》，《中国工业经济》2009 年第 11 期。

徐升华、毛小兵：《信息产业对经济增长的贡献分析》，《管理世界》2004 年第 8 期。

姚战琪：《生产率增长与要素再配置效应：中国的经验研究》，《经济研究》2009 年第 11 期。

张之光、蔡建峰：《信息技术资本、替代性与中国经济增长——基于局部调整模型的分析》，《数量经济与技术经济研究》2012 年第 9 期。

张之光、于睿、史耀波：《信息技术投资与中国经济增长：基于向量自回归模型的分析》，《系统工程》2014 年第 5 期。

周勤、张红历、王成璋：《信息技术对经济增长的影响——一个新兴古典微观模型》，《贵州社会科学》2012 年第 12 期。

Aghion, Philippe, Benjamin E. Jones, and Charles I. Jones, "Artificial Intelligence and Economic Growth. Economics of Artificial Intelligence", *NBER Working Papers* c14015, 2017.

Agrawal, Ajay, John McHale, and Alexander Oettl, "Finding Needles in Haystacks: Artificial Intelligence and Recombinant Growth", *NBER Conference on Economics of Artificial Intelligence*, Forthcoming from University of Chicago Press.

Bartel, Ann, Casey Ichniowski, and Kathryn Shaw, "How Does Information Technology Affect Productivity? Plant – level Comparisons of Product Innovation, Process Improvement, and Worker Skills", *The Quarterly Journal of Economics*, 2007, 122 (4).

Bresnahan, Timothy F. and Manuel Trajtenberg, General Purpose Technologies, "Engines of Growth", NBER Working Paper No. 4148, 1992.

Brynjolfsson, Erik, Daniel Rock, and Chad Syverson, "Artificial Intelligence and the Modern Productivity Paradox: A Clash of Expectations and Statistics. Economics of Artificial Intelligence", *NBER Working Papers* c14007, 2017.

Byrne, D. M. , S. D. Oliner, and D. E. Sichel, "Is the Information Technology Revolution Over?" Inter, *Productivity Monitor*, 2013, 25.

Cockburn, Iain M. , Rebecca Henderson, and Scott Stern, "The Impact of Artificial Intelligence on Innovation. Economics of Artificial Intelligence", *NBER Working Papers* c14006, 2017.

David Paul A. , and Gavin Wright, "General Purpose Technologies and Surges in Productivity: Historical Reflections on the Future of the ICT Revolution", *University of Oxford Discussion Papers in Economic and Social History*, 1999.

Dosi, Giovanni, "Technological Paradigms and Technological Trajectories: A Suggested Interpretation of the Determinants and Directions of Technical Change", *Research Policy*, 1982, Vol. 11.

Erumban, A. A. , Das, D. K. , "Information and Communication Technology and Economic Growth in India", *Telecommunications Policy*, 2015.

Fagerberg, "Technological Progress, Structural Change and Productivity Growth: A Comparative Study", *Structural Change and Economic Dynamics*, 2000 (11).

Freeman, Chris, "Continental, National and Sub – national Innovation Systems—Complementarity and Economic Growth", *Research Policy*, 2002, Vol. 31.

Freeman, Christopher and Carlota Perez, "Structural Crises of Adjustment, Business Cycles and Investment Behavior", In Dosi, Giovanni, et al (Edited), "Technical Change and Economic Thoery", *Pinter Publishers*, London and New York, 1988.

Fueki, T., and T. Kawamoto, "Does Information Technology Raise Japan's Productivity?", *Japan and the World Economy*, 2009, 21 (4).

Jorgenson, D. W., "Capital Theory and Investment Behavior", *American Economic Review*, 1963, 53 (2).

Jorgenson, D. W., and Z. Griliches, "The Explanation of Productivity Change", *The Review of Economic Studies*, 1967 (3).

Jorgenson, D. W., and K. J. Stiroh, "Information Technology and Growth", *American Economic Review*, 1999, (2).

Jorgenson, D. W., and K. J. Stiroh, "Raising the Speed Limit: U. S. Economic Growth in the Information Age", *Brookings Papers on Economic Activity*, 2000.

Jorgenson, D. W., "Information Technology and the U. S. Economy", *American Economic Review*, 2001 (1).

Jorgenson, D. W., and K. Vu, "Information Technology and the World Economy", *The Scand Journal of Economics*, 2005 (4).

Ketteni, E., "Information Technology and Economic Performance in U. S. Industries", *The Canadian Journal of Economics*, 2009 (3).

Kondratiev, N. D., The Long Waves in Economic Life, Review of Economic Statistics, 1935, No. 17.

Lipsey, Richard G., Kenneth I. Carlaw, and Clifford T. Bekar, *Economic Transformations: General Purpose Technologies and Long Term Economic Growth*, Oxford University Press, 2005.

Mathews, John A., "The Renewable Energies Technology Surge: A New Techno - economic Paradigm in the Making", Future, http://dx. doi. org/10. 1016/j. futures. 2012.

McMillan, Margaret, Dani Rodrik and Claudia Sepulveda, Structural Change, "Fundmentals and Growth: A Framework and Case Studies", *NBER Working Paper* No. 23378, http://www. nber. org/papers/w23378, 2018.

Montobbio, Fabio, "An Evolutionary Model of Industrial Growth and Structural Change", *Structural Change and Economic Dynamics*, 2002 (13).

Oliner, Stephen D. and Daniel E. Sichel, "Computer and Output Growth Revisited: How big is the puzzle?", *Brookings Papers on Economic Activity*, 1994.

Oliner, Stephen D. and Daniel E. Sichel, "The Resurgence of Growth in the Late 1990s: Is Information Technology the Story", *The Journal of Economic Perspectives*, 2000 (4).

Peneder, Michael, "Industrial Structure and Aggregate Growth", *Structural Change and Economic Dynamics*, 2003, Vol. 14.

Perez, Carlota, "Technological Revolutions and Techno – economic Paradigm", *Cambridge Journal of Economics*, 2010, Vol. 34.

Schumpeter, Joseph A. , "The Theory of Economic Development: An Inquiry into Profits, Capital, Credit, Interests, and the Business Cycle", Cambridge, MA: Harvard University Press, 1934.

Schumpeter, Joseph A. , "Business Cycles: A theoretical, Historical and Statistical Analysis of the Capitalist Process (Abridged, with an introduction by Rendigs Fels)", New York, Toronto, London: MacGraw – Hill Book Company, 1939.

Solow, Robert M. , "Technical Change and the Aggregate Production Function", *Review of Economics and Statistics*, 1957, 39 (8).

Stiroh, Kevin J. , "Computers, Productivity, and Input Substitution", *Economic Inquiry*, 1998, 36 (2).

Stiroh, Kevin J. , "Information Technology and the U. S. Productivity Revival: What Do the Industry Data Say?", *American Economic Review*, 2002 (5).

Stiroh, Kevin, "Information Technology and Productivity: Old Answers and New Questions", *CESifo Economics Studies*, 2008 (3).

B.4
互联网经济统计监测体系设计与构建[*]

刘 航[**]

摘 要： 本文基于互联网经济的特点，从经济基础环境、市场活跃状况及供需关系、经济规模走势与经济总量等四个维度选取了12个指数，从而形成了互联网经济统计监测体系。该体系从具有前瞻性的统计监测视角，整体、全面地反映互联网经济的宏观运行状况，实现了统计监测的实时性与动态性。这一体系能够反映全国与各地区互联网经济的整体发展水平与结构变化，以及互联网经济与传统经济之间的融合程度，对于各级政府制定互联网经济发展的相关政策具有相当的价值。

关键词： 互联网经济 统计监测体系 政府政策

一 互联网经济统计监测体系的建设背景

随着我国经济从高速增长进入调整盘点、稳中求进的"新常态"，过去单纯追求增长速度的经济发展模式已经不可持续。我国经济如何在"调结构"的同时寻找新的增长动力，已经成为摆在人们面前亟待解决的问题。在这一背景下，基于信息和互联网技术的互联网经济异军突起，在拉

---

[*] 本文是在中央财经大学中国互联网经济研究院与清华大学电子商务交易技术国家工程实验室多年合作成果的基础上所形成的。

[**] 刘航，中央财经大学中国互联网经济研究院副研究员。

动居民消费、促进产业结构转型升级方面展现出强大的经济增长动力。平台经济、共享经济、微经济等互联网经济新型元素逐渐成为商业模式创新、产品创新、服务创新的内核，并且在促增长、调结构、保就业方面发挥着越来越重要的作用，已经被广泛视为驱动国民经济和社会发展的新的增长极。

然而，作为我国经济"新动力、新引擎"的互联网经济却远未得到深入、全面的理解。首先，在理论研究层面，人们尚不清楚互联网经济具体通过何种机制促进经济增长与结构转型。其次，在经验研究层面，人们也缺少相关数据对互联网经济内部以及互联网经济与实体经济各组成要件间的因果联系进行有效的检验。

我国亟须系统性地构建互联网经济数据库，基于此形成一套完整的监测指标体系，对我国互联网经济的实际运行情况进行衡量、分析，并加以预测和评估。这一方面可以加深我们对于互联网经济运行规律的理解；另一方面也能够帮助相关政府部门在深入把握互联网经济运行规律的基础上，制定最为合理的相关政策法规，以求更好地发挥互联网经济对实体经济的推动作用。

二　互联网经济统计监测体系的建设理念

互联网迅速发展，并逐步渗透到经济领域的各个环节。构建互联网经济统计监测体系，实现统计数据和信息共享，对分析和预测互联网经济运行、及制定宏观决策等都具有重要的意义。

传统的统计监测体系对经济发展的反映作用越来越弱化。我国在1980年代末开始了经济景气监测方面的研究与应用，宏观经济景气指数主要刻画的是国民经济活动的总体表现，涉及经济活动的生产、流通、分配和消费等各个环节。经济景气指数通常被当作反映经济运行状况的"晴雨表"，在各国经济管理和政策制定中扮演着重要角色。近年来，互联网经济发展迅猛，但传统的统计监测体系尚未将其纳入，致使对其判断缺乏支撑。同时，目前国际国内经济都处于大调整、大转型中，传统的统计监测体系面对当前互联网作用下的经济形态的快速发展又缺乏一定的灵活性。

已有统计指标对互联网技术对经济的影响缺乏系统设计。目前已有的统计指标，具有以下缺陷：首先，对于互联网技术的相关统计还较为分散，没有形成统一、全面的统计体系。其次，具体的统计内容多为反映互联网发展状态的统计量，指数所衡量的内容基本是经济活动中的单一层面，通过这些统计指标难以系统地反映互联网与经济发展的协同作用，包括互联网对经济的带动作用及其对实体经济的渗透作用。最后，已有统计体系的边界受数据制约，而大数据、云计算等新兴技术的应用将突破原有统计约束。

在克服已有统计指标的缺陷的基础上，本体系遵循指标的经济含义，指标变动的灵敏度，指标的代表性、时效性等原则，设计出一套互联网经济检测体系。该体系不仅具有较高灵敏度且便于观察，能够从不同方面反映互联网背景下经济总体发展规模、水平和速度。互联网经济的统计监测体系的构建理念可具体分为以下三个方面。

（一）面向未来的前瞻性统计监测视角

目前已有的互联网经济指标体系大都以传统经济监测体系的思路和视角出发进行设计与建构，而没有考虑互联网经济和传统经济相互影响并不断融合的过程，其时效性很可能非常有限：随着互联网经济的不断发展、范围逐步扩张，未来这些指标体系将无法准确刻画互联网经济运行状况，无法全方位捕捉经济发展态势，不能科学地预测未来互联网经济发展趋势，其原有的意义和价值也将消失殆尽。

因此，我们需要基于互联网经济自身特征，从互联网经济与传统经济高度融合的"未来视角"来设计统计监测指标体系的基本框架。我们认为，互联网经济并非凭空产生，而是内生于传统经济系统，通过传统的信息技术不断升级以及新一代互联网技术的广泛应用自发成长。这一判断意味着针对互联网经济设计的统计监测体系既要基于传统经济的运行规律，同时也要引入互联网经济自身的关键特征。这样的互联网经济统计监测体系与传统经济统计监测体系是逻辑内恰、一以贯之的。并且，随着信息技术和互联网技术向传统经济的渗透程度不断加深，传统经济统计与监测中的大部分指标一定会被互联网经济统计监测体系中的指标所取代，这要求我们需要对未来经济形态进行准确预测，并基于这一预测构建具有前瞻性的互联网经济统计监测体系（见图1）。

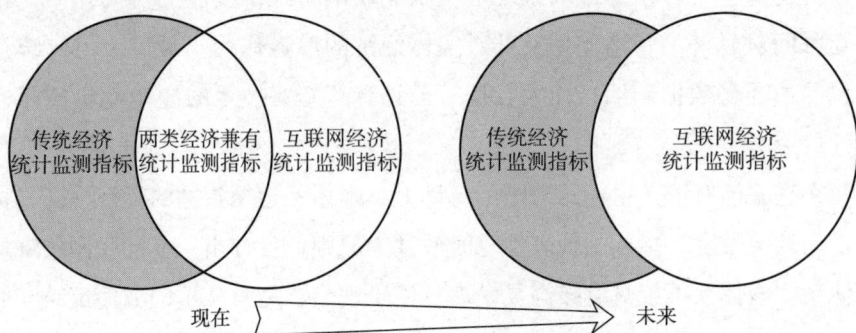

图1 互联网经济与传统经济统计监测指标体系的关系

目前虽然以电子商务为代表的互联网经济发展得比较成熟，但是很多区域领域和垂直领域还存在很多市场机会或空白，互联网经济还有很长的路要走，还有很大的发展空间。要想设计出一套科学、合理、准确、与时俱进的互联网经济统计监测体系，不仅需要对电子商务市场环境有清晰的认识，更要对互联网经济的未来走向有明确的预估和把握。本体系的目的并不是单纯地构建互联网经济统计监测体系，也不是对传统行业的颠覆和替代，而是基于对传统行业和互联网的深度理解，把握和预测网络世界和现实世界的融合过程，用开放性的思维重构经济监测体系。

在网络应用模式的进一步升级、传统行业和互联网的深度融合、传统行业逐步实现升级换代的过程中，传统行业和互联网行业不是非此即彼的"零和游戏"，而是互相依存的双赢关系。传统行业得益于互联网行业的创新发展模式，反过来，线上虚拟活动依赖于线下现实世界的实体。互联网经济的产生和发展都必须以传统行业的实体为物质条件，必须依赖于真实存在的社会。

通过对互联网经济动态衍化过程的把握以及互联网经济最终态势的准确预测，我们认为，经济最终的发展态势是传统经济和互联网经济的高度融合，但达不到完全融合。例如，宾馆的预订、电影票的购买可以在网上完成，但是具体的消费过程还是需要在物理世界完成；无论经济如何衍进，光纤、纳米材料等材料的制造还是需要在线下完成；融合的高级阶段，水运、航空等基础设施还是不可替代的；建设像茶馆这种零售的模式，是一种无法被替代的感官体验，未来越来越多的商家会把真正核心的技术放在实体店里，通过服务满足顾客感官上的需求，娱乐、便捷的购物体验是提升服务的关键点。经济转型升级的最终状态也必然是物理空间和网络空间并存。

在此基础上，我们从未来的视角，设计出一套具有前瞻性的互联网经济统计监测体系。首先，在指标设计层面，考虑未来互联网经济与传统经济高度融合时，能够准确、全面地反映经济运行状况的监测体系中包含哪些指标；互联网经济与传统经济的融合过程中，可以实时、准确、动态地监测以及预测经济水平的指标；在现在的指标体系向未来指标体系过渡的过程中，必须保留的指标、未来可被替代的指标、新增指标的设计等；未来仍可考虑根据需要设计反映经济转型升级程度的指标，系统地反映互联网与经济发展的协同作用，包括互联网对经济的带动作用及其对实体经济的渗透作用。其次，考虑将政策模拟的政策变量融合进来以及如何实现传统经济监测体系与互联网经济监测体系的对接，从而增强系统的稳定性与预测能力。从未来看世界的视角可以使我们从宏观层面准确地把握经济发展态势，从而保证互联网经济监测体系的准确性、科学性、灵敏性，有效地避免站在现在看未来，就现象而论现象的弊端。

（二）整体、全面的监测思路

目前针对互联网经济具有代表性的一些指数普遍存在视角狭窄、统计口径不够广泛的缺陷，因此无法全面反映互联网经济的发展水平。例如，有些研究机构公布的网民人数、网络零售总额、网购人数等相关数据。这些统计数据说明，目前对于互联网技术的相关统计还较为分散，没有形成统一的统计体系。与现有的互联网经济监测体系相比，本互联网经济统计监测体系具有覆盖范围广、统计口径宽泛、系统性以及科学性等特点。

首先，本互联网经济平台所设计的指标覆盖了大部分互联网经济活动，足以全面准确反映互联网经济的丰富内涵。指标的设计从四个维度出发：基础环境、市场供需关系、规模与走势、总量。这四个维度涵盖了互联网经济活动的生产、流通、分配和消费等各个环节，包括各个行业和产业的运营状态。反映互联网经济基础环境的指标有网络可达性指数、物流可达性指数和支付可得性指数、网络活跃度指数，这四个指数刻画了网络基础设施、物流基础设施对互联网经济的支撑程度以及互联网经济中资金的流动水平与集聚水平；网络融资环境指数、网络消费价格指数、网络经营价格指数共同表征了市场活跃状况及供需关系，其中网络消费者价格指数和网络经营价格指数则刻画了市场的供需关系；网络消费指数、网络投资指数和网络贸易指数分别从消费者、投资者、跨境电子商务的角度反映了互联网经济的规模与走势；两项总量指标互联网经济增加值和互联网经济就业规模分别反映了互联网经济对国民经济发展和就业的带动作用。从整体指数选取来看，平台所设计的体系能够覆盖互联网经济活动的各个领域，全面准确地反映转型过程中经济运行状态及特征，是一套完整、系统、科学的互联网经济监测体系。

其次，在指标设计过程中，借鉴了丰富的理论基础，从而保证了指数的科学性和内在逻辑性。指数内部的构建是基于熵控定律和行为经济学两大理论基础。平台遵循熵控定律以刻画互联网经济中的总量和分布；基于行为经济学理论，在互联网时代，由于信息的极大丰富，经济个体具有有限理性，针对这一特征，统计监测体系在指数构建时，通过变量之间的反馈作用体现电子商务有限理性的基本假设，考虑由预期带来的框架效应。由此可见，统计监测体系所设计的指数，不仅覆盖面广，而且与互联网时代经济个体的行为存在内在逻辑一致性。

最后，统计监测体系中的各指标具有代表性、过渡性等特点。代表性是指所设计的指标，能够很好地刻画互联网经济的特征，具有一定的灵敏性；过渡性指统计监测体系在综合考虑互联网经济与传统经济的区别与联系的基础上，实现了传统经济与互联网经济的对接，反映了经济转型程度。统计监测体系在构建指标体系的过程中，从四个维度（基础环境、市场供需关系、规模与走势、总量）出发，充分考虑了互联网经济的特征——对信息、网络技术及物流设施的要求较高，市场架构、供需关系等发生变化，重视个性化需求，设计出的指标体系能够充分地反映互联网经济的丰富内涵。经济转型的终极状态是网络空间与物理空间并存，所以，在设计监测体系时并没有完全脱离传统经济指标，如网络消费指数、网络投资指数、网络贸易指数分别刻画了网络购物交易额占社会消费品零售总额的比重、互联网经济相关的固定资产投资总额占全社会固定资产投资额的比重、跨境电商交易额占进出口总额的比重，这在一定程度上反映了互联网经济与传统经济之间的关系以及经济转型升级的程度。

综上所述，这 12 个互联网经济指数所构成的监测体系通过整合、提炼我国互联网经济运行相关信息，反映互联网经济系统内部各要素间动态因果关系与反馈作用的量化结果，既从内在逻辑上与宏观经济监测对象一致（包括经济总量、价格等内容），又能体现互联网经济的独有特征（如网络设施对经济的特有作用、创新驱动下新商业模式涌现）。互联网经济指数多层次、多方面的结构特点，可以很好地避免片面性，较全面、准确地反映整个互联网经济的运行状况。

（三）实时、动态的监测方法

相较于已有的互联网经济指数，本统计监测体系采用实时、动态的监测方式，从互联网经济系统的运行规律入手构建指标体系，结合系统动力学的建模思路，充分考虑互联网经济系统中各种经济变量的因果循环、动力反馈机制，既可以通过多维度反映经济运行、多方面监测经济状态、多时段预警经济趋势，也可以通过调整影响互联网经济的参数，考察政策变化对互联网经济的影响。

统计监测体系对互联网时代以来互联网经济结构和运行特点进行了系统分析，基于系统动力学的建模思路，划分系统层次与子块，确定总体与局部的反馈机制，最终形成有效的互联网经济系统动力学模型，模型具有预测和多方面的政策仿真功能。将模型作为决策变量，分析了不同场景时财政支出等政策变量的变动对主要互联网经济指标的影响。

平台基于系统动力学的理念，从系统的角度分析各指标变量之间的反馈机制，揭示互联网经济和政策变量的互动关系，从而集预测、监测、报警、决策支持等功能于一体。具体来讲，本体系能够正确分析当前互联网经济运行态势，恰当地反映互联网经济的景气程度；根据目前经济运行状况，准确地预测未来互联网经济的景气程度；能够及时、准确地捕捉到互联网经济监测过程中潜在的异常信号，使决策部门能够及时掌握互联网经济存在的隐患；根据预警系统发出的信号，分析预警信号的由来，帮助决策部门制定相应的对策措施，提高工作效率，避免工作中的盲目性和被动性。下面分别从模型选取与预测的前瞻性、动态性等方面阐述本体系的相对优势。

与其他模型相比，本模型具有以下优势：一是结构依存型模型，建模时常常遇到数据不全或某些数据难以量化的问题，系统动力学根据各要素之间的因果关系及有限的数据及一定的结构仍可进行推断分析；二是能够明确体现系统内部因素和外部因素的相互关系，直观地模拟系统中各种反馈回路；三是能够提供长期的动态战略性政策分析研究，通过输入不同的参数，模拟系统的不同状态和变化趋势；四是适用于处理长期性和周期性的问题，这一特点正好与互联网经济的态势相吻合。

实现政策调控同步或超前于现实互联网经济波动，达到适时干预的效果。根据系统动力学相关理论研究，对互联网经济进行预警分析，可以更精确、完整地刻画互联网经济的变化趋势，为政府相关部门、生产者提供决策依据，缩短政策时滞。该监测系统的建立是统计系统服务由事后分析向事前预测的一种重大转变,对互联网经济波动起到事前监测预警的作用。

互联网经济在时间和空间尺度上都具有不断变化的特征,并且影响互联网经济的外生因素和内生因素在不断变化,这就决定了互联网经济监测系统不可能是一成不变的,基于系统动力学原理,我们可以根据需要因时、因地、因事调整监测系统。所以,本监测系统更加贴近现实,具有动态性和多样性,这与互联网经济运行规律是相统一的。我们知道,互联网经济监测指数的动态性体现在它不是对互联网经济运动绝对水平的反映,而是以相对变动形式出现的,从而可以直接通过指数变动趋势来判断互联网经济的变动方向。

以上特征构成了互联网经济统计监测体系的基础。总而言之,本统计监测体系旨在对我国互联网经济的运行状况进行实时监测、量化分析、动态预测、准确评估和政策模拟仿真,获取互联网经济运行的相关信息,客观估计当前互联网经济运行形势,预测互联网经济的发展趋势,模拟电子商务宏观经济调控政策措施,迅速反映电子商务宏观经济调控政策的效果。

本监测体系能够帮助政府相关部门全面了解互联网经济的发展水平与结构调整趋势,准确理解互联网经济对整体经济的拉动作用,深入把握各地互联网经济运行现状和短板,科学有效地制定互联网经济发展的相关政策。

三 互联网经济统计监测体系的设计思路与指数定义

(一)互联网经济统计监测体系的设计思路

作为数字经济的典型代表,互联网经济是以信息/知识资源为主导资源的经济,以实物商品、数字商品、服务商品等交易为核心,其范围覆盖了除农业生产活动、工业制造活动、服务业中的现场即时服务以外的全部经济活动,如各类电子商务平台、软件与信息服务平台、网络专车服务平台等。

相较于传统经济，互联网经济的典型特征体现在以下三个方面：一是以计算机和互联网为代表的老一代信息技术对传统经济各产业渗透的深度和广度的不断提高；二是以大数据、云计算和人工智能为代表的新一代信息技术所创造的一系列新型产业，并且使传统产业发生深刻的变革；三是注重数据在生产端、消费端、流通端以及在供需匹配方面所起到的重要作用，并将数据视为推动经济社会发展的核心要素。

据此，互联网经济可以进一步分为两个部分：一是基于两代信息技术在网上进行经济活动从而独立于传统经济的部分，如网上支付规模、网上融资规模等；二是互联网经济与传统经济相互融合，从而实现与传统经济相对接和相关联的部分，如网购交易额与社零总额、跨境电商交易额与进出口总额等。

因此，互联网经济统计监测指标体系也应该反映自身的典型特征，并基于这些特征将指标体系划分为两个部分。

互联网经济统计监测指标体系从基础环境、市场供需关系、规模与走势、总量四个维度选取了12个指数（见图2）。

本体系包括反映互联网经济基础环境的四个指数：物流可达性指数、网络可达性指数、网络活跃度指数、支付可得性指数；反映互联网经济市场供需关系的三个指数：网络消费价格指数、网络经营价格指数和网络融资环境指数；反映互联网经济规模与走势的三个指数：网络消费指数、网络投资指数和网络贸易指数；反映互联网经济总量的两个指标：互联网经济增加值与互联网经济就业规模。

该体系是站在互联网经济与传统经济高度融合的"未来状态"的高度而设计的，目的是保证互联网经济监测体系与传统经济监测体系是逻辑内恰、一以贯之的。

（二）互联网经济统计监测体系各指数定义

我们从互联网经济向传统经济充分渗透的目标出发，综合考虑互联网经

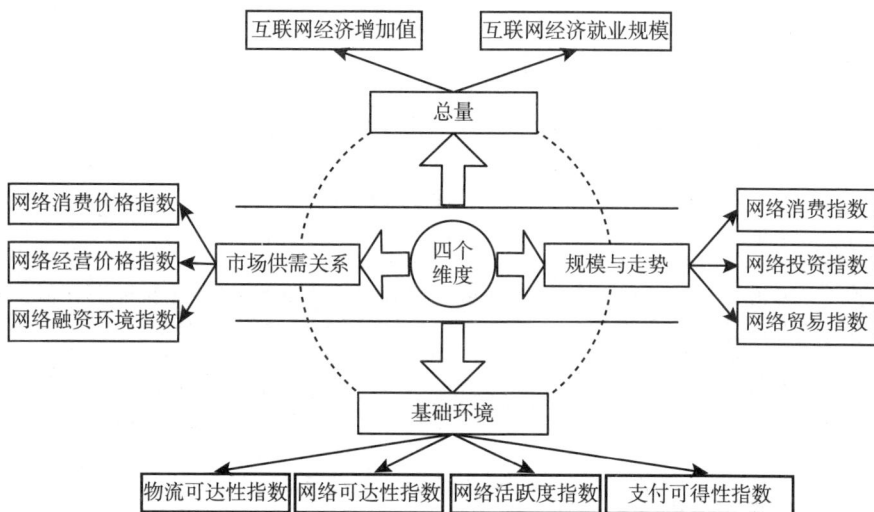

图 2 互联网经济统计监测指标体系

济发展的各个层面，从四个维度构建了互联网经济统计监测指标体系。第一，网络可达性指数、物流可达性指数、网络活跃度指数和支付可得性指数分别从信息流、物流和资金量等角度反映了互联网经济的基础环境；第二，网络融资环境指数与网络消费价格指数和网络经营价格指数共同表征了互联网经济的市场活跃状况以及供需关系；第三，网络消费指数、网络投资指数和网络贸易指数则是传统经济在网络经济的投射，反映了互联网经济的规模走势；第四，互联网经济增加值和互联网经济就业规模则表征了互联网经济的总体规模。

表 1 互联网经济统计监测体系各指标介绍

编号	名称	定义	含义
1	网络可达性	互联网宽带接入用户数、固网宽带下载速率、移动宽带用户数、WiFi 热点数量和移动上网速率评分值的综合加权值	表征网络基础设施对互联网经济的支撑力度
2	物流可达性	航空、水运、公路、铁路基础物流设施评分值以及最后 10 公里配送效率评分值的综合加权值	反映物流基础设施对互联网经济的支撑力度，即电子商务在基础设施层面的便利性

续表

编号	名称	定义	含义
3	支付可得性	网上支付规模与网上融资规模的加权值	反映互联网经济中资金的流动水平与集聚水平
4	网络活跃度	固网宽带流量、移动互联网流量和活跃上网用户数量评分值的综合加权值	表征居民在网络空间的活跃程度
5	网络消费价格	一篮子网售商品的当期价格与基期价格之比	实物商品、数字商品和服务产品网上购买的价格变动情况
6	网络经营价格	经营成本的当期值与基期值之比	反映电子商务企业购买技术、雇用员工、租赁场地等的成本变动情况
7	网络融资环境	互联网相关行业上市公司市值占全部上市公司市值的比重	反映资本市场投资者对互联网相关行业未来发展前景的乐观程度
8	网络消费	网络购物交易额占社会消费品零售总额的比重	反映消费者网上购买消费品及服务的意愿
9	网络投资	互联网经济相关的固定资产投资总额占全社会固定资产投资额的比重	反映相较于传统经济,互联网经济固定资产形成的规模
10	网络贸易	跨境电商交易额占进出口总额的比重	反映我国跨境电子商务的发展水平
11	互联网经济增加值	从网上消费、信息技术服务业投资、物流行业投资、跨境电商四个维度衡量互联网经济增加值	反映互联网经济对整个国民经济发展的带动作用
12	互联网经济就业规模	从网络创业、信息技术企业、互联网服务业、互联网支撑行业四个维度衡量互联网经济就业规模	反映互联网经济对就业的带动作用

目前的互联网经济统计监测体系共包含上述 12 个指标,后续将进一步完善现有体系中指数的预测模型,在保证系统稳定的情况下增强预测能力,保持监测体系的强大生命力,有效避免站在现在看未来、就现象而谈现象的弊端。从未来的视角看传统统计体系和新统计体系的对接关系,可以说,随着经济的转型升级,二者是逐步融合的,其间的重叠程度也将不

断扩大，到了最后经济发展的极致状态，中间的重叠部分也将实现最大化。未来仍可考虑根据需要设计代表二者关系的指标，用于表明经济转型升级的程度。

总之，我们试图构造一套指标体系，作为与原有宏观经济指标体系之间的权衡，原有宏观经济指标体系中的有些指标会留下，有些指标会被淘汰。我们所设计的指标体系是基于原有宏观经济指标体系，综合考虑其完备性和独立性，同时，与传统经济指标相比又有自己的特别之处，从不同的侧面去刻画互联网经济的整体发展情况。我们想借助这样一个经济转型升级过渡时期的指标体系来探析个人行为、企业行为以及政府行为对互联网经济发展的影响，表征各省乃至全国经济转型升级的完成程度，洞悉互联网经济对整体经济发展的贡献程度，力争将这样的一套指标体系设计为各省乃至全国未来经济发展的风向标。

互联网经济与传统工业经济的主要区别在于计算机网络和信息技术的应用而导致的信息处理与传播方式的变化。本质上说，互联网经济是一种以信息技术为基础，以知识、信息要素为主要驱动因素，以信息网络为基本生产工具的新的生产方式。在未来网络化产业运作体系下，大部分的生产生活活动均可在网上进行，但类似于农业生产、工业制造、入住酒店等行为的消费必须在物理世界完成，这就说明物理空间不可能完全被网络空间所取代，经济转型升级的最终状态也必然是物理空间和网络空间并存。现有条件下，传统经济与互联网经济融合发展，二者之间并无明确界限，对二者的明确区分必将是长久持续的工作，这也符合整个经济的发展规律。若是从目前出发去设计一套互联网经济统计监测指标或指数体系，是相对比较困难且不合理的。

（三）互联网经济统计监测体系与传统宏观经济监测体系的对应关系

本体系将从基础环境、市场供需关系、规模与走势、总量四个维度对互联网经济进行统计与监测。指标体系与传统经济景气监测的关系如图3所示。

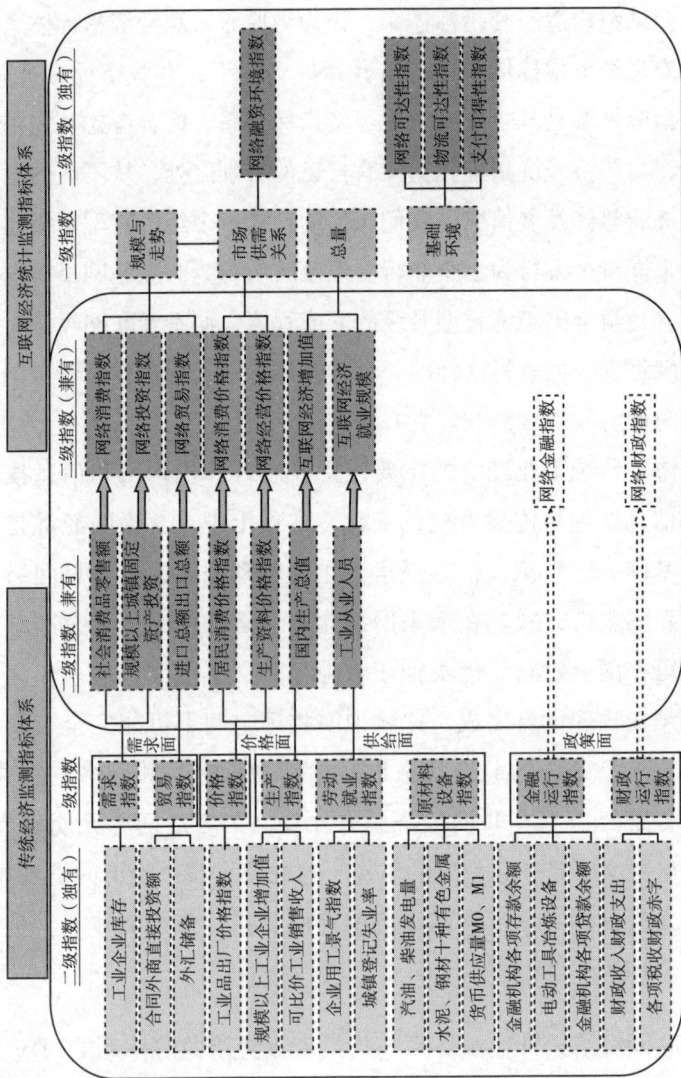

图 3　互联网经济统计监测指标体系与传统经济监测指标体系的对应关系

四 互联网经济统计监测体系的建设价值

本项目的建设价值集中体现在能够帮助各级政府相关部门解答关于互联网经济发展的三大核心问题。

（一）全国及各地区互联网经济的整体发展水平和结构变化

对当前的互联网经济状况进行综合测度，有助于评估经济决策。互联网经济运行的复杂性导致单一经济指标难以对其给出准确的指示。故本体系所设计的监测体系由多个反映互联网经济主要方面的指标构成，下面分别从互联网经济的整体发展水平和结构变化两个角度进行分析。

首先，针对互联网经济的整体发展水平这一层面，本体系将宏观经济中最核心的两个变量——经济总产值与就业量——映射到网络世界，形成表征互联网经济总量的两个指标——互联网经济增加值和互联网经济就业规模。

经济总产值是衡量宏观经济运行状况的重要指标、制定各种宏观经济政策的重要依据。经济总产值增速越快表明经济发展越快，增速越慢表明经济发展越慢，负增长表明经济陷入衰退。在此基础上，我们将经济活动范围限制在网络空间中，设计出反映互联网经济实力和市场规模的指标——互联网经济增加值。该指标从网上消费、信息技术服务业投资、物流行业投资、跨境电商四个维度来衡量，全面反映互联网经济运行规模，刻画互联网经济发展对整个国民经济的带动作用。

就业量是宏观经济中另一个核心指标，一般来说，就业量是反映宏观经济和劳动力市场供求状况最直观的指标。就业量增加意味着产出和消费的增加，经济状态良好。针对互联网经济领域，本体系设计互联网经济就业规模这一指标来与其对应，这一指标包括网络创业人数、互联网服务业员工数等变量，刻画了参与互联网经济活动的人数及活跃程度，在一定程度上反映互联网经济发展水平、经济转型升级程度。通过分析与互联网经济就业规模相关性强的劳动力供给、需求等因素，对互联网背景下的就业趋势进行判断，提前为促进就业工作的政策松紧做一个预报，有利于互联网经济平稳发展和就业稳定。

通过互联网经济增加值与互联网经济就业规模这两个指标，本体系能够详尽刻画全国及各地区互联网经济的发展水平，并且可以对未来的演进路径进行科学预测。

其次，要想全面、科学地分析互联网经济态势，仅仅通过总量的刻画是远远不够的，我们还要了解它的结构、由哪方面构成。本体系通过构建网络环境中的消费、经营、投融资、进出口等指数，进一步分析互联网经济增加值各组成部分的变化。在这里，通过分析宏观经济中消费、投资、进出口在网络世界的映射——网络消费指数、网络投资指数、网络贸易指数来考察统计监测体系对互联网经济结构的反映。

网络消费价格指数是反映网上产品与服务价格变动程度和趋势的相对数，通常作为观察通货膨胀或紧缩的重要指标。一方面，当互联网经济出现产业结构或比例不协调等问题时，会影响到相应领域的供需关系，这种冲击会体现在相关商品或服务的价格波动上，最终会反映到网络消费价格指数上；另一方面，随着网络世界与传统世界的进一步融合，要使网络消费价格指数能够及时反映消费变化，就需要对产品篮子和权重进行不断更新，这时网络消费价格指数不仅能够反映互联网经济的健康程度（是否存在通胀、通胀的程度），还能刻画经济转型程度。

网络消费指数、网络投资指数、网络贸易指数分别从消费者、投资者、进出口方面反映了互联网经济结构的变化程度及趋势。网络消费指数反映了消费者网上购买消费品及服务的意愿，当传统经济和网络经济高度融合时，该指数趋于某一常数，最终被替代，但在过渡阶段，它能够很好地反映互联网经济的结构变化及变动程度。同理，网络投资指数、网络贸易指数从不同角度刻画了互联网经济的发展趋势、转型升级程度。

（二）互联网经济对整个经济体系的作用机制与拉动效果

随着计算机网络的快速发展，以电子商务为代表的互联网经济已经成为热点。互联网经济的发展对国民经济产生了巨大的变革作用，成为未来经济增长的重要引擎。本体系在构建表征互联网经济组成部分的指数时，不仅关注网络世界开放性、高效率等典型特征，还考察互联网经济与整体经济的关系，这一指数构建思路使得本体系能够深入解析互联网经济对整体经济的作用机制、评估拉动效果。

互联网经济可以通过增加消费、投资、进出口等因素来促进国民经济增长，我们分别从消费、进出口角度来分析本监测体系是如何反映互联网经济对整体经济的作用机制的。

互联网经济为人们提供了种类丰富的产品，更大程度上满足了人们对物质文化的需求，其高效便捷、能突破时间和空间的特性，极大地吸引了商家和消费者，促进了经济发展。统计监测体系中的网络消费指数不仅反映了互联网消费水平、社会消费品零售总额，还刻画了互联网消费对整体经济的作用机制以及拉动效果。

互联网经济在国际贸易领域掀起了一场深刻的革命。电子商务在国际贸易中的广泛应用，对于世界市场的重新构造、跨国公司内部贸易增长起了巨大的推动作用。电子商务的应用有利于公司在国际竞争中赢得主动和优势，从而在经济全球化过程中获取更大的利益。监测体系中的网络贸易指数重在考察跨境电商贸易额占进出口总额的比重。同样的，该指数是跨境电商和进出口总额之间的权衡，一方面，衡量整体经济背景下的贸易规模、互联网经济背景下的对外贸易发展水平；另一方面，本体系希望通过这一指标的设计，从出口贸易这一角度表征各省乃至全国经济转型升级的程度，洞悉互联网经济对整体经济发展的贡献度。

本统计监测体系从各个方面对互联网经济的拉动效果进行了描述，从当前经济形势来看，互联网经济是拉动内需的坚实力量，具有减少流通成本、改善民生、增强金融活力、促进发展升级等优点，可以不断地推进经济发展。同时，相关统计数据表明，互联网经济这一新业态的崛起带来了更多的就业机会，随着网购、互联网金融、移动支付等新业态的出现，市场释放出的就业机会不断增加，监测体系下的互联网经济就业规模这一指标刻画了互联网经济对整个经济的拉动效果。同理，网络可达性指数、网络活跃度指数、互联网经济增加值等指数也从不同角度对互联网经济的拉动效果进行了衡量。

互联网经济向传统经济渗透的终极状态是二者的高度融合，构建指标体系时，应充分把握传统经济、互联网经济以及二者关系，使设计的指标体系能够充分反映互联网经济和整个经济体系的作用机理、有效的衡量作用效果，为监测体系的逻辑性、科学性提供保障。

（三）全国及各地区互联网经济发展的优势与短板及相关政策制定的着力点

本统计监测体系的内容既包括总量指标，也进一步解析了总量内部各组成部分的运行规律。通过比较我国各省互联网经济的特点，本体系能够从中凝练出不同地区互联网经济发展的优势和短板，从而使得政策制定更具靶向性。

本统计监测体系兼具总量和结构两方面信息，不仅包括反映互联网经济整体发展水平的总量指标——互联网经济增加值和互联网经济就业规模，还实现了对互联网经济结构的监测，详细地刻画了各个行业的发展状况，从速度变化、增量变化、结构变化等角度全面、客观地评价转型升级过程中的新经济。

从全国互联网经济发展水平出发，准确评价各个行业发展水平。在经济转型升级过程中，经济总量波动的背后可能是由各方面的经济变化引起的，整体经济态势良好不能说明各个产业和行业的发展状态都是比较客观的，例如，2015年中国整体经济增速是呈上升趋势的，但是钢铁行业经济效益大幅下降，严重影响行业的健康发展。基于相应经济指标体系，针对现象的综合变动，本体系从增量、总量、比例等角度分析其受各种因素影响的方向、程度和绝对额，帮助政府等相关部门分析互联网经济背景下总体经济、各行业的发展状况和健康程度，了解整体和局部的作用机制，及时掌握经济转型升级过程中互联网经济的优势和短板，从而出台相应的政策，最终实现互联网经济又好又快的发展。

近十年，互联网经济逐步渗透到生产、流通、消费等实体经济活动的全过程，成为引领生产生活方式变革、加快经济发展的重要推力，互联网经济已在地区经济增长中扮演着越来越重要的角色，但是，由于地理环境、经济状况、环境历史等因素的影响，以及产业格局、发展策略的差异，各地区互联网经济呈现不同的发展特点，准确分析和把握各地区市场价格波动的特点和趋势以及它们之间的关系，可以增强政策调控的灵活性。

为使价格指数更精准，按照代表区域范围不同，可以分为全国性价格指数、省份价格指数、城市价格指数、农村价格指数等。它们分别反映不同地区互联网经济背景下商品和服务价格水平变化的特点，具体表现为在产品篮子中权重的不同。本体系通过构建具有地区特色的价格指数体系，为互联网经济实现多层次、全面的发展奠定了基础，使政策的实施更具有针对性。

当前各地区之间的网络、物流等基础设施差距较大，设计符合区域特点的物流可达性指数显得尤为重要。结合目前情况来看，物流仍是基础设施落后地区互联网经济的"短板"，很大程度上制约着行业的发展。我们通过设计区域物流可达性指数，及时反映地区基础设施水平及消费结构，有利于相关部门实施相应的干预政策，为互联网经济快速稳定的发展提供良好的环境，将互联网经济和现代物流相匹配的效率发挥到极致。

在补短板、增优势方面，本体系通过构建相应的指标体系及时发现互联网经济发展过程中全国乃至各行业、各地区存在的问题，帮助政府寻找优势和短板，发掘互联网经济转型发展的着力点，促进经济发展提质增效升级。各地区通过结合自身产业结构、人文环境等特点，探索适合本区域互联网经济发展的途径，形成具有区域特色的现代产业集群，塑造展现独特区域个性的互联网经济品牌。

本体系是基于大量的理论基础、实践分析建立起来的，通过对各指标的统计描述、分析和解释，反映互联网经济发展趋势和变化过程，具有监测、预测、政策模拟、政策仿真等功能，以实现对互联网经济的运行实施动态跟踪与观察。其重要的现实意义主要如下。

首先，为反映互联网经济运行提供科学的理论支撑。在互联网经济波动过程中，各个方面的经济状况都会发生相应的变化，如需求、价格、进出口等。坚持理论依据与现实状况相吻合，如系统动力学等相关理论为描述经济的动态波动性提供了可能，从而能够客观、准确地反映互联网经济整体运行情况。

其次，为经济管理和社会管理决策提供可靠的依据。通过对变量的调整，进行政策模拟仿真，对未来可能发生的问题和可能出现的情况做出合理预测和科学分析，为政府等相关部门提供科学的理论依据，减少决策的盲目性，增强决策的准确性。

最后，为前景展望、编制计划提供可靠的依据。本监测体系不仅能够反映客观经济规律，而且为政府等相关部门进行战略部署提供了科学依据。

参考文献

中国经济体制改革研究所：《中国的宏观经济监测指标体系》，《统计研究》1989 年第 1 期。

谢佳斌、王斌会：《中国宏观经济景气监测的预警体系》，《统计与决策》2007 年第 2 期。

郑京平：《中国宏观经济景气监测指数体系研究》，中国统计出版社，2013。

形 势 篇

B.5

2017年主要国家互联网经济
发展指数与排名

鞠雪楠*

摘　要：　本文主要为2017年世界主要国家互联网经济发展指数与排
　　　　　名。在系统梳理全球互联网经济发展概况和现有互联网经济
　　　　　指数的基础上，本文提出基于规模、潜力、渗透和支撑的互
　　　　　联网经济发展指标体系，并综合考量了全球25个国家在互联
　　　　　网经济各维度的发展水平。研究结果显示，2017年全球主要
　　　　　国家互联网经济市场规模持续增长，增速有所放缓，互联网
　　　　　经济对各国经济社会发展的影响（渗透）不断深化，各国支
　　　　　撑互联网经济发展的环境逐步改善。美国、中国、德国、英

---

* 鞠雪楠，博士，中央财经大学中国互联网经济研究院助理研究员，主要研究方向为互联网经
济、电子商务和跨境电商的模型和应用。

国等互联网经济大国名列前茅，墨西哥、巴西、俄罗斯等国家的发展潜力不容小觑。

关键词： 互联网经济　规模指数　渗透指数　潜力指数　支撑指数

近年来，以电子商务为突出代表的信息经济实践，充分体现了互联网经济蓬勃发展并重塑全球经济和贸易格局的积极态势。在国际层面，监测和评价互联网经济发展的研究日益丰富，而中国的相关指数尚不成熟。同时，现有指数多采用平均值算法，而非充分反映产业动态和消费者行为。然而，正是这些差异化元素促使互联网经济成为驱动全球经济增长的重要力量，并将进一步引领世界范围内经济体制的创新与发展。因此，我们认为建立由中国发起和主导的国际互联网经济发展指数可填补上述空白，并客观及时地反映我国互联网经济在国际视野中的定位、发展潜力及优劣势。

2017年主要国家互联网经济发展指数综合考量了全球25个国家（我国主要贸易对象）在互联网经济的规模、潜力、渗透及支撑方面的表现。与2016年相比，2017年全球主要国家互联网经济市场规模持续增长，增速有所放缓，互联网经济对各国经济社会发展的影响（渗透）不断深化，各国支撑互联网经济发展的环境逐步改善。美国、中国、德国、英国等互联网经济大国名列前茅，墨西哥、巴西、俄罗斯等国家的发展潜力不容小觑。表1显示了2017年主要国家互联网经济发展综合指数的排名。

表1　2017年全球互联网经济发展综合指数排名

排名	国　家	规模	潜力	渗透	支撑	综合指数
1	美　国	23.91	4.84	57.19	66.77	34.81
2	中　国	30.53	33.87	39.61	39.76	33.56
3	德　国	6.14	14.47	63.63	70.41	30.74
4	英　国	4.98	4.44	53.50	75.64	30.49
5	瑞　士	0.84	10.34	71.81	70.31	29.72

续表

排名	国　　家	规模	潜力	渗透	支撑	综合指数
6	日　　本	6.92	13.20	48.09	67.91	28.75
7	韩　　国	3.81	6.76	62.64	62.45	26.98
8	荷　　兰	1.41	5.10	70.98	70.78	26.86
9	瑞　　典	0.70	6.66	57.78	80.53	26.72
10	芬　　兰	0.42	5.19	56.42	76.44	26.65
11	澳大利亚	1.49	10.26	55.70	76.12	26.42
12	挪　　威	0.51	6.77	62.77	72.70	26.34
13	丹　　麦	0.49	3.42	60.67	80.12	25.25
14	加 拿 大	2.11	11.16	48.53	68.07	24.62
15	新 加 坡	0.26	14.20	38.78	84.77	24.36
16	法　　国	3.00	12.21	41.61	72.00	24.26
17	印　　度	3.50	55.48	14.75	21.85	19.89
18	西 班 牙	1.21	13.41	28.21	65.40	17.46
19	印度尼西亚	0.92	48.99	12.32	11.13	15.98
20	土 耳 其	0.90	30.21	21.30	33.60	15.57
21	意 大 利	1.10	9.11	22.44	57.59	14.57
22	俄 罗 斯	1.83	24.59	17.30	31.64	13.94
23	阿 根 廷	0.49	24.80	17.59	28.41	12.21
24	巴　　西	1.83	15.56	15.63	34.08	12.04
25	墨 西 哥	0.71	22.49	11.85	24.65	11.33

一　全球互联网经济发展概况

2017年，数字技术和互联网平台在全球范围内的普及和应用引发了国际社会诸多领域的深刻变革。互联网经济利用网络的无国界优势，跨越了地理和疆界的阻隔，改变了传统的经济增长模式，推动着全球商品的互动交流、资源共享与商业模式创新。飞速发展的互联网经济正在主导着新一代经济和贸易体系的演化形成，并影响着与之配套的全球消费体系、全球生产体系、全球支付体系和全球物流体系的转型与发展，成为推动全球经济增长与经济体系变革的新动力。截至2017年12月，全球网民人数已达41.6亿，占全球总人口的 54.4%。来自信通院的数据显示，2016 年，美国互联网经济规模达到 10.83 万亿美元，中国互联网经济规模达到 3.4 万亿美元，日本为 2.29 万亿美元，德国为 2.06 万亿美元，英国为 1.54 万亿美元，法国为 0.96 万亿美元，韩国为 0.61 万亿美元（见图 1）。世界主要国家互联网经济蓬勃发展，规模迅速扩大。

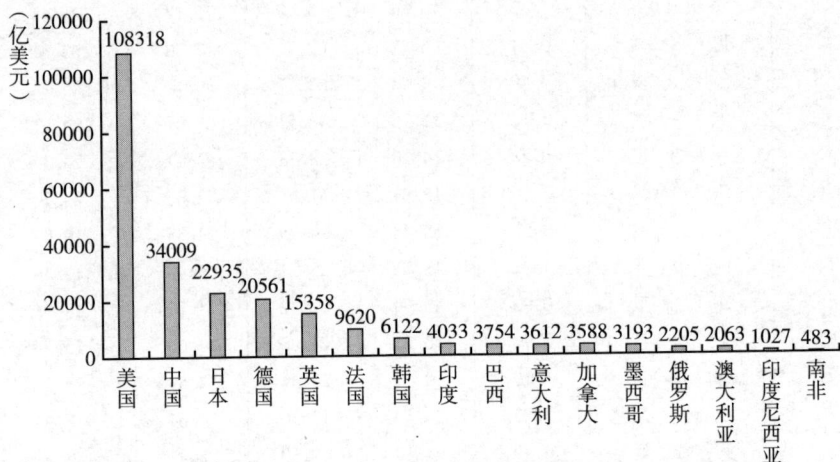

图 1　2016 年主要国家互联网经济规模

资料来源：中国信息通信研究院。

国际金融危机以来，全球主要国家经济增速呈现明显放缓态势，但互联网经济增速高于 GDP 增速的特征日趋明显。以中国为例，经济进入新常态以来，我国 GDP 基本维持 7% 左右的增长速度。而同期互联网经济增长势头迅猛，我国互联网经济增速由 2008 年的 10.93% 提高到了 2016 年的 21.4%。特别是 2011 年以来，我国 GDP 增速逐年放缓，而互联网经济的增速却连续走高，与 GDP 增速的差距逐渐拉大。2016 年，我国互联网经济同比名义增长超过 18.9%，是 GDP 实际增速（6.7%）的 2.8 倍。世界主要国家的互联网经济增速也呈现出同样的态势。2016 年，美国互联网经济年平均增速为 3.13%，是 GDP（1.34%）的 2.34 倍；日本互联网经济年平均增速为 3.69%，是 GDP（0.36%）的 10.25 倍；英国互联网经济年平均增速为 2.59%，是 GDP（0.64%）

的4.05倍。互联网经济在增强经济发展活力、提高资源配置效率、推动传统产业转型升级、开辟就业新渠道、促进大众创业万众创新等方面发挥了重要作用，成为驱动世界经济与社会发展的新要素，也为技术进步与创新创造提供了新空间，成为世界经济发展和产业结构优化的新引擎。

作为互联网经济的突出代表，电子商务在规模、增速和经济渗透方面均表现优异。2017年，全球电子商务零售交易额达2.29万亿美元，预计2019年将超过3万亿美元（见图2）。从发展潜力来看，2017年，电子商务零售交易额年增长率23.2%，是世界GDP增长率（2.3%）的10倍以上，已成为推动全球互联网经济发展的中坚力量。自2015年起，电子商务零售交易额占社会零售品消费总额的比重持续攀升，2017年比重首次超过10%，预计2021年该比重将升至15.5%。在产业形态方面，大数据、人工智能、金融科技等主要数字技术方兴未艾，推动了虚拟现实（Virtual Reality）、自动驾驶、3D打印、无人机等的兴起和普及。同时，互联网经济在世界经济中发挥着越来越重要的作用。

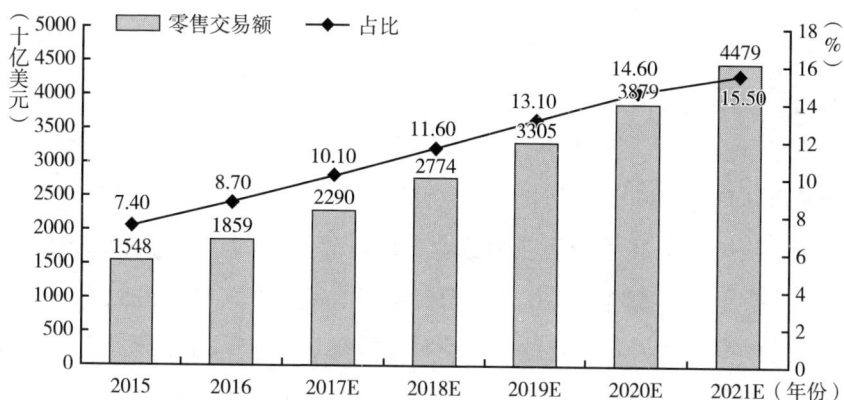

图2　2015～2021年全球电子商务零售交易额及其占比

资料来源：statista.com。

互联网经济在诸多方面深刻地影响了全球经济的发展模式和发展路径。首先，互联网经济直接促进了现代服务业的进一步发展，其在整个服务业中的比重不断提高，有利于新经济增长点的形成；其次，互联网经济加速了传统产业的创新发展，促使企业根据国际市场变化持续调整产品组合与行业选择，促进企业信息化转型，实现工业化和信息化的深度融合，从根本上扭转当前部分产业产能过剩的局面；再次，互联网经济打通了上下游企业之间的供求关系，促进产业链的优化组合，加速产业集聚，优化资源配置效率；最后，互联网经济优化产业结构，改善产业环境，使中小型公司能够与集团化、规模化的大公司在同等市场条件下竞争，打破垄断、释放市场活力。总之，互联网经济已成为全球范围内驱动经济与社会创新发展的重要动力。

与此同时，在全球互联的时代，互联网经济也在经济学理论、就业生态和政府治理等方面产生了深刻的影响。在经济学理论方面，数字技术和网络平台的发展减少了信息的存储、计算和传输成本，因此互联网经济降低了传统经济学理论中的搜索成本、复制成本、物流成本、追踪成本和认证成本。在就业方面，互联网经济不仅提供了更广阔的就业领域和更弹性的就业模式，更为创业创新提供了广阔的空间。长期来看，互联网经济在重塑商业逻辑、组织生态、劳动能力和劳动者的价值观方面均产生了深远影响。在政府治理方面，与传统的治理模式不同，政府既是互联网经济的管理者，也是互联网经济中活跃的消费者、投资者和创新者。

值得指出的是，互联网经济可以为企业提供跨越国界的平台优势，通过共享输出新信息基础设施及电商平台服务等能力，在国际范围内帮助各国的中小企业拓展业务并创新经营模式，实现全球经济的"普惠性"增长。在过去的几十年里，跨境贸易往往被来自发达国家的中大型企业控制，但随着数字贸易的高速发展和产业链服务的日益成熟，互联网经济以其自身开放、共享、透明、包容的优势，使得越来越多的中小企业可以通过数字平台融入全球价值链，享受全球化带来的便利与商机。这一特点在发展中国家更为突出。发展中国家有机会通过发展互联网经济实现弯道超车，通过数字技术与互联网平台实现产业链升级、多元化产业结构调整以及一系列创业创新的孵化，从而带动地方乃至区域经济可持续发展。依托信息技术变革的互联网经济将重塑全球经济和贸易规则，体现出旺盛的活力。同时，凭借互联网有助于打破国界和各种贸易保护主义屏障的特点，互联网经济还可以为中小企业在海外市场的营销与贸易提供平台，增加出口机会。因此，有关互联网经济的理论研究认为，一切经济活动最终都将迁移到互联网上，网络经济和工业经济之间的差别将逐渐消失，因为所有的经济活动都将遵循互联网经济的规则，关键的区别则体现为不同经济部门的网络活跃程度。

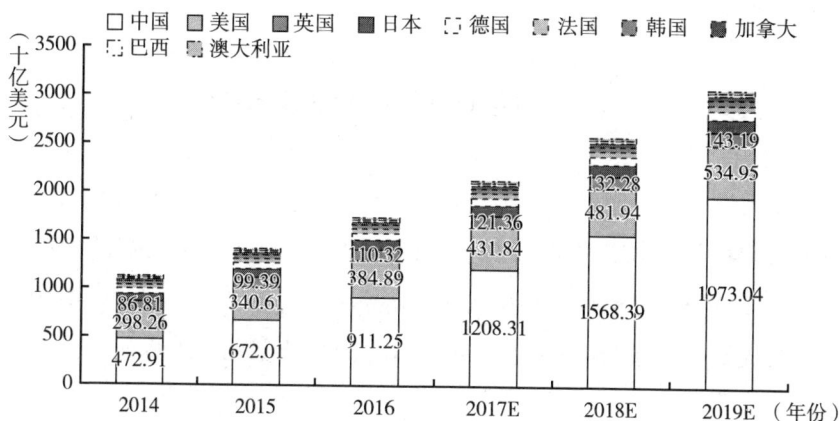

图3 2014～2019年主要国家电子商务销售额排名

资料来源：statista. com。

从国际视角来看，中国发展互联网经济具有显著的优势。第一，中国互联网经济发展具有规模优势（见图3），可以支撑互联网经济新业态、新模式以及电子商务模型的大规模市场推广。截至2017年末，中国网民规模达7.72亿，互联网普及率55.8%；其中，手机网民规模达7.53亿，网民中使用手机上网的人群占比提升至97.5%①。在规模方面，网民总量和移动互联网的高速发展都为我国互联网经济的发展在国际上确立了宝贵的竞争优势。第二，互联网经济的资本实力雄厚，特别是以BAT（百度、阿里、腾讯）为主的互联网企业打造了日益成熟和丰富的互联网商业生态系统，并通过

---

① 中国互联网络信息中心（CNNIC）：《第41次中国互联网络发展状况统计报告》，2018年3月。

规模效应和资本实力稳固市场地位进而不断拓展海外市场，增强国际影响力。第三，与各国政府一道，中国政府高度重视互联网经济的发展及其对国民经济的深远影响，并积极为其健康有序发展提供良好的支撑环境。除监管、规范治理等外，中国政府也为互联网经济提供较为宽松的发展环境，允许甚至积极支持新业态和新模式的推广，使互联网经济成为国民经济发展的新引擎。

二　现有互联网经济指数分析

近年来世界互联网经济快速发展，成为促进全球经济发展的新动力，也引发了国际社会的高度重视。因此，衡量和评价各国互联网发展的指数日益丰富。表2总结了近年来评价互联网经济发展方面较有影响力的国际指数，以及本文提出的互联网经济指数，并对比了这些指数的关键特征。

表 2　国际互联网经济代表性指数简介及对比

指数名称	发布单位	频度	指数构成	数据来源	权重	特色
B2C E-commerce Index	UNCTAD	2014，2016	网民人数	ITU	均值	简洁覆盖广
			网络服务器数	World Bank		
			信用卡渗透率	World Bank		
			物流可信度	UPU		
Network Readiness Index	WEF/OECD	2012~2015	环境(政策法规、商业创新)	WEF Executive Opinion Survey	均值	互联网基础设施Survey
			准备度(基础设施、支付、技能)			
			应用度(个人、商业、政府)			
			影响度(经济影响、社会影响)			
Global Retail E-commerce Index	A. T. Kearney	2013~2015	网购市场规模	Euromonitor, ITU, World Bank, WEF Database	40%	零售
			技术及消费者行为		20%	
			基础设施		20%	
			增长潜力		20%	

续表

指数名称	发布单位	频度	指数构成	数据来源	权重	特色
互联网经济发展指数	NELECT	2014～2017	规模(企业、网民人数、网络零售额)	World Bank, UN, OECD, WEF, ITU, Statistia, E-commerce Europe, CapGemini, etc.	变异系数	持续全面立体客观
			潜力(增长率)			
			渗透(占全国)			
			支撑(物流、人力、技术、支付、信用)			

（一）现有国际互联网经济相关指数介绍

B2C 电子商务指数（B2C E-commerce Index）由联合国贸易和发展会议（UNCTAD）发布，衡量全球主要国家在 B2C 电子商务方面的发展水平。具体而言，该指数通过网民人数、网络服务器数、信用卡渗透率和物流可信度四个指标，以均值法计算出各国的综合得分并进行排序。该指数的特色在于结构简洁，评价数据来源稳定客观，覆盖的国家范围较为广泛。截至目前，该指数发布了 2014 年和 2016 年两个版本，旨在评估各国对"商对客"电子商务模式的支持能力。2016 年的指数显示，瑞士排名第 2，仅次于卢森堡（第 1 名），紧随其后的是挪威（第 3 名）。

网络准备度指数（Network Readiness Index）由世界经济论坛和 OECD 联合发布，衡量世界主要国家的互联网发展水平，并对全球主要经济体利用信息和通信技术推动经济发展及竞争力提升的成效进行排名，从而对各经济体的信息科技水平进行评估。换言之，网络准备度指数就是指一个国家和地区为融入网络世界所做准备的程度，其中也包含一个国家和地区加入未来网络世界的潜在能力。具体而言，该指数从环境、准备度、影响度和应用度四个维度衡量全球主要国家的互联网发展水平。该指数的数据来源采取主客观相结合的方式，有一部分主观评价来自世界经济论坛的调查数据。截至目前，该指数侧重于评价各国互联网基础设施及应用水平。从近年来的指数排名来看，美国及北欧各国在指标排行榜中始终名列前茅，凸显其较高的信息化水平。北欧各国信息化呈现的政府领导高效、通信高度自由化、规章制度一流、电子政府服务普及等特点，更是代表了世界信息化的发展方向。上述国家在网络准备度指数方面的领先优势主要得益于一贯高度重视教育、创新和信息与通信技术的普及。近年来，虽然我国信息化进程取得了令人瞩目的进展，但是我国的网络准备度指数排名始终不尽如人意。

全球零售电商指数（Global Retail E-commerce Index）由 A. T. Kearney 发布，重点评价主要国家和地区的零售电商发展水平。具体而言，该指数从网购市场规模、技术及消费者行为、基础设施和增长潜力四个维度综合评价主要国家电子商务零售端的发展水平。其中，网购市场规模指目前阶段线上零售交易额。技术及消费者行为则包含互联网普及率、购买趋向、技术采纳。该项评分越高，代表该国电子商务的消费者基础越好。基础设施是指支撑电子商务顺利运营的金融和物流等基础设施，包括家庭平均信用卡数量、物流商的数量和质量。增长潜力是指预测电子商务零售额的增长。该指数的特征是侧重 B2C 和零售端的评价工作，数据多来自国际机构的公开及调研数据。A. T. Kearney 还创新性地将电子商务市场分为新生代市场（Next Generation）、成熟增长市场（Established and Growing）和电子 DNA 市场（Digital DNA）三种类别。新生代市场中包括中国、巴西、俄罗斯、阿根廷、智利、意大利、爱尔兰及马来西亚等国家。这类市场发展较为完善，然而仍缺乏电子商务发展所需关键的三种能力——网络连接度、物流设施建设以及金融系统。澳大利亚、加拿大、美国以及一些欧洲国家被定义为成熟增长市场，拥有较高的互联网渗透率和成熟的物流、金融系统支撑。日本、韩国、新加坡、中国香港和新西兰被定义为电子 DNA 市场，具有较高水平的技术、先进的基础设施配套以及创新的电子商务模式。这类市场中的电子商务发展速度可能较慢，然而消费者却对电子商务有较为透彻和深刻的理解。该报告强调了中国电子商务发展的巨大潜力："受益于基础设施的不断完善、乡村层面互联网的日益普及、国民收入的持续上升以及消费需求的逐步显现，中国的电子商务市场将在未来五年呈爆炸式增长。"附表 1 提供了全球主要国家和地区在上述指数体系中的排名。

（二）现有国际互联网经济相关指数的瓶颈

然而，由于各国发展不平衡以及语言、法律、标准和实践等差异，在重塑经济增长、国际贸易与消费模式时，互联网经济的评价体系和衡量标准还面临诸多关键问题。与此同时，全球互联网经济发展面临概念定义不规范、数据口径不一致、衡量标准不客观、评价体系不完善、区域发展不可比等问题，亟须采取措施予以解决。特别是各国政府相关部门缺乏有效的方法和手段采集、管理和维护互联网经济大数据。具体而言，一是家底不清，无法进行适时、准确的监测与评价工作，制定与出台针对性强的相关政策措施量化依据薄弱；二是国际比较不足，我国互联网经济发展规模虽然全球领先，但与全球主要国家相比，对于具体的优势、不足、机会究竟在哪里，模糊不清。国内外一些机构已经开展了电子商务监测和评价的相关研究及发展指数等信息发布工作，但缺乏全面性、系统性、持续性，还没有形成权威性的机构及相关的信息发布。

（三）本文互联网经济发展指数的必要性和优势

我们认为开展国际互联网经济发展指数的相关工作，可以弥补现有国际指数的不足，并且是一项兼具必要性和前瞻性的工作。通过对互联网经济发展指数的推广，一方面，可以通过定期发布国内外互联网经济"中国指数"，使"中国指数"成为全球互联网经济发展的"晴雨表"和"风向标"，强化我国的国际影响力；另一方面，可以帮助各级政府部门开拓国际实业，有效支撑各级政府相关部门推动互联网经济发展的相关工作。

本文提出的互联网经济发展指数由清华大学电子商务交易技术国家工程实验室（NELECT）和中央财经大学中国互联网经济研究院（CCIE）发布，旨在从规模、成长、渗透、支撑四个维度综合评价世界主要国家的互联网经济发展水平。该指数在结构设计、数据来源、计算方法和发布计划上均具备显著优势。第一，在指数结构设计方面，本文围绕互联网经济发展的核心维度设计出四个分指标维度，以及相应的二级指标，立体全面地对互联网经济发展进行综合评价；第二，在数据来源方面，本文提出的互联网经济发展指数数据均来自国内外定期发布的公开数据，数据源稳定且易于查找，保证了指数评价工作的客观性和可持续性；第三，在计算方法方面，本文提出的互联网经济发展指数区别于普遍的平均值算法，是通过变异系数法以更加客观地反映各指标之间的数据和变化关系，得出更加准确的测评结构；第四，在发布计划方面，本文提出的互联网经济发展指数自2014年起每年发布，保障了指数测评的持续性和客观性，为国际互联网经济发展的横向和纵向对比提供了可能。

三 主要国家互联网经济发展指数的指标体系构建

（一）指数构成

全球互联网经济发展指数包括规模指数、潜力指数、渗透指数及支撑指数四个维度。其中，规模指数和潜力指数反映各国互联网经济发展的自身水平，规模指数重点在于衡量互联网经济当前发展状况，潜力指数衡量互联网经济发展的未来预期；渗透指数与支撑指数反映互联网经济发展的相关环境，渗透指数衡量互联网经济发展对经济环境的影响，支撑指数衡量环境对互联网经济的支持作用。四个指数从自身与外部环境，全面考量世界主要国家的互联网经济发展水平，设计思路如图4所示。

1. 规模指数

反映各国互联网经济的规模，该项值越高，表明该国互联网经济的总量规模越大。该指数可以反映当前各国互联网经济发展的水平。

2. 潜力指数

反映各国互联网经济发展的潜力，该项值越高，表明该国互联网经济的发展潜力越大。该指数可以反映各国互联网发展的未来预期。

3. 渗透指数

反映各国互联网经济对国民经济活动的影响程度，该项值越高，表明该国的经济活动中互联网经济渗透程度越高。

4. 支撑指数

反映各国与互联网经济发展相关的支撑环境，该项值越高，表明该国互联网经济的发展环境越好。

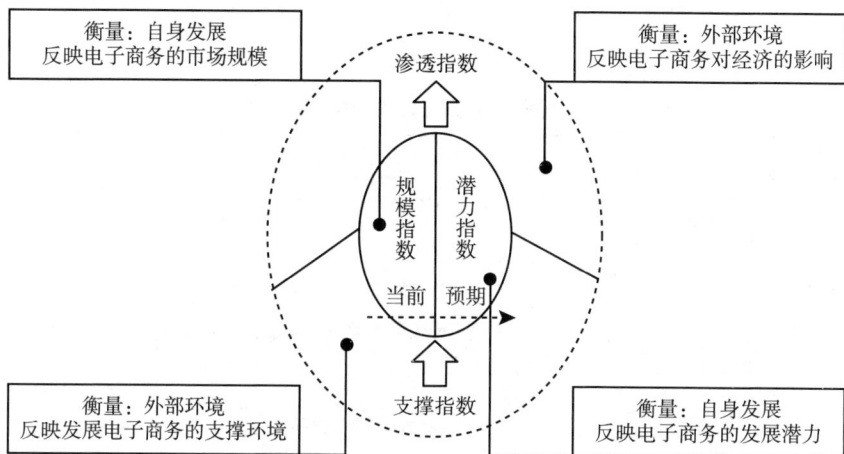

图4　互联网经济发展指数构建

我们认为，本互联网经济指标体系的各指标之间各有侧重、相互分工、相互配合，并有较强的系统性和针对性，能够综合反映和跟踪不同侧面、不同过程和不同领域的互联网经济活动，以较好地满足与互联网经济相关的宏观调控系统分析和互联网经济运行走势推测、互联网经济政策和调控措施制定的需要。

（二）指标体系构建及数据来源

互联网经济发展指数的指标体系由4个一级指标、14个二级指标构成（见表3），分别从规模、潜力、渗透、支撑四个方面综合考量世界主要国家的互联网经济发展水平。具体而言，规模指数从互联网经济企业数、网民人数占全球比重和网络零售额占全球比重的角度衡量一国互联网经济发展程度；潜力指数则从该国互联网经济企业数增长率、网民人数增长率和网络零售额增长率的视角考量一国互联网经济的发展潜力；渗透指数旨在评价一国互联网经济对该国国民经济的影响，从互联网企业数占本国企业数比重、网民数占本国人口比重以及网络零售额占社零比重三个指标来综合反映；支撑指数旨在刻画一国互联网经济的发展环境，从物流环境支撑、人力资本支撑、技术环境支撑、支付环境支撑和信用环境支撑五个指标进行考量。

表3　互联网经济指数的指标体系构建

		二级指标	变量/算法	来源
A 规模	A1	互联网经济企业数	本国 ICT 企业数/样本总和	World Bank，ITU
	A2	网民人数占全球比重	本国网民数量/样本总和	WEF NRI
	A3	网络零售额占全球比重	本国网络零售额/样本总和	Statistia, E-commerce Europe, OECD
B 潜力	B1	互联网经济企业数增长率	ICT 企业数量年增长率	World Bank，ITU
	B2	网民人数增长率	网民人数年增长率	WEF NRI
	B3	网络零售额增长率	网络零售额年增长率	Statistia, E-commerce Europe, OECD
C 渗透	C1	互联网经济企业数占本国企业的比重	ICT 企业数/本国企业数	World Bank，ITU
	C2	网民数占本国人口比重	网民数/本国人口数	WEF NRI
	C3	网络零售额占社零比重	网络零售额/本国社会零售品总额	Statistia, E-commerce Europe, OECD
D 支撑	D1	物流环境支撑	物流绩效指数	World Bank LPI
	D2	人力资本支撑	ICT 就业人数/本国人口数	WEF，NRI
			全球教育发展指数	UNHDI Education Index
	D3	技术环境支撑	互联网普及率	World Bank；Internet World Stats；WEF NRI
	D4	支付环境支撑	电商移动支付额/样本总和	CapGemini；World Bank
	D5	信用环境支撑	国际信用指数	Edelman
			ICT 法律法规环境	World Economic Forum, NRI, Executive Opinion Survey
			知识产权保护环境	

（三）指标体系的计算方法

全球主要国家互联网经济发展指数的主要数据来自世界银行、各国统计局、各国商务部等公开数据源。本指数创新性地采取变异系数法（Coefficient of Variation Method）对各项指标赋权。指标体系中差异越大的指标，越能反映被评价单位的差距。同时，该方法是通过实际数据计算所得的客观赋权方法，具体算法为：假设有 n 个指标，这 n 个指标的变异系数为：

$$V_i = S_i \sqrt{\bar{x}}$$

S_i 代表第 i 个指标的标准差，$\bar{x}$ 代表样本的均值，则各指标的权重为：

$$\omega_i = V_i / \sum_1^n V_i$$

四 分指数分析

（一）规模指数

规模指数旨在衡量各国互联网经济发展的总量规模及其在 25 国总体中的比重。具体而言，规模指数从互联网经济企业数、网民人数、网络零售额在 25 个国家中的占比进行测算。首先，中国、美国、日本、德国和英国分列前五位。其中，中国、美国两国优势明显，是 25 个国家中规模指数在 10 分以上的两个国家（见表 4）。其次，发达国家的互联网经济规模庞大，占据排行榜前半段的主要位置。最后，俄罗斯、墨西哥、巴西等发展中国家排名上升较为显著，说明发展中国家的互联网经济规模大幅扩张。

（二）潜力指数

潜力指数旨在衡量世界主要国家在互联网经济企业数、网民数、网络零售额增长率方面的表现，反映各国互联网经济发展的增长潜力。由表 5 可知，

表4　2017年全球主要国家互联网经济规模指数排名

排名	国　　家	2017年规模指数
1	中　　国	30.5
2	美　　国	23.9
3	日　　本	6.9
4	德　　国	6.1
5	英　　国	5.0
6	韩　　国	3.8
7	印　　度	3.5
8	法　　国	3.0
9	加　拿　大	2.1
10	巴　　西	1.8
11	俄　罗　斯	1.8
12	澳　大　利　亚	1.5
13	荷　　兰	1.4
14	西　班　牙	1.2
15	意　大　利	1.1
16	印度尼西亚	0.9
17	土　耳　其	0.9
18	瑞　　士	0.8
19	墨　西　哥	0.7
20	瑞　　典	0.7
21	挪　　威	0.5
22	阿　根　廷	0.5
23	丹　　麦	0.5
24	芬　　兰	0.4
25	新　加　坡	0.3

2017年，印度和印度尼西亚两国的互联网经济增长态势明显，位居潜力指数排行榜的前两名。中国保持了高速成长的态势，2017年潜力指数为33.9，排名第三。潜力指数排名的第二段（第2~8名）得分在15分以上，以发展中国家为主。这延续了近年来发展中国家互联网经济发展增长潜力可观的趋势。发达国家的潜力指数得分在5~15分，说明发达国家互联网经济发展日趋成熟、增速减缓，这是影响发达国家综合排名的重要因素之一。

表5 2017年全球主要国家互联网经济潜力指数排名

排名	国　　家	2017 年潜力指数
1	印　　度	55.5
2	印度尼西亚	49.0
3	中　　国	33.9
4	土　耳　其	30.2
5	阿　根　廷	24.8
6	俄　罗　斯	24.6
7	墨　西　哥	22.5
8	巴　　西	15.6
9	德　　国	14.5
10	新　加　坡	14.2
11	西　班　牙	13.4
12	日　　本	13.2
13	法　　国	12.2
14	加　拿　大	11.2
15	瑞　　士	10.3
16	澳　大　利　亚	10.3
17	意　大　利	9.1
18	挪　　威	6.8
19	韩　　国	6.8
20	瑞　　典	6.7
21	芬　　兰	5.2
22	荷　　兰	5.1
23	美　　国	4.8
24	英　　国	4.4
25	丹　　麦	3.4

（三）渗透指数

渗透指数旨在衡量各国互联网经济发展各维度在本国相应经济指标中的比重（互联网经济企业数/本国企业数、网民数/本国人口数、网络零售额/本国社会零售品总额），反映互联网经济对该国国民经济发展的推动作用。渗透指数排名显示（见表6），瑞士、荷兰、德国占领前三席，挪威、韩国、丹麦紧随其后，该 6 国的互联网渗透指数得分在 40 以上。渗透指数排名前半段被美国、法国、西班牙等发达国家占据。其余发展中国家的渗透指数得分较低，说明互联网经济对发展中国家经济发展的推动力尚有待进一步释放。

表6 2017 年全球主要国家互联网经济渗透指数排名

排名	国 家	2017 年渗透指数
1	瑞 士	71.81
2	荷 兰	70.98
3	德 国	63.63
4	挪 威	62.77
5	韩 国	62.64
6	丹 麦	60.67
7	瑞 典	57.78
8	美 国	57.19
9	芬 兰	56.42
10	澳 大 利 亚	55.70
11	英 国	53.50
12	加 拿 大	48.53
13	日 本	48.09
14	法 国	41.61
15	中 国	39.61
16	新 加 坡	38.78
17	西 班 牙	28.21
18	意 大 利	22.44
19	土 耳 其	21.30
20	阿 根 廷	17.59
21	俄 罗 斯	17.30
22	巴 西	15.63
23	印 度	14.75
24	印度尼西亚	12.32
25	墨 西 哥	11.85

（四）支撑指数

支撑指数旨在考察各国互联网经济发展的支撑环境及保障水平。具体而言，该项指标通过考察各国物流发展水平、互联网普及率、互联网经济相关产业就业水平、在线支付以及信用水平五个维度的综合表现，反映 25 个国家在支撑互联网经济健康快速发展方面的环境及能力。支撑指数排名显示（见表7），发达国家的互联网经济发展环境优势显著，前五名席位被新加坡、瑞典、丹麦、芬兰和澳大利亚占据。发展中国家的排名集中在中后段，说明支撑环境是发展中国家互联网经济发展中相对薄弱的环节。中国排名第18 位，这是我国进一步促进互联网经济发展中需重点加强的。

表7　2017 年全球主要国家互联网经济支撑指数排名

排名	国　　家	2017 年支撑指数
1	新　加　坡	84.77
2	瑞　　典	80.53
3	丹　　麦	80.12
4	芬　　兰	76.44
5	澳大利亚	76.12
6	英　　国	75.64
7	挪　　威	72.70
8	法　　国	72.00
9	荷　　兰	70.78
10	德　　国	70.41
11	瑞　　士	70.31
12	加　拿　大	68.07
13	日　　本	67.91
14	美　　国	66.77
15	西　班　牙	65.40
16	韩　　国	62.45
17	意　大　利	57.59
18	中　　国	39.76
19	巴　　西	34.08
20	土　耳　其	33.60
21	俄　罗　斯	31.64
22	阿　根　廷	28.41
23	墨　西　哥	24.65
24	印　　度	21.85
25	印度尼西亚	11.13

五 分区域分析

（一）亚太地区

在我们考察的 25 个国家中，亚太地区的国家有中国、日本、韩国、印度、印度尼西亚、俄罗斯、新加坡和澳大利亚等。

1. 市场规模

2016 年，亚太地区互联网经济发展规模占我们所关注的主要国家的半壁江山（47.8%），是互联网经济发展的中坚力量。具体来说，2016 年亚太地区电子商务 B2C 交易额占全球的 42.7%、网购人数占全球的 54.3%、互联网经济企业数占全球的 22.3%、网络零售额占全球的 41.3%，是全球互联网经济的重要组成部分。在亚太地区内部，中国、日本的电子商务发展规模领先于其他国家。其中，中国的电子商务 B2C 交易额占亚太地区的 74%，日本紧随其后，占比 18%；网购人数方面，中国占亚太地区的 60%，印度（16%）、日本（12%）分列第 2、第 3 位。

2. 发展潜力

发展潜力方面，2016 年亚太地区互联网经济的平均增速为 31.7%，同样引领全球。具体而言，2016 年亚太地区的电子商务 B2C 交易额平均增速为 20.7%，超过美洲（19.9%）和欧洲（13.8%）；亚太地区网购人数增速为 16.11%，受到俄罗斯网购人数高速增长的影响，欧洲平均增速为 15.59%，美洲增速为 8.35%；互联网经济企业数增长率方面，亚太地区仍独占鳌头（17.4%），欧洲（12.3%）和美洲（9.3%）紧随其后。在网络零售额增速方面，亚太地区为 31.9%，美洲为 23.8%，欧洲增速最慢（16.2%）。

在亚太地区内部，2016 年中国电子商务 B2C 交易额增长率为 28.5%，印度尼西亚（25.5%）、韩国（24.5%）和印度（22.19%）紧随其后。网购人数的增长率则呈现出不同态势，印度（36.94%）和印度尼西亚（36.89%）的网购人数大幅增长，远超韩国（13.21%）、中国（5.05%）、日本（3.18%）及澳大利亚（1.43%）。互联网经济企业的增长率方面，中国最为显著（46.5%），印度尼西亚（23.9%）和印度（17.9%）也表现不俗。网络零售额增速方面，印度（29.5%）、印度尼西亚（24.3%）和中国（21.9%）成为增长率超过20%的亚太国家。

3. 渗透深度

渗透深度方面，2016年亚太地区的互联网经济渗透深度为28.5%，处于全球渗透的中下游水平。具体而言，2016年亚太地区电子商务B2C交易额占GDP比重为2.39%，比欧洲（2.93%）略低，但高于美洲（1.71%）。网购人数比重方面，亚太地区（41.83%）比欧洲（71.7%）和美洲（50.67%）低。互联网经济企业数占本国比重方面，亚太地区（7.9%）和拉美地区（1.59%）占比较低，尚有发展空间，跟北美（14.8%）和欧洲（13.7%）相比尚有差距。网络零售额占社会零售品总额方面，亚太地区（7%）落后于北美（18.8%）和欧洲（11.13%），但比拉美（2.07%）高。

在亚太地区，2016年中国的电子商务B2C交易额渗透比例（6.3%）领先于日本（3.25%）、韩国（1.77%）和澳大利亚（1.49%）。网购人数占本国人口比重方面，日本（74.13%）、韩国（70%）、澳大利亚（62.58%）遥遥领先于其他亚太国家，占据前三名。互联网经济企业的本国占比方面，依旧是发达国家（韩国、澳大利亚、日本）位列前三。网络零售额占社会零售品总额方面，中国（14%）、韩国（11.2%）和澳大利亚（6.9%）位列前三。

4. 支撑环境

亚太地区支撑互联网经济发展的环境差距较大。一方面，新加坡、澳大利亚、日本等发达国家的互联网经济支撑环境优越，特别是新加坡拔得头筹，占据2017年互联网经济支撑指数的榜首。另一方面，中国、俄罗斯、印度及印度尼西亚等发展中国家的支撑环境是互联网经济指数中的短板项目，需要给予特别关注。具体而言，2016年亚太地区（56.35%）的物流环境比北美（84.18%）和欧洲（76.22%）差，但比拉美（23.62%）好。互联网普及率方面，亚太（64.33%）和拉美（62.23%）落后于北美

（90.95%）和欧洲（86.28%）。在移动支付额占全球比重方面，亚洲（29.87%）相比于欧洲（37.18%）和美洲（32.95%）略低。在亚太地区，2016年日本（82.91%）、韩国（74.11%）和澳大利亚（75.89%）的物流环境优于其他亚太国家；互联网普及率呈现出相似的态势，韩国、日本、澳大利亚位列前三；在移动支付额占比方面，中国以20.4%的绝对优势领先于其他亚太国家。

（二）美洲地区

在我们考察的25个国家中，美洲地区分为北美（美国、加拿大）和拉美（墨西哥、巴西、阿根廷）两大地区。

1. 市场规模

2016年，美洲地区的互联网经济发展规模占我们考察的25个国家总规模的29%。2016年北美地区电子商务B2C交易额占全球的32.6%、网购人数占全球的22.5%、互联网经济企业数占全球的44.9%、网络零售额占全球的36.7%，是全球互联网经济发展的中坚力量。在美洲地区，美国、加拿大的互联网经济发展规模领先于其他国家。其中，美国的电子商务B2C交易额占美洲地区的88%、网购人数占美洲地区的61%，遥遥领先于该地区的其他国家。

2. 发展潜力

发展潜力方面，2016年美洲地区互联网经济的平均增速为15.8%，略低于全球平均水平（16.3%）。2016年美洲地区电子商务B2C交易额平均增速为19.9%，网购人数增速为8.35%；在互联网经济企业数增长率方面，美洲为9.3%；在网络零售额方面美洲增速为23.8%，与世界平均水平基本持平。

在美洲地区，2016年拉美电子商务B2C交易额增长率为25.57%，发展潜力最为瞩目，加拿大（16.79%）和美国（12.13%）紧随其后。网购人数的增长率呈现相似态势，墨西哥（12.03%）和巴西（10.19%）的网购人数大幅增长，远超加拿大（6.35%）、美国（3.37%）。互联网经济企业的增长率中,阿根廷最为显著(14.76%),墨西哥(10.78%)和巴西(8.41%)也表现不俗。网络零售额增速中,阿根廷(40%)和墨西哥(28.26%)成为增长率超过20%的美洲国家。

3. 渗透深度

渗透深度方面,2016年美洲地区的互联网经济渗透深度为30.2%。具体而言,在电子商务B2C交易额占GDP比重方面,美洲(1.71%)比欧洲(2.93%)和亚太(2.39%)低。网购人数比重方面,美洲(50.67%)不如欧洲(71.7%),但比亚太地区(41.83%)高。互联网经济企业数占本国比重方面,北美(14.8%)占据领先位置。网络零售额占社会零售品总额方面,北美(18.8%)遥遥领先于欧洲(11.13%)、亚太(7%)和拉美(2.07%)。

在美洲地区,2016年美国的电子商务B2C交易额渗透比例(3.32%)领先于加拿大(1.82%)、墨西哥(1.45%)。网购人数占本国人口比重方面,美国(67%)、加拿大(61.8%)遥遥领先与其他美洲国家。互联网经济企业的本国占比方面,依旧是发达国家(美国和加拿大)领先于拉美地区。网络零售额占社会零售品总额方面,美国(10.6%)、加拿大(8.2%)和巴西(2.8%)位列前三。

4. 支撑环境

支撑环境方面,美洲地区处于世界领先水平。具体而言,2016年北美地区(84.18%)和欧洲(76.22%)的物流环境优于亚太(56.35%)和拉美(23.62%)地区。互联网普及率方面呈现出相同态势,北美(90.95%)和欧洲(86.28%)领先于亚太(64.33%)和拉美(62.23%)地区。在移动支付额占全球的比重方面,美洲(32.95%)比欧洲(37.18%)低,但比亚洲(29.87%)高。

在美洲地区,2016年美国(89.45%)、加拿大(78.91%)的物流环境优于拉美国家,位列前三;互联网普及率呈现出相似的态势,美国、加拿大和阿根廷位列前三;在移动支付额占比方面,美国以25.29%的绝对优势领先于其他美洲国家。

（三）欧洲地区

在我们考察的 25 个国家中，欧洲地区包括英国、法国、荷兰、德国、西班牙、意大利、瑞典、芬兰、挪威、丹麦、瑞士以及土耳其等国家。

1. 市场规模

2016 年，欧洲地区互联网经济发展规模占 25 个国家总规模的 20.8%。具体而言，2016 年欧洲地区电子商务 B2C 交易额占全球的 24.7%、网购人数占全球的 23.2%、互联网经济企业数占全球的 32.8%、网络零售额占全球的 22.1%，是全球互联网经济的重要组成部分。在欧洲地区，英国、德国的电子商务发展规模领先于其他国家。其中，英国的电子商务 B2C 交易额占欧洲地区的 37%，德国紧随其后，占比 21%；网购人数方面，德国占欧洲地区的 23%，英国（17%）、法国（15%）分列第 2、第 3 位。

2. 发展潜力

互联网经济增速方面，2016 年欧洲地区的平均增速为 10.1%，低于全球平均水平。分指标来看，2016 年欧洲地区电子商务 B2C 交易额平均增速为 13.8%，网购人数平均增速为 15.59%，互联网经济企业数增长率为 12.3%。在网络零售额增速方面，欧洲增速为 16.2%，低于亚太和美洲地区。

在欧洲地区，2016 年土耳其电子商务 B2C 交易额增长率为 22.3%，丹麦（22.11%）、荷兰（16.1%）紧随其后。网购人数的增长率则呈现出不同态势，土耳其（37.57%）的网购人数大幅增长，远超其他欧洲国家。互联网经济企业的增长率方面，土耳其最为显著（49.15%），德国（27.82%）和西班牙（15.19%）也表现不俗。网络零售额增速方面，土耳其（19.35%）、西班牙（18.8%）和德国（18.3%）成为增长率排前三的欧洲国家。

3. 渗透深度

渗透深度方面，2016 年欧洲地区的优势显著，领先于世界其他地区。具体而言，2016 年欧洲地区电子商务 B2C 交易额占 GDP 比重为 2.93%，亚太地区（2.39%）和美洲（1.71%）分列第2、第3位。网购人数比重方面，欧洲（71.7%）遥遥领先，美洲（50.67%）和亚太地区（41.83%）紧随其后。互联网经济企业数占本国比重方面，欧洲（13.7%）比北美（14.8%）略低，但领先于亚太（7.9%）和拉美（1.59%）。网络零售额占社会零售品总额方面，欧洲（11.13%）比北美（18.8%）低，遥遥领先于亚太（7%）和拉美（2.07%）。

在欧洲地区，英国的电子商务B2C交易额渗透比例（7.37%）领先于丹麦（4.47%）、法国（3.27%）和芬兰（3.26%）。网购人数占本国人口比重方面，荷兰（93%）、丹麦（88%）、瑞典（87%）、挪威（85%）遥遥领先于其他欧洲国家。互联网经济企业的本国占比方面，英国、荷兰、德国位列前三。网络零售额占社会零售品总额方面，英国（15.2%）、德国（12%）和丹麦（11.3%）位列前三。

4. 支撑环境

在互联网经济发展的支撑环境方面欧洲地区优势明显。2016年欧洲地区的互联网经济支撑指数平均得分遥遥领先于世界其他地区。具体而言，2016年欧洲（76.22%）的物流环境优于亚太（56.35%）和拉美（23.62%）。互联网普及率呈现出相同态势，欧洲（86.28%）领先于亚太（64.33%）和拉美（62.23%）。在移动支付额占全球比重方面，欧洲的移动支付额占全球的37.18%，美洲（32.95%）和亚洲（29.87%）紧随其后。

在欧洲地区，2016年荷兰（90.72%）、英国（90.52%）和挪威（84.96%）的物流环境优于其他欧洲国家。互联网普及率呈现出相似的态势，挪威、荷兰、瑞典位列前三。在移动支付额占比方面，瑞士（9.34%）、德国（6.15%）和英国（5.29%）位列前三名。以瑞士为例，2017年该国有89%的人口使用互联网，而98%的人口拥有财务账户。在安全网络服务器的数量和邮政服务的可靠度方面，瑞士居于世界领先的地位。瑞士虽是小国，却为每百万人口配备了100台安全的网络服务器，其万国联盟邮政可靠度也高达99%。近年来，互联网数据的规模不断扩大，大量数据需要存储在安全的地方。作为创新型国家，瑞士很早就为网上交易建设了完善的基础设施。此外，瑞士特有的经济与政治稳定性、高素质的人力资源以及可抵御物理威胁和网络攻击的防御能力使其成为储存敏感数据的理想国度。在欧洲地区的所有国家中，瑞士的数据中心数量位列第5。[①]

六　结束语

基于世界银行、各国统计局及电子商务产业报告等公开数据，本报告综合测度了全球25个国家（中国主要国际贸易对象）2017年在互联网经济规模、发展潜力、渗透深度及支撑环境方面的发展情况。在重视互联网经济总量规模的同时，本指数强调各国互联网经济在所有25国以及本国经济社会发展中的作用。本报告创新性地采用变异系数法对各指标进行赋权，客观真实地反映各国互联网经济发展的综合实力和发展态势。

2017年全球互联网经济发展指数结果如下。

全球互联网经济发展日趋成熟。全球互联网经济总量规模持续增长、增速有所放缓，互联网经济对经济社会发展的影响不断深化，支撑互联网经济发展的环境逐渐完善。促使互联网经济快速发展的宏观经济因素主要有电信基础设施、个人电脑及软件、金融资源、人力资本、互联网需求及关注、互联网竞争性环境。在政策因素方面，政府可以通过市场及选择政策、投资政策、国家安全政策、文化政策、社会平等及分配政策等方面的政策支持和管理互联网的发展。事实上，明确互联网繁荣的影响因素可以帮助政府更加准确和有效地监测互联网对经济产生的影响，并由此制定相应的政策措施。随着互联网在世界范围内的扩散和渗透，越来越多的国家就互联网及信息技术在国家战略层面的重要意义达成共识。加之，对于发展中国家（尤其是农村区域）而言，由于边际收益更高，实施互联网战略会使得国民经济在生产力、教育、健康、生活质量等方面得到更大程度的改善。

---

① 数据来源：datencentermap 2017。

　　美国和中国处于全球互联网经济发展的领先位置，然而竞争优势各异。国际金融危机以来，信息通信技术加速融入传统经济的各个环节，不仅促进生产方式和组织方式发生深刻变革，更将融合创新的发展理念多维度、全方位地扩散到传统产业的各个领域，互联网经济在国民经济中的地位更加凸显。一方面，以美国为代表的发达国家依靠信息经济抢占全球竞争制高点的态势更加明显。2016年，美国互联网经济占GDP比重已超过50%，互联网经济年平均增速3.13%，是GDP（1.34%）的2.34倍；另一方面，以中国为代表的发展中国家奋起直追，在互联网经济发展及其对本国经济的助力方面表现优异。得益于中国的市场规模和发展潜力，中国政府实施"互联网＋"战略，中国发展互联网经济的产业和政策环境不断优化，互联网技术与平台将与三次产业融合发展，对国民经济发展的推动作用日益凸显。

　　全球互联网经济发展呈现不均衡的态势，数字鸿沟依然存在。发达国家因市场规模及支撑互联网经济发展的环境等优势，占据了排行榜的领先位置。发展中国家增长潜力较大，成为推动全球互联网经济发展的中坚力量，如果加强信息基础设施和支撑环境建设，有望赶上发达国家的步伐。然而，数字鸿沟依然存在。数字鸿沟指的是一个在那些拥有信息时代的工具的人以及那些未曾拥有者之间存在的鸿沟。数字鸿沟体现了当代信息技术领域中存在的差距。这种差距，既存在于信息技术的开发领域，也存在于信息技术的应用领域，特别是由网络技术产生的差距。美国商务部指出，"在所有的国家，总有一些人拥有社会提供的最好的信息技术。他们有最强大的计算机、最好的电话服务、最快的网络服务，也受到了这方面的最好的教育。另外有一部分人，他们出于各种原因不能接入最新的或最好的计算机、最可靠的电话服务或最方便的网络服务。这两部分人之间的差别，就是所谓的'数字鸿沟'。处于这一鸿沟的不幸一边，就意味着他们很少有机遇参与到我们的以信息为基础的新经济当中，也很少有机遇参与到在线的教育、培训、购物、娱乐和交往当中"。在世界经济层面，根据联合国经社理事会的文件，数字鸿沟指由于信息和通信技术的全球发展和应用，造成或拉大的国与国之间以及国家内部群体之间的差距。它的产生，从世界范围看，就是由于发达国家经济水平及信息化程度与发展中国家之间所形成的信息不对称；从发展中国家看，就是由于地区、行业、所有制以及企业规模等差异，存在信息不对称。

得益于广袤的市场和庞大的人口基数，亚太地区互联网经济发展的规模优势日益明显。以互联网经济的典型代表电子商务为例，2016 年，亚太地区电子商务 B2C 交易额和网络零售额占比均高于世界其他地区，成为全球规模最大的电子商务市场。随着市场潜力的发掘和竞争的日益激烈，未来亚太地区的互联网经济将在付费搜索和社交媒体等方面展开竞争。同时，伴随着电商市场的逐渐成熟、配套基础设施跟进完善、消费者购物习惯的改变，移动端购物将会越来越流行。上述发展趋势将进一步发挥亚太地区的规模优势，也将使亚太地区成为最具发展活力的互联网经济市场之一。

拉美地区互联网经济增长可观、潜力巨大。拉美地区虽然互联网经济的规模尚小，然而增长速度令人瞩目。2016 年，拉美地区的电子商务 B2C 交易额增长率为 25.6%，巴西的网购零售额增速高达 40%，发展指标位列全球第一。未来 5 年，拉美地区的互联网经济预计保持 18% 的年增长率；然而，拉丁美洲作为一个人口占世界人口的 9% 的地区，在全球互联网经济领域仅占 2% 的份额。互联网经济以及跨境电商的发展，将会对拉美地区的经济发展以及重塑拉丁美洲的经济竞争格局起到关键的作用。

渗透水平成为互联网经济发展的核心竞争力。在本指标体系中，渗透指数显现出两大趋势：一是在渗透指数均年度上扬的背景下，各国渗透指数的差距逐渐拉大；二是渗透指数排名与综合指数排名高度相关。因此，能否实现互联网经济与本国实体经济的有效融合与互动发展，是未来互联网经济发展的核心竞争力所在。随着互联网更深入地渗透至各个行业，企业拥抱互联网技术的程度越高，国民经济运行就越高效，并最终转化为生产效率的提升。尽管在这一过程中，某些从业者的现有岗位可能将被取代，但随着互联网为创新的产品和服务创造新的市场，互联网经济对新技能劳动力的需求将不断增加。

各国之间互联网经济支撑水平的差距逐渐缩小。成熟国家和新兴国家在支持互联网经济发展的物流、人力、支付和基础设施方面的差距日益缩小。值得注意的是,支撑指数依然是指标体系中占比最大的,其对互联网经济综合指数的作用不容忽视。

附表1　现有互联网经济相关指数中主要国家的排名及分位情况

国　　家	UNCTAD 2016/137		WEF/OECD 2015/143		A. T. Kearney 2015/30	
	排名	分位(%)	排名	分位(%)	排名	分位(%)
中　　国	64	47	62	43	2	7
日　　本	5	4	10	7	4	13
韩　　国	7	5	12	8	7	23
印　　度	90	66	89	62	—	—
印度尼西亚	93	68	79	55	—	—
澳 大 利 亚	12	9	16	11	10	33
新 加 坡	23	17	1	1	14	47
美　　国	11	8	7	5	1	3
加 拿 大	4	3	11	8	11	37
墨 西 哥	63	46	69	48	17	57
巴　　西	51	37	84	59	21	70
阿 根 廷	57	42	91	64	29	97
英　　国	8	6	8	6	3	10
法　　国	19	14	26	18	6	20
荷　　兰	15	11	4	3	13	43
德　　国	17	12	13	9	5	17
西 班 牙	24	18	34	24	18	60
意 大 利	38	28	55	38	22	73
瑞　　典	13	9	3	2	16	53
芬　　兰	6	4	2	1	25	83
挪　　威	3	2	5	3	20	67
丹　　麦	16	12	15	10	15	50
俄 罗 斯	47	34	41	29	8	27

B.6
2018年全球互联网经济发展趋势

李雯轩　李晓华*

摘　要： 本文主要介绍了目前互联网经济的发展形势，重点介绍了人工智能、区块链技术的发展和运用情况，对互联网经济影响较大的电子商务、金融、制造、泛娱乐产业的发展现状和趋势做了探讨，还对目前制约互联网经济发展的因素做了梳理，并提出了相关政策建议。

关键词： 互联网经济　人工智能　区块链

随着大数据、云服务、人工智能等新兴产业的兴起，互联网经济已不仅限于电子商务、社交媒体、搜索引擎、网络游戏等传统的虚拟领域，借由平台经济和技术手段的提升与实体经济深度融合，广泛地覆盖了人民生产、消费、生活的各个领域。尤其是人工智能和区块链，未来不仅将吸引更多的关注，更会对全球产业业态和金融发展产生重大影响。从全球范围来看，互联网经济中的新兴产业已成为各主要国家谋求竞争优势、占领新科技革命制高点的战略热点，网络信息安全仍然是互联网经济发展中的主要制约因素，地区间互联网发展的不平衡性在短期内仍会加剧。2018年，互联网经济将会惠及更多的民众，移动终端的发展将加速传统产业的改造

---

* 李雯轩，经济学博士，中国社会科学院工业经济研究所博士后，研究领域：区域经济发展、制造业数字化转型；李晓华，经济学博士，中国社会科学院工业经济研究所产业布局研究室主任、研究员，中国工业经济学会常务副理事长，研究领域：中国工业发展、全球价值网络、新经济与制造业数字化转型。

升级，电子商务、社交、广告、网游等传统互联网经济组成部分也将更多地在移动端进行，互联网金融对传统金融业的业务改造、融合还在继续，各大企业间工业互联网平台的竞争和人工智能的运用正重塑制造业业态；政府对电子货币等领域的监管会趋于严格。总的来看，互联网经济正朝着普惠化、智能化、全球化的方向迈进，全球经济也将受惠于互联网经济发展的热潮。

一 互联网经济的总体发展态势

（一）互联网经济的规模和地区差异

虽然没有确切的数据测算互联网经济的规模，但互联网已成为全球经济增长的主要推动力。2016 年全球 ICT 行业产品与服务的生产占全球 GDP 比例已达到 6.5%，全球互联网用户增至 35.8 亿，同比增长 10% 左右[①]。"Hootsuite" 最新的数据显示，2017 年全球网民数量突破 40 亿，新增网民2.5 亿，其中以非洲、中亚、南亚等欠发达地区增长势头更为显著；中国2017 年网民规模也已达到 7.72 亿，全年新增 4074 万人。借助手机等移动设备，互联网已将世界一半人口联系起来。此外，以互联网经济为主要拉动力量的数字经济规模也不断扩大。2016 年，美国数字经济占全球第一，为10.8 万亿美元；中国位列第二，为 3.4 万亿美元；日本位列第三，为 2.3万亿美元；德国、英国、法国位列第四、五、六位，[②] 主要国家数字经济占GDP 比例均超过 30% 。

从地区分布来看，互联网经济的发展程度与国家经济实力正相关。发达国家的互联网渗透率较高，相应的互联网基础资源和互联网技术也较为发达。美国在信息科技前沿科技方面引领全球发展，尤其在人工智能、云服务

---

① 数据来自中国信息通信研究院《互联网发展趋势报告（2017~2018 年）》，2017，第 1 页。
② 数据来自中国信息通信研究院《G20 国家数字经济发展研究报告（2017 年）》，2017，第7 页。

等方面，美国占据了世界第一的位置；德国工业数字化程度全球最高，2016年数字经济占工业行业增加值比重达到41.8%；农业中数字经济占比程度较高的是英国、德国、美国、法国等发达国家。随着移动终端的普及，新兴市场和欠发达国家的网民更多依靠手机接入互联网，非洲、中亚、东南亚地区的网民迅速增加，2016年印度互联网用户数量同比增加26%，非洲地区网民数量比上年增加20%①；电子商务等互联网产业开始在这些地区本土化发展，泰国、越南、马来西亚等东南亚国家模仿、复制发达市场的电子商务模式或APP应用，发展迅速。

美国和中国在互联网多个领域展开竞争，也是全球互联网独角兽企业数目最多的两个国家。根据CB Insights的数据，截至2018年3月1日，全球共有233家估值超过10亿美元的独角兽公司，分布在24个国家，其中美国有114家，中国有64家，远远领先其他国家（见图1）。美国的独角兽企业多集中在互联网软件及服务、金融科技、大数据等领域，中国的独角兽企业在电子商务领域占了近1/3，可以看出两国在互联网技术和市场需求方面的不同之处。② 中国信通院的报告认为，2015~2017年中国独角兽企业年复合增长率远高于美国，2018年新增独角兽企业的数目有望超过美国。目前中美两国主要的互联网公司多为电子商务、搜索引擎、社交媒体公司。中美互联网巨头都紧跟时代潮流，依靠科技创新布局未来的风口。亚马逊除了重点发力云服务外，还加大对人机交互、语音转换、图像识别等技术的研发力度，并直接应用于其开发的智能音箱；谷歌也将技术研究的重点转向翻译、智能音箱、Google Assistant等产品，并将无人驾驶汽车项目独立为Waymo；阿里巴巴目前的电子商务业务营收占企业总收入的84%左右，并将云计算和互联网平台作为下一步发展的重点；百度除了继续投资无人汽车外，深化了对AI的布局，抢占智慧家居的入口……未来中美两国在互联

---

① 数字来自 We are social "Digital In 2018"，2018。
② 数据来自 CB Insights 网站，https://www.cbinsights.com/research-unicorn-companies，该统计数据与中国科技部的报告《2017年中国独角兽企业发展报告》中我国独角兽企业数目有出入，科技部的报告显示我国独角兽企业为164家。

网领域的竞争，不仅是现有互联网巨头的角力，还会涌现更多新的科技公司入场竞争；美国在技术上仍占据绝对领先的地位，中国正在逐渐缩小与美国之间的差距。

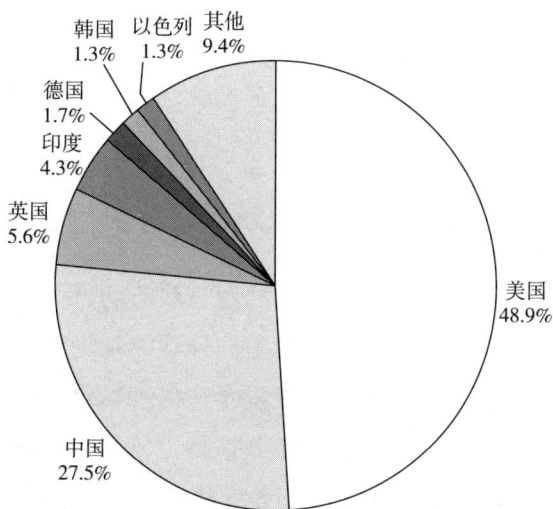

图1 全球各国独角兽公司数量

资料来源：CB Insights 网站统计。

（二）互联网经济的技术趋势

2016 年以来，随着 AlphaGo 接连战胜人类顶级围棋选手，以深度学习为代表的人工智能技术引起各界关注和投资的热潮，世界各国和主要互联网公司均将其作为新科技革命的战略制高点布局谋划，围绕芯片、算法、应用等各个方面展开竞争。2017 年末，随着比特币的疯狂暴涨，综合了密码学、分布式系统、博弈论、货币金融学的区块链技术也走进大众的视野。按照中国信息通信研究院 2017 年发布的报告，未来区块链行业将加速从数字货币向非金融领域渗透扩散，企业间专利的竞争将愈加激烈。前几年兴起的云计算、大数据也将更多地与新兴技术结合，拉近虚拟世界与现实世界的联系。互联网新技术的发展深刻改变了传统互联网产业与现实产业的发展模式，各产业加速迈入智能融合新时代。移动终端、基础网络设施的发展使互联网经济的关注点从内容传播转向计算本源，数字化、平台化、软硬结合成为目前互联网技术领域的新趋势：主要国家纷纷出台一系列政策促进数字经济、平台经济的发展；传统互联网公司依托数据优势和用户资源将社交网络转为物联网领域，使虚拟世界与现实世界不断融合、叠加；新智能硬件的发展，使得车载设备、智能家居、机器人智能产品等成为未来影响互联网经济与现实产业的重要联结。

（三）互联网经济对参与者的影响

互联网新技术的产生使消费者、厂商、政府均开始面对和适应新的环境。对消费者而言，互联网基础设施和移动终端的发展扩展了消费者的消费渠道，也改变了消费者的消费思维；传统的电子商务模式继续创新，消费者对价格、品质的需求被充分挖掘，各种平台的建设可以使消费者参与产品设计的过程，个性化、差异化消费和服务的需求得到满足，跨时空消费、共享、共创成为新的消费模式。对厂商来说，互联网与大数据将消费者与产品联系得更为紧密，厂商更容易通过交易数据分析消费者的偏好；参与的厂商行业也从原来的零售业转向教育、医疗、农业等基础行业；借助新的互联网金融工具，中小厂商的融资约束得到缓解；共享经济平台建设也部分解决了产能过剩的问题。对政府来说，互联网经济的发展对政府的治理能力提出了新的要求：互联网为政府了解民生、社会热点提供了通畅的途径，也便于公众了解政府的政策，较为显著地改善了政府提供公共服务的质量。同时，互联网经济涉及的数据安全问题、金融稳健性问题、各类平台的规范性问题，也给政府制定监管规则提出了挑战，对于某些新兴事物的应对措施不可避免地存在滞后性。尤其是物联网、大数据、人工智能等新技术在运用过程中的网络安全、网民隐私保护问题，都需要政府管理部门出台一系列的政策、法规加以防范。可以预见，未来各国政府都会出台一系列的措施来应对新的安全问题。

二 互联网经济新产业的发展图景

（一）人工智能成为新经济中制高点

以深度学习为代表的人工神经网络技术早在 20 世纪就已出现，得益于互联网的使用和基础设施的完善，人工智能开启了第三次发展浪潮。[1] MarketsandMarkets 的数据显示，2016 年全球广义 AI + 制造的市场产值已达到 1209.8 亿美元，预计在 2017 ~ 2022 年复合年均增长率为 9.3%。[2] 罗兰贝格的资料预测，全球人工智能的市场规模将从 2016 年的 1260 亿美元增至 2025 年的 30610 亿美元。很多专业机构都认为人工智能会成为推动经济发展的新增长点，埃森哲通过模型计算得出，到 2035 年，人工智能可以使 12 个发达经济体年均经济增长率提高 1 倍。

巨大的行业规模和预期带来的较高经济增速不仅使很多国家开始战略谋划，也使得互联网巨头对 AI 行业展开布局。根据麦肯锡的统计，2016 年主要科技巨头在 AI 上的花费为 200 亿 ~ 300 亿美元，其中 90% 的资金用于研发和部署，10% 用于相关企业收购。在企业数目方面，腾讯研究院的报告显示，截至 2017 年 6 月，全球人工智能企业总数达到 2542 家，美国与中国分别成为企业数目占比第一和第二的两个国家，为 42% 和 23%[3]。美国是人工智能领域技术最发达、企业数目最多的国家，主要的美国互联网企业也在 AI 产业链的各个层级展开布局，芯片、算法平台、应用产品是美国互联网企业主要的发力点。中国人工智能企业的产品多集中在应用层面，服务机器人、智能机器人和机器视觉占据了我国 80% 的市场，我国在基础原件、硬件方面落后于美国，我国在研发费用的投入上面也落后于美国。据普华永道

---

[1]　中国网络空间研究院《世界互联网发展报告 2017》，电子工业出版社，2017，第 190 页。

[2]　数据来自 MarketsandMarkets 网站，https：//www.marketsandmarkets.com/Market – Reports/smart – factory – market – 1227.html。

[3]　数据来自腾讯研究院《中美两国人工智能产业发展全面解读》，2017，第 3 页。

的统计，2016 年仅百度和阿里巴巴的研发投入超过 10%（分别为 15% 和 14%），中国其他的互联网企业研发占比均不足 10%；美国的主要互联网公司研发占比均超过 11%，如 Facebook（27%）、Amazon（12%）。总的来看，美国在算法上领先中国，中国在数据量上具有优势。

现阶段，人工智能的主要应用领域并没有超出人们生活的范围，主要集中在金融、医疗、教育、安防、自动驾驶、个人助理、电商零售等与人们生活息息相关的领域。罗兰贝格通过对 13 个行业在组织文化基础、数据与技术基础、人工智能应用三大方面进行定量评估后，认为金融、零售、医疗和汽车行业是目前 AI 发展最为成熟的行业；制造、教育和通信行业未来的应用值得关注。借助工业平台的搭建和政府管理数据的分享，人工智能在工业领域和城市管理领域也迅速落地。亚马逊、西门子、通用、阿里巴巴、华为、海尔等互联网企业、制造业企业先后推出的云服务平台，逐步推广到制造业企业中；运用智能化数据采集和热成像视觉监测技术，百度天工可以监控钢包的生产，提高钢厂的效益；阿里云的 ET 城市大脑早在 2016 年就开始在杭州、衢州等多个城市帮助进行城市交通管理，使交通管理向智能化发展。随着主要国家对高端制造业的日益重视，未来工业过程中采用人工智能的流程会越来越多，虽然目前人工智能仍未出现突破性的技术进步，但其在 2018 年仍然是重点关注的领域之一。

（二）区块链技术短期内广泛应用的可能性较低

区块链概念由中本聪于 2008 年提出，并随着比特币的涨跌逐步走入公众视野。可以将其看作一种可时间追溯的分布式电子记账系统。将某一时间段（区块）中点对点交易信息集合以电子的方式记录，并对不同时间段的交易以时间为顺序组成"链条"，区块后续的链条都继承上一个区块链的交易细节，确保了数据的延展性和非对称性。在点对点交易中，不需经过任何金融机构，实现了"去中心化"；并且区块链技术会根据工作量自动分配电子货币，避免了通货膨胀的产生。区块链技术产生电子货币的机制采用最先进的非对称加密方式，避免了数据被篡改的可能。根据区块链开放程度或共识机制的不同，区块链分为公有链、私有链两种，联盟链可视为私有链中的一种。比特币、以太坊是公有链的代表；Linux 基金会主办的 Hyperledger Fabric、R3 开发的专用于金融机构分布式记账的 Corda 是用于某一组织的联盟链的代表。区块链作为一种通用性技术，正加速从数字货币领域向其他行业渗透：IBM 公司与沃尔玛在中国建立可追踪、保障猪肉安全的食品区块链，沃尔玛和消费者可以全程追踪猪肉从原产地到售卖的每一笔交易；PokitDoc 公司开发了应用于医疗行业的 DocChain 区块链，旨在解决医疗过程中涉及的支付报销问题，还可以帮助制药商和医疗用品商进行库存管理等，提高了医疗行业资金的周转效率；腾讯于 2017 年推出了企业级的区块链平台 TrustSQL，旨在应用于数字资产、鉴证服务、共享账本、知识产权保护等多个场景。从技术上来看，区块链与云计算结合是大势所趋。国内外互联网巨头，如亚马逊、微软、IBM、腾讯等都开始提供区块链即服务（Blockchain - as - a - Service）。随着参与企业的增多，未来区块链的专利申请将越来越多，各类企业在专利领域的竞争会越来越激烈。

区块链自产生以来就对金融系统、监管部门产生了一系列冲击，尤其是 ICO（首次代币发行），即区块链公司通过发行代币来筹措资金的行为。由于区块链属于新技术，缺乏监管部门的约束，ICO 项目真假难辨，在不理性的投资者的追捧下，容易引发系统性风险，因而很多国家都对 ICO 出台严厉的监管措施。表 1 显示了主要国家近年来出台的一系列规范数字货币市场和 ICO 的政策，中国是对数字虚拟货币和 ICO 管理最为严格的国家之一，2017 年也关闭了比特币交易平台；日本可以算是世界上对数字货币比较开放的国家。随着数字货币和 ICO 出现各种问题，主要国家未来对数字货币的管控趋于严格。根据麦肯锡的研究，2016 ~ 2018 年是区块链的概念验证阶段；2018 ~ 2020 年，区块链的基础设施将进入完善阶段，虽然现在区块链属于投资的热点，但相关技术的大规模使用尚需时日。

表 1　主要国家近期对数字货币或 ICO 的规定

国家	时间	相关规定
中国	2017.08 2017.09 2018.01	上海金融信息行业协会发布《关于 ICO 的风险提示》 中国人民银行等多个管理机构发布《关于防范代币发行融资风险的公告》 中国互联网金融协会发布《关于防范变相 ICO 活动的风险提示》
日本	2017.04 2017.09	日本《支付服务修正法案》正式生效，比特币等虚拟货币支付手段得到承认 日本金融厅发布了首批得到许可的"虚拟货币交易所"名单，这是全球范围内首批正式获得政府批准的虚拟货币交易所
韩国	2017.09 2018.01	韩国金融服务委员会宣布对数字货币进行监管 韩国政府规定在数字货币交易中禁止使用匿名银行账户
美国	2017.07 2018.02 2018.03	美国证券交易委员会表示 ICO 受到联邦证券法的管制 美国禁止信用卡进行数字货币兑换 美国发表《关于潜在的非法数字资产交易平台》声明，提示投资者投资前应关注 13 个问题
英国	2018.03	英国央行行长表示应对数字货币交易所实施严格的规定
俄罗斯	2018.01	俄罗斯财政部发布《数字金融资产法》草案，何时实施有待观察

资料来源：王哲、赵志浩：《区块链前瞻之从基础到应用——区块链专题》，2018。

（三）车联网、智能音箱等新型智能硬件会越来越普及

随着无人驾驶、语音交互技术的成熟，车联网、智能音箱等新型智能硬件被越来越广泛地使用。车联网和智能音箱、智能电视等是新型智能硬件的代表者，国内外各大企业围绕新型智能硬件展开激烈的争夺，这些产业也出现了"跨界合作"的态势，即互联网企业与制造商合作开发新型智能硬件。

1. 车联网

车联网不同于自动驾驶，是由物联网延伸的概念，主要包括汽车智能化、网络连接、新业态三个核心要素[1]。由于汽车在居民生活中处于重要地位，很多互联网企业和汽车企业将其作为继手机之后的第二大互联网入口。Gartner 预测 2020 年全球使用车联网服务的汽车将超过 2.5 亿辆；Machina

---

① 该观点来自中国信息通信研究院《互联网发展趋势报告（2017～2018 年)》，2017，第47 页。

Research 预计 2020 年该产业的市场产值将达到 6.93 亿元。车联网的经济形式出现较早，2005 年我国的车联网用户数量就达到了 5 万，2015 年增至 1300 万，车联网渗透率快速提升。随着人工智能技术在汽车上的运用和网络连接技术的升级，车联网的业态也转向新的形式，互联网企业开始进入车联网行业，共享经济平台、车辆出行大数据、交通规划等是车联网发展的新方向。

从现有技术来看，未来车联网的发展首先要依托自动驾驶技术的普及。根据毕马威对 20 国自动驾驶评估的报告，现有的汽车厂商、科技巨头在过去的 5 年间已经在自动驾驶技术方面投入了 500 亿美元，70% 的投资来自汽车企业以外。美国是世界上自动驾驶技术最发达的国家，有 163 家相关企业，通用和 Waymo 在这一领域处于领先地位；德国依托其强大的传统汽车制造技术，位于第二，有 22 家相关企业；中国目前在自动驾驶技术上处于相对落后的位置，相关技术主要集中于语音识别、路线规划、计算机视觉等，近期有逐渐增多的态势。对不同的企业而言，传统汽车企业多采取从辅助驾驶逐步转向自动驾驶的方式，而互联网企业多采取直接实现自动驾驶的方式。在网络连接方面，随着 5G 技术的迅速推广，未来车联网系统的信息传输能力会显著提升。随着城市治理对交通规划的重视，可以预见，车联网在 2018 年会有较好的发展态势。

2. 智能音箱和智能电视

智能硬件是一个科技概念，指通过将硬件和软件相结合对传统设备进行智能化改造。智能硬件主要包括可穿戴设备、智能家居、医疗健康、智能玩具、机器人等，其中智能家居被认为是人工智能应用最多、最重要的应用场景之一。

借助于语音交互技术的成熟，智能音箱异军突起，占据了智能家居入口的重要位置，也超出了很多人的预期。亚马逊的 Echo 就是其中的代表。2015 年亚马逊 Echo 销售 240 万台，2016 年销售 590 万台，占据了 70% 的市场份额。Echo 不同于以往的语音识别产品，它采用的是远场交互技术，可以在几米外通过语音唤醒设备，在家居环境中用语音控制设备满足了消费者希望用语音解决问题的需求。随着 Echo 在美国家庭中的普及，Echo 俨然成为能够控制其他联网家庭设备的智能枢纽，开始兼容 Nest、IFTTT 等智能家居公司旗下产品，增加了帮用户查询银行账户、订 Pizza、打 Uber 等功能，从一个可以提供音乐的交互式音箱逐步发展为一个完全由语音控制的云计算机。亚马逊智能音箱的成功改变了大家对智能家居枢纽的认知，在家居环境的语音识别领域取代了苹果手机 Siri 的地位。虽然亚马逊在智能音箱领域具有绝对的市场优势，但并不能阻挡其他科技巨头对智能音箱的开发。谷歌推出了 Google Home，苹果发布了 HomePod，Facebook 也计划推出可视化的 Portal 智能音箱；我国的科大讯飞、百度、阿里巴巴、喜马拉雅、小米等企业也纷纷推出自家的智能音箱产品，以抢占智能音箱领域。

虽然智能音箱的价格不断下降，未来有可能成为我国很多家庭中重要的智能硬件，但传统家居企业也在争夺智能家居入口，智能电视就是这样的产品。不同于国外以智能音箱为主要智能家居入口，我国的智能硬件市场中智能电视占有相当大的份额。2016 年，智能电视全球出货量达到 1.3 亿台①，中国智能电视销量达到 4098 万台②。随着消费者对大屏可显示的智能硬件需求的增加，智能电视也被视为新的智能家居入口。与车联网市场一样，智能电视行业存在传统电视制造商与互联网企业两股力量的竞争，传统电视制造商如三星、索尼、长虹、海信等，不断改进电视的硬件技术，旨在为用户提供更好的观影体验；而互联网企业如乐视、小米、暴风、PPTV 等，依托原有的互联网资源，给用户提供更好的内容体验。在智能家居中，语音交互的作用十分重要，智能电视与智能音箱的语音功能存在重叠。对比来看，智能电视拥有比智能音箱更大的屏幕，智能音箱价格比智能电视便宜且出现更早，因而未来智能音箱与智能电视的智能家居入口争夺会愈演愈烈。但 CTA（Consumer Technology Association）预测，未来智能音箱还将有 3 ~ 4 年的增长，长远来看，智能电视会取代智能音箱。

---

① 数据来自中国信息通信研究院《互联网发展趋势报告（2017 ~ 2018 年）》，2017，第 47 页。
② 数据来自 iiMedia Research（艾媒咨询）。

三　互联网对主要产业的影响

（一）电子商务与零售业线上线下融合

电子商务是互联网经济的传统领域，也是我国互联网公司的主要营收领域。传统的电商平台近几年的表现颇为亮眼，尤其是在全球零售业增长乏力的时期，电商零售领域增长迅速。根据 eMarkets 的数据，2016 年全球电商零售额达到 1.915 万亿美元，增长率达 23.7%。其中，中国电商零售额达到 8990.9 亿美元，为全球最大的电商零售市场；北美电商零售额为 4233.4 亿美元，是世界第二大电商市场。

除了电子商务的市场规模不断扩大之外，也出现了以下一些新的特点。

一是地区覆盖更为广泛，以中国为例，2017 年 6 月中国农村地区的网民数量达到 2.01 亿；2017 年 1~9 月，我国农村实现网络零售额 8361.4 亿元，电子商务不断向农村地区渗透。2017 年的"双十一"，阿里巴巴依靠在农村的三万个"天猫优品"村淘点，品质化、标准化的农产品也进入城市市场。在东南亚国家，虽然目前电子商务零售额还不高，但增长迅速，以 Facebook 为主的社交网络在东南亚国家已发布新的购物功能，旨在吸引年轻人网上购物。按照现有态势，2018 年电子商务的地区覆盖范围还会扩大。

二是移动终端交易量不断增长。京东发布的《2016 中国电商消费行为报告》显示，移动终端订单量占电商消费的近八成，尤其是中国西部省份，电子商务消费以移动端为主。从世界范围来看，美国电商还是以 PC 端为主，移动终端的增长速度较快，2015 年移动终端的占比达到 22% 左右；移动终端在北欧地区逐渐成为主流交易设备，2015 年使用智能手机、平板电脑等设备购物的消费者超过三分之一[①]；日本、印度等亚洲国家使用智能手机进行网络购物的比例高于全球平均水平。2018 年，以电子商务、娱乐为

---

① 数据来自商务部《北欧电子商务发展报告》，2016。

主的互联网活动将更多地向移动端转移，不发达地区的消费者更有可能从移动端接触互联网。

三是跨境网络购物成为电子商务的新趋势。据 Nielsen《2016 年全球电子商务报告》的分析，消费者主要从国内电商购买商品，但超过半数的消费者从海外购买过商品，中国这一数字为 58%；美国是海外购比例最低的发达国家，仅为 29%。跨境购也受到一国汇率和海关等政策的影响，但电商纷纷建立跨境购的平台预示对跨境购物的看好。

四是电子商务新商品、新形式不断涌现。电子商务除了零售实体商品外，生活服务类电商种类和数量也越来越多。如美团、百度糯米等团购网站为消费者提供服务类产品的购买，中国对教育的重视使得一些在线教育平台和产品也成为电子商务中快速增长的服务类产品。还有 Blue Apron（蓝围裙）这种半成品食材提供商，为用户提供一日三餐的饮食解决方案。电商平台与实体零售店开始线上线下融合，很多实体零售公司都建立了线上网站，在为消费者提供更好的线下零售服务的同时，也为消费者提供了线上购物的可能。与此同时，很多电商网站开设了实体超市、实体店，对品牌占有市场份额进行进一步巩固，如阿里巴巴无人超市、京东并购永辉超市都是线上线下融合理念的体现。目前电子商务还是主要互联网企业的收入来源，未来互联网公司和实体企业还会加大线上线下融合的力度，满足不同消费者的购物需求，在实体店中也会使用更多的新科技改善购物体验。

（二）互联网金融与传统金融业相互改造

伴随云计算、大数据、智能终端的普及，互联网金融异军突起，以其便利性、覆盖面广、效率高等特点，迅速占领了传统金融行业的固有领地，尤其是对传统商业银行的业务造成直接冲击。目前互联网金融的主要业务集中在众筹、P2P、第三方支付等方面，主要与商业银行的业务有交叉重叠，并向保险市场扩展；随着人工智能的普及，互联网金融融合人工智能成为未来的趋势，同时人工智能也在传统金融业逐步推广，在某些方面已经替代了人工。

根据花旗研究团队2016年的报告，截至2016年9月，全球FinTech投资达180亿美元，中国FinTech业务迅速发展，中国和美国是金融风险投资最多的两个国家。从细分市场来看，全球互联网众筹爆发式增长，根据前瞻数据研究院的数据，2016年全球互联网众筹融资规模达到1989.6亿美元①，并一直保持较高的复合增长率。亚洲地区以外的美国、欧洲等发达国家，保险科技的投资占比增加，2014~2016年全球资本向互联网保险领域投入了近50亿美元，美国是全球互联网保险企业融资最多的国家。相比亚洲，发达国家的互联网金融关注保险、借贷、支付或者财富管理等细分领域的FinTech创新，亚太国家的互联网金融业务多集中在信贷领域。中国在全球互联网金融业发展中起着举足轻重的作用，在数量、规模上都已经达到世界第一。艾瑞咨询的研究显示，2017年中国网络信贷超过2万亿元，网络资管接近3.5万亿元，移动支付规模近100亿万亿元。根据中国国家互联网金融风险分析技术平台的数据，中国各类互联网金融平台共有1.9万多家，其中网络借贷平台6000多家，互联网资产管理公司3500多家，网络众筹公司800多家，各平台公司竞争激烈，进入品牌化、线上线下业务融合的时代。

人工智能的发展也深刻地改变了传统金融业的服务业态，传统金融产品的前端、中台、后台业务正逐步被人工智能覆盖。目前，人工智能结合大数据，主要应用在智能客服、智能营销、智能支付、智能风控方面。根据花旗银行的报告，世界各大金融机构都已将人工智能引入金融流程中，例如德意志银行、高盛建设基于机器学习的高频交易平台、巴克莱银行利用面部和声音识别对企业客户进行验证、汇丰银行用虚拟助手对客户进行导航等。根据蚂蚁金服的数据，人工智能的使用可以将微贷和花呗业务的虚假交易率降低10倍，将身份证审核时间从1天缩小到1秒。德勤的财务机器人可以帮助财务人员进行重复性工作，三四个小时就可以完成一个财务人员一天的工作

---

① 数据来自中国网络空间研究院《世界互联网发展报告2017》，电子工业出版社，2017，第265页。

量。人工智能对我国商业银行的影响更为显著，根据中国银行业协会发布的《2016 年度中国银行业服务改进情况报告》显示，当年我国银行业平均离柜率已达 84.31%，当年五大商业银行的网点数量都显著缩减。各大商业银行已经利用互联网平台开展业务，工商银行、建设银行等多家银行都已开设了网上银行交易平台和购物平台，业务效率也逐步提升。随着我国对互联网金融的规定越来越严格，未来互联网金融业的发展也会越来越规范，大部分业务还会集中在传统商业银行，出现新的互联网金融巨头的可能性不大，小微业务或常规业务的便利性将借由互联网的发展而大大提高。

（三）互联网平台下的制造业

全球对制造业的重视和数字化的需求，使得数字化、智能化在制造业的占比大大提升。随着云计算、大数据和人工智能的运用，制造业出现了一些新的态势。

一是工业互联网平台成为制造业强大的技术支撑。以提供云计算服务为主的工业互联网平台在企业中的运用越来越广泛，当前很多国家都将互联网工业平台作为未来战略布局的重要方向。从技术上来看，以云计算为基础的服务层级日益模糊，尤其是 PaaS（Platform-as-a-Service）和 SaaS（Software-as-a-Service）的区别越来越不明显，云服务商可以提供一体化、一站式的解决方案。从提供商分类来看，云平台的服务商分为互联网公司和制造业公司两类。最初工业互联网平台是 GE 公司于 2013 年推出的 Predix 平台，随后西门子、IBM 等均推出各自的平台。2015 年后，互联网厂商和制造业厂商都纷纷加入互联网平台的竞争，如博世、英特尔、百度、三一重工、海尔、美的等。互联网企业在 IaaS（Infrastructure-as-a-Service）上具有绝对优势，亚马逊 AWS 在国际云服务市场占据了绝对领先的地位；国内市场上除了亚马逊 AWS、微软 Azure 外，百度云、阿里云、腾讯云、华为云等几家公司均有较高的市场占有率。制造业企业拥有特定领域的深厚积累，在 PaaS 上有独特的优势，也是 PaaS 建设的主力军；但互联网企业凭借良好的基础设施和专业的数据处理能力，在平台管理方面更具有经验，在 PaaS 市场会出现制造业企业和互联网企业群雄逐鹿的局面。未来各类企业的业务在互联网平台上运行是大势所趋，除了各大公司对平台的竞争外，对平台信息安全的保护是监管机构工作的重点。

二是人工智能在工业生产中的使用改变了工业生产场景。从制造业生产来看，人工智能的使用范围可以覆盖某一生产流程、生产车间、生产工厂，如奔驰将 AR 技术用在工作人员对零件的检测中、阿迪达斯用工业机器人帮助生产跑鞋、海尔可以在 COSMOPlat 平台上了解用户的需求、美的建立了智能工厂等。国内外的制造企业，无论是劳动密集型产业还是资金密集型产业，都在生产过程中不同程度地使用了人工智能技术，在某些关键岗位，机器人替代了人工。从制造业的产业组织形式来看，传统上制造业是根据产品的物理特性的变化来安排生产，辅之以资金流；在智能生产中，信息流的作用前所未有的重要，智能终端搜集到的产品、设备相关信息可以在机器学习中自我控制、自我学习、自我优化，从而达到提高生产效率、节省成本的目的，所有的产业流程都需要按照信息流来重新安排。在网络化、信息化的帮助下，实体生产方式正快速往虚拟生产方式迁移，分散生产成为可能。在人力替代方面，很多机构给出了人工智能可以替代人工的岗位，在 BBC 的预测中，普通组装、纺织品加工都为高替代概率的工种。在目前生产制造中，虽然还未发生大规模人工智能替代人力的情况，但是对于一些以简单、重复性劳动为主的劳动密集型加工业，人工智能极有可能会替代原有的人力，同时也会创造出新的岗位以适应变化。伴随着各国的制造业升级，工业互联网平台和人工智能在工业中的运用会越来越多；我国企业的数字化进程也将大大加快。按照我国工信部的要求，2018 年我国重点企业、重点设备在互联网云平台运行是大势所趋，也将加速推动我国产业升级。

（四）泛娱乐行业向移动端转移

社交、广告、网络游戏是传统互联网经济中重要的组成，尤其是广告收入一直是社交媒体的主要来源。美国互动广告局发布的《2016 年全球互联网广告收入报告》显示，2016 年全球互联网广告收入达到 725 亿美元，其中移动端广告收入占了 50.52%；社交媒体广告收入达到 163 亿美元，继续保持增长。随着社交媒体在不同国家的传播，未来社交媒体的广告收入还将增长。

除了互联网广告收入增长外，网络游戏也是互联网公司直接收入的重要来源，Newzoo 的数据显示，2017 年全球前 25 名游戏公司收入为 414 亿美元，并预计 2017 年全年网络游戏收入可达 751 亿美元；腾讯是世界最大的游戏公司，2017 年上半年收入为 74 亿美元。网络游戏中付费的比例进一步提高，各种类型的游戏持续成为"网红爆款"，并逐步覆盖各年龄层，2017年底风靡亚洲地区的"旅行青蛙"就是一例。与电子商务类似，社交、广告和网络游戏均逐渐由 PC 端转向移动端，移动端成为互联网娱乐活动的首选。除了广告、网络游戏外，网络视频、在线音乐、在线文学、在线直播等成为新的增长点，并有不错的增长势头；网上娱乐向"泛娱乐化"发展，细分行业间的合作和渗透不断加强。

四　互联网经济发展的制约

（一）网络信息安全

网络安全是制约互联网发展的关键问题，各种平台、系统与互联网相接不可避免地都会遇到计算机病毒、黑客入侵等情况，信息安全和个人隐私受到极大威胁，苹果 iCloud 账号被黑客入侵、以比特币为赎金的勒索病毒都是其中的典型代表。随着新技术和平台的使用，未来病毒、黑客可能更多地转向车联网、智能硬件等新兴领域。这需要政府继续关注新生事物，严格规范相关法规，国家间加强网络信息安全方面的合作，保护网络用户的数据隐私权。

（二）互联网发展的不平衡性加剧

虽然互联网基础设施和技术不断完善和发展，但仍有很多国家和民众无法享受互联网发展带来的福利。根据联合国带宽促进可持续发展委员会发布的《2017年带宽状况》，预计2017年最不发达国家的互联网渗透率仅为17.5%，仍有39亿人与网络世界绝缘①。在一国内部也面临同样的情况，发达地区和欠发达地区在享受的互联网红利方面的不平衡性加剧。这也需要各国政府在提供网络设施等公共品时，继续加大对欠发达地区的改善、扶持力度。短期来看，不同国家之间、地区之间、人群之间的经济差距会继续扩大。

（三）各国政策缺乏统一

对于新事物，各国基于不同的国情，出台了尺度不一的政策，也严重制约着某些技术和产业的发展。比如区块链技术，我国的政策比较严格，而日本就相对宽松。在比特币问题上，我国关闭了国内比特币的交易平台，但仍有买家在国外进行比特币的买卖活动；还有一些企业和个人利用国内外对数字货币的态度不同，编造项目进行诈骗……这些都是由各国政策不统一、缺乏协同性造成的。短期来看，各国对新兴事物达成一致的难度较大，未来还会存在国内外信息不对称的现象。

五　我国的应对之策

（一）加强网络基础建设，加大相关人才的培养力度

互联网技术是新科技革命的制高点，我国不仅要在人工智能、工业互联网平台上投入资源，还需要加强网络基础设施建设，加快高速带宽网络建设，积极布局5G网络，将互联网的发展成果惠及更多的民众，尤其是偏远地区、农村地区的人民。在相关人才储备方面，除了企业层面的人才争夺外，国家应关注互联网技术的更新，在中小学和大学设置顺应互联网发展潮流的课程和专业，培养更符合未来岗位要求的劳动者。

---

① 数据来自中国网络空间研究院《世界互联网发展报告2017》，电子工业出版社，2017，第274页。

（二）加强网络安全监管力度，开展国际网络安全合作

网络安全关乎国家信息安全和个人隐私，涉及经济利益、政治利益。国家应加大网络安全监管力度，加大对网络安全的投资和网络安全人才的培养力度，在网络领域保障我国网民的信息安全、财产安全。此外，加强与其他国家的网络安全合作，依靠国际组织、国际协议等就网络安全问题与其他国家展开交流，利用法律的手段处理威胁我国网络安全的问题。完善个人征信和网络实名制，为公众普及互联网安全知识，引导公众合法参与互联网活动。

（三）大力发展智能芯片、算法平台等核心技术

我国在芯片领域、算法平台领域还远远落后于美国，为了在下一代互联网竞争中处于领先地位，应着力在芯片等薄弱环节实现突破。除了加强与先进国家的技术交流、项目合作外，我国还应加大对这些领域的科研投入和奖励力度，大力吸引国外优秀人才，并给予一定的政策支持。

（四）降低创业门槛，鼓励互联网初创公司成长

降低创业门槛，营造良好的创业、创新环境，鼓励资本向创新企业流动，采用多种手段支持互联网创业。持续鼓励个人创业项目，完善税收、劳动保障和知识产权制度，保障个人的智力劳动成果。降低小微企业贷款的难度，加大对重大技术的专项资金支持力度，为小微企业提供更多的税收优惠，依靠国有银行针对初创企业不同的金融需求提供差异化的金融产品。

参考文献

中国信息通信研究院：《互联网发展趋势报告（2017～2018 年）》，2017。
中国信息通信研究院：《G20 国家数字经济发展研究报告（2017 年）》，2017。

中国网络空间研究院；《世界互联网发展报告2017》，电子工业出版社，2017。

腾讯研究院：《中美两国人工智能产业发展全面解读》，2017。

王哲、赵志浩：《区块链前瞻之从基础到应用——区块链专题》，2018。

中国信息通信研究院：《互联网发展趋势报告（2017～2018年)》，2017。

商务部：《北欧电子商务发展报告》，2016。

中国网络空间研究院：《世界互联网发展报告2017》，电子工业出版社，2017。

B.7
中国互联网经济发展指数与排名

荆文君*

摘　要：　互联网等技术的应用已对我国经济发展产生了巨大影响，但对于互联网经济的统计或测度工作却相对滞后。本文回顾了传统统计方法对互联网经济的统计困境与互联网经济的统计测度工作进展。在此基础上，从供给、需求、流通、支撑四个角度建立了评价体系对全国31个省份的互联网经济发展情况进行了实际测评。结果显示，广东、北京、上海、浙江、山东五省为我国互联网经济发展的领先省份。同时，本文也对杭州、宁波、广州、深圳、苏州、成都等主要城市进行了单独分析。

关键词：　互联网经济　评价　指数

随着移动互联网、大数据、人工智能等新兴技术的迅速发展与广泛应用，互联网经济发展逐渐成熟。2017年电子商务、网络游戏、网络广告收入增速均在20%以上，其中，1～11月电子商务平台收入2188亿元，同比增长高达43.4%；截至2017年12月，我国境内外上市互联网企业数量达到102家，总市值8.97万亿元人民币[①]；2016年中国进出口跨境电子商务整体交易规模达到6.3万亿元[②]，跨境电子商务已经成为国际贸易的新方式和

---

　*　荆文君，博士，山西财经大学经济学院讲师，研究方向为互联网经济。
　①　CNNIC：《第41次中国互联网络发展状况统计报告》，2018年1月。
　②　艾媒咨询：《2016～2017中国跨境电商市场研究报告》，2017年1月。

新手段。可以看出,互联网经济在激发消费、拉动投资、创造就业、增强创新力与竞争力等方面发挥了重要作用。但对于互联网经济的统计测度工作明显滞后,当前的统计体系难以精确发现互联网经济发展中的困境,也使得政府在制定相关经济政策时缺乏抓手。2017年中央经济工作会议提出,必须加快形成推动高质量发展的指标体系、政策体系、标准体系、统计体系、绩效评价、政绩考核,创建和完善制度环境,推动我国经济在实现高质量发展上不断取得新进展。同时,"加强新兴产业统计"也被写进了2018年政府工作报告中。基于此,本文旨在提出互联网经济的统计思想,建立相应的评价体系,测度当前我国互联网经济的发展情况,希望可以准确、客观反映我国各省份互联网经济发展现状与水平、比较优势及发展潜力。

一 互联网经济的统计困境

对互联网经济的统计监测不到位,无法确切真实地反映出经济发展的现状与进程,甚至使得现有的GDP增速被严重低估。目前互联网经济的统计主要存在以下几个方面问题。

首先,已有统计体系的行业划分与互联网经济发展特征存在差异。统计局现有的行业统计体系基本是按照《国民经济行业分类》标准划分的,采用经济活动的同质性原则划分国民经济行业,即每一个行业类别按照同一种经济活动的性质划分。总体按照三大产业来区分,也就是农业、工业、服务业等三大体系,每一体系按照不同类别又有具体的细分。这一行业分类标准基本涵盖了人类社会发展至今的生产、消费、交易、流通、服务等行为,具有一定的规范性,但是面对当前互联网作用下的经济形态的快速发展又缺少一定的灵活性,互联网技术本身存在与产业的融合问题,具有多元性和多层次性,涉及行业间以及行业内部的重构与变革,严格的行业划分反而无法适应这类变革。

其次,已有统计指标对互联网经济与传统经济之间的关系缺乏系统设计。目前从经济发展、产业转型战略等角度对互联网经济的统计监测还不多见。统计局每年公布的相关数据中，包括"电子商务交易额""电子商务销售额""电子商务采购额""有电子商务活动的企业数"等指标；CNNIC、艾瑞咨询等研究机构定期发布互联网发展报告，公布的相关数据包括网民人数、域名总数等基础设施信息，以及网络零售总额、网购人数等表示互联网发展状态的数据。以上统计内容说明，首先，目前对于互联网经济的相关统计还较为分散，没有形成统一的统计体系；其次，具体的统计内容多为反映互联网发展状态的统计量，通过这些统计指标难以系统地反映互联网与经济发展的协同作用，如互联网对经济的渗透与带动作用等。

同时，对于互联网经济的统计缺乏理论基础。长期以来，国民经济的统计核算以价值量综合统计为体系，过分依赖宏观经济学统计方法，制约了宏观经济统计的独立性发展。[①] 互联网经济快速发展，产生了有别于传统经济的新特征，需要新的理论解释。因此，目前对互联网经济的统计存在理论研究和阐释不足，没有比较完备的理论体系，也没有前瞻性的宏观规划等问题。

最后，已有统计体系的边界受数据可得性制约。目前统计工作通常通过调研的方式展开，所获得的数据多为结构性的样本数据，为保证准确性而牺牲时效性，存在滞后问题。数据的可得性限制了统计监测工作的结果输出，使多数为描述性统计结果，缺乏反映经济发展多元化、复杂性的能力。

以上问题使传统统计工作无法准确反映互联网经济的发展，进而影响政府对经济形势的判断，阻碍经济政策的制定和实施。因此，在互联网经济蓬勃发展的今天，已经出现了一些统计测度其发展的方法或思路，下面我们重点回顾这方面内容。

二 已有统计方法回顾

任何统计测度体系的产生都受历史条件影响，如工业时代形成了两种核

---

① 赵彦云：《对大数据统计设计的思考》，《统计研究》2015 年第 6 期。

算体系：一是计划经济国家的以工农业总产值为主要指标的核算体系，二是市场化国家的以国民生产总值为主要指标的核算体系。这两种核算体系仍是以投入资金、获取利润为主线的经济理论的体现。[①] 其中蕴含着的新古典增长理论的思想在互联网时代有诸多不适。在互联网时代，也已经出现了一些衡量互联网经济发展的相关指数，本部分先对这些已有指数进行回顾，之后提出本文指数设计的思路。

（一）信息化统计

测度互联网经济可以追溯到信息化的兴起。国民经济统计指标和方法是面向物质经济进行设计的，信息和信息活动的贡献被分散到物质经济的各产业部门和活动领域，没有独立列项分类统计，这一点与当前互联网经济统计测度所面临的主要问题类似，因此，对于信息化程度的测度可以看作是对互联网经济测度的前身。目前已经形成两种思路。

第一种思路将信息部门从国民经济的各部门中逐一识别出来，形成自己独特的分类体系。这类研究可以追溯到马克卢普（Machlup）在 1962 年指出的知识经济范围划分，在其著作《美国的知识生产与分配》一书中指出知识经济范围包括："教育、研究和开发、传媒、信息及其信息服务"。此后，波拉特（Porat）将信息活动部门划分为第一信息部门和第二信息部门，前者包括进行信息产品与信息服务交换的所有市场，后者包括公共官方机构的大部和私人企业内的管理部门的全部。在我国，也有许多学者先后提出了自己的见解。比较典型的有金建明确指出应该把信息产业从第三产业中独立分化出来，形成第四产业；[②] 乌家培对信息产业核算范围的观点较之前者有所扩大，认为信息产业是一个庞大的产业群，由信息技术产品制造业和信息内容提供服务业共同构成，覆盖了电子工业、邮电通信业、信息咨询服务业等部类。[③] 此

---

① 杨培芳：《挽在一起的手：协同互利新经济哲学》，人民邮电出版社，2016，第 20～21 页。

② 金建：《信息产业：形成过程与发展走势》，《经济研究》1992 年第 8 期。

③ 乌家培：《信息经济学》，《经济学动态》1997 年第 8 期。

后，也有一些学者进行了有益的探讨，如阎小培[1]，方宽、杨小刚，[2] 李连友[3]，王钢、王欣[4]等。这些后续研究的核心思想基本一致，即信息部门应当包括信息产品设备、信息服务及信息技术三类。出于核算实践需要，许多国家和一些国际组织编制了信息产业分类目录，以期在规范核算范围与产业结构之外，为具体核算工作提供可操作性的便利。比较典型的有 OECD 于 2007 年出台的《基于国际标准产业分类（ISIC 4）的信息经济部门定义》、北美产业分类体系（NAICS）对信息部门的定义。我国也对信息产业核算范围做出了规定，如现行的国家统计局 2004 年发布的《统计上划分信息相关产业暂行规定》，将信息产业划分为电子信息设备制造、电子信息设备销售和租赁、电子信息传输服务、计算机服务和软件业以及其他信息相关服务五个大类，又进一步分为 20 个中类 68 个小类。

第二种思路是测度信息技术对经济活动的渗透程度，大多通过构建指标体系进行。比较典型的是日本学者小松崎清 20 世纪 70 年代提出的信息化指数方法。信息化指数能够从纵向上比较一个国家或地区不同时期的信息化程度以及从横向上比较不同国家或地区之间的信息化程度，该方法是相对测度法，即以某个信息化水平为标准，其他地区的信息化水平与其相比较所得为该地区信息化水平。我国信息产业部对外公布的《国家信息化指标构成方案》就是基于这一方法构建的，包括信息量、信息装备水平、信息创新水平、信息主体水平和信息消费水平五个维度。类似的还有厄斯的经济—信息活动相关分析方法，该方法通过 49 个变量做相关分析，衡量每个国家社会发展程度与其信息活动水平的相关性。此外，还有信息利用潜力指数（Information Utilization Potential, IUP），该指数是由美国学者鲍科（H. Borko）和法国学者米诺（M. J. Menou）于 1982 年正式提出的。该测度方法试图将信息活动的有关参数都包括在内，因此层次多、参数数量大、计算复杂，目前尚未被广泛应用。

---

[1] 阎小培：《信息产业的概念与分类》，《地域研究与开发》1998 年第 4 期。
[2] 方宽、杨小刚：《对信息产业统计界定的思考》，《统计研究》2001 年第 11 期。
[3] 李连友：《关于信息产业统计核算的探讨》，《统计研究》2002 年第 6 期。
[4] 王刚、王欣：《信息产业测度指标体系设计研究》，《东北电力大学学报》2007 年第 6 期。

（二）已有互联网经济统计指数

随着互联网经济的兴起，也有一些研究机构设计了相应的指数来反映互联网经济的发展水平。鉴于数字经济、信息经济、网络经济、互联网经济等一系列经济形态并无明显界限，我们在梳理这部分研究时，将网络经济、互联网经济、新经济、信息经济等一些相同或相似的经济形态测度研究一并梳理。这部分研究大多运用指数法（即非参数方法）建立评价或监测体系，以明确数字经济的发展现状。当前比较典型的几种指数如下。

1. 新经济指数（New Economy Index，NEI）

NEI 由北京大学国家发展研究院团队发布，全称为财智 BBD 新经济指数，测度估算新经济在整个经济中的重要性，即当中国经济每有一元的产出时，其中有多少是来自新经济的。NEI 变化趋势反映了新经济相对于传统经济的活跃程度，是判断中国经济转型过程中新、旧经济彼此消长的重要指标。

2. "互联网＋"指数

"互联网＋"该指数由腾讯研究院团队发布。"互联网＋"指数可理解为实体经济投射到数字中国的生产总值（简称"数字 GDP"），反映一年内几乎所有主要行业在移动端的数据产出和表现。"互联网＋"指数的物理意义是各省份、各地市在中国数字 GDP 总量中的占比。"互联网＋"指数的计算类似于用支出法计算国内生产总值，除净出口之外，消费、投资、政府支出均对应于"互联网＋"分指数中的某些细项。

3. 中国互联网行业景气指数

中国互联网行业景气指数由中国信息通信研究院团队发布。设计三类指数以综合反映互联网行业的历史、现状和未来。选取一系列与互联网行业发展周期波动存在明确相关关系的指标，计算景气合成指数，以综合反映当前互联网行业的波动轨迹，有效监测互联网行业的发展态势，科学预测互联网行业未来的发展趋势。同时，将中国互联网行业景气指数与中国宏观经济指数进行对比，突出互联网经济在壮大新经济、打造新动能中的作用。

4. 国家统计局新经济统计指数

国家统计局新经济统计指数由国家统计局以新产业、新业态、新商业模式（以下简称"三新"）为核心，以制定"三新"专项统计报表制度为基础，提出的测算新经济发展的指数。其目的是为全面反映国家和地区在加快发展新经济、激发经济新动能方面的潜力、进展和成效提供量化依据。

5. 新供给—网络消费价格指数

新供给—网络消费价格指数由蚂蚁金服研究团队编制发布，目的有三个层面：①宏观层面，及时发现消费亮点，引导消费升级和企业投资，助力经济结构调整。②中观层面，识别领先行业；推动行业优化行业布局；帮助地方政府优化政策环境，缩小城乡差距，提升普惠价值。③微观层面，识别和开发多层次消费需求；区别不同人群，引领企业投资，定位营销和投资方向。

上述针对互联网经济的测度指数虽然侧重点不同，但均为统计测度互联网经济提供了有益的思路，但仍存在测度时缺乏整体的理论框架的问题，因此测度结果并不全面，各指数之间相对独立、分散。

三 中国互联网经济指数设计思路

（一）指数总体设计思路

中国互联网经济发展指数的设计思路包括以下几个方面。

1. 以经济理论为基础

互联网经济是在互联网等技术快速发展下产生的经济形态，其本质仍是经济。统计的目的是反映经济运行情况，因此统计互联网经济不能脱离经济运行基本规律，在设计指数时需要有经济学理论作为基础。这构成了指数设计的四个最基本层面——在构建互联网经济发展指数时，从经济的基本面入手，考察互联网经济在供给、需求两侧的影响，同时，由于互联网技术提高了经济活动中的供需匹配效率，还需考虑互联网经济在流通侧的作用。进一步，作为互联网经济发展基础的人力、资本、技术水平等支撑着互联网经济的发展，因此，我们将支撑作用也作为考察互联网经济发展的主要维度。

2. 以经济演进为视角

互联网经济与传统经济渐进融合，当前已有部分互联网经济指标进入统计体系，如互联网普及率、电子商务交易额等，随着互联网对经济的影响逐渐深入，统计体系中会出现更多的互联网指标，甚至互联网指标会逐渐替代传统经济统计指标。鉴于此，我们需要筛选有用指标，预见性地设计指数，如通过互联网经济在传统经济中的占比情况反映渗透水平、通过增速反映潜力水平等，进而反映互联网经济发展情况。

3. 以传统统计为参照

目前我国使用的经济统计方法是关于总量与结构的分析研究体系，实现了宏观统计与微观统计相互融合、相互促进的局面，适应经济发展一般规律，因此，在设计互联网经济统计过程中，要参照已有统计思路，取长补短。

4. 以创新包容为特色

互联网经济统计具有鲜明的时代特征，大数据、云计算技术的普及应用，使得数据体量快速膨胀，包括社交数据、媒体数据与搜索引擎数据等一大批描述网上活动、网络行为的数据，在这种背景下，新的数据梳理与分类方法、结构化与非结构化数据的对接影响着统计监测的新思路。

（二）统计指标体系设计

统计指标体系是现实数据的载体，是由基础数据反映现象的首要步骤。如何通过指标体系反映现实经济问题需要考虑两方面内容。

其一，统计边界问题。统计边界是明确指标具体反映经济的层面问题，为全面反映互联网经济发展情况，对于互联网经济的统计，仍然不能脱离经济统计的范畴，同时考虑互联网时代行业边际模糊，因此，在设计指标体系时打破原有统计体系按行业划分的思路，将经济的需求侧、供给侧的基本面作为统计边界。鉴于互联网经济是一种新兴的经济形态，根据其特征，在具体设计指标时还应考虑其对供需匹配效率的影响，此处通过流通情况反映。此外，还需要明确外部环境对互联网经济的支撑作用。

其二，统计方法问题。统计方法是对已有指标进行有效定量分析的基本保障，需要在统计的基本层面上深入考虑指标如何反映实际问题。在总体思路上，我们从供给和需求角度反映经济发展的基本层面，在具体指标设计上，需要考察互联网经济在每个层面的发展潜力、对传统经济的渗透等作用。基于此，对互联网经济的评价分别在供给侧、需求侧以指数的形式作为结果输出，这样相较于直接通过数据进行统计，结果更具有实际意义。指数形式的输出具体如下：①规模：通过交易额等数据直观反映互联网经济的发展现状；②渗透：通过占比反映互联网经济对传统经济的渗透情况；③潜力：通过增长率反映互联网经济的发展潜力。之后，按照一定的规则将这些数据集成互联网需求指数与互联网供给指数，并按照前文设计思路，形成互联网流通指数与互联网支撑指数。这四类指数可以较为全面地反映互联网经济的发展情况。设计思路如图1所示。

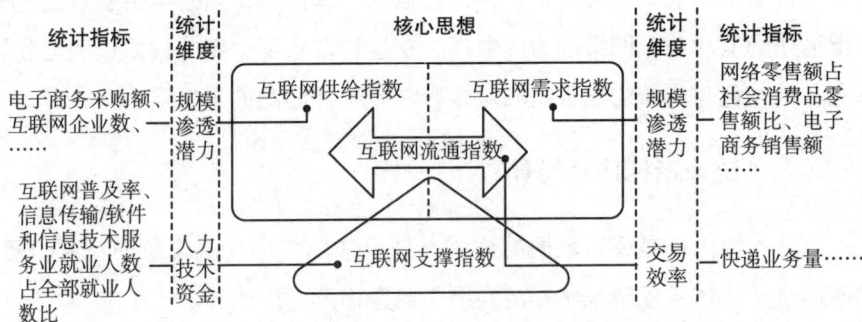

图1 互联网经济发展指数构建思路

考虑到数据可得性与稳定性，本文的最终使用指标体系如表1所示。

表1 互联网经济发展指数统计指标

统计重点	统计维度	统计指标(权重)
互联网供给指数(40分)	规模(30分)	电子商务采购额(0.60)
		电子商务企业数(0.40)
	渗透(5分)	电子商务企业数占企业总数比
	潜力(5分)	电子商务采购额年增长率(0.74)
		电子商务企业数年增长率(0.26)
互联网需求指数(40分)	规模(30分)	电子商务销售额
	渗透(5分)	网络零售额占社会消费品零售额比
	潜力(5分)	电子商务销售额增长率(0.85)
		网上零售额增长率(0.15)
互联网流通指数(10分)	交易效率(10分)	快递业务量
互联网支撑指数(10分)	人力(4)	信息传输、软件和信息技术服务业就业人数占全部就业人数比(0.55)
	技术(3)	互联网普及率(0.13)
	资金(3)	信息传输、软件和信息技术服务业固定资产投资额占固定资产投资总额比(0.32)

通过一定的权重（w_i，$i=1$，2，3，4）将各指标合成四类指数，再将四类指数通过相同的方法合成互联网经济发展指数，计算公式如下：

$$互联网经济发展指数 = w_1 \times 互联网供给指数 + w_2 \times 互联网需求指数 + w_3 \times 互联网流通指数 + w_4 \times 互联网支撑指数$$

权重的确定采用主客观结合的方法，其中，客观方法为变异系数法（Coefficient of Variation），认为数值差距较大的指标对最终指数输出影响最大。这种方法适合对数据层面指标的赋权，具体思路为：假设有 n 个指标，这 n 个指标的变异系数为：

$$V(i) = s_i / \bar{x}$$

s_i 代表第 i 个指标的标准差，$\bar{x}$ 代表样本的均值，则各指标的权重为：

$$\omega_i = V(i) / \sum_{i=1}^{n} V(i)$$

权重的主观确定主要是考虑到测评目的。本文建立的评价指数目的在于考察互联网经济发展水平,本质上是对经济活动的考察,因此,对于直接反映经济活动的供给与需求指数赋予较高的权重,各占评价总分的 40 分。此外,对于流通效率与支持水平或发展环境的考察属于经济活动的衍生层面,赋予较低的权重,各占评价总分的 10 分。对于二级指标的权重也遵循这样的思路。我们重点考察的是互联网经济已经形成的规模,因此,对于反映规模的指标赋予较高的权重;之后考察互联网经济对传统经济的影响及互联网经济未来发展的预期,赋予较低的权重。

四 全国各省份互联网经济发展指数测评结果

(一)综合测评结果

根据本文提出的指标体系,我们实际测算了全国 31 个省份 2016 年互联网经济发展情况,结果如表 2 所示。

表 2 全国各省互联网经济发展指数测评结果

排名	省 份	互联网供给指数	互联网需求指数	互联网流通指数	互联网支撑指数	互联网经济发展指数
1	广 东	32.656	35.609	10.000	3.723	81.988
2	北 京	24.071	27.303	2.548	10.000	63.922
3	上 海	18.759	34.335	3.386	5.970	62.450
4	浙 江	19.848	18.207	7.802	2.357	48.215
5	山 东	20.813	20.448	1.563	0.930	43.754
6	江 苏	18.016	12.562	3.693	2.460	36.732
7	四 川	11.475	7.285	1.036	1.954	21.750
8	福 建	9.939	7.420	1.673	2.680	21.711
9	安 徽	11.164	7.874	0.889	1.583	21.510

续表

排名	省 份	互联网 供给指数	互联网 需求指数	互联网 流通指数	互联网 支撑指数	互联网经济 发展指数
10	河 南	7.929	9.690	1.085	0.375	19.079
11	湖 北	9.824	7.135	1.000	0.959	18.918
12	重 庆	8.484	8.146	0.361	0.651	17.641
13	河 北	6.267	7.831	1.170	1.152	16.420
14	天 津	4.918	7.973	0.525	2.655	16.071
15	湖 南	8.379	5.590	0.625	1.312	15.906
16	陕 西	7.749	5.088	0.472	2.259	15.567
17	西 藏	9.323	4.524	0.000	1.031	14.878
18	贵 州	7.721	5.961	0.137	0.293	14.112
19	海 南	6.620	2.908	0.054	3.706	13.288
20	青 海	7.050	1.414	0.004	3.476	11.944
21	云 南	7.528	2.519	0.218	1.666	11.931
22	江 西	3.689	6.410	0.490	0.947	11.537
23	辽 宁	3.408	5.042	0.510	2.426	11.387
24	广 西	5.832	3.366	0.288	1.466	10.952
25	内蒙古	4.459	4.812	0.101	1.469	10.840
26	宁 夏	3.807	3.107	0.033	2.529	9.476
27	山 西	4.542	2.716	0.234	1.048	8.540
28	吉 林	2.316	2.719	0.172	2.931	8.137
29	甘 肃	4.338	2.241	0.070	1.111	7.759
30	黑龙江	2.772	1.167	0.274	3.490	7.704
31	新 疆	1.628	0.523	0.103	1.824	4.078
平均		9.527	8.772	1.307	2.272	21.877

从表2看出，2016年，广东、北京、上海、浙江、山东、江苏六省互联网经济发展优势明显，互联网经济发展指数高于全国平均值（21.877），是我国互联网经济发展的先导省份。

各省份的优势不同，如广东省的优势在于互联网经济全面均衡发展，2016年，其电子商务采购额、电子商务销售额及快递业务量均为全国第一，体现为该省互联网供给指数、互联网需求指数及互联网流通指数均处在较高水平；北京的优势在于互联网支撑指数高，无论从技术普及率，还是从相关行业从业人数及投资来看,其均处于全国领先水平,说明具有保障互联网经济发展的良好环境。

(二)分项测评结果

1.互联网供给指数

全国各省互联网供给指数测评结果如表3所示。

表3　全国各省互联网供给指数测评结果

排名	省份	供给—规模	供给—渗透	供给—潜力	互联网供给指数
1	广东	29.310	2.444	0.903	32.656
2	北京	18.556	4.850	0.665	24.071
3	山东	17.022	1.805	1.987	20.813
4	浙江	15.120	3.684	1.043	19.848
5	上海	15.256	2.782	0.721	18.759
6	江苏	15.925	1.692	0.400	18.016
7	四川	6.626	3.308	1.540	11.475
8	安徽	7.547	2.857	0.760	11.164
9	福建	6.171	2.669	1.099	9.939
10	湖北	6.192	2.331	1.301	9.824
11	西藏	0.000	4.662	4.661	9.323
12	重庆	4.248	2.444	1.792	8.484
13	湖南	4.758	2.180	1.441	8.379
14	河南	6.046	0.639	1.244	7.929
15	陕西	3.092	2.669	1.988	7.749
16	贵州	2.770	2.744	2.206	7.721
17	云南	2.677	3.045	1.806	7.528
18	青海	0.697	2.143	4.210	7.050
19	海南	0.721	5.000	0.899	6.620
20	河北	3.750	1.241	1.276	6.267
21	广西	2.374	2.218	1.240	5.832
22	天津	3.409	1.241	0.269	4.918
23	山西	1.806	1.128	1.607	4.542
24	内蒙古	2.130	0.940	1.389	4.459
25	甘肃	1.241	2.030	1.067	4.338

排名	省　份	供给—规模	供给—渗透	供给—潜力	互联网供给指数
26	宁　夏	0.368	2.293	1.146	3.807
27	江　西	2.379	0.827	0.484	3.689
28	辽　宁	2.759	0.263	0.386	3.408
29	黑龙江	0.782	0.188	1.802	2.772
30	吉　林	0.965	0.000	1.350	2.316
31	新　疆	0.840	0.414	0.375	1.628
平均		5.985	2.153	1.389	9.527

从表 3 可以看出，2016 年互联网经济供给方面发展水平较高的省份包括广东、北京、山东、浙江、上海、江苏、四川、安徽、福建、湖北十个省份。其中，广东省互联网经济在供给侧规模优势明显，北京市的互联网经济在供给侧渗透程度较高，说明互联网经济与传统经济融合情况较好。同时可以看到，西藏、青海等在互联网经济供给侧排名较为靠前，可以归因于这些省份具有较高的潜力指数，如 2016 年西藏的电子商务采购额增长了 4.5 倍，居于全国第一。

2. 互联网需求指数

全国各省互联网需求指数测评结果如表 4 所示。

表 4　全国各省互联网需求指数测评结果

排名	省　份	需求—规模	需求—渗透	需求—潜力	互联网需求指数
1	广　东	30.000	3.397	2.212	35.609
2	上　海	27.334	4.868	2.134	34.335
3	北　京	20.466	5.000	1.837	27.303
4	山　东	16.808	0.484	3.156	20.448
5	浙　江	11.597	4.422	2.187	18.207
6	江　苏	9.038	1.647	1.877	12.562
7	河　南	6.955	0.529	2.207	9.690
8	重　庆	5.371	0.676	2.099	8.146
9	天　津	5.071	1.338	1.563	7.973
10	安　徽	4.831	0.840	2.202	7.874

续表

排名	省 份	需求—规模	需求—渗透	需求—潜力	互联网需求指数
11	河 北	4.012	0.607	3.213	7.831
12	福 建	3.983	1.879	1.558	7.420
13	四 川	3.952	0.927	2.406	7.285
14	湖 北	4.568	0.649	1.918	7.135
15	江 西	3.792	0.572	2.046	6.410
16	贵 州	2.475	0.373	3.113	5.961
17	湖 南	3.689	0.459	1.443	5.590
18	陕 西	1.668	1.358	2.061	5.088
19	辽 宁	3.513	0.306	1.223	5.042
20	内蒙古	2.593	0.116	2.103	4.812
21	西 藏	0.000	0.000	4.524	4.524
22	广 西	1.537	0.299	1.530	3.366
23	宁 夏	0.165	0.092	2.851	3.107
24	海 南	0.775	0.940	1.192	2.908
25	吉 林	0.739	0.182	1.798	2.719
26	山 西	1.040	0.176	1.500	2.716
27	云 南	2.014	0.342	0.162	2.519
28	甘 肃	0.431	0.286	1.523	2.241
29	青 海	0.631	0.016	0.767	1.414
30	黑龙江	0.387	0.147	0.633	1.167
31	新 疆	0.433	0.052	0.038	0.523
平均		5.802	1.064	1.906	8.772

从表4可以看出，2016年互联网经济需求方面发展水平较高的省份包括广东、上海、北京、山东、浙江、江苏、河南七省。排名靠前省份的共同特点是均具有较大的需求规模。其中，北京、上海的渗透指数较高，说明两省互联网经济在需求侧与传统经济结合较好；山东省在上述省份中潜力指数最高，说明其2016年互联网经济处于高速发展阶段。

3. 互联网流通指数

全国各省互联网流通指数测评结果如表5所示。

表 5 全国各省互联网流通指数测评结果

排名	省　份	互联网流通指数
1	广　东	10.000
2	浙　江	7.802
3	江　苏	3.693
4	上　海	3.386
5	北　京	2.548
6	福　建	1.673
7	山　东	1.563
8	河　北	1.170
9	河　南	1.085
10	四　川	1.036
11	湖　北	1.000
12	安　徽	0.889
13	湖　南	0.625
14	天　津	0.525
15	辽　宁	0.510
16	江　西	0.490
17	陕　西	0.472
18	重　庆	0.361
19	广　西	0.288
20	黑龙江	0.274
21	山　西	0.234
22	云　南	0.218
23	吉　林	0.172
24	贵　州	0.137
25	新　疆	0.103
26	内蒙古	0.101
27	甘　肃	0.070
28	海　南	0.054
29	宁　夏	0.033
30	青　海	0.004
31	西　藏	0.000
平均		1.307

从表 5 可以看出，2016 年互联网经济流通方面发展水平较高的省份包括广东、浙江、江苏、上海、北京、福建、山东等。

4. 互联网支撑指数

全国各省互联网支撑指数测评结果如表6所示。

表6 全国各省互联网支撑指数测评结果

排名	省 份	人力	技术	资金	互联网支撑指数
1	北 京	5.500	1.300	3.200	10.000
2	上 海	2.361	1.173	2.437	5.970
3	广 东	0.924	1.170	1.629	3.723
4	海 南	0.474	0.401	2.830	3.706
5	黑龙江	0.571	0.281	2.638	3.490
6	青 海	0.366	0.501	2.609	3.476
7	吉 林	0.759	0.377	1.794	2.931
8	福 建	0.320	1.022	1.338	2.680
9	天 津	0.543	0.847	1.265	2.655
10	宁 夏	0.159	0.370	1.999	2.529
11	江 苏	0.644	0.573	1.243	2.460
12	辽 宁	0.943	0.779	0.705	2.426
13	浙 江	0.595	0.882	0.881	2.357
14	陕 西	0.902	0.429	0.928	2.259
15	四 川	1.005	0.127	0.822	1.954
16	新 疆	0.000	0.515	1.309	1.824
17	云 南	0.202	0.000	1.463	1.666
18	安 徽	0.451	0.151	0.981	1.583
19	内蒙古	0.514	0.422	0.533	1.469
20	广 西	0.099	0.213	1.154	1.466
21	湖 南	0.279	0.154	0.879	1.312
22	河 北	0.291	0.460	0.401	1.152
23	甘 肃	0.091	0.086	0.934	1.111
24	山 西	0.180	0.535	0.333	1.048
25	西 藏	0.479	0.213	0.339	1.031
26	湖 北	0.565	0.394	0.000	0.959
27	江 西	0.198	0.161	0.587	0.947
28	山 东	0.416	0.446	0.069	0.930
29	重 庆	0.147	0.401	0.103	0.651
30	河 南	0.113	0.120	0.142	0.375
31	贵 州	0.179	0.113	0.001	0.293
	平均	0.654	0.471	1.147	2.272

从表6可以看出，2016年互联网经济支撑环境较好的省份包括北京、上海、广东、海南、黑龙江、青海、吉林、福建、天津、宁夏、江苏、辽宁、浙江等省份。在这些省份中，除了广东、北京、上海、江苏、浙江等互联网经济发展中的优势省份以外，还包括海南、黑龙江、青海等互联网经济其他方面（供给、需求等）发展并不十分突出的省份。其中部分原因在于这些省份在信息传输、软件和信息技术服务业固定资产投资额占固定资产投资总额比较高。说明这些省份已经逐渐意识到互联网经济发展的重要性，开始大力推进转型发展。

综合来看，广东、北京、上海、浙江、江苏五个省份互联网经济发展优势明显，是我国互联网经济发展的先导省份。还有一些省份互联网经济发展尚显不足。究其原因，可能包括：互联网经济发展环境较差，基础设施不健全；互联网经济发展起步较晚抑或由于区域禀赋差异，短期内互联网经济未取得发展成效；互联网经济规模不足或应用领域不广，导致这些省份互联网经济与传统经济融合度不够，对当地经济发展影响有限。

五　中国主要城市互联网经济发展指数与分析

上文对中国各省份的互联网经济发展情况进行了测评与排序。本部分将进一步对中国主要城市互联网经济的发展情况进行分析。选取的城市为北京、上海、重庆、天津、杭州、宁波、广州、深圳、苏州、成都等。上述城市均为第一批国家级电子商务示范城市，可以认为是中国互联网经济发展较好或较为典型的城市。

（一）北京、上海、重庆、天津互联网经济发展分析

北京、上海、重庆、天津互联网经济发展指数如表7所示。

根据表7，可以通过图1综合反映北京、上海、重庆、天津互联网经济发展情况。

表7　北京、上海、重庆、天津互联网经济发展指数

北京互联网经济发展指数:63.922			
互联网供给指数	互联网需求指数	互联网流通指数	互联网支撑指数
24.071	27.303	2.548	10.000
上海互联网经济发展指数:62.450			
互联网供给指数	互联网需求指数	互联网流通指数	互联网支撑指数
18.759	34.335	3.386	5.970
重庆互联网经济发展指数:17.641			
互联网供给指数	互联网需求指数	互联网流通指数	互联网支撑指数
8.484	8.146	0.361	0.651
天津互联网经济发展指数:16.071			
互联网供给指数	互联网需求指数	互联网流通指数	互联网支撑指数
4.918	7.973	0.525	2.655

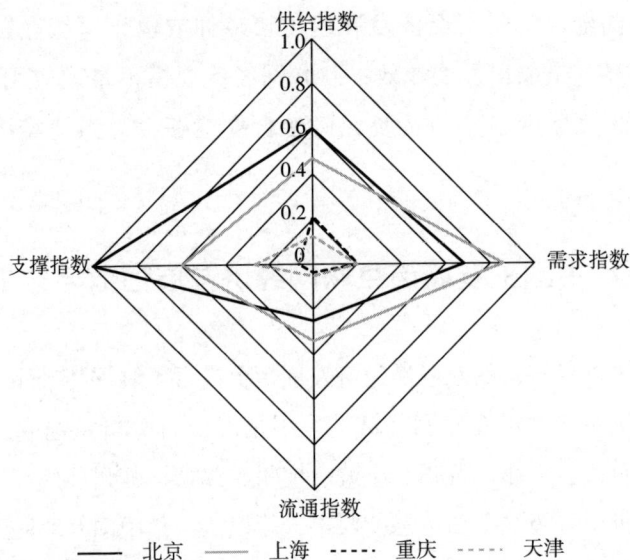

图2　北京、上海、重庆、天津互联网经济发展蛛网图

从表7和图2可以看出以下两点。

首先，总体上看，这四个城市中，北京、上海的互联网经济发展水平明显高于重庆和天津。

其次，从互联网经济的发展结构来看，北京与天津比较类似，支撑指数

相对其他维度的指数更为突出，说明相对而言，这两座城市发展互联网经济的外部环境良好，基础设施完善，如北京市无论是相关行业从业人数还是相关行业投资额，均居全国首位。上海呈现出互联网需求指数较高的特点，说明其互联网经济发展需求驱动作用明显。重庆属于这四座城市中互联网经济发展较为均衡的城市，四类指数均处在较为平均的水平。

具体来看，北京市互联网经济发展的突出特点是线上线下融合程度不断提高，如金源新燕莎 MALL、西单商场、王府井百货、京客隆等近 40 家传统零售企业线上拓展官网、开发移动 APP 和入驻电商平台，线下依托实体门店，开展全渠道营销服务，已形成龙头电商和骨干电商稳定增长、中小电商特色化和专业化快速发展的集群格局。同时，北京市重视互联网经济服务能力的培育，目前已经逐步建立完善了物流配送、便民服务、养老服务等多维度的服务型互联网经济模式。上海市与北京市类似，也在逐步加快传统产业线上布局，互联网相关技术在不断促进服务业发展，如支付宝、微信支付等便捷支付方式已经覆盖全市 90% 以上的实体商业企业。天津市的互联网经济发展还呈现出一些新的特征，如跨境电子商务的跨越式发展——初步建成了天津港保税区、东疆保税港区、东丽航空商务区和武清区 4 个市级跨境电子商务创新试验区，集聚了大批跨境电商企业。天津市 2017 年跨境电商订单量突破 400 万单，交易额突破 8 亿元，其中保税业务规模占天津整体的 85% 以上，较 2016 年增长了约 24 倍。重庆的跨境电子商务也成为其互联网经济发展的亮点，据重庆海关统计，2017 年重庆跨境电商订单量达 1500 万单，进出口贸易值达 33 亿元，同比分别增长 63%、60%，订单量居全国第六。

（二）杭州、宁波、广州、深圳、苏州、成都等城市互联网经济发展现状[①]

1. 杭州市

杭州市针对互联网经济，在进行经济核算时新增了"1 + 6"产业集群

---

① 这些城市是中国互联网经济最为活跃的城市，但鉴于无法获取统计指标涉及的全部数据，此处没有进行指数编制，我们按照上述评价维度做一般化分析。

核算内容，即信息（智慧）经济增加值，其中包括电子商务产业、云计算与大数据产业、数字内容产业、软件与信息服务产业、电子信息产品制造产业及移动互联网产业等，表8显示了2017年这些指标的累计值。

表8　杭州市互联网经济相关核算内容

单位：亿元，%

指标	累计值	增加率
信息（智慧）经济增加值	3216	21.8
电子商务产业增加值	1316	36.6
云计算与大数据产业增加值	1207	31.9
数字内容产业增加值	1870	28.5
软件与信息服务产业增加值	2318	27.8
电子信息产品制造产业增加值	733	10.7
移动互联网产业增加值	1333	35.0

可以看出，在阿里巴巴等龙头企业带领下，杭州市电子商务产业增加值增长36.6%，增速连续7年保持在30%以上。同时，杭州市零售业创新转型成效明显，2017年全市社会消费品零售总额达5717亿元，同比增长10.5%；网络零售额4302亿元，同比增长24.9%，居全国首位；居民网络消费1929亿元，同比增长28.6%。这说明互联网经济在需求端体现出了强大的驱动力。2017年1~9月，杭州实现跨境电子商务交易额72.6亿美元，同比增长27.88%，其中出口50.6亿美元，跨境电商已经成为杭州外贸出口增长的新动能。在流通方面，杭州市2017年快递业务总量232630.39万件，比上年同期增长28.9%。在互联网经济发展的环境方面，杭州市在高技术产业、高技术服务业分别完成投资489亿元、236亿元，分别比上年增长12.1%、21.3%；从产业结构上看，杭州市新兴产业的占比提高，规模以上工业中高新技术产业、战略性新兴产业和装备制造业增加值分别同比增长13.6%、15.0%和11.0%，占比为50.1%、30.6%和43.2%，比上年提高4.1个、3.4个和1.3个百分点，而八大高耗能行业增加值占比24.6%，下降1.5个百分点。上述数据说明，杭州市产业结构日趋合理，

互联网等高新技术在其中的作用日益明显，同时也为互联网经济发展提供了良好的基础环境。

2. 宁波市

宁波市互联网经济在需求侧发挥着重要作用。作为"三驾马车"之一，消费市场保持平稳较快增长，宁波市的社会消费品零售总额不仅总量稳步增长，而且结构上也发生积极变化。以"互联网+"为引领的新型消费模式蓬勃发展。宁波市统计局数据显示，2017年，全市限额以上企业通过公共网络实现零售额173.3亿元，同比增长29.4%，拉动限上零售额增长2.5个百分点。在供给侧，2017年4月，宁波电商经济创新园区在深圳福田举行招商推介会。签约的项目涵盖互联网金融、文化产业基金、物流、在线旅游等领域，进一步完善了以产业电商为核心，文创、金融、电子商务和总部经济齐头并进的产业体系。该园区自2015年下半年成立以来，已经累计引进各类企业3421家，注册资金277亿元，2016年完成固定资产投资13.5亿元，实现电子商务交易额367亿元，成为实现地区经济发展的重要推动力。同时，宁波是我国跨境电商发展的先行区和示范区，是全国首批5个跨境贸易电子商务服务试点城市之一，2017年1~10月，全市累计实现跨境电商交易总额70亿美元，增长1.2倍，占全市进出口总额的7.8%，拉动全市外贸增长4.8个百分点。

2017年，宁波市深入实施"互联网+流通"计划，出台《宁波市人民政府办公厅关于深入实施"互联网+流通"行动计划的实施意见》，提出大力发展新型商业业态、扶持农村及农产品电商应用、加快跨境电子商务发展、推动移动支付示范城市建设等具体要求。从政策上为宁波市互联网经济中流通层面的发展提供保障。

3. 广州市

从互联网经济的供需角度看，2017年，广州市限额以上网上商店零售额增长19.3%，增速高于社会消费品零售总额11.3个百分点。新经营模式跨境电子商务进出口227.7亿元，同比增长55.1%。网络消费火爆带动快递业快速发展，全年快递业务量39.33亿件，同比增长37.2%。全市先后引进宝能新能源汽车产业园、中电科华南电子信息产业园、创维智能产业创新基地、金誉半导体、阿里巴巴华南运营中心等大项目逾150个，其中投资额超百亿元的先进制造业项目5个，预计投产后新增产值3000多亿元。此外，2017年广电运通、嘉诚物流成功创建首批国家级服务型制造示范单位，培育形成3家国家级工业设计中心、16家省级工业设计中心、21家省级工业电子商务试点企业、34家省级供应链管理试点示范企业，数量均居全省第一。

互联网在供需端的良好发展促进了产业结构升级，从服务业看，高附加值的现代服务业保持较快增长，现代服务业增加值占服务业的比重为66.0%，同比提升1.0个百分点。规模以上服务业中互联网和相关服务企业营业收入增长54.9%，软件和信息技术服务业企业营业收入增长30.3%。随着制造业与服务业两大产业的进一步融合，全市在推进"互联网+"产业和智慧城市建设方面成效明显。

从互联网经济发展的环境来看，广州市与腾讯、阿里巴巴签订合作协议，打造全国智慧城市先行区；促成4K花园落户，打造全国最大的4K内容服务平台；开展"互联网"+小镇创建工作，获评5个省级"互联网+"小镇，居全省首位；加快实施全光网城市和村村通光纤工程，推进4G无线通信网络信号覆盖，全年新增光纤用户129.13万户，任务完成率达102.5%，光纤入户率达106.8%。以上为广州市互联网经济发展提供了良好的技术环境。从投资角度看，重点发展领域投资加速推进，工业投资中，电子信息制造业投资增长1.6倍，信息传输、软件和信息技术服务业与金融业投资分别增长23.3%和21.3%，为互联网经济发展提供了良好的资金条件。

4. 深圳市

深圳市统计局数据显示，深圳市2017年规模以上服务业营业收入8330.0亿元，其中，互联网和其他服务营业收入1447.5亿元，同比增长50%；营业利润491.3亿元，同比增长49.5%。软件和信息技术服务业营业收入1292.5亿元，同比增长18.9%；营业利润288.4亿元，同比增长20.0%。企业层面的抢眼表现使新兴产业对全市经济发展的支撑作用持续增强——全年全市新兴产业实现增加值9183.55亿元，同比增长13.6%，比上年提高 3.0 个百分点；占 GDP 的比重达到 40.9%，比上年提高 0.6 个百分点。其中，新一代信息技术产业增加值 4592.85 亿元，同比增长 12.5%；互联网产业增加值 1022.75 亿元，同比增长 23.4%；新业态中 195 家供应链企业共创造增加值 152.46 亿元，同比增长 10.8%，占 GDP 的 0.7%；新增1356 家商业企业共创造增加值 255.68 亿元，同比增长 29.7%，占 GDP 的比重为 1.1%。新模式（主要是商业综合体及大个体）创造增加值 493.05亿元，同比增长 11.5%，占 GDP 的比重为 2.2%。其中，城市商业综合体增加值 94.82 亿元，同比增长 17.4%。上述数据表明，无论是在需求端还是供给端，深圳市的互联网经济展现出良好的发展趋势。

深圳市的互联网经济在激发新业态等方面也发挥着重要作用，在跨境电商方面尤其明显。2016 年 1 月，深圳正式获批成为全国跨境电子商务综合试验区。深圳环球易购、傲基、邻友通、通拓、赛维等跨境电商积极开拓欧美市场。跨境电商一般进出口通关试点和扩大通关区域等措施相继启动和实施。在全国范围看，出口跨境电商的大卖家主要集聚在深圳，2017 年深圳跨境电子商务进出口合计 27.5 亿元人民币，其中进口 21.4 亿元人民币，同比增长 40.9%。此外，在供应链服务领域，深圳行云全球汇构建了零库存式供应链管理模式，在成立不到两年的时间内，公司估值已突破 5 亿元；大前海物流深耕品牌服装的仓储服务，集约化利用仓储空间，做到开源节流；在电商金融服务领域，华甫达针对进出口电商量身设计服务产品，有效提升产品质量安全；钱海网络技术是国内唯一一家可跨行业提供跨境支付解决方案和服务的平台。在社群电商领域，乐活天下采用"F2B2C"模式，借助大数据等技术构建了"乐活指数"，为农业生鲜领域的数据统计及管理决策提供重要依据。

5. 苏州市

从苏州市互联网经济的需求端来看，新技术、新业态等快速发展，新动能加快形成，成为支撑经济发展主要动力。一是新业态拓宽消费新空间。网络购物继续保持快速发展势头。2017 年上半年全市限额以上批发零售业企业实现互联网零售 217.6 亿元，同比增长 76.3%，增速高于上年同期 50.4

个百分点，占限上零售额的 17.4%，比上年同期提升 6.4 个百分点。同时，2017 年苏州居民人均网购支出增长 2.9%，占消费支出的比重为 2%，比上年略有提高。

2017 年，全市快递服务企业业务量累计完成 104055 万件，比上年增长 22.3%；累计完成业务收入 132.65 亿元，比上年增长 16.2%。其中异地快递业务量累计完成 80090 万件，比上年增长 27.2%；实现业务收入 76.01 亿元，比上年增长 12.5%，为互联网经济发展提供了良好的流通环境。

在互联网经济发展的保障层面，2017 年上半年，苏州市信息技术、文化娱乐、科技服务业等新业态实际使用外资快速增长，科技服务业实际使用外资 2.97 亿美元，同比增长 425%，形成了保障互联网经济及相关产业发展的资金基础。

互联网经济也产生了一些"溢出效应"。受互联网领域蓬勃发展带动，科研信息等现代服务业增长较快。科学研究和技术服务业税收收入比上年增长 45.2%，信息传输、软件和信息技术服务业税收收入比上年增长 37.6%。此外，与其他电子商务示范城市类似，跨境电商在苏州也成为外贸的新形式。苏州市跨境电商着力于 B2B 业务，发展涵盖跨境电商所有业务模式的跨境电商综合平台。其中，境内为线上集成 + 跨境贸易 + 综合服务，境外为海外本土化商贸馆。以跨境电商供应链 + 单一窗口信息系统 + 金融增值服务为核心竞争力，海关、国检、外汇、税务、物流、金融等一体化，线上"单一窗口"平台、线下"综合园区"平台、境外网贸会相结合，打造通关最便利、金融结算最可靠、跨境生态圈最完整的 O2O 跨境电商新模式，促进苏州及周边地区外贸企业电商化，形成跨境贸易电子商务产业集聚。

苏州的互联网经济也具有一些创新特征，如发展过程中开始重视人工智能（Artificial Intelligence，AI）产业。苏州工业园区现有核心 AI 企业 160 余家，并有 400 多家 AI 相关企业落户。核心 AI 企业的员工总数达到 2 万人，2017 产值预计约 360 亿元人民币。AI 已作为战略优先产业纳入区域发展蓝图，财政投入将达 15 亿元人民币，还将设立 200 亿 ~ 300 亿元的 AI 产业发展专项基金。

6. 成都市

成都市作为西部地区重要的中心城市，是全球重要的电子信息产业基地、国家重要的高新技术产业基地。近年来成都积极拥抱互联网，转变城市发展方式，并取得了良好成效，2016 年成都市电子商务交易额突破万亿元大关。

在互联网经济的需求端，2017 年成都市网络零售额保持高速增长，全市实现社会消费品零售总额 6403.5 亿元，同比增长 11.5%。其中，限额以上单位通过互联网实现的商品零售额同比增长 32.1%，快于社会消费品零售总额增速 20.6 个百分点。在供给端，成都积极发展本土化的电商平台，涌现出九正建材网、中药材天地网、1919 酒类直供、咕咚网、品胜电子等行业领军企业，市级以上龙头企业电子商务应用率达到 90% 以上，说明成都市的互联网经济在供给与需求两端的增速、渗透率方面均有良好的表现。

在此基础上，成都积极推进农村电子商务的快速发展，使其成为互联网经济发展中的一大特色。近年来，四川省成都市委、市政府将农业农村电商作为城乡统筹发展、农业供给侧结构性改革的重要内容，出台了一系列加快农业农村电商发展的政策措施，推进农业农村电子商务健康快速发展，有力地促进了农业转型升级、农村发展和农民增收。已建成了蒲江、简阳 2 个国家级农村电子商务示范县，金堂 1 个省级农村电子商务示范县，新都、邛崃、崇州 3 个市级农村电子商务示范县，14 个特色农产品电子商务示范镇，31 个互联网小镇，60 个市级农村电子商务试点村。

六 结束语

互联网经济在中国蓬勃发展，为了解全国互联网经济发展的区域差异，本文编制了互联网经济发展指数，从供给、需求、流通和支撑四个维度对中国 31 个省份的互联网经济发展水平进行了测评。结果显示，广东、北京、上海、浙江、山东、江苏等互联网经济发展优势明显。同时，本文选取了几个电子商务示范城市作为案例分析其互联网经济发展情况。本文从互联网经济发展的总体情况、供给情况、需求情况、流通情况及支撑水平四个维度给出了全国各省份的具体排名，为了解全国互联网经济发展的区域形势提供了参考。

参考文献

赵彦云：《对大数据统计设计的思考》，《统计研究》2015 年第 6 期；

杨培芳：《挽在一起的手：协同互利新经济哲学》，人民邮电出版社，2016。

金建：《信息产业：形成过程与发展走势》，《经济研究》1992 年第 8 期。

乌家培：《信息经济学》，《经济学动态》1997 年第 8 期。

阎小培：《信息产业的概念与分类》，《地域研究与开发》1998 年第 4 期。

方宽、杨小刚：《对信息产业统计界定的思考》，《统计研究》2001 年第 11 期。

李连友：《关于信息产业统计核算的探讨》，《统计研究》2002 年第 6 期。

王刚、王欣：《信息产业测度指标体系设计研究》，《东北电力大学学报》2007 年第 6 期。

B.8
用互联网类脑架构分析互联网
经济发展趋势

刘　锋*

摘　要：　本文介绍了互联网类脑架构的来源和定义，分别从神经学的中枢、视觉、听觉、感觉、运动神经系统以及神经元网络和反射弧等角度分析了互联网类脑架构的组成和运转情况，利用互联网类脑架构对智慧社会、智慧城市的建设进行了分析，并用阿里城市大脑、华为城市神经网络，以及腾讯、百度、科大讯飞等企业案例，从互联网类脑架构的角度分析了互联网经济发展趋势

关键词：　互联网经济学　智慧社会　智慧城市

一　前言

从科学史可以看到这样一个规律，每一次人类社会的重大技术变革都会导致新领域的科学革命，如大航海时代使人类看到了生物的多样性和孤立生态系统对生物的影响，无论是达尔文还是华莱士都是跟随远航的船队才发现了生物的进化现象。

---

* 刘锋，北京交通大学计算机博士，2009~2012年担任中国科学院虚拟经济与数据科学研究中心特聘研究员，中科图灵世纪CEO，腾讯智库、蚂蚁金服智库专家成员，主要研究方向：互联网类脑智能巨系统和AI智商评估模型。

大工业革命使人类无论是力量使用水平还是观察能力都获得了极大的提升，为此后100年开始的物理学大突破奠定了技术基础。这些突破包括牛顿的万有引力、爱因斯坦的相对论和由众多科学家创建的量子力学大厦，这些突破都与"力"和"观测"有关。

互联网革命对于人类的影响已经远远超过了工业革命。与工业革命增强和开拓人类的力量和视野①不同，互联网极大地增强了人类的智慧、丰富了人类的知识。而智慧和知识恰恰与大脑的关系最为密切。互联网的技术突破使得人类处在新科学革命的前夜。

从1969年互联网诞生以来，人类从不同的方向在互联网领域进行创新，并没有统一的规划将互联网建造成什么结构，当时间的车轮到达2017年，随着人工智能、物联网、大数据、云计算、机器人、虚拟现实、工业互联网等科学技术的蓬勃发展，当人类抬起头来观看自己创造的巨系统，互联网大脑的类脑架构已经越来越清晰。

互联网这一类脑化现象也引发了世界领域科学家的关注，2008年开始，科学院研究团队刘锋、石勇、刘颖、彭赓发表论文指出："互联网将向着与人类大脑高度相似的方向进化，它将具备自己的视觉、听觉、运动神经系统，也会拥有自己的记忆神经系统、中枢神经系统、自主神经系统。另外，人脑至少在数万年以前就已经进化出所有的互联网功能，不断发展的互联网将帮助神经学科学家揭开大脑的秘密。科学实验将证明大脑中已经拥有Google一样的搜索引擎、Facebook一样的SNS系统、IPv4一样的地址编码系统、思科一样的路由系统……"②

2012年11月16日，加州大学圣迭戈分校DmitriKrioukov在2012年11月的 *Scientific Report* 上发表论文指出，利用计算机模拟并结合多种其他计算，提出许多复杂网络如互联网、社交网、脑神经元网络等有高度的相似性。

---

① 〔美〕帕尔默：《工业革命：变革世界的引擎》，苏中友译，世界图书出版公司，2010。
② 刘锋、彭赓：《互联网进化规律的发现与分析》，http://www.paper.edu.cn/releasepaper/content/200809－694，2008年9月13日。

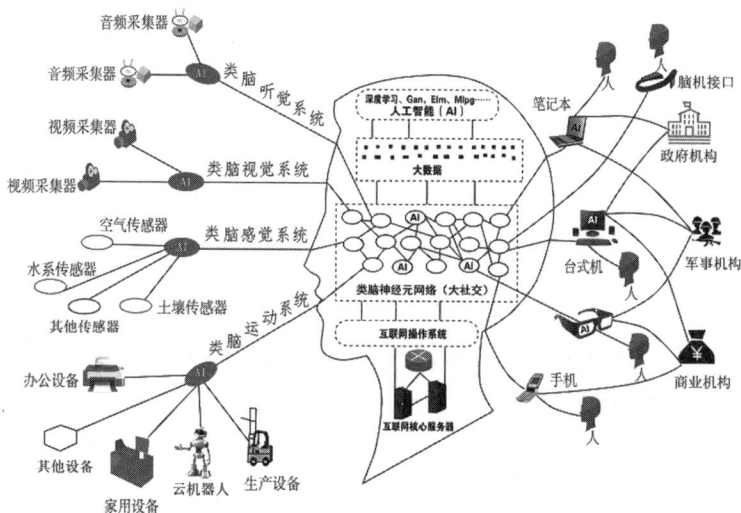

图 1　互联网大脑架构

资料来源：刘锋：《互联网进化论》，清华大学出版社，2012。

2014 年，Web. com 前 CEO，美国邓白氏集团的董事长兼 CEO 杰夫·斯蒂贝尔出版的《断点：互联网进化启示录》一书中同样提出了互联网向类大脑结构进化的观点。[①]

随着互联网类脑巨系统的研究深入，关于互联网大脑形成了如下定义，这个定义对于城市大脑定义的形成而言具有重要的意义：互联网大脑架构就是在互联网向与人类大脑高度相似的方向进化过程中，形成的类脑智能巨系统架构。互联网大脑架构具备不断成熟的类脑视觉、听觉、躯体感觉、运动神经系统、记忆神经系统、中枢神经系统、自主神经系统、神经纤维。互联网大脑通过类脑神经元网络将互联网各神经系统和世界各元素关联起来，互联网大脑在群体智慧和人工智能的驱动下通过云反射弧实现对世界的认知、判断、决策和反馈。

[①] 〔美〕杰夫·斯蒂贝尔：《断点：互联网进化启示录》，师蓉译，中国人民大学出版社，2015。

二 用互联网类脑架构解析智慧社会的建设

2017 年 10 月 18 日十九大在京胜利召开，十九大报告提出，"要贯彻新发展理念，建设现代化经济体系。突出技术创新，为智慧社会提供有力支撑"。[①]

"智慧社会"作为建设创新型国家的重要组成部分，一经提出，就引起广泛关注。"智慧社会"为什么会在 21 世纪的第二个十年提出，科技和社会的发展为"智慧社会"奠定了怎样的基础，支撑"智慧社会"运转的物质基础是什么，"智慧社会"的产生会在科学和管理上带来哪些新的课题？本文将就这些问题进行探讨。

应该说"智慧社会"的产生与以互联网为代表的前沿科技爆发有密切关系，在科学研究和商业竞争两个车轮的推动下，泛互联网领域产生了TCP/IP、社交网络、电子商务、移动互联网、工业互联网等创新应用，以及谷歌、百度、阿里巴巴、腾讯、Facebook、亚马逊、英伟达、Mobilogix、Palantir 等一大批科技巨头，从不同角度实现了整个人类社会的联网化和智能化。下面我们就从互联网中枢神经系统、视觉神经系统、听觉神经系统、躯体感觉神经系统、运动神经系统逐步分析智慧社会是如何通过互联网类脑架构的形成而逐步成熟的。

互联网大脑的躯体感觉神经系统将构成智慧社会的世界感知系统，由分布在城市、工厂、乡村、人体、自然界的各种传感器组成，这些传感器包括热敏元件、光敏元件、气敏元件、力敏元件、磁敏元件、湿敏元件、声敏元件、放射线敏感元件、色敏元件和味敏元件等。这些传感器把人类社会和自然界的各种信息源源不断地传送到网络空间，供互联网大脑的其他组成部分使用，传感器不断通过微型化、数字化、智能化、多功能化、系统化、网络

---

① 《习近平：决胜全面建成小康社会 夺取新时代中国特色社会主义伟大胜利——在中国共产党第十九次全国代表大会上的报告》，2017 年 10 月 27 日。

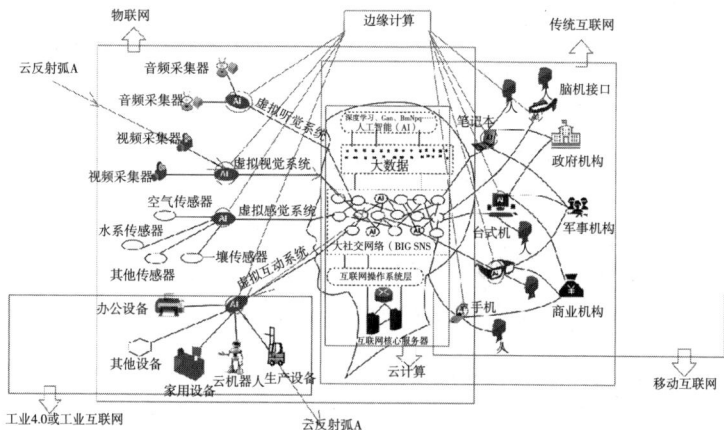

图2 互联网大脑架构与前沿科技关系

化而进化，它不仅促进了传统产业的改造和更新换代，更使智慧社会具有感知能力的基础。

互联网大脑的云计算是智慧社会中枢神经系统的萌芽，它通过服务器、网络操作系统、神经元网络（大社交网络）、大数据和基于大数据的人工智能算法对智慧社会的各个组成部分进行统一的信息、数据和智能处理，目前包括阿里云、腾讯云、亚马逊云、谷歌云等正在向这个方向发展。

互联网大脑的大数据建设将使智慧城市各神经系统在运转过程中传输和积累有价值的信息。

这些信息包括自然界传感器、居民的生活、企业的运转、政府的管理过程中产生的信息，也包括城市的建筑大楼、交通车辆，甚至是分布在城市土壤、空气、水域中的传感器传来的信息，这是智慧城市产生智慧的基础。

互联网大脑的工业4.0和工业互联网①使智慧社会的运动神经系统发育，这将是智慧社会未来非常庞大的组成部分，包括智能驾驶、云机器人、无人机、3D打印、智能制造等，它们通过延展运动和机械操作，帮助智慧社会的居民和管理者完成智慧社会的建设。

---

① 乌尔里希·森德勒：《工业4.0》，邓敏、李现民译，机械工业出版社，2014。

互联网大脑的边缘计算①建设使智慧社会神经末梢发育和成长，包括人工智能技术和包含了人工智能技术的芯片与分布在城市的传感器、摄像头、智能终端、智能汽车、智能制造设备、楼房建筑、工业机器人等，目标是使智慧社会的感觉神经系统、运动神经系统的末梢控制变得更为智能。

互联网大脑的移动通信建设使智慧社会纤维种类丰富，让居民、企业、政府机构更为便捷，更不受地域限制的连接到互联网大脑中。这需要社会中的通信运营商不断进行技术升级和基础设施建设，如移动通信的技术从3G、4G到5G的发展。互联网大脑的神经纤维建设是智慧社会运转的重要保证，是连接智慧社会成为一个整体、确保智慧社会云反射弧准确运转的关键。

国际上人工智能研究作为一门前沿和交叉的学科，像许多新兴学科一样，至今尚无统一的定义。要给人工智能下定义是困难的。人类的许多活动，如解算题、猜谜语、讨论、编制计划和编写计算机程序，甚至驾驶汽车和骑自行车等，都需要"智能"。如果机器能够执行这种任务，就可以认为机器已具有某种性质的"人工智能"。

不同科学或学科背景的学者对人工智能有不同的理解，并提出了不同的观点，人们称这些观点为符号主义（Symbolism）、连接主义（Connectionism）和行为主义（Actionism）等，或者叫作逻辑学派（Logicism）、仿生学派（Bionicsism）和生理学派（Physiologism）。此外，还有计算机学派、心理学派和语言学派等。

通俗地说"人工智能是一门综合了计算机科学、生理学、哲学的交叉学科。凡是使用机器代替人类实现认知、识别、分析、决策等功能，均可认为使用了人工智能技术"②。

作为一个学术领域，人工智能是于1956年夏季，以麦卡赛、明斯基、罗切斯特和申农等为首的一批年轻科学家在研究和探讨用机器模拟智能的一系列相关问题时首次提出的。③

① 边缘计算产业联盟白皮书，http://www.ecconsortium.org/Lists/show/id/32.html。
② 36氪研究院：《人工智能行业研究报告》，http://36kr.com/p/5064125.html。
③ 集智俱乐部：《科学的极致：漫谈人工智能》，人民邮电出版社，2015。

事实上，人工智能的发展充满了坎坷，在过去的 60 年里，人工智能经历了多次从乐观到悲观、从高潮到低潮的阶段。最近一次低潮发生在 1992 年日本第五代计算机计划的无果而终，随后人工神经网络热在 20 世纪 90 年代初退烧，人工智能再次进入"AI 之冬"。这个冬季如此的寒冷与漫长，直到 2006 年加拿大多伦多大学教授 Geoffrey Hinton 提出了深度学习算法，情况才发生转变①。

这个算法是对 20 世纪 40 年代诞生的人工神经网络理论的一次巧妙的升级，它最大的革新是可以有效地处理庞大的数据。这一特点幸运地与互联网结合。由此引发了 2010 年以来一股新的人工智能热潮。2011 年，一位 NCAP 研究员和斯坦福的 Andrew Ng 在 Google 建立了以深度学习为基础的谷歌大脑，Andrew Ng 也就是后来百度大脑的首席科学家吴恩达。2013 年，Geoffrey Hinton 加入 Google 公司，其目的是进一步把谷歌大脑的工作做得更为深入。

人工智能从此进入一个新的时代——互联网人工智能时代，基于互联网海量的"大数据"和每时每刻与现实世界的信息交互，亚马逊、Facebook、百度、腾讯、阿里巴巴、微软、英特尔、IBM 等巨头纷纷进入 AI 领域，并不断产生新的成果和纪录。

应该说这一轮的人工智能热潮本质上依然是互联网进化过程中的又一次波浪式高潮。它的产生离不开互联网之前的应用和技术②。

人工智能建设是智慧社会提升智慧的催化剂和灵魂，人工智能不仅仅通过算法如深度学习、机器学习与云计算、大数据、机器人、智能设备结合，也运用到智慧社会的神经末梢、神经网络和智能终端中，如 AI 传感器、AI 手机、AI 智能生产设备、AI 用户助理等。

我们知道，神经网络是大脑中最重要的结构和功能。动物机体是一个极

---

① Hinton G. E., Osindero S., Teh Y. W., "A Fast Learning Algorithm for Deep Belief Nets", *Neural Computation*, 2006, 18 (7).

② 刘锋：《人工智能在城市云脑建设中的地位与作用》，http://blog.csdn.net/zkyliufeng/article/details/77986862。

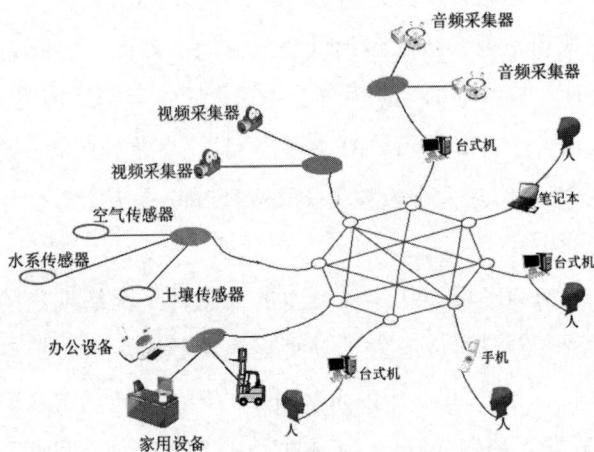

图3 类脑神经元网络（大社交）

为复杂的有机体，各器官、系统的功能不是孤立的，它们之间互相联系、互相制约，实现这一需求就需要生物体有统一的神经网络系统。①

互联网的类脑神经元网络是由传统的社交网络发育而成的。一直以来，社交网络被认为就是互联网上人与人的交互社区。但随着物联网、云计算、大数据等新现象的出现，社交网络的形态也必将发生改变。当物联网、工业4.0、工业互联网与社交网络融合时，每一栋大楼、每一辆汽车、每一个景区、每一个商场、每一个电器、每一个智能程序都会在SNS网站上开设账号，自动地发布实时信息，并与其他"人"和"物"进行交互。社交网络的定义将不再只是人与人的社交，而是人与人、人与物、物与物的范围更大的社交网络，我们可以称为"大社交网络"（Big SNS）②。

互联网的类脑神经元网络是由社交网络发育而成的，无论是世界范围的个人用户、企业、政府机构、路灯、车辆、工场还是各种智能设备，智能程

---

① 〔美〕葛詹尼加等：《认知神经科学：关于心智的生物学》，周晓林、高定国等译，中国轻工业出版社，2011。

② 刘锋：《大社交网络下的互联网大脑如何发展》，http：//blog. sciencenet. cn/blog－39263－787740. html。

序都要以神经元的方式加入智慧社会的神经元网络中，这些类脑神经元的互动、聚合、连接将使智慧社会真正变得更为智慧。它也是后续探讨的云反射弧能够正常运转的基础。

神经反射现象是人类神经系统最重要的活动之一，首先被法国哲学家笛卡儿提出。他注意到机体对一些环境刺激具有规律性反应。他借用了物理学中反射的概念，认为动物的活动像光线投射到镜子上被反射出来一样。后来，英国的谢灵顿以及俄国的谢切诺夫和巴甫洛夫用实验分析的方法研究了脑和脊髓并阐明了反射规律。

反射弧是反射活动的结构基础，是机体从接受刺激到发生反应的过程中兴奋在神经系统内循行的整个路径。反射一般都需要完整的反射弧来实现。一个完整的反射弧由感受器、传入神经、神经中枢、传出神经、效应器5个基本部分组成（见图4）。[1] 膝跳反射是我们最为熟知的，也是最简单的反射活动，那么基于互联网类脑架构的人工智能应用有没有同样的机制呢？

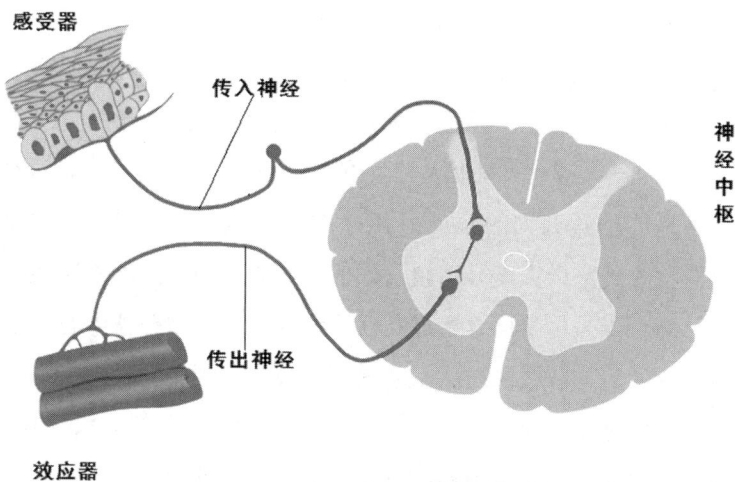

图4 神经元结构

---

[1] 张燕：《"信息在神经系统中的传递"的整体性教学设计》，《生物学教学》2016年第7期。

与人体的神经反射弧相对应，互联网云神经反射弧主要由如下三个方面构成：第一，云反射弧的感受器主要由联网的传感器（包括摄像头）组成。第二，云反射弧的效应器主要由联网的办公设备、智能制造、智能驾驶、智能医疗等组成。第三，云反射弧的中枢神经是互联网类脑架构的中枢神经系统（云计算＋大数据＋人工智能），边缘计算将加强云反射弧感受器和效应器的智能程度和反应速度。[①]

云神经反射弧是互联网类脑架构反射现象的基础，已经广泛地出现在人们的周围，每时每刻从世界各地发起的互联网神经反射现象都在不断地产生和消失。例如汽车传感器发现有盗贼，发短信给车主，车主赶到将盗贼抓住；湿度传感器发现空气湿度加大，有下雨迹象，通知野外挖掘设备打开防雨设备等。

云神经反射弧作为互联网与人工智能结合的产物，在互联网未来的发展中将起到非常重要的作用。从实践上看，总共有9种不同种类的云反射弧，这些云反射弧的成熟依赖于互联网与人工智能技术的进一步结合。

第一种是传感器到智能设备的云反射弧（图5中A→F）。例如，在大楼里，温度传感器检测到室内温度升高超过一定限值，同时气敏传感器检测到室内二氧化碳浓度升高，于是报警信息通过互联网线路传送到服务器中心，服务器发送指令给大楼灭火机器人，由该楼层灭火机器人操控水枪进行灭火。

第二种是传感器到人的云反射弧（图5中A→B）。例如，在大楼里，温度传感器检测到室内温度升高超过限值，同时气敏传感器检测到室内二氧化碳浓度升高，于是报警信息通过互联网线路传送到服务器中心，服务器发送信息给附近的消防队，消防队出动消防人员来大楼实施灭火。

第三种是传感器到智能程序的云反射弧（图5中A→D）。例如，在大楼里，温度传感器检测到室内温度升高超过限值，同时气敏传感器检测到室内二氧化碳浓度升高，于是报警信息通过互联网线路传送到服务器中心，服

---

① 刘锋：《互联网＋AI，云反射弧如何成为人工智能发展的下一个重点》，http：//tech. 163. com/17/0815/14/CRSS86VV00098IEO. html，2017 年 4 月 30 日。

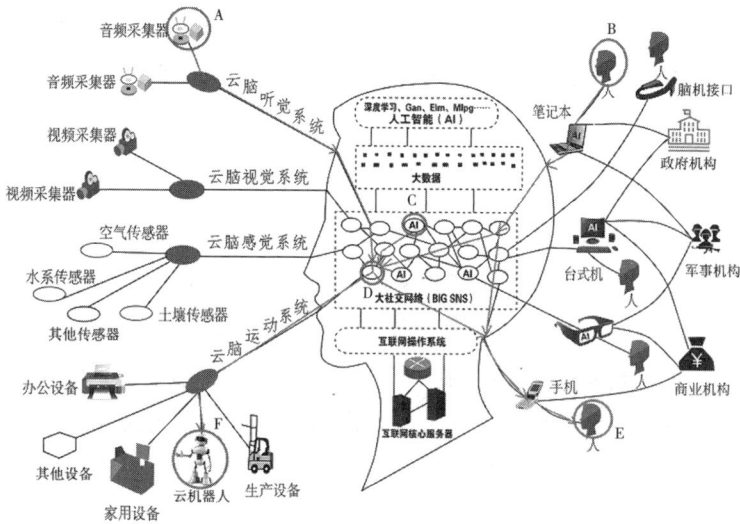

图5　云反射弧示意

务器发送信息给互联网神经网络中的 AI 神经元，也就是大社交网络中的智能程序，由智能程序判断危险级别和是否上报。

第四种是智能程序到智能设备的云反射弧（图 5 中 D→F）。例如，互联网服务器中运行的自动监测程序负责检测城市郊区云计算机房的服务器数据空间的容量变化，当程序发现数据空间已满时，发送报警信息给互联网中心服务器，由中心服务器发布指令，启动云计算机房的备用机器，扩充数据空间。

第五种是智能程序到人的云反射弧（图 5 中 C→E）。例如，互联网服务器中运行的自动监测程序负责检测郊区云计算机房的服务器数据空间的容量变化，当程序发现数据空间已满时，发送报警信息给互联网中心服务器，由中心服务器发布短信或电子邮件，提醒机房值班人员，启动云计算机房的备用机器，扩充数据空间。

第六种是智能程序到智能程序的云反射弧（图 5 中 C→D）。这种类型的神经反射弧可以看作是云端人工智能系统的对话。例如，互联网服务器中运行的自动监测程序负责检测郊区云计算机房的服务器数据空间的容量变化，当程序发现数据空间已满时，发送报警信息给互联网中心服务器，由中心服务器发布指令给云计算机房的维护程序，停止向数据空间写入数据，避免数据空间过载。

第七种是人到智能设备的云反射弧（图5中B→F）。例如，在大楼里，大楼监控机房的值班人员发现某办公室出现火苗和烟雾，于是按下报警按钮，将报警信息通过互联网线路传送到服务器中心，服务器发送指令给大楼灭火机器人，由该楼层灭火机器人操控水枪进行灭火。

第八种是人到人的云反射弧（图5中B→E）。例如，在大楼里，大楼监控机房的值班人员发现某办公室出现火苗和烟雾，于是按下报警按钮，将报警信息通过互联网线路传送到服务器中心，服务器发送信息给附近的消防队，消防队出动消防人员来大楼实施灭火。

第九种是人到智能程序的云反射弧（图5中B→D）。例如，在大楼里，大楼监控机房的值班人员发现某办公室出现火苗和烟雾，于是按下报警按钮，将报警信息通过互联网线路传送到服务器中心，服务器发送信息给互联网神经网络中的AI神经元，也就是大社交网络中的智能程序，由智能程序判断危险级别和是否上报。

在互联网发展的过程中已经出现很多神经反射弧案例，例如中国无锡消防部门采用的家庭火灾远程监控和救助系统。它的工作过程就是一个典型的云反射弧：当发生火灾或其他紧急事件时，探测器发出报警信号，火警信息将通过GPRS传输到全市119火灾调度指挥中心，当119在接到报警后，第一时间赶赴现场开展救助。[1]

云反射弧的发展是互联网+AI深度结合后的必然产物。它的发展会对基于互联网的人工智能技术、互联网新商业模式、智慧城市建设等产生深刻和广泛的影响。后续我们将持续跟踪互联网类脑架构各神经系统的发育情况，分析互联网类脑架构云反射弧的应用场景，继续发现和总结云反射弧的

---

[1] 刘锋：《互联网+AI，云反射弧如何成为人工智能发展的下一个重点》，http：//tech. 163. com/17/0815/14/CRSS86VV00098IEO. html，2017年4月30日。

技术演进和运行规律。

云反射弧的建设反映出智慧社会在提供各种智慧相关服务、处理各种问题过程中的种类和反应速度，云反射弧的种类越多、反应速度越快，其智慧程度就会越高。

除此之外，还包括安防云反射弧、金融云反射弧、交通云反射弧、能源云反射弧、教育云反射弧、医疗云反射弧、旅游云反射弧、零售云反射弧……

云反射弧路径问题关系到互联网内部的信息传递和现实世界的物质传递，根据完成功能的距离不同，解决这个问题，涉及图论、互联网节点布局、通信线路、传感器等，通过选择最优的路径，从而实现云反射弧快速、有效和稳定地执行。每一种又分为4种类型。在研究互联网大脑的云反射弧路径问题时，需要将它们结合起来综合研究，分析如何在互联网内部和现实世界中寻找合适的反射弧路径，为完成任务提供支持。

我们在云反射弧的文章中曾经这样举例：在大楼里，温度传感器检测到室内温度升高超过一定限值，同时气敏传感器检测到室内二氧化碳浓度升高，于是报警信息通过互联网线路传送到服务器中心，服务器发送指令给大消防部门的灭火机器人，灭火机器人通过智能导航到达大楼操控水枪进行灭火。

从这个案例中可以看出，在形成云反射弧的过程中，无论是在互联网内部，还是在现实世界机器人，智能救火车到达失火现场，都存在如何发现和选择最优路径的问题。

三　互联网类脑智能巨系统的形成过程

我们在前文中提到，随着博客、社交网络、云计算、物联网、大数据、工业4.0、云机器等的蓬勃发展，互联网类脑架构也逐步清晰起来。智慧社会的提出和建设也与此有很大的关系，下面，我们看一下科技的进步是如何推动互联网类脑智能巨系统与智慧社会形成的。

2004 年，以博客、Web2.0、社交网络为代表的科技浪潮为互联网大脑（智慧社会）的神经网络奠定了基础。2008 年，以物联网为代表的科技浪潮为互联网大脑（智慧社会）的感觉神经系统奠定了基础。2009 年，以云计算为代表的科技浪潮为互联网大脑（智慧社会）的中枢神经系统奠定了基础。2010 年，以移动互联网、光纤、3G 为代表的科技浪潮为互联网大脑（智慧社会）的神经纤维发育奠定了基础。2012 年，以工业 4.0、工业互联网为代表的科技浪潮为互联网大脑（智慧社会）的运动神经系统奠定了基础。2013 年，以大数据为代表的科技浪潮为互联网大脑（智慧社会）的智能发展奠定了数据基础。2015 年，以人工智能为代表的科技浪潮为互联网大脑（智慧社会）各神经系统的激活和联动奠定了基础。

2017 年开始，以互联网类脑巨系统为代表的科技浪潮为国家、城市、社会的全面智能化奠定了基础，一方面自然界和人类社会的各个组成元素不断连接到大社交网络中，人与人、人与物、物与物的交互和沟通，形成了互联网（城市）云脑的神经网络发育基础。另一方面，交通、安全、金融、商业、政务、农业、矿产等各个领域不断通过云反射弧的方式，实现从感知到中枢神经处理再到反馈的类脑智能化问题处理过程。在此基础上，智慧社会的提出恰逢其时。

2020 年之后，以人类群体智慧和互联网人工智能为代表的两大智能方式在智慧社会的发展中不断融合和互补，形成互联网类脑巨系统的左右大脑架构，驱动智慧社会不断向前发展。

四 互联网类脑智能巨系统的最新进展

（一）阿里 ET 城市大脑

2016 年 10 月在阿里巴巴召开的云栖大会上，杭州市发布了城市大脑计划。阿里 ET 城市大脑的内核采用阿里云 ET 人工智能技术，可以对整个城市进行全局实时分析，自动调配公共资源，修正城市运行中的 Bug，最终将进化为能够治理城市的超级人工智能。[1]

阿里 ET 城市大脑项目组来自阿里云、富士康、依图科技、数梦工场等 13 家企业。据悉，交通拥堵问题是城市大脑面临的第一个难题。荷兰交通导航服务商 TOMTOM 在 2015 年发布的全球拥堵城市排名中，杭州拥堵程度在全球排第 30 位、在全国排第 5 位。

城市大脑项目组的第一步是将交通、能源、供水等基础设施全部数据化，连接散落在城市各个单元的数据资源，打通"神经网络"。

城市大脑计算平台采用飞天操作系统。城市大脑涉及的数据量巨大，仅视频摄像头就有 5 万多个。飞天（Apsara）是由阿里云自主研发的超大规模通用计算操作系统，它可以将百万级的服务器连成一台超级计算机，提供源源不断的计算能力，以保证大脑能够"眼疾手快""当机立断"。

在杭州，城市大脑通过城市摄像头的视频得到即时交通流量，让城市的交通信号灯能根据即时的流量，优化路口的时间分配，提高交通效率。依靠惊人的计算机视觉分析能力，利用每一个交通摄像头对道路进行即时交通体检，就像一个个的交警全年无休地在路上巡逻。

在 2017 年 10 月的云栖大会上，杭州城市大脑交出了用数据资源治理城市的周年答卷：借助于与交通数据相连的 128 个信号灯路口，试点区域通行时间减少 15.3%。在主城区，城市大脑日均事件报警 500 次以上，准确率达 92%，大大提高了执法指向性。目前杭州市交警支队已经在主城区通过城市大脑进行红绿灯调优，并即时提供出警决策。

萧山区还创新实现了 120 救护车等特种车辆的优先调度，一旦急救点接到电话，城市大脑就会根据交通流量数据，自动调配沿线信号灯配时，为救护车即时定制一条一路绿灯的生命线，并可减少对其他交通的影响。实际结果表明，救护车到达现场的时间比原来缩短了将近一半。

---

[1] 望山：《2016 阿里云栖大会：杭州城市大脑正式发布》，https：//www. ithome. com/html/it/ 264198. htm。

（二）华为城市神经系统

在 2017 年 12 月 18 日举行的"华为智慧城市峰会 2017"上，深圳建设智慧城市的成果引发业内人士的关注。华为相关人士透露，华为对智慧城市的定位是打造城市神经系统，实现"万物感知—万物连接—万物智能"①。

华为 EBG 中国区智慧城市业务部副总工李一川指出，华为智慧城市的解决方案可以概括为"一云，二网，三平台"。"一云"指云数据中心，"二网"指连接人的城市通信网和连接物的城市物联网，"三平台"包括大数据服务支撑平台、ICT 应用使能平台和城市运营管理平台。其中，云和平台构成了中枢神经系统；二网就是周围的神经系统；而上面的各种应用就是在这套神经系统的基础上生长出来的各种器官，以实现不同的功能。

华为三十年的技术积累是城市"神经系统"的落地保障。

数据采集方面，贡献超过 50% 物联网标准，1000 + 生态合作伙伴，自主知识产权 NB – IoT 芯片 Boudica，业界最轻量的物联网操作系统 LiteOS，功耗 10 – 6A 级。

数据传输方面，光传输网络连续 11 年为全球份额 No. 1，LTE 市场份额全球第一，为产业引领者、5G 标准制定者、"极化码"标准主要贡献者。

数据处理方面，Openstack 社区全球八家白金董事会员之一，全球 IT 厂商中社区贡献率排名第一；FusionInsight 获得 IDC MarketScape 中国大数据领导者第一位置。

数据应用方面，亚太领军智慧城市厂商、中国领军智慧城市厂商、领军智慧城市顶层设计解决方案供应商，获得亚太智慧城市生态圈推进杰出贡献奖。

（三）上海市打造城市大脑

2018 年 1 月 30 日，历经近一年的调查研究，上海正式发布《贯彻落实

---

① 孙云龙：《华为打造智慧城市神经系统，"点亮"亚太城市发展高峰论坛》，http：//www. xinhuanet. com/info/2017 – 11/18/c_ 136762058. html，2017 年 11 月 18 日。

〈中共上海市委、上海市人民政府关于加强本市城市管理精细化工作的实施意见〉三年行动计划（2018－2020年）》。行动计划提出上海市要做强"城市大脑"和"神经末梢"。[①]

超大城市管理要像绣花一样精细。必须引入智能化手段，借助现代科技，为改进城市公共服务管理、提升超大城市治理能力水平提供强有力的科技支持。"衡量一个城市的精细化管理水平，更主要的是看一般区域、一般项目管得好不好，不能是领导关注的重点项目和重点区域管得不错，而一些一般项目、一般区域的精细化管理水平却不高。"崔明华指出，未来的城市管理要做到"三全四化"，在落细落小上下功夫，在全社会共同参与上下功夫，在全面从严上下功夫。

"三全"是指全覆盖、全过程、全天候。全覆盖，就是要把精细化管理要求覆盖到各个空间、各个领域和所有人群。全过程，就是要把精细化管理要求贯穿到城市规划、建设、管理全过程，实施全生命周期的精细化管理。全天候，就是要把精细化管理要求体现在一年365天、一天24小时的每时每刻。

"四化"是指法治化、社会化、智能化、标准化。其中，法治化是城市管理的根本保障；社会化，是城市管理的重要基础；智能化，是城市管理的重要手段；标准化，为精细化管理提供依据和标尺。未来，上海将加强城市管理"神经末梢"建设，打造感知敏捷、互联互通、实时共享的"神经元"系统；深化智慧治理，以城市网格化综合管理信息平台为基础，构建城市综合管理信息平台，推进"城市大脑"建设。

各种创新的现代科技手段和治理方式更多地运用到城市管理中，对市民来说，就可以享受到更高水准的城市治理成果。超大城市管理要像绣花一样精细，传统的老思路、老办法已经难以为继，必须引入智能化手段，借助现代科技，做强"头部"和"神经末梢"，使各类事关服务、管理、安全的数

---

① 张奕：《上海加强城市管理精细化"三年行动计划"明确13项重点任务和42个实施项目》，《解放日报》2018年2月1日。

据在一个平台上汇总并及时予以分析，为改进城市公共服务管理、提升超大城市治理能力水平提供强有力的科技支持。

下一步，上海将推进"城市大脑"建设，实现数据信息共享和深度应用。更多地运用云计算、互联网、大数据、人工智能等信息技术手段，推进城市治理制度创新、模式创新。房屋、住宅小区、地下空间、道路桥梁、港口航道、交通运输、河道湖泊、地下管线、道路架空线、绿化市容等领域，将完善城市管理基础数据库，运用各种创新的手段，加强城市管理"神经末梢"建设。在一个更为"智能"的城市管理架构下，城市运营无疑会更高效。

（四）滴滴智慧交通战略产品"交通大脑"

1月25日，滴滴在2018年智慧交通峰会上正式发布了智慧交通战略产品"交通大脑"，携手交管部门，运用AI的决策能力解决交通工具与承载系统之间的协调问题。滴滴出行CTO张博表示，过去20年，互联网解决的是信息流动问题，滴滴希望解决的是物理世界人和物体的流动问题。未来10年，交通会因科技发展而发生巨大变革，这一变革体现在交通基础设施、车辆交通工具和共享出行这三个层面。滴滴交通大脑将在这一变革中扮演着重要角色，也希望成为解决城市交通问题的突破口，与交管部门等合作伙伴一起用技术力量改善城市交通、普惠大众出行。[①]

滴滴出行CTO张博提出，交通大脑将成为智慧城市未来的标配，滴滴交通大脑是兼备云计算、AI技术、交通大数据和交通工程的智能系统，也是智慧城市面向未来的标配。一方面，它在空间上打破了城市内区域的"数字"壁垒，实现高效、全面的交通管理和协同；另一方面，在时间上，交通大脑突破了人类的决策能力极限。在人的能力中，最重要的便是思维决策能力，也就是通过各种外部感知判断以及知识、经验积累来解决问题。交通大脑通过机器自我学习的方式，搭建出能够支撑类脑推理的核心算法模

---

① 刘敏娟：《滴滴发布智慧大脑，拟用AI技术解决交通难题》，http：//www.lanjinger.com/news/detail？id＝83003。

型，可以帮助实现更准确的预测能力、智能的调配能力，实现最优的交通组织。

据张博介绍，交通大脑并不只是城市交通数据中心，有智慧、能进化的交通大脑平台下包含 3 个关键的中枢——数据中枢、分析中枢、控制中枢。只有 3 个中枢联动才能实现"发现—决策—行动"的闭环。在这个过程中，数据中枢整合出行地图、全路网扫描、移动电子眼等多方数据，为控制中枢和分析中枢提供决策依据；分析中枢承担计算能力、AI 分析能力，基于云计算技术让所有数据可以最高效地运转，实现最智能的分析决策；所有的联网设备则通过控制中枢智能化完成，包括信号灯、诱导屏、视频卡口、停车场等，甚至标识标牌、路灯、警力调度也能联网控制。

目前，滴滴交通大脑已在全国 20 多座城市扎根生长，从智慧诱导屏、智慧信号灯等智慧交通项目着手，优化城市交通管理，缓解道路拥堵，为市民提供更好的出行服务。以济南为例，智慧信号灯的落地提高了城市通行效率，在已优化的 344 个路口中，每天为济南市民节省超过 3 万个小时的通行时间。此外，通过减少车辆怠速、缓行时间和排队过程中停车启动次数，也间接减少了二氧化碳排放，据统计，济南全年累计减少 4.4 万吨二氧化碳排放。

在武汉，滴滴已经开始利用海量的出行大数据与交管局数据结合，并应用在城市道路的智慧交通诱导屏上。该诱导屏不仅可以实时显示前方道路的通行状况，还能通过滴滴的 ETA（预估到达时间）技术预测去往前方路段所需时间，让城市交通诱导系统变得更加智慧。

此外，滴滴此前推出的"滴禹"智慧交通信息平台也已在济南、武汉等多座城市正常运转，为城市交通顽疾提供一体化解决方案。依托滴滴海量高精度出行数据优势，基于滴滴交通云大数据科技能力，以及长期在交通出行领域深耕对行业认知的积累，滴禹平台可以实时监控城市交通运行状况，从发现问题、解决问题到优化后效果评估，为交通管理部门提供全周期的管理平台。

提到滴滴的开放平台，张博表示，交通大脑就是要面向政府、企业及个人开放，让所有交通参与者可以感知和利用它、与它交互，大脑吸收城市养分进而成长成熟。正如人类需要对未知世界进行探索来获得文明的成长一样，交通大脑需要一颗好奇心去尝试各种未知的可能性，在实践中成长。

共享化、电动化、智能化是未来交通的趋势，交通工具从拥有变成共享，绿色出行成为人类共同诉求，高度智能化的车辆辅助驾驶系统将显著改善交通安全。作为全球领先的互联网一站式出行平台，滴滴愿意与更多的行业伙伴合作，在智慧交通的硬件、软件等各方面做出更多的探索，真正让智慧交通服务于民、普惠大众。

（五）基于互联网类脑架构的阿里巴巴发展趋势分析

阿里巴巴是全球企业间（B2B）电子商务的著名品牌，是目前全球最大的网上交易市场和商务交流社区。阿里巴巴集团公司旗下已经有11家公司，分别是阿里巴巴、淘宝、支付宝、阿里软件、阿里妈妈、口碑网、阿里云、中国雅虎、一淘网、淘宝商城、中国万网。

从本质上说，阿里集团从1999年诞生时与腾讯、Facebook一样也属于社交网络类网站，不同点在于当时的阿里巴巴是一种关于商业交易、商人与商人、商家与购买者的社交网络。到2018年，阿里集团的各产品线使用用户已经超过7亿。

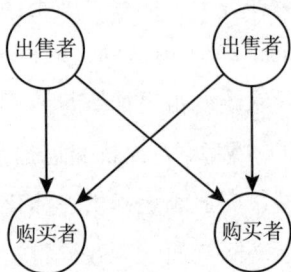

图6　阿里巴巴起源示意

从互联网类脑智能巨系统的发展角度看，阿里集团同样占据了互联网大脑中优势位置：互联网神经元网络的构建。但与腾讯不同，阿里并没有占据整个神经元网络的领域，而是占据了其中价值含量较高的商业交易的神经元网络。

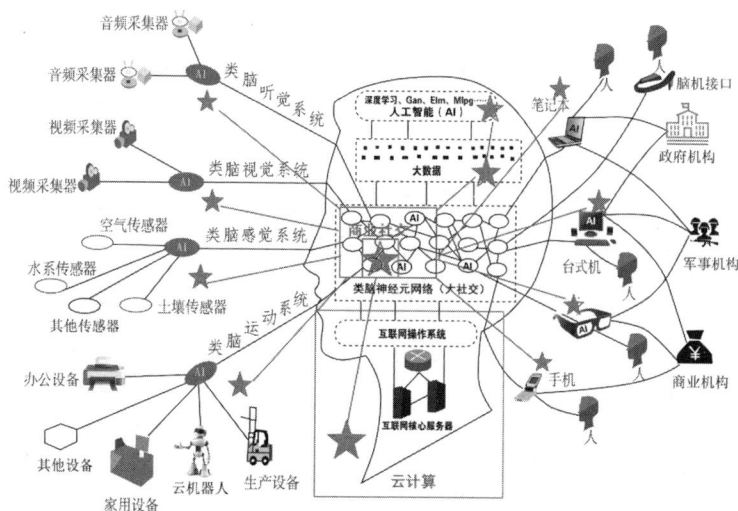

图7　阿里巴巴类脑生态示意

大脑中神经元和神经元网络是最重要的基础架构。阿里通过具有很强商业特征的互联网神经元网络建设，在互联网的生态中构建了强大的商业影响力，以此为基础，在互联网中枢神经方向建设阿里云，为企业、政府提供互联网基础技术服务，并已经在中国形成一云独大的局面。

占据商业社交网络这个特点为阿里带来了生态的竞争优势，但与腾讯竞争时，也带来不利的影响，因为腾讯通过业务拓展和投资并购，比较容易切入商业社交网络中，同时拥有其他广泛业务，但阿里希望从商业社交进入工作，特别是生活社交时，受到的竞争阻力明显会加大。

应该说阿里已经意识到这个问题，从开发来往、钉钉等生活企业社交平台到投资微博、陌陌等，积极向全局性的社交网络扩展，以便在未来获得更大的竞争优势。

阿里依托在商业、工业生态的服务和数据优势，建设包括阿里人工智能实验室、阿里巴巴 iDST（数据科学与技术研究院）、达摩院等人工智能研究机构,在商业 AI 和云计算 AI 两个方向重点发力,推出包括 ET 大脑、阿里城市大脑在内的类脑智能巨系统,并将成果不断应用到阿里的神经元网络触角触及的地方。推动智慧企业、智慧城市和智慧社会的智能化进展。

(六)基于互联网类脑架构的百度发展趋势分析

百度是全球最大的中文搜索引擎、最大的中文网站,于 2000 年 1 月 1 日在中国北京诞生。21 世纪初互联网的蓬勃发展,带动了数千万网站的诞生,这些网站不断产生海量信息,人类需要对这些信息和数据进行索引,因此百度和谷歌的诞生就顺应了这一需求,成为互联网大数据第一批探路者,并发展为之后的互联网巨头。

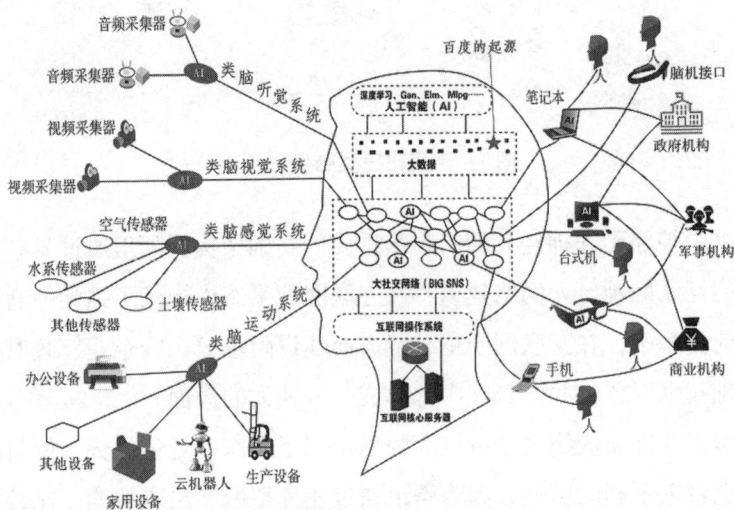

图 8　百度起源示意

百度已经从早期的互联网数据索引发展为世界互联网的巨头之一。基于大数据的优势,百度最近几年在人工智能领域大力开拓,同时向互联网的听觉神经系统、视觉神经系统扩展,并开始与这些领域的巨头科大讯飞、云知声、商汤科技等展开竞争。互联网大脑的运动神经系统,特别是无人汽车成为百度发力的重点。除此之外,百度在互联网操作系统领域推出 DUEROS、在互联网中枢神经系统领域推出百度云。通过移动端应用在手机端、AR/VR 等领域获得数据流量。

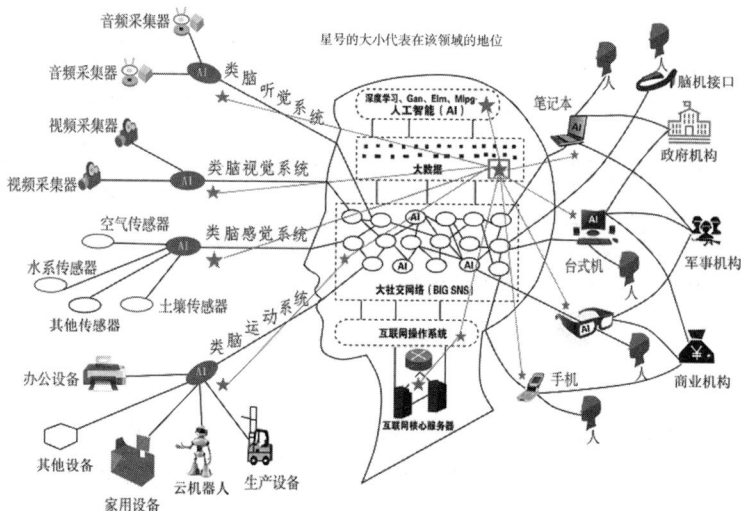

图 9　百度类脑生态示意

百度诞生之后的 20 年里，互联网的生态发生了巨大的变化，由于受互联网向类脑架构进化的趋势影响，以微博、微信、Facebook、淘宝为代表的互联网类神经元网络逐渐发育起来，大量的网站在互联网进化的道路上消失，互联网大数据汇聚到互联网类脑神经元网络中，作为互联网最早的大数据索引，百度和谷歌事实上将会受到重大的影响。

从图 10 可以看出，由于在互联网类脑神经元领域的弱势，百度的大数据、人工智能领域的领先优势无法对互联网其他神经系统的布局形成很强的支持，这也是百度目前面临的最大问题。当其他互联网类脑神经元网络型企业也同样在各神经网络布局时，百度面临的压力会越来越大。

从互联网大脑的架构图可以看出，百度需要补足在互联网类神经元网络（大社交）中的缺失，通过将贴吧、互动式新闻等作为切入点。没有互联网类神经元网络的地位做支撑，百度未来的大数据优势、人工智能优势会随着时间的推移逐步消失，这是一个值得警醒的问题。

2000年左右   2018年左右

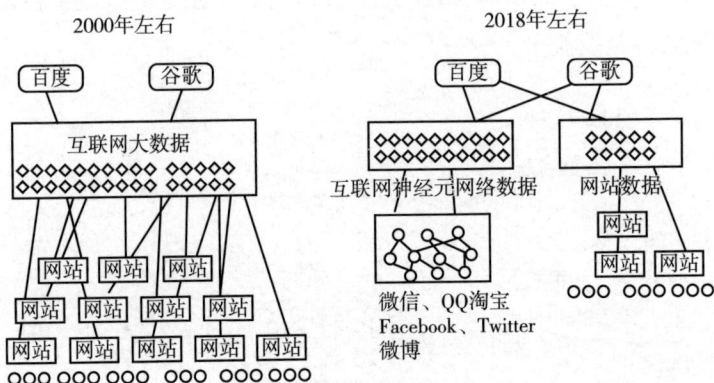

图 10   网站数据演化示意

2018 年开始，百度已经逐渐意识到这个问题。在 2018 年 1 月底，手百正式更名为"百度"，百度旗下其他产品的流量与之彻底打通。而与之相应的是，百度对外的表述也将"全球最大的搜索引擎平台"改为"国内最大的新闻资讯平台"。

"有事搜一搜，没事看一看"，百度 APP 新标语体现了手机百度正以"搜索 + 信息流"的产品特色挺进超级 APP 之列，其中"搜索"为用户节省时间（save time），"信息流"为用户打发时间（kill time），前者满足用户刚需的"目标型流量"，后者提升用户留存时长和沉浸深度的"兴趣型流量"。

手机百度在 V10.0 之后上线了独立品牌"好看视频"，在首页的"推荐"中也增加了短视频的分量。百度副总裁沈抖曾在百度世界大会上表示，百度信息流月活用户超 6 亿、日均阅读量相对上年提升 105 倍，其中短视频日均播放量提升 169 倍，成为国内最大的新闻资讯平台。

短视频的观看门槛比文字链接低、解读更生动，与网络长视频相比萃取了精彩部分，内容消耗的频次提升，更适合移动端碎片化传播环境，在百度 APP，热门短视频阅读量破百万次、平均过万次的较为平常，用户活跃度也明显提升。

所有这些变化表明百度开始重新回归它的起源——汇聚内容、展示为王。

（七）基于互联网类脑架构的腾讯发展趋势分析

腾讯是目前中国乃至世界最大的互联网综合服务提供商之一，提供的服务种类繁多，服务的领域也遍布通信、家庭、企业、城市建设、娱乐、文化等各个领域。

从核心特点说，腾讯首先解决的是互联网用户之间信息沟通的需求问题，从1998年开始的点对点的OICQ服务，到2018年产生的具有近10亿用户的QQ、微信/WeChat、QQ空间等社交平台。

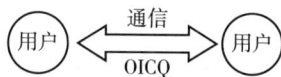

图11　腾讯起源示意

从互联网类脑智能巨系统的发展角度看，腾讯占据了互联网大脑中一个非常优势的位置——互联网神经元网络的构建。

我们知道大脑中神经元和神经元网络是最重要的基础架构。腾讯通过实质的互联网神经元网络建设，可以很方便地向互联网和人类社会的其他领域扩展，从人与人的通信和社交，发展为人与人、人与物、物与物的大社交平台。

在产品上，腾讯也从社交网络向大数据、人工智能、云计算、AR/VR、机器人、视觉、听觉、感觉等领域扩展。

在生态上，腾讯通过投资、并购和建立合作关系，也不断发挥腾讯的神经元网络优势，这也是腾讯市值不断单调递增的深层次原因。

一方面，腾讯基于社交平台可以实现人类群体智慧的聚合；同时，由于社交平台不断产生和沉淀大量不同场景的数据，腾讯对这些数据进行AI方向的研发和处理，并通过互联网的类脑神经元网络与其他类脑神经网络结

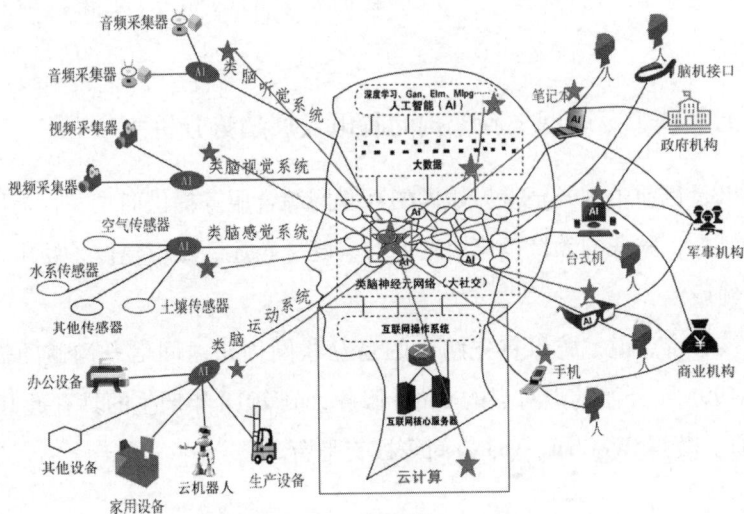

图 12　腾讯类脑系统生态示意

合，就形成了腾讯特色的 AI 应用场景。目前腾讯已经至少组建三个重要的 AI 实验室——腾讯 AI Lab、优图实验室和机器人实验室 Robotics X，不断推进腾讯的 AI 发展。

（八）基于互联网类脑架构的科大讯飞发展趋势分析

科大讯飞成立于 1999 年，是我国产业化实体中在语音技术领域基础研究时间最长、资产规模最大、历届评测成绩最好、专业人才最多及市场占有率最高的公司。到 2017 年底科大讯飞表示，为 40 亿次使用者提供语音及人工智能交互服务。

从科大讯飞的起源和产品内容看，科大讯飞以语音技术服务为主。在互联网类脑智能巨系统架构中，科大讯飞占据了互联网听觉神经系统的优势地位。围绕互联网的听觉神经系统，科大讯飞建立了生态型的产品系列，包括语音识别技术、语音合成技术、自然语言处理技术、语音评测技术、声纹识别技术、手写识别技术等。

从互联网类脑智能巨系统的发展角度看，科大讯飞一方面要面临同类型

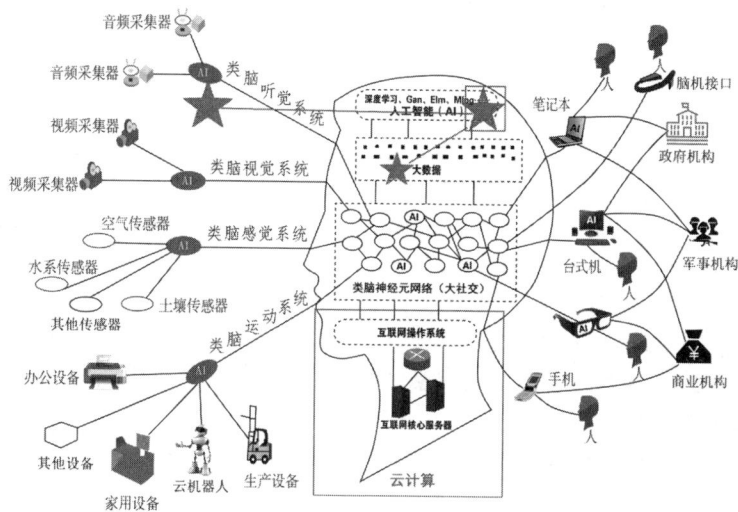

图13　科大讯飞类脑系统生态示意

公司的竞争，如云知声、美国 Nuance、出门问问等；另一方面，百度、腾讯、阿里巴巴等全覆盖型企业会将自己的触角蔓延到互联网的听觉神经系统中。如果科大讯飞不能在整个互联网类脑智能系统中扩展到其他领域，并占领稳固的位置，其面临的竞争压力会越来越大。

参考文献

西门柳上、马国良、刘清华：《正在爆发的互联网革命》，机械工业出版社，2009。

〔美〕帕尔默：《工业革命：变革世界的引擎》，苏中友译，世界图书出版公司，2010。

刘锋：《互联网进化论》，清华大学出版社，2012。

刘锋、彭赓：《互联网进化规律的发现与分析》，http://www.paper.edu.cn/releasepaper/content/200809 – 694，2008 年 9 月 13 日。

〔美〕杰夫·斯蒂贝尔：《断点：互联网进化启示录》，师蓉译，中国人民大学出版社，2015。

《习近平：决胜全面建成小康社会 夺取新时代中国特色社会主义伟大胜利——在中

国共产党第十九次全国代表大会上的报告》，http：//www. gov. cn/zhuanti/2017 – 10/27/content_ 5234876. html，2017 年 10 月 27 日。

乌尔里希·森德勒：《工业 4.0》，邓敏、李现民译，机械工业出版社，2014。

边缘计算产业联盟白皮书，http：//www. ecconsortium. org/Lists/show/id/32. html。

36 氪研究院：《人工智能行业研究报告》，http：//36kr. com/p/5064125. html。

集智俱乐部：《科学的极致：漫谈人工智能》，人民邮电出版社，2015。

Hinton G. E. , Osindero S. , Teh Y. W. , "A Fast Learning Algorithm for Deep Belief Nets", *Neural Computation*, 2006, 18（7）.

刘锋：《人工智能在城市云脑建设中的地位与作用》，http：//blog. csdn. net/zkyliufeng/article/details/77986862。

〔美〕葛詹尼加等：《认知神经科学：关于心智的生物学》，周晓林、高定国等译，中国轻工业出版社，2011。

刘锋：《大社交网络下的互联网大脑如何发展》，http：//blog. sciencenet. cn/blog – 39263 – 787740. html。

张燕：《"信息在神经系统中的传递"的整体性教学设计》，《生物学教学》2016 年第 7 期。

刘锋：《互联网 + AI，云反射弧如何成为人工智能发展的下一个重点》，http：//tech. 163. com/17/0815/14/CRSS86VV00098IEO. html，2017 年 4 月 30 日。

计雨禾：《无锡首创老人家庭火灾智能救助系统》，http：//info. fire. hc360. com/2010/04/300857182467. shtml，2010 年 4 月 10 日。

望山：《2016 阿里云栖大会：杭州城市大脑正式发布》，https：//www. ithome. com/html/it/264198. htm。

孙云龙：《华为打造智慧城市神经系统，"点亮"亚太城市发展高峰论坛》，http：//www. xinhuanet. com/info/2017 – 11/18/c_ 136762058. html，2017 年 11 月 18 日。

张奕：《上海加强城市管理精细化"三年行动计划"明确 13 项重点任务和 42 个实施项目》，《解放日报》2018 年 2 月 1 日。

刘敏娟：《滴滴发布智慧大脑，拟用 AI 技术解决交通难题》，http：//www. lanjinger. com/news/detail？ id = 83003。

产业篇

B.9
2017年中国互联网经济基础
设施发展情况

孟凡新*

摘　要： 互联网基础设施是互联网经济发展的根基，为互联网经济的良性运行和快速发展提供了保障。本文首先分析了2017年互联网基础设施的发展现状，对互联网基础建设、应用基础设施和网络基础资源等最新发展情况进行了梳理。其次从互联网骨干网络、下一代互联网发展、宽带网络建设、网络普遍服务和基础设施建设加快"走出去"等方面，对互联网基础设施建设的发展特点进行了阐述。接着对我国互联网基础设施发展存在的问题进行了分析，侧重从技术和应用水平的地区差距进行了对比。最后结合现状和问题分析，对互联网基础设施的未来发展进

* 孟凡新，博士，中国互联网络信息中心高级分析师。

行了展望，提出加快推动下一代互联网升级换代、推动网络设施
和服务能力均等化、提升应用设施和资源开放水平等建议。

关键词： 网络基础设施 互联网骨干网络 互联网数据中心

一 2017年发展情况

（一）网络基础建设

1. 光缆建设

我国通信光缆建设和光纤改造持续推进，据工业和信息化部数据，2017
年全国光缆线路总长度达到3747万公里，比2016年增长23.2%，全年新建
光缆线路长度706万公里。固定宽带网络实现从铜缆向光纤升级演进，我国
光纤宽带用户占到全球用户总数的83.1%，光纤网络覆盖居于全球首位。

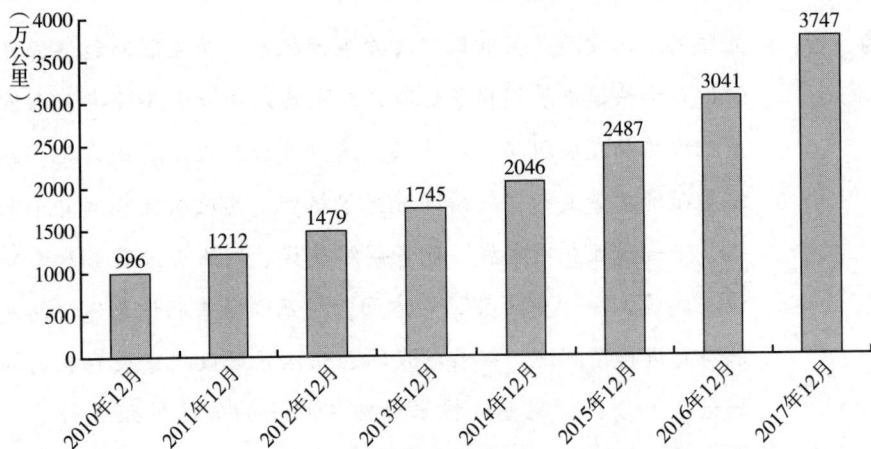

图1 中国光缆线路总长度

资料来源：工业和信息化部。

随着宽带城市建设继续推动，光纤接入也呈现快速普及之势。2017年全国互联网宽带接入端口数量增长9.3%，达到7.79亿个，比2016年净增0.66亿个。

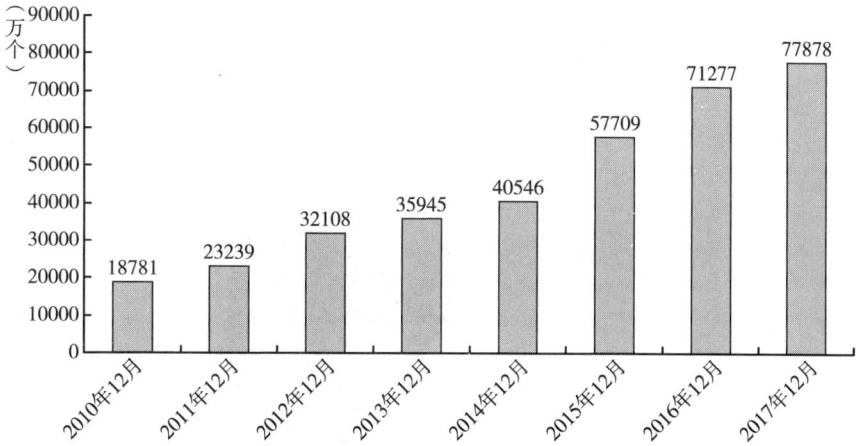

图2　互联网宽带接入端口数量发展情况

资料来源：工业和信息化部。

互联网宽带接入端口"光进铜退"趋势持续。光纤接入端口在互联网接入端口中的占比进一步提升到84.4%，2017年达到6.57亿个（年净增1.2亿个）。xDSL端口总数占互联网接入端口的比重从2016年的5.5%下降至2.9%，数量2248万个（年减少1639万个）。

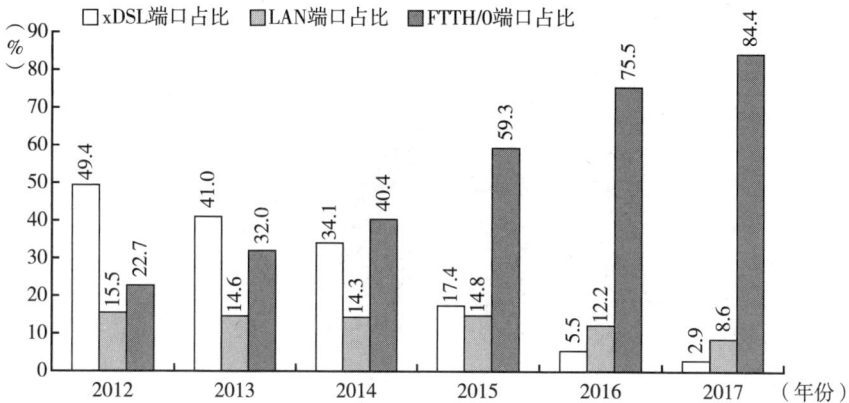

图3　互联网宽带接入端口按技术类型占比情况

资料来源：工业和信息化部。

高速带宽覆盖面进一步提升，截至 2017 年 12 月底，三家基础电信企业的固定互联网宽带接入用户总数达 3.49 亿户，全年净增 5133 万户。其中，

a.2016年末

b.2017年末

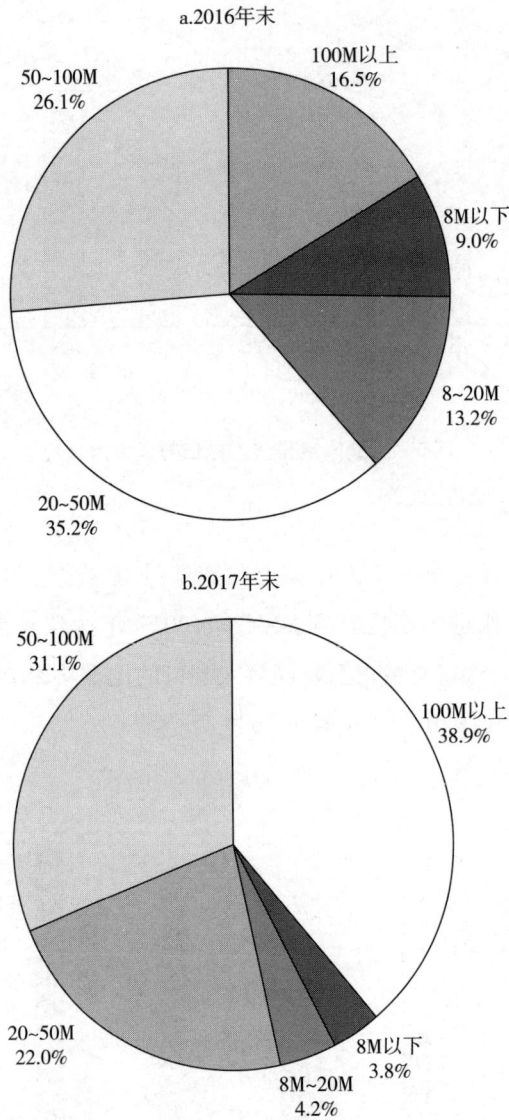

图4　2016～2017 年固定互联网宽带各接入速率用户占比情况

资料来源：工业和信息化部。

50M 以上接入速率的固定互联网宽带接入用户总数达 2.44 亿户，占总用户数的 70%，占比较 2016 年提高 27.4 个百分点；100M 以上接入速率的固定互联网宽带接入用户占总用户数的 38.9%，总数达 1.35 亿户，较 2016 年提高 22.4 个百分点。

2. 移动基站

我国 4G 网络覆盖更加全面，覆盖盲点不断消除，移动网络服务的质量和覆盖范围继续提升。2017 年，全国净增移动电话基站 59.6 万个，总数达 619 万个，同比增长 10.7%。4G 基站净增 65.2 万个，总数达到 328 万个，是全球规模最大的 4G 网络。

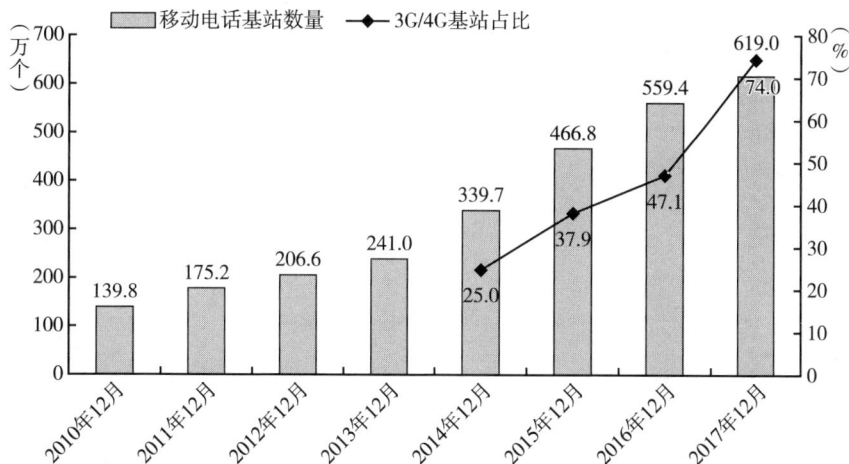

图 5　移动电话基站数量及 3G/4G 基站占比

资料来源：工业和信息化部。

随着 4G 基站覆盖面的提高，移动宽带用户增长明显。截至 2017 年 12 月，移动宽带用户（即 3G 和 4G 用户）总数达 11.3 亿户，全年净增 1.91 亿户，占移动电话用户的 79.8%。4G 用户总数达到 9.97 亿户，全年净增 2.27 亿户。

随着移动互联网应用的快速发展，服务场景不断丰富、移动终端规模加速提升，移动互联网流量也持续高速增长。2017 年我国移动互联网接入流量消费累计达 246 亿 GB，比 2016 年增长 162.3%。

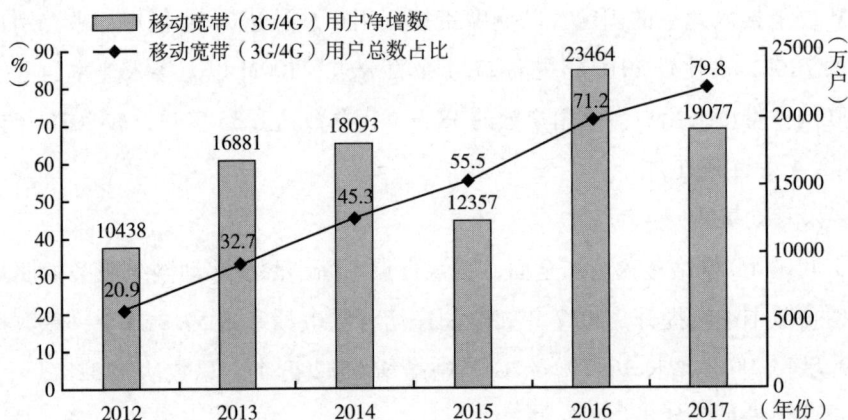

图 6 2012~2017 年移动宽带用户（3G/4G）发展情况

资料来源：工业和信息化部。

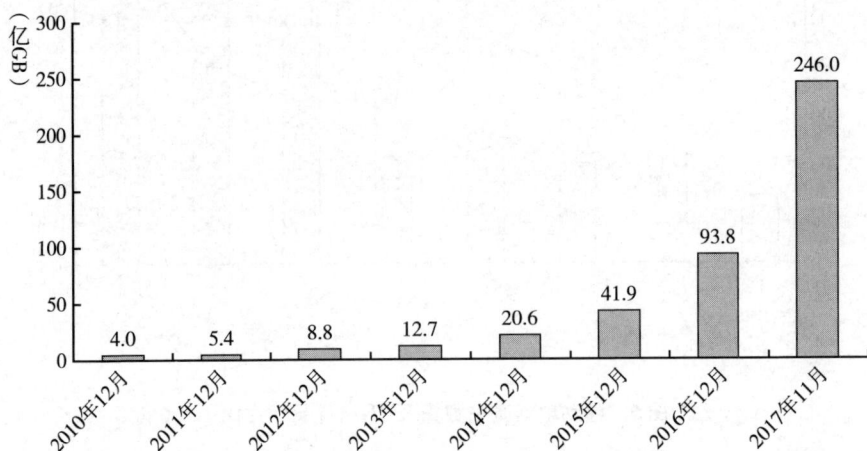

图 7 移动互联网接入流量

资料来源：工业和信息化部。

3. 国际出口带宽

2017 年我国互联网国际出入口带宽扩容加快，云南、上海、新疆增设 5 个国际通信出入口局，新建开封、洛阳、兰州、长沙、徐州、大连 6 条专用通道。截至 2017 年 12 月，国际出口带宽为 7320180Mbps，同比增长 10.2%。

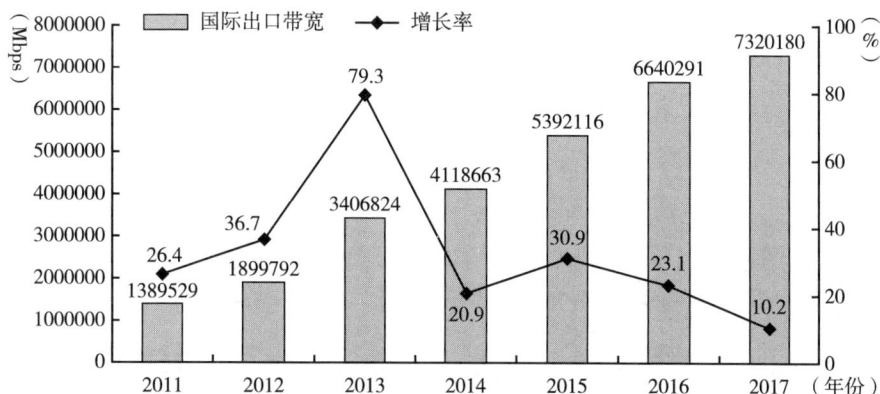

图 8　中国国际出口带宽及其增长率

资料来源：中国互联网络信息中心。

（二）应用基础设施

1. 互联网数据中心

随着中国互联网产业的不断壮大，互联网数据中心规模快速增长，从小规模简单存储计算中心转向以支持网络信息服务为核心的互联网数据中心（IDC），功能从简单的"数据仓库"发展为集数据交互、信息处理和数据分析于一体的综合服务，云计算服务成为重要发展方向。据工业和信息化部数据，2017年互联网数据中心部署的服务器数量达119万台，比2016年增长31.5%；互联网企业完成互联网数据中心业务总体收入达到116亿元，比2016年增长8.4%。

2. 内容分发网络

内容分发网络（CDN）覆盖更加广泛，企业布局更加优化。据中国信息产业网统计，2016年我国CDN总体市场规模达到110亿元左右，保持较为稳定的增长态势。CDN服务企业结构更加优化，传统CDN服务商大部分均已获得牌照，民营企业和创新型企业正在加速进入，截至2017年底，已有39家企业获CDN牌照，获得云服务牌照的企业已达30家。阿里巴巴、

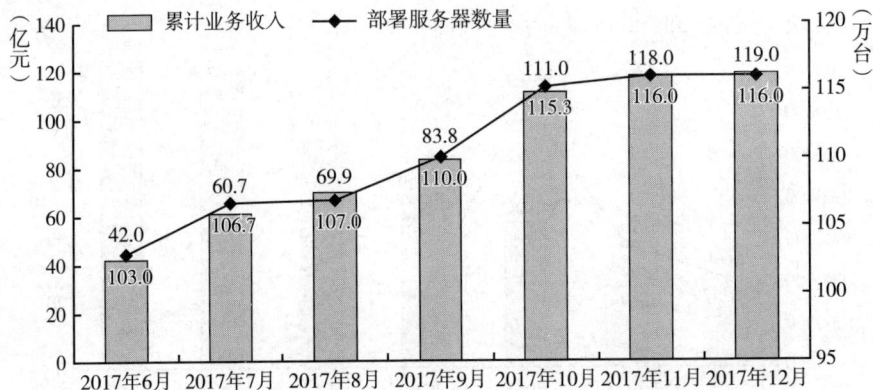

图9 互联网数据中心累计业务收入及服务器部署数量

资料来源：工业和信息化部。

百度、腾讯、盛大等企业纷纷基于内容分发网络，提供云存储、云安全、云监控、云数据库、云主机、云计算等服务，内容分发网络进一步成为云服务分发落地的重要平台。

据信息通信研究院数据，北美 CDN 的覆盖率达到 50%，我国仅为 17.2%，我国 CDN 覆盖率与成熟市场的差距较大。随着直播、VR/AR 等高流量应用发展，对流量的需求还将进一步增长，预计未来 CDN 行业年均增速将高达 35%。

专栏1：内容分发网络（CDN）

内容分发网络（Content Delivery Network，CDN）是互联网架构的重要组成部分，由于一般网络会存在多用户访问时带宽容量不足和网点分布不均等情况，用户访问网站的响应速度会变慢。因此，通过增加一层新的网络架构，避开可能会影响访问速度的节点，根据实时变化的网络流量和各节点的连接负载状况将用户的请求重新导向离用户最近的服务节点上，使用户可以就近获得所需的内容，使内容传输得更快、更稳定。简言之，就是使互联网用户可就近获得所需内容，解决网络拥挤的状况。

CDN 作为互联网不可或缺的基础设施，对流量调度产生重要的影响。

通过部署更多的反向代理服务器来达到实现多节点 CDN 的效果。CDN 服务最初用于确保快速可靠地分发静态内容，这些内容可以缓存，最适合在网速庞大的网络中存储和分发，该网络在几十个国家的十几个网络中覆盖 CDN 网络服务器。通过在现有的 Internet 中增加一层新的网络架构，将网站的内容发布到最接近用户的 cache 服务器内，通过 DNS 负载均衡的技术，判断用户来源就近访问 cache 服务器获得所需的内容，缓解 Internet 网络拥塞状况，提高用户访问网站的响应速度，如同提供了多个分布在各地的加速器，以达到快速、可冗余的为多个网站加速的目的。

（三）网络基础资源

1. IP 地址

中国互联网络信息中心数据显示，截至 2017 年 12 月，我国 IPv6 地址数量为 23430 块（/32），年增长 10.6%。2017 年底印发的《推进互联网协议第六版（IPv6）规模部署行动计划》，明确提出了 IPv6 商业应用网络的商用进程，并指出了未来 5~10 年将建成全球最大规模的 IPv6 商业应用网络的发展目标。在国家政策的"顶层推动"下，我国的 IPv6 势必将迎来商业应用的爆发期。

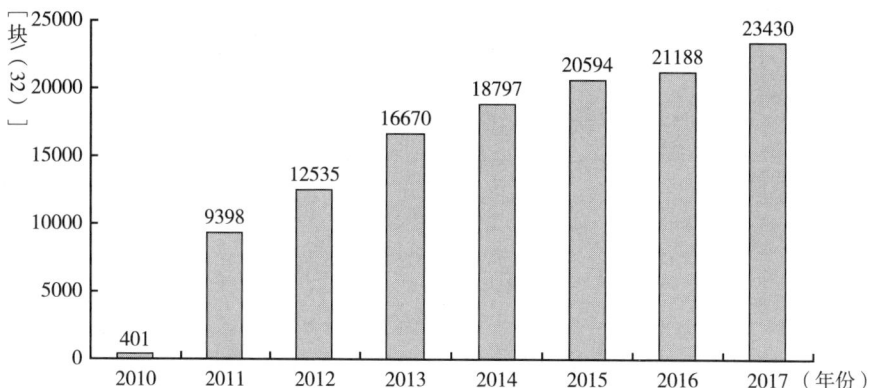

图 10　中国 IPv6 地址数量

资料来源：中国互联网络信息中心。

截至 2017 年 12 月，我国 IPv4 地址共计有 33870 万个。全球 IPv4 地址数已于 2011 年 2 月分配完毕，自 2011 年开始我国 IPv4 地址总数基本维持不变。

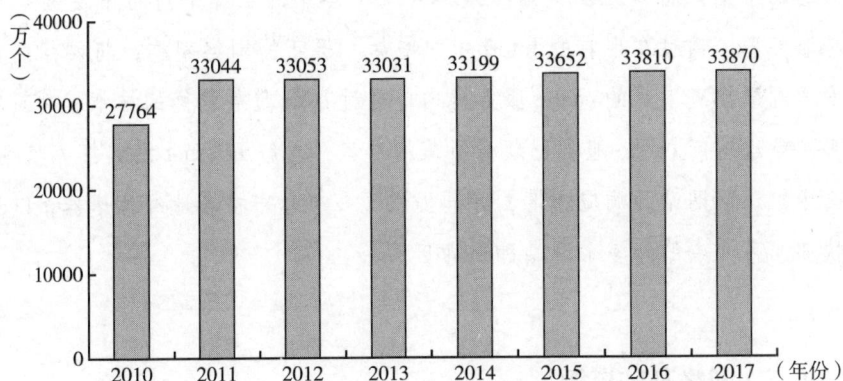

图 11 中国 IPv4 地址资源变化情况

资料来源：中国互联网络信息中心。

2. 域名

截至 2017 年 12 月，我国域名总数为 3848 万个，相比上年减少 9.0%。".CN"域名总数为 2085 万个，年增长率为 1.2%，占中国域名总数的比例为 54.2%；".COM"域名数量为 1131 万个，占比为 29.4%；".中国"域名总数达到 190 万个，年增长率为 299.8%，占比从 2016 年的 1.1% 提高到 4.9%。

表 1 中国分类域名数

单位：个，%

项目	数量	占域名总数比例
. CN	20845513	54. 2
. COM	11307915	29. 4
. 中国	1895745	4. 9
. NET	1288239	3. 3
. INFO	1170601	3. 0
. ORG	253819	0. 7
. BIZ	154322	0. 4
其他	1564201	4. 1
合计	38480355	100. 0

3. 网站

截至2017年12月，我国网站数量为533万个，年增长率为10.6%；网页数量为2604亿个，年增长率为10.3%。

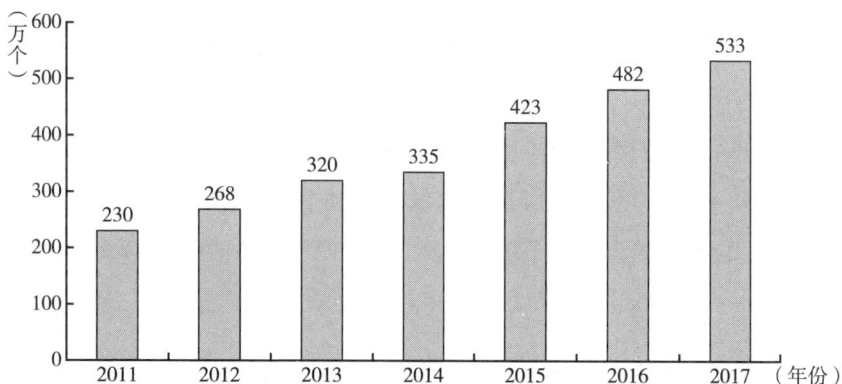

图12　中国网站数量

注：数据中不包含.EDU.CN下网站。
资料来源：中国互联网络信息中心。

4. APP

截至2017年12月，我国市场上监测到的移动应用程序（APP）在架数量为403万款，保持相对稳定。

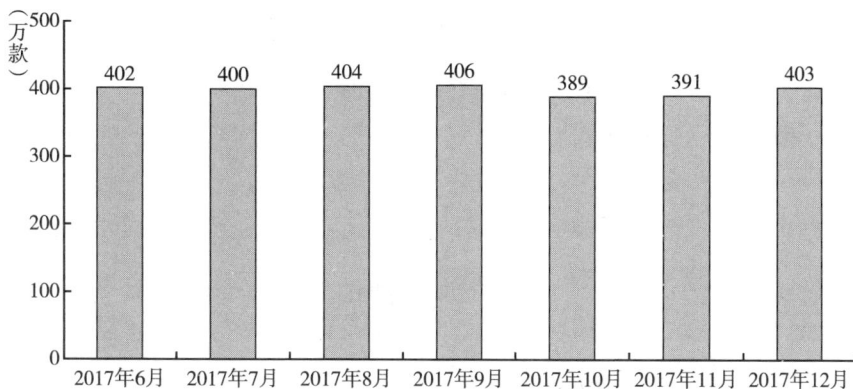

图13　移动应用程序（APP）在架数量

资料来源：工业和信息化部。

本土第三方应用商店 APP 与苹果应用商店 APP 量级基本相当。截至 2017 年 12 月，我国本土第三方应用商店移动应用数量超过 236 万款；苹果商店（中国区）移动应用数量超过 172 万款，占比为 44.3%。其中，第三方应用商店分发数量超过 9300 亿次。

在移动应用程序中，2017 年整体来看游戏类应用一直占较大比重，12 月呈现略微下滑。2017 年 11 月，游戏类数量为 107 万款，占比为 28.4%；生活服务应用和电子商务类应用规模分别为 48.4 万款和 38 万款，分别占到 12.7% 和 10.4%；办公学习类应用数量为 30.8 万款，占到 8%。2017 年 12 月排名前三的游戏类应用、系统工具类应用和社交通信类应用下载量超过千亿次，分别为 1853 亿次、1741 亿次和 1433 亿次。

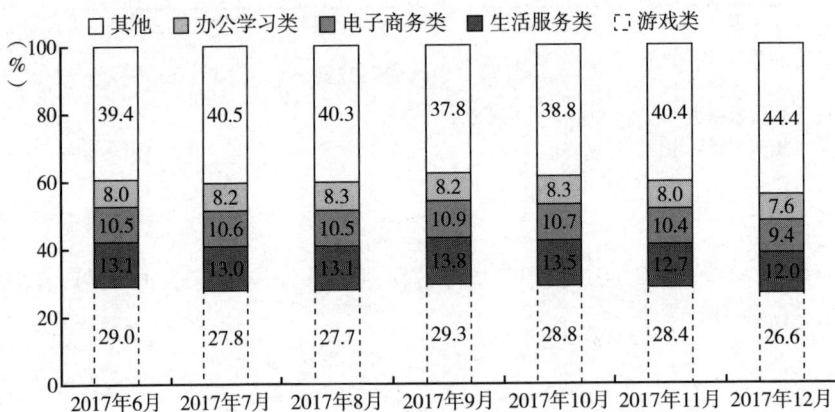

图 14　移动应用程序（APP）分类占比

资料来源：工业和信息化部。

二　发展特点

（一）互联网骨干网络持续优化演进

互联网骨干网络架构持续优化，布局合理、流量均衡、安全可靠、高效畅通的网络互联体系初步形成，网络基础支撑服务能力持续增强。我国目前拥有 13 个互联网骨干直连点，2017 年新增的杭州、福州、贵阳·贵安三个骨干直连点全部建成开通运行，进一步提升了全国网间通信流量，实现网间扩容 1588G，网间互联总带宽达到 5600G。

新增骨干直连点的建设开通，减少了跨区域间的流量绕转，实现了流量的就地交换，显著提升了地区的联通能力，大幅提高了互联互通的效率和网络的质量，也推动了宽带网络基础设施性能的稳步提升和宽带业务应用的高速增长。2016 年我国网间平均时延和丢包率分别比 2014 年降低 78.7% 和 68.5%。贵阳·贵安、福州直连点开通后，丢包率下降到接近于 0%，网络时延显著降低，贵州网络平均时延由 30 毫秒降低到 3 毫秒，福州网络平均时延由原来的 50 毫秒降低至 10 毫秒。

（二）下一代互联网进入商用部署期

当前基于互联网协议第四版（IPv4）的全球互联网面临着网络地址消耗殆尽，随着多种颠覆性技术及其应用的出现，大量的终端设备联网产生了大量的地址需求，传统方式已经无法支持 5G 及物联网应用，IPv6 作为下一代互联网的重要基础设施，已经成为 5G、云计算、SDN/NFV、IoT 以及边缘计算等新兴技术的基础。目前，国内相关科研机构、高校和企业积极参与 IPv6 技术研究和国际标准制定工作，网络设备厂商主流产品均已支持 IPv6 协议并具备国际竞争力，教育网、科技网建成 IPv6 示范网络并投入使用，三大电信运营商的骨干网均已具备支持 IPv6 的能力，已建成成熟的 IPv6 地址分配注册体系。

2017 年底印发的《推进互联网协议第六版（IPv6）规模部署行动计划》，明确提出了 IPv6 商业应用网络的商用进程，并指出了未来 5~10 年将建成全球最大规模的 IPv6 商业应用网络的发展目标。在国家政策的大力推动下，IPv6 将迎来商业应用的爆发期，IPv6 大规模部署和应用将对未来我国物联网、车联网、人工智能等新一代信息技术产业产生重大促进作用。

（三）宽带网络覆盖和质量显著提升

随着"宽带中国战略"的进一步落实和"提速降费"的升级，骨干网络带宽迅猛增长，网间垫款扩容有序开展，三大运营商推出流量不清零政策，不断降低流量资费，下调中小企业专线资费以及国际热门、重点方向长途资费等措施，我国宽带网络的覆盖范围扩大和带宽质量提升。

宽带网络覆盖面持续扩大。我国固定宽带网络实现从铜缆向光纤的升级演进，全面建成了一批光网城市，光纤宽带用户占比达到 83.1%，居全球首位。2017 年我国互联网宽带接入端口数量达到 7.79 亿个，同比增长 9.3%。宽带接入带宽持续提升。网络提速效果显著，高速率宽带用户占比大幅提升。据宽带发展联盟数据，2017 年固定宽带和移动宽带速率分别达到 16.4M 和 15.4M，同比分别增长 49% 和 30%。随着全光网城市建设全面铺开，固定宽带网络实现从铜缆向光纤的升级，我国光纤接入端口占互联网接入端口的比重由 2016 年的 75.5% 提升至 84.4%。光纤接入端口的快速增加带来了更高质量宽带服务，截至 2017 年 11 月，20M 以上宽带用户总数占宽带用户总数的比重达 91.2%，比 2016 年底提高 13.4 个百分点。

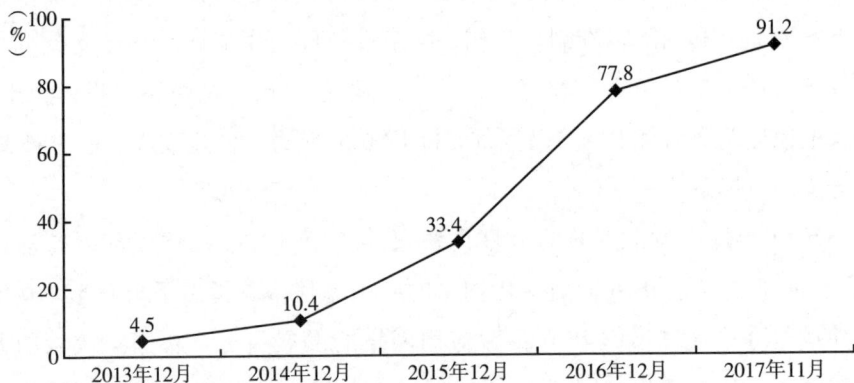

图 15　20M 以上宽带用户占比

资料来源：工业和信息化部。

（四）网络普遍服务能力大幅度改善

互联网接入向农村和偏远地区进一步覆盖，电信普遍服务能力显著提升。2017年全国农村宽带用户达到9377万户，净增用户1923万户，同比增长25.8%，增速较2016年提高9.3个百分点；农村宽带用户在固定宽带接入用户中占26.9%，占比较2016年提高1.8个百分点。2017年农村地区宽带覆盖水平显著提升，行政村通宽带比例超过96%，网络服务的质量显著提升，农村20M以上宽带接入端口占比达51%。

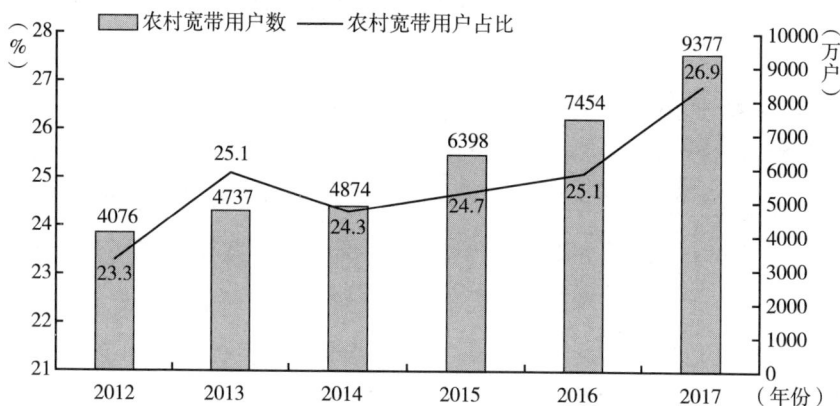

图16　2012～2017年农村宽带接入用户情况

资料来源：工业和信息化部。

（五）信息基础设施建设加快走出去

2017年，在"一带一路"倡议持续推动下，一些互联网企业、运营企业纷纷建设海外业务节点和应用基础设施，增强网络通达性和业务接入能力，我国与周边国家信息通信设施互联互通的水平提高。我国已与周边12个国家建成跨境路缆系统，建成了四条国际海缆，如中国移动加大跨境陆地光缆、海底光缆等通信干线网络建设力度，建设陆路和海上信息高速通道，在亚洲周边区域已建成开通8条陆地光缆，海底光缆带宽达到 4300G。

互联网企业应用基础设施全球服务能力明显提升。我国 CDN 服务商加快海外市场拓展，其中，网宿科技通过内生与外延两大发展策略，顺利收购国际主流 CDN 服务商 CDNetworks 与 CDNvideo，网宿科技在海外拥有 300 多个节点，逐步打造了全球化的业务平台，成为全球第二大 CDN 服务商。同时，阿里云、腾讯云等企业也逐步开展云计算应用基础设施的全球化布局，目前在亚太、欧美等地区均建设了数据中心。

专栏 2：信息化国际枢纽工程

中国—东盟信息港：以广西为支点，面向东盟、服务西南中南的国际通信网络体系和信息枢纽。以深化网络互联、信息互通、合作互利为基本内容，搭建基础设施、信息共享、技术合作、经贸服务和人文交流五大平台，以广西为支点，以南宁五象新区核心基地为主要服务聚集区，发展更广范围、更宽领域、更深层次的互联网经济，共筑"信息丝绸之路"。

中国—阿拉伯国家网上丝绸之路宁夏枢纽工程：以宁夏为支点构建的中阿国际网络大通道，加强网络设施、通信光缆建设，优化网络基础资源配置，推动 4G、公共 WiFi 等普及，开展跨境电子商务合作。

资料来源：《"十三五"国家信息化规划》。

三 存在的问题

（一）关键技术研发和基础设施布局能力弱

在网络安全基础设施方面，国产安全技术服务和产品种类少，高端产品缺失，国外服务和产品仍占据主流，我国产业发展面临国外限制的风险。在光器件领域，光迅、海信等国内企业目前仅可以量产 10G 及以下的有源芯片，25G、100G 高速光电子器件几乎全部依赖进口，在速率更高的 400G/1T

领域国内尚处于理论设计阶段。

在域名基础设施方面，2017年全球新增323个根及服务器镜像，根及服务器镜像总数达到956个。其中，美国的根及服务器镜像数量约占全球总量的1/5，我国境内根镜像数量仍为9个，根镜像、顶级镜像基础设施数量不及美国的1/15，我国的根域名服务安全存在很大的提升空间。与此同时，我国二级及以下权威域名服务在IPv6、DNSSEC、TCP等网络协议支持方面进展缓慢，其中IPv6支持率仅为1.4%，域名整体对外服务能力参差不齐，在运维管理水平、安全保障能力等方面还存在较大差距。

在云数据中心基础设施方面，我国云计算、IDC起步晚，云服务商正处于全球化部署初期，和国际互联网巨头比，规模较为有限。目前全球45%的数据中心分布在美国，以亚马逊为代表的美国云计算服务商发展遥遥领先，国内百度、阿里、腾讯三家互联网企业所拥有的数据中心服务器数量之和还不到美国亚马逊的一半。在CDN基础设施方面，我国CDN服务商的全球市场份额和国际服务商相比仍存在较大差距，在Alexa排名前100万网站中，美国CDN企业占据市场主导地位，我国CDN服务商市场占有率仍然较低。

（二）互联网基础设施的城乡差异依然较大

地区之间的基础设施差距大幅缩小。近年来，随着国家在中西部地区布局网络设施建设和骨干直连点，中西部地区带宽和数据服务质量明显提升。2017年，东、中、西部光纤接入用户在固定宽带接入用户中的占比分别达到83.2%、85.2%、85.9%，其中西部地区较2016年大幅提高10.4个百分点。但是，在新一代信息基础设施方面，目前数据中心、云计算平台等应用基础设施主要分布在一线城市和发达地区，新一代基础设施的功能升级、用户经验和能力，可能会造成电信普遍服务的地区差异和应用鸿沟。

城乡互联网基础资源差距依然较大。目前，我国农村信息基础设施仍是发展的薄弱环节，光纤到行政村的比例仍有提升空间，4G 网络对农村和偏远地区还需进一步覆盖。尤其是城乡之间的数字鸿沟仍然存在，2017 年 6 月，我国农村互联网普及率上升至 34.0%，但与城镇互联网普及率依然相差 35.4 个百分点；尚未接入互联网的人口中有 61.6% 为农村人口，占我国农村人口总数的 66.0%，城镇地区非网民比例只有30.6%。

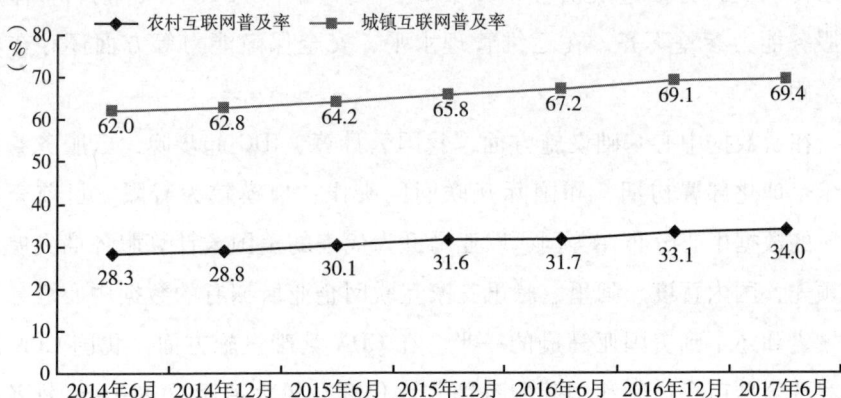

图 17 中国城乡互联网普及率

资料来源：中国互联网络信息中心。

（三）人均带宽和资源占用均低于发达国家

近年来，我国宽带普及和带宽建设工作有了明显的进展，但与国际先进水平相比还有较大差距。据国际电信联盟（ITU）数据，我国网民人均国际出口带宽为 14.7kbit/s，远低于发达国家，仅相当于全球最高水平（卢森堡）的 1/570，是与我国排名相近的乌克兰（IDI 排名第 79 位）的1/5、泰国（IDI 排名第 78 位）的 1/3，也低于印度 16.0 kbit/s 的水平。此外，我国固定宽带资费和移动宽带资费（1GB）占人均国民收入的比例分别为 2.4% 和 1.1%，虽然低于全球平均水平，但依然高于大部分发达国家。

表 2　世界部分国家宽带普及率和网络平均下载速率（2017 年 6 月）

单位：%，kbit/s

地　区	固定宽带资费占人均 GNI 比例	移动宽带资费(1GB)占人均 GNI 比例	人均国际出口带宽
卢森堡	0.7	0.1	8397.9
英　国	0.2	0.4	449.1
韩　国	1.5	0.4	54.3
德　国	1.0	0.3	107.5
美　国	0.8	0.3	126.5
乌克兰	1.1	0.9	79.9
中　国	2.4	1.1	14.7
泰　国	3.8	1.2	49.2
印　度	4.8	3.2	16.0
全　球	13.9	6.8	74.5

资料来源：国际电信联盟（ITU）《衡量信息社会报告 2017》。

同时，尽管我国互联网基础资源总量大，但人均占有和利用率低。亚太互联网信息中心的数据显示，截至 2017 年 12 月底，我国 IPv6 地址分配总数为 23430 块（/32），居全球第二位，IPv6 地址总数占全球已分配 IPv6 地址总数的比例达到 10.38%；但我国 IPv6 用户数仅排全球第 14 位，全球 IPv6 用户数排名前十位的国家依次是印度、美国、德国、日本、巴西、英国、法国、加拿大、比利时、马来西亚。

四　发展趋势

（一）新一代信息基础设施升级换代

基础设施升级成为互联网持续发展的关键支撑。基础设施的升级换代激发了互联网经济创新应用的快速发展。窄带互联网、铜缆宽带的普及促使人们接触互联网，并带动电子商务、在线娱乐等业态的蓬勃发展；光纤入户、移动宽带的普及，极大提升了互联网与经济社会发展的融合程度。新一代信息通信技术的升级换代，为我国网络演进升级、打造先进的信息基础设施提供了重要机遇。

目前5G技术研发试验提前进入第三阶段，产业化进程即将全面铺开。2017年各国主要电信企业和多个标准建议方已陆续向相关国际标准组织提交了5G标准方案，2018年5G国际标准的正式出台，将为全球5G商用网络建设扫清障碍，并推动我国的电信运营商、设备制造商、移动设备制造商等产业链上下游企业正式展开5G商用网络部署。技术的更新换代在提高了通信质量的同时，进一步打破了传统信息通信的技术壁垒，降低了相关企业的运营成本，带动了一批相关互联网企业的崛起和快速发展。5G技术的应用将推动基础设施建设、终端设备和内容商的升级发展，据业内预测，到2030年5G将带动我国16.9万亿元社会总产出。此外，云数据中心、内容分发网络等应用基础设施发展日趋智能化，SDN/NFV等网络智能化技术加快引入部署，并广泛渗透到国民经济的各个领域，成为重要的新型基础设施。

（二）"天地一体化"助力网络广覆盖

在国家政策的强力推动下，天地一体化网络将向高带宽、高吞吐量、全覆盖演进。2017年4月，我国成功发射首颗高通量通信卫星实践13号，这标志着我国卫星通信开始进入高通量时代，可服务于我国偏远地区以及高铁、船舶、航空等领域。此外，在导航定位领域，北斗系统与"一带一路"、"信息化发展"等战略深度融合，北斗二号系统定位精度提高到8米、5颗北斗三号卫星完成试验验证、地基增强系统正式提供服务、星基增强系统建设统筹推进、全球连续监测评估系统发展，这一系列进展推进宽带网络将从固定网络发展到移动网络，进一步从地面、地表向天地一体化的网络发展。天地一体化信息网络项目正在加紧启动，天通02和03星预计在"十三五"时期发射，"东方红五号"卫星平台也即将投入使用，高带宽、高吞吐量、全覆盖的天地一体化正逐渐实现。未来空基互联网技术的进步将加快天地一体化网络部署，通过天地协同发展将加快宽带网络覆盖，为农村和偏远地区以及城市郊区欠连接的地区提供可靠的宽带服务，提升宽带互联网普及率。

（三）带宽加快向千兆网络方向演进

千兆是固定宽带接入网的新发展方向，全球正逐步进入千兆时代，国际上谷歌、AT&T、Comcast 以及日本的 So‐net 等都已经展开了千兆网络的布局。国内随着有线接入技术不断演进，运营商通过光纤接入、铜缆接入和 Cable 接入均可实现向千兆宽带跃进，而光纤接入作为主导接入方式，将带动带宽向更高速率发展。目前国内部分地区已经实现了全光网覆盖，为千兆宽带建设打下了坚实的基础。北京、上海、杭州、成都、西安、苏州、宁波、洛阳等城市相继开展千兆城市试点，成都建成全国首个千兆省会城市，全国范围即将进入大规模推广阶段，未来宽带网络将向千兆网络持续演进。随着运营商在千兆网络建设方面持续加大力度，成本和价格的下降将推动更多用户使用，进而推动互联网经济加速发展。

（四）物联网基础设施建设加快发展

低功率广域网（LPWAN）技术开启了物联网无线连接新方式，NB‐IOT 助推移动通信产业向物联网领域进一步扩展。通过 NB‐IoT（窄带互联网）直接部署于运营商网络，降低部署成本、实现平滑升级，为物联网在产业层面大规模应用打开了新窗口。物联网平台在产业生态系统中的关键性枢纽作用，将推动提供从终端管理监测、连接管理到应用开发、数据分析端到端服务的物联网平台产业的兴起。

网络设施向智能化、开放化转型，网络功能虚拟化、软件定义、云计算等技术的发展，推动网络设施向集感知、传输、存储、计算、处理等于一体的综合信息基础设施发展。全球龙头基础电信企业正在积极探索利用 SDN/NFV 开展网络智能化转型，大型互联网企业也牵头探索通过硬件通用、软件开源来推进网络设施的开放化发展。工业互联网将在制造业全领域、全产业链、全价值链持续融合渗透。作为工业互联网的核心，物联网产业也将进入发展快车道。产业对智能制造、智能物流、智能零售和智能交流等的需求不断增加，未来中国物联网上层应用需求将持续蓬勃发展。

五　对策建议

（一）加快推进下一代互联网升级换代

国际上 IPv6 的商用部署开始实现良性发展，我国 IPv4 向 IPv6 迁移的商用进程依然不容乐观。随着互联网 IPv4 地址的逐步枯竭，IP 资源对互联网及物联网业务应用的制约瓶颈逐步显现，要加快下一代互联网商用进程，持续提升 IPv6 在互联网中的"端到端"贯通能力。一是加快网络基础设施全面向 IPv6 演进升级，提升内容分发网络对 IPv6 内容的快速分发能力。二是加快 IPv6 终端和应用系统研发，推动智能终端支持 IPv6，实现 4G 对 IPv6 的端到端支持。三是加快推动基于 IPv6 的移动互联网商用进程，积极引导商业网站、政府及公共企事业单位网站向 IPv6 迁移。

加快实施新一代信息网络技术应用部署，推进 5G 技术研发和智能化信息基础设施建设。一是加快物联网设施、云计算中心、大数据平台、内容分发网络等设施部署，加快以信息传输为核心的网络设施向集感知、传输、存储、计算、处理于一体的智能化信息基础设施演进。二是在整体城市基础设施改造升级的层面，布局云计算数据中心、内容分发网络、物联网设施，有效协同推进应用基础设施与宽带网络的升级换代。三是推进新一代信息技术广泛运用，加快电网、铁路、公路、水利等公共设施和城市基础设施智能化转型，推进传统企业在网络应用设备上的改造升级。

（二）推动网络设施和服务能力均等化

在推动网络基本服务均等化方面，分类推进农村及偏远地区网络建设，加大对边远地区及贫困地区的网络覆盖与投资力度。一是在重点领域，对人口居住集中的行政村实施 4G 网络深度覆盖，对偏远地区、林牧区、海岛地区，探索应用高空气球、无人机等创新接入技术，采用低频段移动蜂窝、卫星通信、多种光纤组合接入技术等灵活组网，为未覆盖网络地区提供接入服务，推进网络基础设施服务能力的进一步均等化。二是优化方式方法，以政府投资为引导，带动民间资本积极投入，推进贫困村和边远地区的宽带网络覆盖工作。

在加强新一代信息基础设施均衡发展方面，进一步推进数据中心、云计算平台等应用基础设施在三、四线城市和欠发达地区落地，推动发展滞后的地区新一代基础设施的建设，推动薄弱地区的能力建设，进一步缩小城乡地区信息基础资源水平的差距，并带动当地互联网经济的发展壮大。

（三）提升应用设施和资源的开放共享

新型网络应用基础设施具备开放共享特征，一是要大力推进云计算交换网络、物联网、CDN 服务的发展，提升互联网应用基础设施平台的联通效应。二是鼓励互联网骨干企业开放平台资源，支持行业信息系统和政务信息系统向云平台迁移，优化闲置网络设备和资源配置，促进应用设施的高效利用。

我国公共信息资源开放处在起步阶段，需要进一步落实数据资源共享开放行动。一是构建全国信息资源共享体系，统筹规划全国数据中心建设布局，优化大型、超大型数据中心，稳步实施公共信息资源共享开放，规范数据共享开放管理。二是进一步打通信息壁垒，构建政府数据统一共享交换平台，推动信息资源跨部门、跨层级互通和协同共享，建立共享开放数据汇聚、存储和安全的全生命周期管理机制，在保障数据安全的基础上，提升信息基础设施和资源的利用率。

参考文献

工业和信息化部：《2017 年通信业统计公报》，http：//www. miit. gov. cn/n1146312/n1146904/n1648372/c6048643/content. html。

中共中央办公厅、国务院办公厅:《推进互联网协议第六版（IPv6）规模部署行动计划》,http://www.gov.cn/zhengce/2017 – 11/26/content_ 5242389.htm,2017 年 11 月 26 日。

《"十三五"国家信息化规划》,http://www.gov.cn/zhengce/content/2016 – 12/27/content_ 5153411.htm,2016 年 12 月 27 日。

中国互联网络信息中心:《第 41 次中国互联网发展状况统计报告》,http://www.cnnic.cn/hlwfzyj/hlwxzbg/hlwtjbg/201803/t20180305_ 70249.htm,2018 年 3 月 5 日。

ITU,"Measuring the Information Society Report 2017 （Volume 2. ICT country profiles）",http://www.nsfc.gov.cn/nsfc/cen/xmzn/2018xmzn/01/07gl/003.html,2018.

B.10

2017年中国电子商务发展情况

李鸣涛　马丽红*

摘　要： 近年来我国电子商务发展迅猛，在促进消费、带动出口、拉动就业及促进传统行业转型升级等方面发挥了突出作用，已经成为我国互联网经济的重要组成部分和先导产业。本报告主要总结了2017年中国电子商务发展的总体情况，包括农村电商、跨境电商、社交电商等重点领域的进展情况，分析了电子商务在服务消费升级、促进零售创新、流量多元化、业务国际化等方面的新特点，以及在环境规范、农产品上行及跨境电商政策规制等方面存在的问题，并对下一步发展趋向做出了基本判断。

关键词： 电子商务　互联网经济　电商

2017年中国电子商务总体上继续保持快速发展势头，网络零售、农村电商、跨境电商等主要数据指标均保持两位数以上增长，电子商务渗透率不断提升；围绕消费体验提升的需求，以线上、线下融合服务为主要特征的零售数字化创新模式大量涌现；网红、直播、微商等社交电商异军突起。

---

* 李鸣涛，工商管理硕士，中国国际电子商务中心研究院院长、高级工程师，国家电子商务示范城市专家组委员；马丽红，电子商务学士，中国国际电子商务中心研究院高级分析师。

一 中国电子商务发展的年度进展

国家统计局电子商务交易平台调查显示,[①] 2017 年全国电子商务交易额达 29.16 万亿元,同比增长 11.7%。其中,商品类电商交易额为 16.87 万亿元,占 77.3%,同比增长 21.0%,比上年提高 8.7 个百分点;服务类电商交易额为 4.96 万亿元,占 22.7%,同比增长 35.1%,增速继续大幅领先商品类电商交易。纳入统计范围内的合约类电商[②]交易额为 7.33 万亿元,同比下降 28.7%[③]。

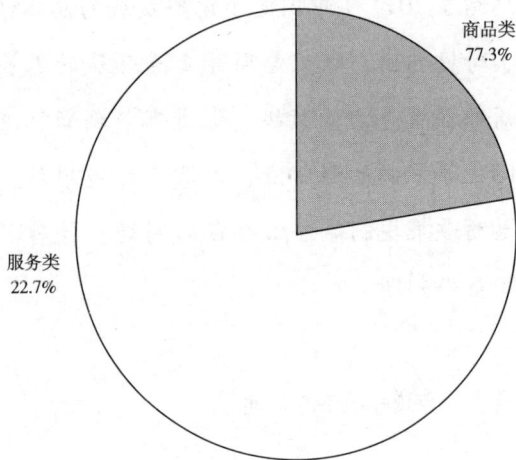

图 1 中国电子商务交易商品品类分布

在分地区电子商务交易方面,经济相对发达的东部地区仍是电商交易最为活跃的区域,GDP 增速相对落后的东北地区在电子商务交易额增速方面

---

① http://www.zgxxb.com.cn/xwzx/201802270005.shtml.
② 商品、服务类电商是指以商品和服务为交易对象的线上交易活动。合约类电商是指以电子合约为交易对象,以大宗商品、权益(不包括股票和期货)或文化艺术品为交易标的物的线上交易活动。
③ 2017 年政府相关部门继续加大清理整顿各类大宗商品电子交易场所力度。

领先全国，其他区域电商交易额增速基本平衡。2017 年东部地区商品、服务类电商交易额为 15.02 万亿元，占 69%，同比增长 24.3%；中部地区交易额为 2.76 万亿元，占 13%，同比增长 20.3%；西部地区交易额为 3.31 万亿元，占 15%，同比增长 24.2%；东北地区交易额为 0.74 万亿元，占 3%，同比增长 30.6%。

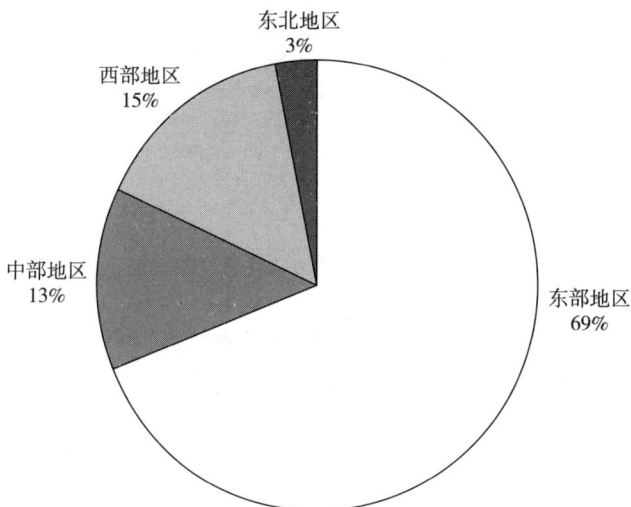

图 2 中国电子商务交易地区分布图（不含合约交易）

对个人及对单位的交易额均保持加速增长态势。2017 年商品、服务类电商对个人的交易额为 8.68 万亿元，同比增长 33.1%，比上年提高 4.5 个百分点；对单位的交易额为 13.15 万亿元，同比增长 18.6%，比上年提高 12.2 个百分点。国家统计局数据显示①，2017 年，全国网上零售额为 7.2 万亿元，比上年增长 32.2%。其中，实物商品网上零售额为 5.5 万亿元，同比增长 28.0%，占社会消费品零售总额的比重为 15.0%；在实物商品网上零售额中，吃、穿和用类商品分别增长 28.6%、20.3% 和 30.8%。

---

① http：//www.stats.gov.cn/tjsj/zxfb/201801/t20180118_ 1574935.html.

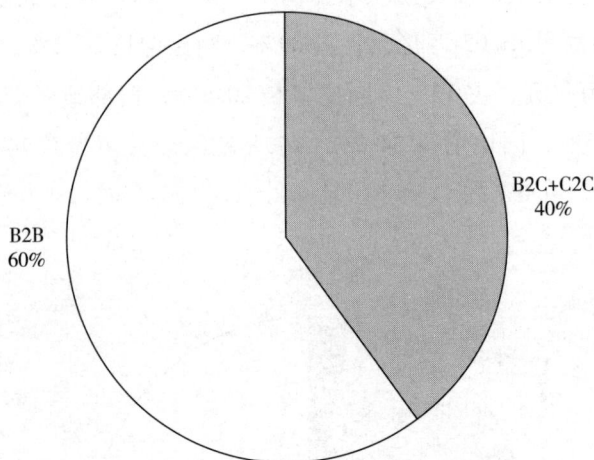

图3　中国电子商务市场交易对象结构

随着智能手机、移动 pad 等智能移动终端的进一步普及，移动设备已经成为网购交易的主要载体，以 2017 年"双十一"为例，天猫"双十一"实现成交额 1682 亿元，同比增长 39%，基于移动端的成交占比已达 90%。

1. 跨境电商保持快速发展

2017 年跨境电子商务继续保持快速发展势头，除 13 个跨境电子商务综合试验区、10 个跨境电子商务试点城市外，开展跨境出口和保税进口的区域进一步扩大。海关总署发布数据显示，2017 年中国海关跨境电商管理平台零售进出口商品总额为 902.4 亿元人民币，同比增长 80.6%。其中，出口为 336.5 亿元人民币，进口为 565.9 亿元人民币，同比分别增长了 41.3% 和 120%。中国国家邮政局统计显示，2017 年国际/港澳台业务量累计完成 8.3 亿件，同比增长 33.8%。亚马逊、eBay、Wish、速卖通、敦煌网、小笨鸟等跨境电商出口平台不断加大招商力度，完善平台服务，为中国卖家提供更为完善的跨境电商出口服务，越来越多的中国制造商开始把跨境电商作为拓展海外市场、培育新品牌的重要渠道，加大跨境电商出口的资源投入。国内市场方面，得益于消费升级的大趋势，中国消费者通过跨境电商平台采购海外优质商品、品牌商品、奢侈品的频度和金额进一步提升，加上国家对跨境进口政策保持相对稳定，有效促进了跨境电商进口的快速增长。

2. 农村电商深入普及

商务部统计数据显示，2017年全国农村实现网络零售额1.2万亿元，同比增长39.1%。其中，农村实物类产品网络零售额为7826.6亿元，同比增长35.1%，占农村网络零售总额的62.9%。服装鞋包、家装家饰、食品保健位居前三，分别达到1600.3亿元、1129.5亿元、1031亿元，同比分别增长30.5%、6.4%、61%。农村服务类产品网络零售额达到4622.2亿元，同比增长46.6%，占农村网络零售总额的37.1%。其中，在线旅游、在线餐饮、生活服务居前三位，分别达到1831.9亿元、1625.8亿元、180.7亿元，同比分别增长66.8%、58.6%、45.3%。在线旅游和在线餐饮表现尤为突出，对农村网络零售额增长贡献率分别达到了21%和17.2%，在农村网络零售全部19个品类中居前两位。

截至2017年底，农村网店达到985.6万家，同比增长20.7%，带动就业人数超过2800万人。2017年，全国24个省份有242个"淘宝镇"，比上年增长79%；"淘宝村"总计达到2118个，比上年增长62%。全国"淘宝村"开设的活跃网店已超过49万个，销售额达到1200亿元。

3. 社交电商异军突起

中国电子商会微商专委会发布的《2016～2020年中国微商行业全景调研与发展战略研究报告》显示，截至2016年底，微商从业者近3000万人，微商品牌销售额达到5000亿元；2017年保持70%以上的增速，销售额达8600亿元。拼多多、云集微店等社交电商平台发展迅猛，据易观数据，云集微店2017年单日活跃用户峰值近60万元，单日最大销售额突破1亿元。化妆品、农特产品、低价商品成为社交电商平台上的主要商品。

二 2017年中国电子商务发展的主要特点

（一）电子商务成为服务消费升级的重要手段

我国经济已由高速增长阶段转向高质量发展阶段，在经济发展过程中消费贡献率已由5年前的54.9%提高到58.8%，服务业比重从45.3%上升到51.6%，成为经济增长的第一动力。人民群众可支配收入的增速继续领先GDP增速，有力驱动了消费升级时代的到来。艾瑞咨询数据显示，2017年中国网络零售市场中B2C市场交易规模占比持续扩大，达到60%，较2016年提高5.3个百分点，C2C市场规模占比达40%。B2C电商模式的持续高速增长也意味着中国电商市场规范性的进一步提升，也有助于树立消费者对电商消费渠道的信任，网上购买贵重商品、大件商品、奢侈品的意愿也进一步增强。从2017年服务类商品交易增速领先实体商品交易可以看出，电子商务可交易的商品范围也进一步扩大，人们的吃穿住行用各方面的消费都在不同程度上得到了电商的支撑。在网络消费方面，增长最快的是教育、娱乐、文化、交通、通信、住宅、旅游等消费。2017年各大电商平台也都纷纷加大对高端消费品的投入，奢侈品、海外购等成为热点方向。天猫高端消费品频道Luxury Pavilion于2017年8月上线；京东在2017年6月注资时尚购物平台Farfetch成立时尚事业部，上线TOP LIFE APP和"京尊达"配送服务。

（二）零售新业态大量涌现

在2016年10月的云栖大会上，马云提出的新零售概念掀起了业界对电商下一步发展方向的讨论热潮，无界零售、零售革命、智慧零售等概念不断被提出。2017年以阿里的盒马鲜生、京东的7Fresh、苏宁的苏鲜生等为代表的生鲜零售"新物种"不断在全国热点商圈跑马圈地。同时，小米、三只松鼠、永辉等各领域的龙头企业也纷纷发力"新零售"，小米已在全国开设了近200家小米之家门店，三只松鼠"投食店"一时成为热门的旅游景点，永辉超级物种在全国已经开设了24家门店。除了基于线上线下融合的实体门店创新外，基于人脸识别、射频技术、智能传感器等新技术的无人零售也成为行业热点，无人便利店、无人货架等大量涌现，尤其是技术门槛相对较低的无人货架2017年成为新零售领域的一匹黑马，众多写字楼、酒店、商圈都出现了无人货架，猩便利、每日优鲜便利购、果小美、小e微店等无人货架运营商都吸引了大量资本投入。总体上，无论是以盒马鲜生为代表的生鲜线下商超模式，还是猩便利等无人货架、无人便利店模式，以及以永辉超级物种为代表的传统流通企业转型升级模式，这些新型零售模式都还处于模式探索阶段。从商品服务看，线上线下数据交互出错，在无人零售领域，因未第一时间补货而造成的缺货状况、因监管疏漏或保存不当而造成的食物腐坏过期问题，极大地影响了消费者体验。从产品结构看，到家类和社区便利商品通常为生鲜食品、生活刚需品，此类商品毛利较低，缺乏具有价格竞争力的自有品牌产品，无法支撑运营，前期需补贴烧钱来吸引流量。从物流配送看，中央仓补货的配送成本高且无法保证配送效率，需增开新店来减少物流成本。面对日益增长的货品处理量，需加快物流网络和物流配送中心建设。从技术能力看，新型零售企业以技术为起点，大数据处理、云计算、人工智能、物联网、产品编码等技术只有真正融入实际的零售过程当中，才能解决线下商超和线上零售的诸多痛点和问题。

（三）电商流量分散化趋势进一步显现

中国互联网络信息中心数据显示，截至2017年12月，我国网民规模达7.72亿，同比增长2.6%；网络购物用户规模达到5.33亿，较2016年增长14.3%；手机网络购物用户规模达到5.06亿，同比增长14.7%。从以上数据可以看出，无论是网民数量增长还是网购用户数量增长都相对前几年进入了一个缓慢增长的阶段，网民数量增长红利越来越小，线上获取新用户的流量成本越来越高。对于电商企业，打造新流量入口的需求越来越强。2017年，智能音箱成为电商企业抢夺新流量的热点方向。京东推出叮咚 2 代智能音箱、天猫推出天猫精灵智能音箱、苏宁发布小 biu 音箱，这些电商巨头都希望把智能音箱作为新的流量入口和平台载体，打造新的用户体验。同时，基于微信平台的微商生态也分流了大量的客户网购需求；农村电商、跨境电商、直播电商、严选电商等领域都涌现出了一些专业化的电商服务平台，消费端的电商流量无论从入口载体上还是从流量主体分布上都更加分散化。

（四）供应链服务成为 B2B 电商新的切入点

B2B 电商相对消费电商一直处于不温不火的发展状态，尤其是近两年来，从受到资本热捧，如找钢网、一亩田等，到大量 B2B 服务企业倒闭，B2B 电商一直都在寻找服务行业企业的突破点。伴随着我国供给侧结构性改革的不断深入，我国制造业企业市场环境不断改善，企业利润持续回升；但受国内外经济形势变化的影响，市场竞争日趋激烈，企业运营成本高企。在这样的形势下，B2B 电商不应仅局限于服务企业的市场信息、市场交易等，应从供应链深层次需求入手，寻找电商切入行业供应链效率提升的关键环节。2017 年，找钢网对外宣布公司在 2016 年实现营收 300 多亿元，净利润数千万元，其中关键盈利点就是来自供应链服务，通过找钢网钢厂和代理商等卖方得以快速清理库存；买方（尤其是中小钢材零售商）可以快速找到低价钢材，找钢网自身也获得了卖方支付的佣金，同时找钢网还通过供应链金融服务盘活行业潜在的交易能力，也增强了自身盈利水平，从而形成了一个完整的良性行业服务生态。面向未来发展，如何服务好传统生产企业的转型升级、专注企业核心能力的打造也应该成为 B2B 电商服务的重要方向与突破口，如服装供应链服务商无锡奥尊科技建立的服装供应链 B2B 平台，连接了中小服装网商的订货需求、品牌设计师的设计资源与能力、服装加工企业的生产加工能力，通过供应链 B2B 平台重新建立起服装产业新生态，各参与主体专注于自身核心能力的建设，通过线上线下结合的供应链 B2B 平台实现核心能力的协同与价值发掘，代表了未来服装产业的发展方向。

（五）电商国际化步伐进一步加快

随着国内市场竞争的进一步加剧，流量成本的上升，面向国际市场开拓新的成长空间正在成为我国电商企业"走出去"的驱动力；同时，伴随我国国内消费的提挡升级，对海外优质商品的需求不断增加，推动我国跨境电商进口总量快速增长，电商企业也纷纷布局国际供应链，加强海外优质商品的采购和物流能力。政府大力推进"一带一路"建设，在物流联通、政策沟通等方面的政策措施也越来越多，为我国电商企业布局全球市场提供了良好的发展环境。在政策和市场的双重驱动下，跨境电商在全球范围内布局建设海外采购中心、商品加工基地、海外仓及商品展示与培训中心等。在商品采购方面，纷纷加强与国际知名品牌方的深度合作，减少采购环节，强化商品溯源，保证商品品质，降低采购价格，形成竞争优势；同时，通过海外商品展示销售中心、海外仓等全方位向海外客商推介国内优质商品，发挥电商供应链的快捷、高效优势，精准匹配海外客商的采购需求，为中国商品"走出去"提供新的跨境电商出口通道。2017年11月3日，阿里巴巴首个海外 eWTP 试验区马来西亚数字自由贸易区在吉隆坡全面启用运营。在阿里巴巴的帮助下，马来西亚"数字自由贸易区"将被打造成物流、支付、通关、数据一体化的数字中枢，成为该国发展数字经济的基础设施，以及马来西亚中小企业通向世界的窗口。2017年6月5日，敦煌网首家海外数字贸易中心（Digital Trade Center，简称 DTC）在匈牙利首都布达佩斯正式启动。敦煌网数字贸易中心整合营销、交易、服务、培训四大功能，通过提供"质量优、价格低、种类多"的商品吸引海量海外 B 类买家，并将最先进的"线下体验、线上采购"批发模式带向欧洲。大龙网的网贸会模式已在全球建立了7个网贸馆，与美国、沙特、马来西亚等国的海外伙伴达成合作意向。同时，大龙网深耕海外渠道，并开发了多处海外渠道，其中俄罗斯681家、阿联酋583家、加拿大572家、波兰453家、越南176家、巴林57家。随着越来越多的电商企业布局全球市场，跨境电商正在成为"一带一路"倡议实施的有效驱动力量，通过跨境电商的巨大需求带动物流基础设施的互联互通以及相关政策、规则、标准的有效协同。

三 2017年中国电子商务发展的问题与挑战

（一）电商市场环境仍有待于进一步规范

伴随网络消费金额的提升和消费范围的拓展，网络消费中的纠纷也不断增多。国家工商总局数据显示，2017年全国工商和市场监管部门共受理消费者投诉240.04万件，同比增长44.0%。2017年网络购物类投诉68.57万件，同比增长184.4%，网络购物投诉已占总投诉数的28.6%，且投诉量增幅较大。电商在服务消费升级过程中如何进一步提高客户满意度仍然任重道远。

1. 促销陷阱愈发隐蔽、虚假宣传屡禁不止

2017年"双十一"期间，各大电商企业纷纷采取定金膨胀、满减优惠券、"1元"秒杀、平台购物津贴、现金红包等促销手段，越来越复杂的促销方式很容易让消费者落入"促销陷阱"。有的商家采用"先抬价后打折"的方式，有时甚至促销后的商品价格比平时价格还高。2017年11月29日，中国消费者协会发布《2017年"双十一"网络购物商品价格跟踪调查体验报告》，在"双十一"整个体验周期内，先涨价后降价、虚构"原价"、随意标注价格的情况较为突出，中国消费者协会对多家电商进行点名。16家电商平台宣称参加"双十一"促销活动的539款非预售商品中，不在11月11日也能以"双十一"价格或更低价格（不考虑联动活动情况）购买到促销商品的比例达到78.1%，与2016年同期相比有所增加。有的商家将长期在"特卖"或"打折"的老款标注上"强烈推荐"和"热销"。2017年"双十一"期间，预售比例普遍上升，但是对于预售商品，部分商家在格式条款上设置订金不退、预售价格变化、预售商品不适用"七日无理由退货"等不合理规定。不少企业针对线上销售推出"电商专供"商品，一般集中

在服装、电器、鞋帽、箱包等品类。"电商专供"商品与实体店销售的产品相比价格优惠，但某些功能存在差别，这让消费者很难真正辨别商品差异并通过比价获得实惠。

2. 部分品类商品质量依然堪忧

2017 年 12 月 5 日，国家质量监督检验检疫总局发布《2017 年第 3 批：儿童家具产品质量国家监督抽查结果》，儿童家具产品不合格率达到 30%，其中多款儿童家具在网购平台上有售。2017 年江苏省质监局发布的抽查结果显示，网购儿童家具不合格率为 100%。2017 年 6 月，中消协发布《部分商品线上线下质量、价格调查报告》，线上线下销售的同类商品存在双重质量标准，且价格相差越大的线上商品越容易出现质量问题。根据调研样本，线上与线下同类商品价格差在 30% 以上的商品占比 25.8%，线上与线下同类商品价格差在 11% ~30% 的商品占比 38.7%，线上与线下同类商品价格相差不超过 10% 的商品仅占 35.5%，线上线下价格差越大的线上商品存在质量问题的风险越大。

3. 刷单问题依然严重、网络传销等违法行为时有出现

刷单现象一直是我国电子商务发展中的一个"毒瘤"，严重误导了消费者的选择，也造成了不公平的竞争环境，因此一直被相关政府部门和电商平台企业严厉打击。但在巨大的利益面前，一个劣币驱逐良币的刷单产业链却愈演愈烈，由暗转明，成为很多网商不得不选的提高销售、获取流量的手段。多家刷单平台已经公开化运营，在"双十一"期间生意火爆，通过平台组织大量的刷单手完成刷单，网商、刷单平台、刷单公司、"空包快递"代发平台、刷单手形成了一个完整的刷单产业链。在国内主要电商平台销量最大的商品中，有很多好评很可能是通过刷单或好评返利（返现金、返礼品、返优惠券等）的方式产生的，有的网商"双十一"成交额中至少有 30% 是通过刷单得来的。近年来利用电商幌子进行网络传销犯罪案件高发，不法分子不断变换犯罪手法，例如，利用"金融互助""爱心慈善""虚拟货币""电子商务""微信营销"等各种名目，策划、组织网络传销活动，严重侵害人民群众财产安全，严重扰乱社会秩序。

（二）社交电商低价低质问题严重

基于微信拼团模式的拼多多是社交电商的一个典型代表，相比天猫、京东等大型电商平台越来越高的进入门槛和服务费用，面向商家拼多多依靠近乎免费的平台费用和裂变式的消费者传播模式，迅速成为国内领先的电商交易平台，交易量、交易额增长迅猛。低价拼团是"拼多多"等社交电商平台吸引用户购买的重要因素，为保证低价、提高销量同时还要有一定的利润，商家只有尽可能地压缩产品和服务成本，买到劣质商品/假货、无法退货等现象频发，这些都严重损害了用户体验。拼多多发布《2017拼多多消费者权益保护年报》显示，过去一年拼多多主动下架1070万件疑似侵权商品，全年拦截4000万条侵权链接，将95%售假商家拒之门外。尽管作为平台方的拼多多下大力气整治假冒伪劣、侵权商品，但从这类社交电商买到假货、劣质商品的概率仍然大大高于普通电商平台。另外，微商渠道销售的商品也是问题突出，化妆品、土特产等很多非标产品大量进入微商渠道销售，拼低价、重营销等现象严重，同时由于缺乏平台等中介机构的担保，消费者的权益很难得到保证。社交电商的快速发展得益于微信、微博等社交平台的广泛应用，基于人际关系网络，通过社交互动进行营销推广，不同于传统电商流量成本高、转化率低等弱点，基于关系链的社交电商兼具精准化营销、社交效果好、用户黏性高等优点，是电商和社交网络融合的新型电子商务模式。社交电商的快速发展有利于增强我国电子商务的竞争活力，丰富消费者的购买渠道，为生产企业提供了另外一条连接消费者的通道。但社交电商不应该成为低价低质、假冒伪劣、侵权商品的集中地，在消费升级的时代背景下，社交电商亟待突破自身发展的瓶颈，利用自身在运营成本、用户连接以及社群营销等方面的优势服务消费者多样化的需求。

（三）农村电商上行瓶颈凸显

我国农村网络基础设施建设相对滞后，宽带普及率低。截至2016年6月底，我国还有近4万个行政村不通宽带，农村宽带入户的比例仅为

17.67%，不及城市宽带入户比例的1/3。从数据上看，我国城乡网民规模差距明显。农村人口是我国非网民的主要组成部分。截至2017年12月，我国非网民规模为6.11亿，其中城镇非网民占比为37.6%，农村非网民占比为62.4%。部分农村还面临网速慢、收费贵等问题。农村物流基础设施薄弱，中西部农村道路相对简陋。由于物流需求和供给较为分散等，农村物流在运输、仓储、包装、搬运装卸、流通加工等环节缺乏系统性、高效性、便捷性和低成本性。由于农产品冷链设施缺乏，生鲜农产品物流损耗较高，无形中提升了物流成本，农村物流"最后一公里"和"最初一公里"的问题依然有待解决，这些基础设施的短板严重制约了我国农村电商中农产品的销售。2017年全国农产品网络零售额为2436.6亿元，仅占全国实物商品网上零售额（5.48万亿元）的4.4%；生鲜网络零售规模为1418亿元，仅占生鲜农产品交易规模（4万亿元）的3.5%。

我国农产品生产组织化、规模化、标准化程度低，有影响力的市场品牌少，农副产品深加工明显不足，产品附加值明显偏低，同质化现象严重，低价竞争比较普遍。现阶段我国农产品生产还是以小、散为主，个别大的种养大户和专业合作社也缺乏质量意识和品牌意识，没有建立涵盖生产过程控制、质量检验、清理筛选、分级包装、冷藏保鲜等环节的一整套质量管理体系，产品品质难以保证，尤其是消费者关注的"农残留""激素"问题也急需解决。此外，由于农产品电商诚信体系发育不完善，农产品区域品牌滥用透支问题较严重，"劣币驱逐良币"现象阻碍了农产品电商的发展。以"五常大米现象"为例，年产量只有100万吨的五常大米，通过掺杂卖出上千万吨。有部分不法分子瞄准信息较为封闭的农村，打着"微商""电商"的名义，以高额回报为诱饵，发展人员形成上下关系，推销"三无"产品，进行虚假宣传，从事传销活动，导致众多人士上当受骗。

（四）跨境电商政策挑战不断加剧

快速发展的跨境电商也给各国政府的监管体制、监管政策等提出了新的挑战。2012年起，由海关总署、国家发改委组织在上海等五个城市开展了跨境电子商务综合试点，探索针对跨境电子商务的监管政策和管理手段。伴随试点的深入，针对跨境电商监管提出了直购进口、网购保税进口、一般零售出口、特殊监管区域出口四种跨境电商监管模式，在报关、退税、结汇、检验检疫等方面出台了一系列的具体监管政策。2016年4月8日，财政部、海关总署、国家税务总局联合发布通知，实施跨境电子商务零售进口税收政策，并同步调整行邮税政策，这对跨境电商保税进口产生了巨大影响。2016年5月，出台了跨境电商零售进口有关监管要求过渡期政策，并提出给予一年的过渡期。2016年11月，将过渡期进一步延长至2017年底。2017年9月20日，国务院指出将跨境电商监管过渡政策延长到2018年底。同时在2017年12月7日商务部召开例行新闻发布会上指出，自2018年1月1日起，跨境电商零售进口监管过渡期政策使用范围将扩大至合肥、成都、大连、青岛和苏州五个城市。一再延后的跨境电商政策体现了国家对于跨境电商审慎包容的监管思路，但对于新政策提出的商品备案、通关单等管理措施在正式实施后依然会对跨境保税进口电商产生较大影响，政策性风险依然存在。对于跨境电商出口，随着跨境出口商品包裹量的剧增，各国海关开始关注跨境电商的包裹监管和相关税收问题。欧盟2017年12月出台新规取消了22欧元的免税额度，以整治VAT诈骗，新的规定还拓展了现有欧盟范围内网站的远程销售增值税登记。这些政策的调整对于跨境电商卖家而言将面临一系列经营策略的调整。尽管跨境电商正在全世界范围建立起买全球、卖全球的单一市场，但面对跨境电商可能存在的侵犯知识产权、走私违禁物品等行为，全球监管政策的进一步加强仍然会对产业产生重大影响，因此面对跨境电商的监管原则、业务流程、数据标准等尽快建立起一套规制标准体系也是当前各国政府、电商企业、行业机构的一项重要命题。

（五）电商与快递协同隐患仍然存在

在网络购物快速发展的带动下，近年来我国快递业发展迅猛。国家邮政局公布的数据显示，2017年全国快递服务企业业务量累计完成400.6亿件，同比增长28%；业务收入累计完成4957.1亿元，同比增长24.7%。快递包裹中六成以上都来自电商业务。在电商和快递两个行业飞速发展的背后，一些不和谐的问题也逐渐暴露出来，2017年爆发了电商与快递的"大战"。2017年5月31日顺丰通知菜鸟网络自6月1日起关闭智能自提柜"丰巢"的数据接口服务，消费者无法直接从淘宝、天猫后台查看丰巢的物流信息。菜鸟网络则在6月1日发布《关于顺丰暂停物流数据接口的声明》称，顺丰主动关闭了丰巢自提柜和淘宝平台物流数据信息回传，随后在淘宝、天猫的物流服务商中删除了顺丰。该事件引发媒体和消费者的高度关注，尽管该事件随着国家邮政局等政府管理部门的介入得以解决，但快递与电商的数据之争的矛盾隐患依然存在，未来如果不在机制建设上形成稳定的通道，新的矛盾与争端随时可能再次出现。电商与快递"大战"背后反映的是利益之争、用户之争、数据之争，这些矛盾的解决既需要当事企业之间通过商业谈判找到利益共同点，也需要通过行业组织、政府部门加以引导和规范。同时，高速成长的快递业自身也是问题不断，野蛮装卸、数据买卖、物流刷单等问题时而见诸报端。这些问题集中爆发，体现了电商与快递物流这两个紧密依存的行业都在高速发展中通过相互摩擦与碰撞寻求行业自身利益的最大化。

四　中国电子商务发展的未来趋向

（一）电商在助力实体经济转型升级方面空间无限

党的十九大报告指出，建设现代化经济体系，必须把发展经济的着力点放在实体经济上，把提高供给体系质量作为主攻方向，推动互联网、大数据、人工智能和实体经济深度融合。伴随着我国供给侧结构性改革的不断深入，实体经济在转型升级过程中愈发需要新技术的注入来实现效率的提升和模式的创新。电子商务的快速发展，一方面持续推动电子商务基础设施的建设，5G网络、大数据中心、区块链、物联网等技术基础设施投入不断加大，快递网点、分拨中心、冷链物流、产品检测等物理基础设施也成为投资热点，一个以电子商务为龙头的数字经济基础设施体系正在加速形成；另一方面，新技术的渗透正在不断加速，为满足不断变化的消费需求，零售端以"新零售"为代表的零售数字化创新将不断深入，为消费者提供更好的消费体验；生产端的智能化技术应用日益普遍，柔性化、定制化生产代表着未来的发展方向，基于智能终端的生产企业也不断创造新的服务网络和电子商务应用模式。在与实体经济的融合互动中，电子商务逐渐发展为一个具备引领性的产业。无论是从促进消费、带动投资、拉动出口角度，还是从带动就业、促进创新角度，电子商务都已经成为我国经济转型升级的重要驱动力，是我国数字经济的重要组成部分和先导性产业。

（二）电商国际合作在"一带一路"沿线潜力巨大

党的十九大报告在推动形成全面开放新格局部分提出，要以"一带一路"建设为重点，坚持"引进来"和"走出去"并重，遵循共商共建共享原则，加强创新能力开放合作，形成陆海内外联动、东西双向互济的开放格局。"一带一路"建设将是引领中国对外开放、全面融入世界经济的核心，这将为我国跨境电子商务的发展提供一个巨大的发展空间。中国与"一带一路"沿线国家在电子商务方面合作潜力巨大，一方面，中国电子商务企业正在加速"走出去"进行全球布局，投资电商基础设施和平台建设，搭建电商互联互通的新通道，更好地服务国内消费升级和产品出口需求；另一方面，"一带一路"沿线很多国家也希望把跨境电商作为其产品进入中国市场的首选渠道，其国内消费者也希望通过跨境电商采购性价比突出的中国商品。因此，充分推动与"一带一路"沿线国家在跨境电子商务领域的合作，发挥跨境电商的带动作用，可以在跨境电商领域率先实现"政策沟通、设施联通、贸易畅通、资金融通、民心相通"。同时，对于跨境电商产业从业者而言，"一带一路"沿线国家可以提供更加稳定的市场环境和更具吸引力的政策条件且物流成本更低，进而前往"一带一路"沿线国家发展跨境电商的意愿增强。在政府政策的支持和引导下，随着"一带一路"建设的加快推进，沿线国家必将成为我国跨境电商企业的主要市场和"走出去"的重点方向。

（三）政府将积极打造电子商务发展新动能

政府高度重视互联网、大数据、云计算、人工智能等新一代信息技术革命所带来的发展契机，大力发展以电子商务为代表的数字经济，努力打造经济发展新引擎。《电子商务法（草案）》已经通过人大常委会二审，电子商务法的颁布实施将进一步规范电子商务的发展环境；相关部委将继续深入推进国家电子商务示范城市、国家电子商务示范基地、电子商务进农村综合示范县、跨境电子商务综合试验区、电子商务示范企业等示范体系建设，在相关领域探索政策创新和示范带动；积极推进电子商务信用体系建设，进一步完善电子商务统计监测体系，加强电子商务人才培训与培养，大力发展电子商务"双创"，为促进我国电子商务健康、快速发展积极营造良好环境。同时，针对我国电子商务基础设施相对落后的农村地区、贫困地区应加大政府财政资金的支持力度，在跨境电子商务监管等方面进行积极探索，鼓励电子商务企业"走出去"开拓海外市场，推动国际电子商务交易规则体系的完善。

参考文献

商务部：《中国电子商务报告 2016》，商务出版社，2017。

商务部：《中国电子商务报告 2017》，商务出版社，2017。

国家统计局：《中国统计年鉴 2017》，中国统计出版社，2017。

B.11
2017年中国互联网金融发展情况*

赵京桥**

摘　要： 在保障金融安全稳定发展的总体金融监管目标下，互联网金融在经历了多年的爆发式增长后，在2016～2017年面临着高压监管，合法合规成为诸多互联网金融企业的重要工作，尤其是P2P网贷信息平台、"校园贷"和"现金贷"等。与此同时，在云计算、大数据、人工智能、区块链等新兴信息技术的引领和推动下，互联网金融提高了科技创新水平，加快与传统金融机构的融合，传统金融机构也加速互联网转型。总体来看，在金融风险安全、可控的监管环境下，互联网金融依然是金融服务业最为活跃的业务领域，也是金融创新发展的重要方向。

关键词： 互联网金融　监管　科技　融合

一　互联网金融发展总体情况

2013年被认为是互联网金融元年。短短五年时间，众多互联网企业利用自身业务和技术优势开展金融创新业务；以阿里小贷为代表的互联网微

---

* 本文"互联网金融"主要研究互联网企业（以下统称"从业机构"）利用互联网技术和信息通信技术实现资金融通、支付、投资和信息中介服务的新型金融业务模式的发展情况。
** 赵京桥，经济学博士，就职于中国社科院财经战略研究院互联网经济研究室。

贷、以余额宝为代表的网络理财以及成千上万家 P2P 网络借贷平台，各类众筹平台的涌现，加上已经成为电商主要支付方式的第三方支付，新兴互联网金融在中国传统金融市场中引起了强烈的"鲶鱼效应"；传统银行、券商、保险公司、基金公司、信托公司等金融机构纷纷加大研发投入或加强和互联网企业的合作，发展基于互联网的创新金融业务，提高互联网化水平，互联网银行、互联网保险、互联网证券、互联网基金和互联网信托等业务开始崛起；在传统金融机构和互联网企业的共同推动下，中国金融业掀起了一场中国互联网金融创新发展浪潮。

尽管互联网金融在近两年受到金融监管的影响，创新发展势头受到压制，部分企业和业务一直处于整顿、合规发展中。但不可否认，互联网金融已经成为金融发展的必然趋势，整体规模依然保持较快发展速度，而且已经对中国金融服务业市场格局、金融产品和服务创新带来了重大影响。

从互联网金融全年的发展来看，主要有以下五个特点。

（一）互联网金融监管进一步加强

互联网金融的发展政策环境已经发生了重大转变。对互联网金融创新的监管从鼓励发展向从严整顿、合规发展转变，自由放任互联网金融野蛮生长的时代已经过去。

十九大报告提出要"深化金融体制改革，增强金融服务实体经济能力，提高直接融资比重，促进多层次资本市场健康发展。健全货币政策和宏观审慎政策双支柱调控框架，深化利率和汇率市场化改革。健全金融监管体系，守住不发生系统性金融风险的底线"。在 2017 年第五次全国金融工作会议上，决定设立国务院金融稳定发展委员会。在国家层面，无论是政策导向还是机构设置，保障金融安全稳定发展都是主题。因此，按照党和国家的最新金融监管要求，安全稳定成为互联网金融发展的首要目标。

从历年政府工作报告中对互联网金融工作的相关部署来看，互联网金融工作已经连续 5 年被纳入政府工作报告，对互联网金融的措辞从 2014 年到

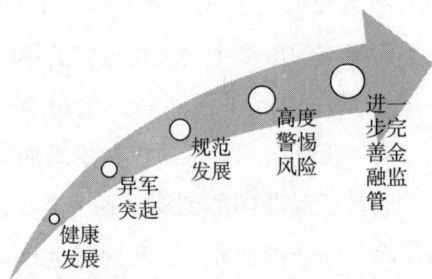

图1 2014～2018年政府工作报告对互联网金融工作的部署

2018年分别为"健康发展""异军突起""规范发展""高度警惕风险""进一步完善金融监管"（见图1）。从这一系列变化可以看出，一方面，互联网金融的影响力和重要性已经上升至国家层面；另一方面，向各级政府和市场发出了明显的严监管信号，要防止发生系统性金融风险。

继2016年国务院正式发布《互联网金融风险专项整治工作实施方案》后，2017年7月央行等部门联合发布《关于进一步做好互联网金融风险专项整治清理整顿工作的通知》，整改验收的限期由原定计划的8月24日延至2018年6月底，P2P网络借贷、股权众筹、校园贷、现金贷等专项监管文件进一步落实互联网金融风险整治工作（见表1）。在保障金融稳定安全的目标下，互联网金融企业面临着监管压力，中国最大的互联网金融集团蚂蚁金服下的蚂蚁借呗也在监管压力下停止开展业务。

表1 互联网金融主要监管文件

2016年4月	《互联网金融风险专项整治工作实施方案》
2016年8月	《网络借贷信息中介机构业务活动管理暂行办法》
2016年8月	《网络借贷信息中介机构业务活动信息披露指引》
2016年10月	《P2P网络借贷风险专项整治工作实施方案》
2016年10月	《股权众筹风险专项整治实施方案》
2016年11月	《网络借贷信息中介机构备案登记管理指引》
2017年1月	《中国人民银行办公厅关于实施支付机构客户备付金集中存管有关事项的通知》
2017年2月	《网络借贷资金存管业务指引》

续表

2017 年 6 月	《关于进一步加强校园贷规范管理工作的通知》
2017 年 7 月	《关于进一步做好互联网金融风险专项整治清理整顿工作的通知》
2017 年 9 月	《关于在互联网平台购买保险的风险提示》
2017 年 12 月	《关于规范整顿"现金贷"业务的通知》

资料来源：作者根据政府公开资料整理。

（二）互联网金融与传统金融融合速度加快

从当前互联网金融发展来看，一方面，在监管要求下，新兴的互联网企业金融业务不断规范化、专业化；另一方面，传统金融机构互联网意识不断增强，金融业务互联网化持续深入，互联网金融与金融互联网的边界已经模糊，融合的速度正在加快。比如，以阿里、腾讯为代表的互联网企业成立民营互联网银行，把网络小额贷款业务纳入银行业务；大量 P2P 网络借贷平台与线下小贷公司、典当公司进行业务合作，资产抵押依然是主要风险控制手段；网络理财平台与传统商业银行和基金公司进行深度的业务合作；传统商业银行尝试 P2P 创新业务；等等。互联网对金融的变革以及金融自身规律对互联网金融业务的约束都使得两者在发展中更加融合。

（三）互联网金融发展冰火两重天

在监管环境趋严的大背景下，互联网金融内部的发展也呈现了冰火两重天的态势。

一方面，以 P2P 网络借贷、众筹、"校园贷"、"现金贷"为代表的互联网消费金融在野蛮生长、乱象重生后，在 2017 年面临强力监管，行业发展呈现放缓、停滞乃至下滑现象。存在较大金融风险的 P2P 网贷领域在政府加强整顿力度后，平台数量从 2016 年开始呈现大幅下降现象。截至 2018 年 2 月底，P2P 网贷行业正常运营平台数量下降至 1890 家，累计停业及问题平台达到 4164 家，比 2015 年减少 1954 家，凸显出极高的风险。

另一方面，互联网支付、互联网理财、互联网银行、互联网保险等互联网金融业务发展较快，对提高我国支付效率、资产管理能力，以及传统金融业务的互联网转型都起到了较大的推动作用。

互联网支付在2017年支付用户超过5亿，处理支付笔数超过3300亿笔，支付金额超过2200万亿元，占到2017年非现金支付总额的64.4%。

互联网理财在2017年理财规模已经达到3.15万亿元，同比增幅达到52.39%[①]。

经过几年培育，中国已经有微众银行、网商银行和新网银行三家互联网银行成立运营。微众银行和网商银行发布的经营数据显示，两家互联网银行在2016年营业收入分别达到24.5亿元和26.36亿元，增长都超过了10倍。

互联网保险在2017年上半年保费收入达到1248.3亿元，预计全年可以达到2496.6亿元，较2016年互联网保险保费收入同比增长6.37%。[②] 尽管保费增长放缓，但众安在线在香港上市，及以阿里巴巴、腾讯、百度、京东、苏宁、小米等为代表的众多大型互联网企业都纷纷布局互联网保险，凸显了互联网保险的巨大发展潜力。

（四）互联网金融加快应用新兴科技

互联网金融应用信息技术水平经过几年的发展有了大幅的提升，产品和服务创新不只停留在商业模式创新、营销创新，而且充分利用云计算、大数据、人工智能、区块链等新兴科技提高金融科技水平，从而提高金融风险控制水平、金融安全能力和金融服务效率（见图2）。

在这四类信息科技应用中，大数据技术在互联网金融领域应用的广度和深度更高。金融的核心是风险控制，而风险控制的关键在于掌握充分信息。大数据及其技术的发展为金融活动获取信息、风险控制开辟了全新的路径。因此，互联网金融在风险控制上的优势在于用大数据技术增强风控能力。当前我国大数据技术在互联网金融中的应用依然处于发展初期。随着大数据技

[①] 数据来源：国家金融与发展实验室：《互联网理财指数报告》，2018年2月。
[②] 数据来源：中国保险业协会：《2017中国互联网保险行业发展报告》。

术的不断成熟，大数据基础设施不断完善，大数据将成为互联网金融发展的核心驱动力。

基于大数据技术的互联网金融创新是以互联网企业为主的非金融机构进军金融领域开展金融业务的重要推动力，也是其核心竞争力。估值接近乃至超过 1000 亿美元的蚂蚁金服，正是依托于阿里巴巴海量的电子商务交易数据资源，发展其金融业务；京东金融、腾讯旗下的微众银行、苏宁金融等都在自身电子商务、社交平台大数据基础上开展金融业务，并获得成功。当前互联网金融企业应用大数据技术开展金融服务方面主要有两种代表性模式：以阿里小贷、腾讯旗下微粒贷为代表的基于电商和网络社交大数据的互联网微贷服务模式和以京东供应链金融为代表的建立在传统产业链上下游的企业大数据基础上的网络供应链金融服务模式。

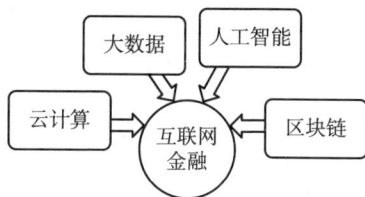

图2 互联网金融领域的新兴科技

（五）互联网金融是普惠金融的重要推动者

普惠金融是党和国家高度重视并积极鼓励其发展的金融服务，是推动金融更好为实体经济服务、支持精准扶贫工作的重要路径。尽管互联网金融存在诸多问题和风险，但是互联网金融具有低成本、高效率、进入门槛低、覆盖面广等特点，相对传统金融机构具有更好的长尾用户覆盖能力，满足中小微企业、个人的小额资金需求，解决偏远落后地区金融服务供给不充分不平衡的问题，使其成为普惠金融的重要推动者。在普惠金融服务上，阿里小贷和"微粒贷"最具代表性，也是最具影响力的互联网金融服务。阿里小贷自成立至 2016 年，累计放贷 8000 亿元，为 500 多万家小微企业提供服务；

微众银行"微粒贷"，到2017年5月，累积发放贷款总金额为3600亿元，总笔数为4400万笔，每笔平均放款8200元，主动授信客户数约9800万，城市覆盖567个，开通激活用户2200万。

二　主要互联网金融业务模式发展

（一）互联网支付

互联网支付①是互联网金融中发展最早、应用最为广泛的业务模式，并伴随互联网和智能终端的普及、电子商务应用水平不断提高而不断发展。当前，中国互联网支付已经形成了多通道、多终端的支付服务方式。从支付通道来看，中国互联网支付主要包括网银支付、第三方支付和区块链支付；从支付终端来看，主要包括电脑支付、电视支付和移动终端支付（手机、平板电脑等）等（见图3）。

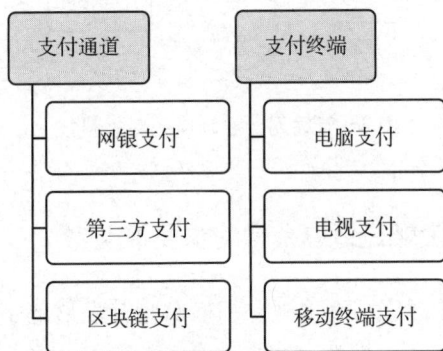

图3　互联网支付的主要方式

随着信息技术的进步，网民规模的持续增长，社会、经济数字化进程的加快，金融产品、金融服务和信息通信技术的不断融合和成熟，互联网支付

---

① 互联网支付是指通过计算机、手机等设备，依托互联网发起支付指令、转移货币资金的服务。

保持了快速增长，支付方式持续创新。一方面，社会公众、企业等支付主体的支付偏好快速从柜台支付、现金支付等传统支付方式向更加便捷的互联网支付转变。中国互联网信息中心 2018 年 1 月发布的《中国互联网络发展状况统计报告》显示，到 2017 年底我国网络支付用户已经达到 5.3 亿，比 2014 年增加了 2.27 亿左右，保持快速增长，网络支付使用率逐年升高至 68.8%（见图 4）。从交易规模来看，2017 年中国银行业金融机构和非银行支付机构共处理网络支付①业务 3728.77 亿笔，比 2016 年增加 1370.87 亿笔，支付金额为 2421.28 亿元，占 2017 年非现金支付总额的 64.4%②（见图 5）。

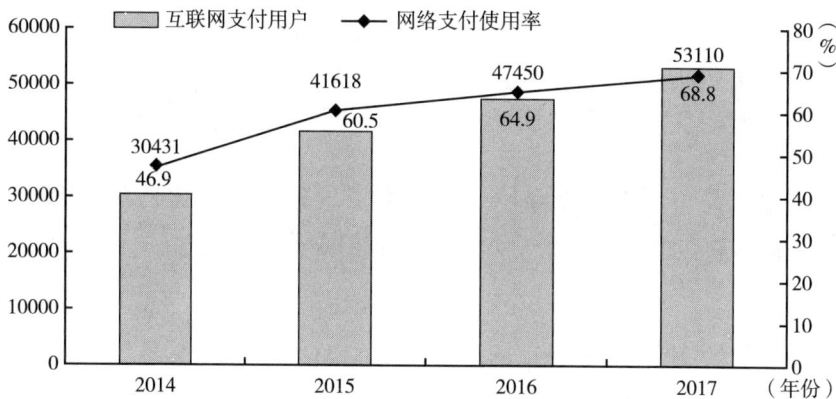

图 4　互联网支付用户规模和网络支付使用率

资料来源：中国互联网信息中心：《第 41 次中国互联网络发展状况统计报告》。

另一方面，互联网支付开始由早期的电子商务支付领域向传统商业、金融、民生服务、政府公共服务等多个领域快速普及，由城市地区向农村地区渗透，由线上向线下扩展。特别是移动支付与线下支付场景的加速融合，大大便利了人们的社会经济生活，极大地推动了中国无现金社会的发展。如今在中国主要城市，居民只要持有智能手机终端，便可完成几乎所

---

① 非银行支付机构网络支付不包括红包等娱乐性支付。

② 数据来源：中国支付清算协会：《17 年支付体系运行总体情况》，http：//www.pcac.org.cn/index.php/focuslist_index/id/51/topicid/3.html。

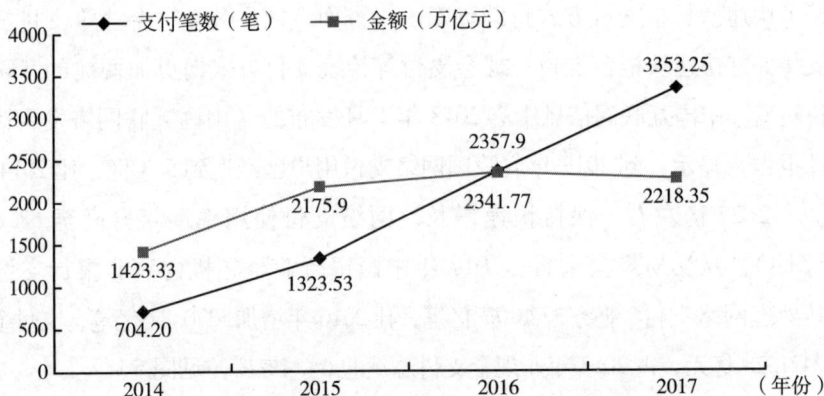

图5　中国网络支付交易笔数及支付规模

资料来源：根据中国支付清算协会发布的《支付体系运行总体情况》（2014～2017）整理，http：//www. pcac. org. cn/index. php/focus list_ index/id/51/topicid/3. html。

有的日常交易。调查数据显示，线下消费的移动支付比例从2016年的50.3%提高到2017年的65.5%，其中城镇网民达到72.3%，农村网民达到47.1%①。

从中国互联网支付服务市场结构来看，银行业金融机构依然在企业支付和大额支付领域占据了绝对优势，完成了94%的支付金额；但是非银行金融机构在消费支付和小额支付领域已经具有领先优势，处理了77%的支付笔数。而且从增长态势来看，非银机构支付的网络支付笔数从2014年的374.22亿笔增加至2017年的2867.47亿笔；交易金额从2014年的24.72万亿元增长至2017年的143.26万亿元（见图6）。非银机构支付已经成为中国居民投资消费领域的主要支付服务主体。

从非金融机构支付牌照来看，在2010年央行出台《非金融机构支付服务管理办法》后，非银支付服务机构的法律地位明确，推动了非银支付的快速发展，央行共发放非金融机构支付牌照270张。在2015年后，央行不

① 中国互联网信息中心：《2017中国互联网络发展状况统计报告》，http：//www. cnnic. net. cn/hlwfzyj/hlwxzbg/。

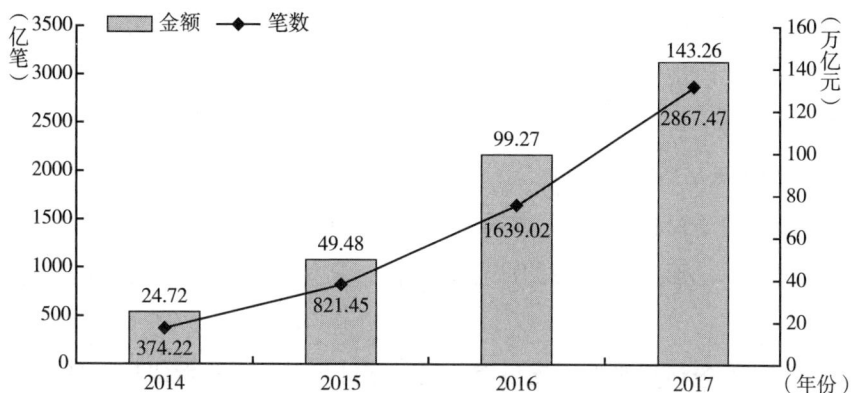

图6 非银行支付机构网络支付笔数和金额

资料来源：根据中国支付清算协会发布的《支付体系运行总体情况》（2014～2017）整理，http：//www. pcac. org. cn/index. php/focus list_ index/id/51/topicid/3. html。

再发放新牌照，并加强对现有牌照管理，清理了不符合要求的机构，截至2018年1月，依然还有243家持牌非金融机构支付企业（见图7）。

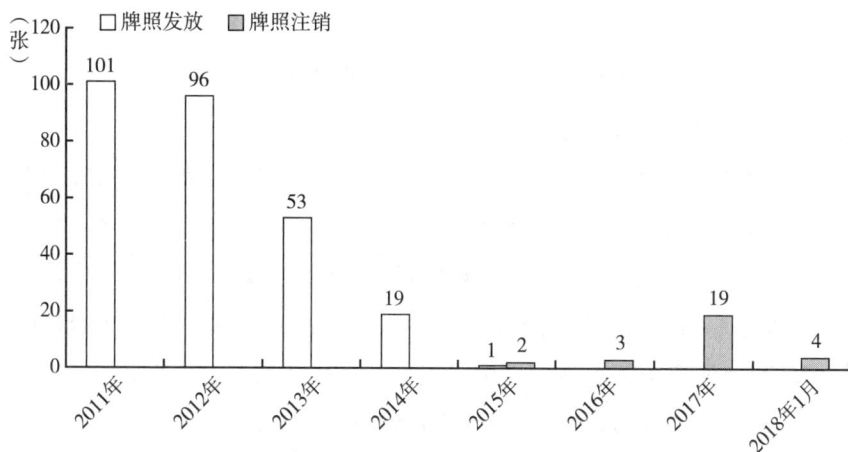

图7 央行发放和注销非金融机构支付牌照情况

资料来源：笔者根据央行公布数据整理。

非银行支付机构的快速发展与基于电子商务和社交网络发展起来的第三方支付息息相关。第三方支付是在收款人和付款人之间、商业银行与服务的企业客户之间从事资金支付中介服务的独立支付机构，可以更好地解决资金支付的跨行、跨地问题和交易安全问题。它是伴随中国电子商务的快速发展而迅速崛起的。

（1）第三方互联网支付[①]

伴随着电子商务的发展，中国第三方互联网支付交易规模已经超过了百万亿元规模，已形成较完备的产业链结构，是相对较为成熟的互联网金融服务。

从行业竞争格局来看，支付宝、银联支付和财付通三者依托自身优势在行业竞争中占据了主导地位，尤其是支付宝和财付通，两者在电子商务领域和社交领域具有绝对的市场统治地位。拉卡拉、京东支付、快钱、百度钱包以及苏宁的易付宝在自身业务推动下呈现快速增长态势，但依然无法撼动支付宝和财付通的市场地位。

从地域分布来看，第三方支付企业集中在北京、上海、广州、浙江、江苏等地区，这与这些地区的第三方支付需求、人才储备、网络基础设施息息相关。

互联网支付的快速发展还得益于移动支付的爆发式增长。

（2）移动支付

移动支付在中国呈现爆发式增长态势。到2017年，银行金融机构处理移动支付375.52亿笔，交易额202.93万亿元，分别增长46%和28.8%；第三方移动支付交易规模迅速突破100万亿元，约是2010年交易规模的2261倍（见图8）。之所以出现如此快速的增长，一是移动智能终端和移动互联网的快速发展为移动支付提供了很好的硬件支持；二是移动电子商务、基于线下消费场景的O2O模式的快速发展拉动了移动支付的需求；三是基于PC端的互联网支付发展为移动支付奠定了用户基础，可以迅速把用户从PC端转移到移动端；四是移动支付相对于传统在线支付方式更加便捷、应用范围更广，受到用户的青睐。

---

① 本文第三方支付主要指基于互联网的第三方支付。

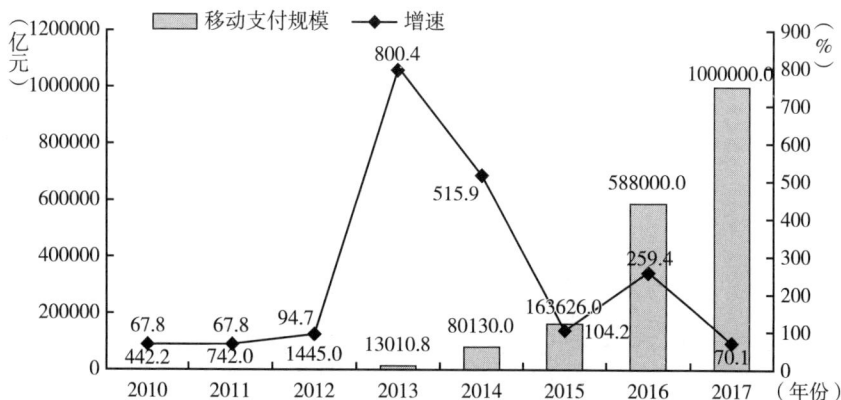

图8 中国第三方移动支付规模及增速

数据来源：易观智库：《2016 年中国第三方支付市场趋势预测》，http：//www.
analysys. cn/yjgd/16170. shtml。

互联网支付的快速发展，降低了资金流通的成本，提高了资金流通效
率，促进了交易活动的活跃，已经成为互联网时代较为成熟的、具有基础性
特征的互联网金融服务，是支撑其他各种互联网金融模式发展的重要金融服
务模式。

（二）互联网贷款

互联网贷款是指金融机构基于互联网行为数据，通过互联网向用户提供
信用贷款服务的互联网信用中介模式，主要有互联网小贷、互联网供应链贷
款和互联网消费贷款三种模式（见图9）。

1. 互联网小贷

互联网小贷是指利用云计算和大数据技术对信用评价、信贷流程进行重
塑，并通过互联网投放小额贷款的互联网贷款模式。相比线下小额贷款，互
联网小贷具有更广阔的用户群体、更便捷的贷款流程、更丰富的贷款产品、
更灵活的贷款额度，并且在大数据技术支持下，形成了新的信用评价和风险
管理体系。

互联网小贷的发展始于 2010 年。阿里小贷（后改名为"蚂蚁小贷"）

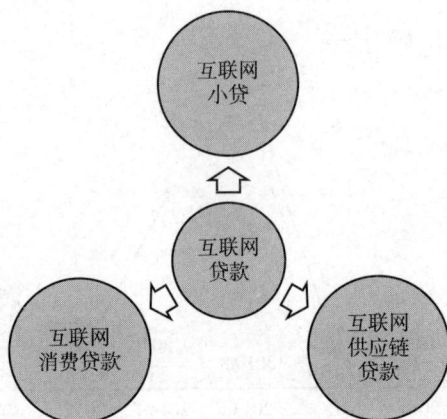

图9　互联网贷款的主要业务模式

是最早开始运营的典型互联网微贷代表模式，现已纳入网商银行业务体系。其基于阿里巴巴旗下电子商务平台和支付平台上海量的客户基本信息、商业数据、信用数据及行为数据，利用互联网和大数据等新兴信息技术，创新小微贷款信用中介模式，实现向小微企业和个体工商户群体批量发放"金额小、期限短、随借随还"的纯信用小额贷款，帮助小微企业和个体工商户解决融资难的问题。自2010年成立以来至2016年底，蚂蚁小贷累计投放贷款超过8000亿元，服务小微企业超过500万家，迅速成为中国小额贷款的主力军。

微众银行推出的信贷服务产品"微粒贷"尽管只有两年的发展历程，但呈现出高速增长态势。在腾讯QQ和微信社交平台的支持下，2017年5月，微粒贷累计发放贷款总金额3600亿元，贷款总笔数4400万笔[1]，仅6个月时间新增贷款2000亿元，新增笔数2400万笔，最高贷款日规模超10亿元，最高日贷款笔数超10万笔。[2]

---

[1] 《微众银行扭亏为盈 微粒贷两年放贷3600亿元》，http：//finance. caixin. com/2017 – 07 – 11/ 101113642. html，2017年7月11日。

[2] 《微众银行"微粒贷"累积发放贷款超1600亿元》，http：//finance. sina. com. cn/stock/t/ 2016 – 12 – 08/doc – ifxypizi9976265. shtml，2016年12月8日。

在海量用户数据形成的新的信用评价系统、高效的智能信贷系统的支持下，互联网小贷突破了传统贷款以重资产、长周期、高额度为主要特点的贷款发放模式，真正实现了信用贷款、快速贷款和小额贷款。网商银行数据显示，线下小微经营者笔均贷款金额仅为7615元；微众银行的数据显示，每笔平均放款约8200元，最高日贷款笔数超10万笔。如此高频、低额度贷款需求产生的成本是传统贷款模式无法承受的。

互联网小贷在云计算和大数据技术支持下，变革了传统银行和小贷公司的信用评价方式，实现了更快的贷款审批流程、更低的贷款交易成本和相对有效的风险控制手段。但是由于对基于海量的信用数据、行为数据及其他相关数据的风险控制能力要求很高，互联网小贷发展需要较高的进入门槛。目前，除了阿里巴巴的蚂蚁小贷、微众银行的微粒贷等新兴互联网企业的互联网小贷外，传统银行金融机构，如工商银行、招商银行等，也纷纷基于自身大数据资源开展互联网小贷业务。

互联网小贷的发展推动了互联网用户信用评价体系的发展，对于完善中国社会信用体系、培育中国公民信用意识、推动普惠金融发展都具有重要作用。

2. 互联网供应链贷款

互联网供应链贷款是基于互联网供应链数据资源和上下游企业数据资源，为产业链企业提供贷款服务的互联网贷款模式。按照供应链数据资源主导方的不同，互联网供应链贷款模式大致可以分为电子商务平台供应链贷款、ERP平台供应链贷款、物流平台供应链贷款和支付平台供应链贷款四种（见图10）。

京东企业金融是电子商务平台供应链金融模式的典型代表，其通过京东商城所累积和掌握的供应链上下游企业的大数据资源，为京东商城的电商平台客户提供金融服务。近三年来，京东供应链金融快速发展，依托京东电商体系所积累的大数据基础，推出了"京保贝""京小贷"和"动产融资"三大核心产品，极大程度上改善了电商平台客户长期面临的融资难、融资成本高的处境。其中，"京保贝"已服务了2000余家京东商城的供应商，可以满足不同规模企业从万元到亿元不等的融资需求；"京小贷"则实现了对京东

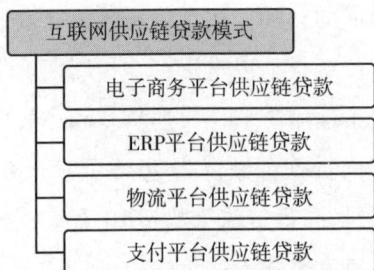

图10 互联网供应链贷款主要模式

体系内供应商和商家的全覆盖，累计为超过5万个店铺开通了贷款资格。

ERP平台供应链贷款、物流平台供应链贷款和支付平台供应链贷款的代表性企业分别为用友、顺丰和快钱。

相比于互联网小贷，互联网供应链贷款具有额度大、高效服务实体经济的特点，对于提高整个社会生产效率具有重要作用，并随着整个经济、产业的数字化水平的不断提高而快速发展，已经成为解决中小微企业融资问题的重要路径之一。

3. 互联网消费贷款

互联网消费金融正处于中国消费金融市场快速发展时期，到2017年末，金融机构短期消费信贷规模超过6.8万亿元，同比增长38.1%，占消费信贷总规模的比重回升至21.61%（见图11、图12）。

随着中国网民规模超过7.7亿，渗透率超过55.8%，网络购物渗透率超过60%，网络消费成为中国消费的重要渠道，网络零售额达到7.18万亿元，如此规模的网络消费产生了大量消费金融需求。互联网已经成为各大金融机构争夺消费金融市场的主战场。艾瑞咨询的《2017中国互联网消费金融行业报告》显示，过去五年，互联网消费金融呈现井喷式发展。在2017年放贷规模接近4.4万亿元，比2016年增长了9倍，约是2013年的731倍（见图13）。规模暴涨的同时，互联网消费金融产品也在这几年如雨后春笋般涌现，既有互联网消费分期平台推出的金融产品，如乐信的分期乐、趣店的趣分期、爱财的爱又米；又有依托电商平台推出的金融产品，如京东的白

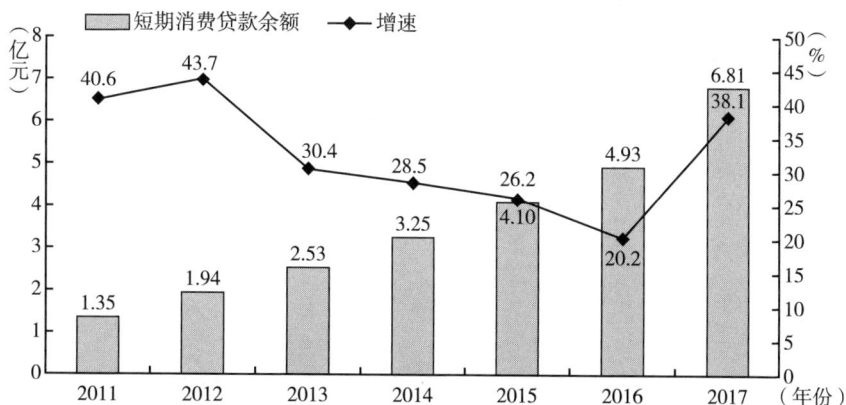

图 11　金融机构短期消费信贷规模

资料来源：中国人民银行金融机构信贷收支统计数据。

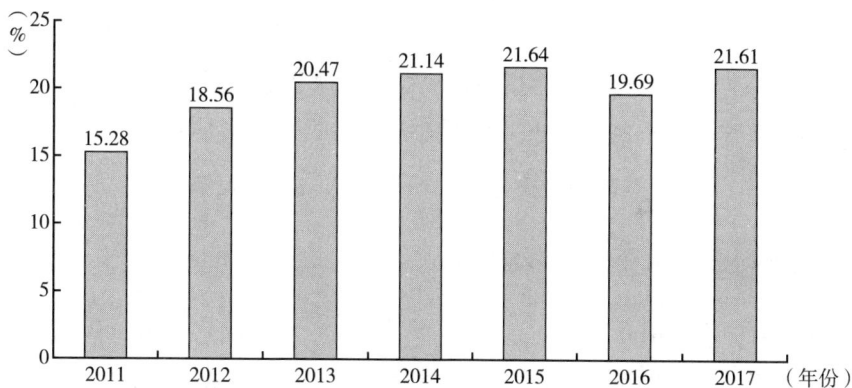

图 12　金融机构短期消费信贷规模占总消费信贷规模比重

资料来源：中国人民银行金融机构信贷收支统计数据。

条、蚂蚁金服的蚂蚁花呗、苏宁的任性付等，还有传统银行、消费金融公司推出的各类互联网消费金融产品。其中依托电商平台的互联网消费金融是当前互联网消费金融市场的主力军，占总放贷规模的35%。①

---

① 艾瑞咨询，《2017 年中国互联网金融行业报告》，http：//report. iresearch. cn/report/ 201801/3128. shtml？s = enable，2018 年 1 月 31 日。

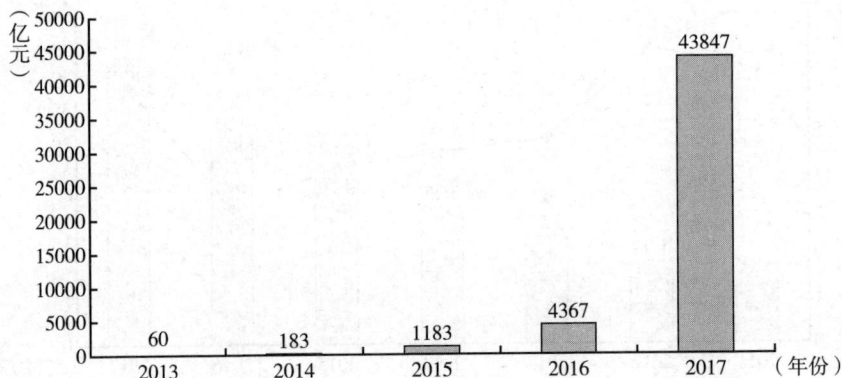

图 13　中国互联网消费金融放贷规模

资料来源：艾瑞咨询，《2017 年中国互联网金融行业报告》，http：//report. iresearch. cn/report/ 201801/3128. shtml？ s = enable。

在整个市场高速增长中，互联网消费金融企业发展参差不齐，校园贷、现金贷等业务领域中存在诸多违规违法行为，裸贷、高利贷等现象的出现极大损害了消费金融市场。为此，在整顿清理互联网金融的总体要求下，监管部门在 2017 年出台了相关专项文件，加强互联网消费金融市场规制。

（三）P2P 网贷信息中介平台

P2P 网贷信息中介平台（以下简称"P2P"）是以网络平台为信息中介，实现资金供给方与需求方的点对点对接，降低了交易成本，大大提高了资金的利用效率，满足了中小微企业以及个体经营者的资金需求，同时也为闲置资金带来了更高收益率。

自 P2P 模式引入中国后，迅速受到了投资者、中小微企业以及个体经营者等资金供需双方的青睐。由于 P2P 平台发展处于监管空白期，开设门槛极低，一个域名加一套 P2P 平台软件就可以开始营业，大量平台开始上线。到 2015 年最高峰时，全国上线平台近 4000 家，是 2012 年的 13 倍之多；完成交易额达到了 1. 18 万亿元，约是 2012 年的 52 倍（见图 14）。

在 P2P 平台爆发式增长的同时，行业的问题和风险也在快速暴露，存

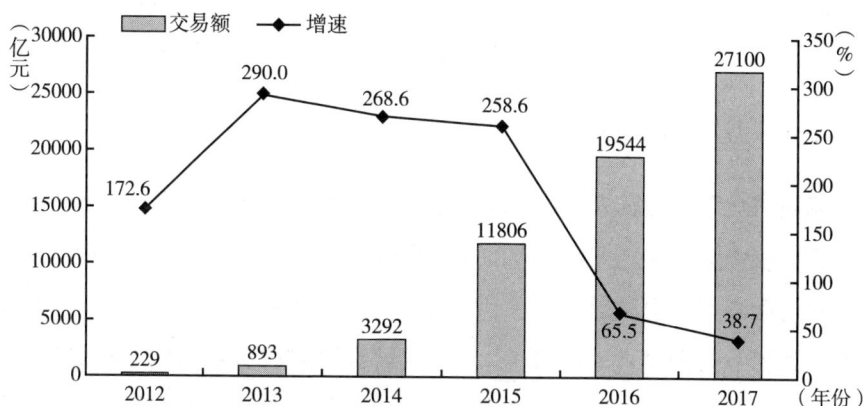

图14 P2P网络借贷平台撮合的交易额

资料来源：根据零壹财经公开数据整理。

在大量诈骗、非法集资等违法违规行为，随之而来的是大量平台面临资金困难，出现跑路、倒闭等现象，涉及金额多、范围广、受害人数众多，成为社会不安定因素，极大损害了互联网金融的整体形象。在2016年开始加强行业监管后，P2P网贷机构数量已经迅速下降至2017年的1890家，交易额增速出现断崖式下滑。

从整个互联网金融来看，P2P模式是互联网金融风险的高发领域和集中领域。2016～2017年，除了《互联网金融风险专项整治工作实施方案》《关于进一步做好互联网金融风险专项整治清理整顿工作的通知》两个总体监管文件，监管部门针对P2P平台的合规监管文件共有5个：《网络借贷信息中介机构业务活动管理暂行办法》《网络借贷信息中介机构业务活动信息披露指引》《P2P网络借贷风险专项整治工作实施方案》《网络借贷信息中介机构备案登记管理指引》《网络借贷资金存管业务指引》，涉及P2P平台的业务范围/规范、信息披露规范、备案登记管理、资金存管等，显示出监管部门对谨防金融风险、加快加强P2P平台合法合规运营的高度重视。

在大力清理整顿下，尽管总成交金额增速放缓，但P2P平台在2017年全年撮合交易额依然达到了 2.71 万亿元，保持了 38.7% 的较高速度增长，合规合法 P2P 平台运营水平不断提升，竞争力凸显，行业集中度逐步提升。

（四）互联网众筹

互联网众筹指融资人通过互联网平台向投资人发起针对既定标的或者活动的非债权资金需求。按照权益的不同属性，可分为实物众筹和股权众筹。

网络众筹引入中国后，在"大众创业、万众创新"的国家创新战略指引下，受到了初创企业、投资人、风险投资机构的高度关注，发展非常迅速，成为文化、科技、农业等领域解决初创资金、产品预售的重要互联网金融模式。各大互联网巨头纷纷在各自金融板块成立网络众筹平台，如京东众筹、蚂蚁达客、腾讯乐捐、苏宁众筹等。而早期成立的点名时间、追梦网、36氪、天使汇等众筹平台也获得了风险投资的注入。截至 2017 年 12 月底，全国众筹平台历史累计成功筹资金额达 584.20 亿元，全年完成众筹资金约为 220亿元，基本与 2016 年持平；但是受到监管影响，全年正常运营众筹平台大幅下降到 209 家，与 2016 年底全国正常运营众筹平台数量相比，跌幅达51.05%。[①]

三　互联网金融存在的问题

（一）互联网金融监管难度大

互联网金融是金融创新的重要方式，也是金融服务规避管制的重要方式。近两年来，大量非金融机构企业开始通过互联网跨界进入金融领域提供金融服务，互联网金融呈现野蛮生长之势。尤其是 P2P 网络借贷领域，由于行业监管缺位、进入门槛低，行业鱼龙混杂，上千家网络借贷平台自由成

---

① 盈灿咨询：《2017 年中国众筹行业年报》，http：//tech. sina. com. cn/roll/ 2018 - 01 - 20/doc -
　ifyqtycx0639643. shtml，2018 年 1 月 20 日。

长，既有宜信、人人贷、拍拍贷等优秀企业为我国 P2P 网络借贷的模式创新和中小微企业融资创新做出了重要贡献，也有大量不法企业或个人利用网络借贷平台进行非法集资和金融诈骗，滋生诸多不法融资行为。

由于互联网金融具有无边界、动态化和强大的集聚能力，互联网金融的野蛮生长给当前金融监管带来了巨大挑战，同时也给我国金融风险带来了不可预知的不确定性。

同时，在当前我国的分业监管体制下，对于互联网平台上出现的多类金融机构和非金融机构，以及多种业务交叉融合的现象，难以实施有效监管。

更为重要的是，在监管与鼓励发展之间，很难找到合适的平衡点。互联网金融作为金融创新的重要内容，代表了未来金融发展的趋势之一，因此如何在鼓励其发展的同时，实施有效监管、防范金融风险是需要解决的重要难题。

（二）互联网金融消费权益保护不完善

互联网金融具有更广的参与人群，整体来看，个人投资者的互联网金融风险意识淡薄。消费者在利用互联网参与金融交易时，也暴露在风险之下，往往会出现追求高投资回报而忽略风险的现象。

而在个人投资者权益遭受侵害时，如何更好地维护自身权益，依然是难点。在过去半年中，大量 P2P 网络借贷平台发生侵害网贷投资人事件，轻者以暂停经营为由退还本金，或以流动性问题拖欠投资人本息，重者则侵占投资人账户资金，携款逃跑。除了侵害投资人财产权外，有不少平台还侵害投资人隐私权。当这些侵权行为发生时，由于网贷投资人分布地域广、涉及资金较小，很难得到有效的权益保护。

（三）互联网金融信息安全堪忧

互联网是互联网金融的内核。当前互联网面临的信息安全问题，也同样存在于互联网金融当中。从宏观层面来看，互联网金融爆发式增长会对国家金融信息安全带来一定的威胁；从微观层面来看，已经有大量进入互联网金融领域的企业和个人遭遇了黑客袭击、数据丢失、资金被盗事件，整个行业的信息安全问题亟待解决。

个人隐私保护同样也是互联网金融所面临的重要问题。当前，数据所有权、隐私权等相关法律法规和信息安全、开放共享等标准规范不健全，中国尚未建立起兼顾安全与发展的数据开放、管理和信息安全保障体系。

四　互联网金融发展建议

（一）完善互联网金融监管

1. 掌握好发展与规制的平衡

互联网金融是互联网与金融结合的重要创新领域，具有巨大的发展潜力，从本质来看，互联网金融是对传统金融中介功能的"再中介化"，通过更有效率的信息功能、更低的交易成本，提高金融行业的中介效率。因此政府规制必须注意与产业发展的平衡，在保障金融安全稳定运行的基础上，适时鼓励互联网金融创新发展。

2. 明确行业监管主体

鉴于互联网金融的发展趋势、技术特点和监管需求，在中央层级应联合央行、银保监会和证监会，成立互联网金融发展协调机构，协调一行两会在监管互联网金融发展中的分工与协作，以及组织和协调地方金融办实施监管及跨地区协作。

3. 实施动态监管

加大监管科技设备投入，利用云计算、大数据等新兴技术，建立统一监管平台，对互联网金融经营主体进行动态监管，并接受社会监督，同时研究建立互联网金融风险预测和预警机制，做好互联网金融风险应急预案。

4. 进一步发挥行业组织作用，推行行业自律和互助

鼓励企业成立行业组织，设立行业自律条款，引导行业规范经营，防止恶性竞争和无序竞争。

（二）大力推进普惠金融发展

普惠是互联网金融发展的重要目标。当前互联网金融依然处于金融市场中的从属地位，是对金融市场的重要补充。应当充分发挥好互联网金融突破"时空"无边界、交易成本低的独特优势，推动互联网金融做好普惠金融服务。要加快建立社会信用体系，完善社会征信服务，利用大数据技术提高信用评估水平，降低互联网金融企业的信息获取成本，同时提高普惠金融风险控制能力。

（三）进一步完善互联网金融发展环境

一是加快互联网金融发展的相关法律法规体系建设，完善法律、法规环境，使互联网金融发展有法可依。二是加强互联网金融消费者的风险教育和权益保护，完善互联网投资和消费环境，对于互联网金融违法行为，给予严厉打击。三是进一步完善互联网基础设施，加快实施宽带战略和发展移动互联网。四是优化互联网金融企业的营商环境，支持各类互联网金融企业依法设立，合法经营。五是加强互联网金融信息安全投入。一方面，加强我国互联网信息安全的基础投入和研发；另一方面，鼓励互联网信息安全企业发展，提高信息安全防范水平。六是加快线上线下社会信用信息系统的互通共享，增强信息透明度。一方面，要重视对互联网信用的记录，并纳入社会征信体系中，提高网络借贷人的违约成本；另一方面，在保护个人隐私的前提下，逐步开放共享征信信息，降低互联网融资信用成本。

参考文献

艾瑞咨询：《中国互联网消费金融行业报告（2017）》，http：//report. iresearch. cn/report/ 201801/3128. shtml? s = enable，2018年3月15日。

郑联盛：《中国互联网金融：模式、影响、本质与风险》，《国际经济评论》2014年第5期。

芮晓武、刘烈宏：《中国互联网金融发展报告》，社会科学文献出版社，2014。

谢平、邹传伟：《互联网金融模式研究》，《金融研究》2012年第12期。

谢平、邹传伟、刘海二：《互联网金融模式研究》，中国人民大学出版社，2014。

吴晓求：《互联网金融：成长的逻辑》，《财贸经济》2015年第2期。

王国刚：《从互联网金融看我国金融体系改革新趋势》，《红旗文稿》2014年第8期。

乔海曙、吕慧敏：《互联网金融理论研究最新进展》，《金融论坛》2014年第7期。

赵京桥：《互联网金融的基本模式以及与"三农"契合的可能性》，《中国"三农"互联网金融发展报告（2016）》，社会科学文献出版社，2016。

王弢、赵京桥：《中国"三农"互联网金融发展新模式与监管路径》，《中国"三农"互联网金融发展报告（2017）》，社会科学文献出版社，2017。

李东荣：《中国互联网金融发展的现状、挑战与方向》，http：//www. xinhuanet. com/itown/2017-05/22/c_136303886. htm，2017年5月20日。

B.12
2017年中国数字产品发展情况

邱磊菊*

效率dict

B.12
2017年中国数字产品发展情况

邱磊菊*

摘　要： 由于数字产品的概念尚不清晰，目前全球还没有专门关于数字产品发展及其交易方面的统计。本文系统地介绍了数字产品的定义、类型、特征，并对2017年中国数字产品的发展情况进行总结报告，其中主要关注文字图像类产品、音频类产品、视频类产品及包括游戏和在线课堂等互动类产品的发展状况。本文还根据数字产品的发展状况、发展趋势及存在的问题给出相应的对策建议。

关键词： 数字产品　在线阅读　网络音频　网络游戏　在线课堂

一　数字产品的定义及分类

（一）数字产品的定义

数字产品（Digital Product）的概念目前尚不清晰，还没有统一的内涵和外延。要厘清数字产品的定义及分类，首先要了解数字经济的概念，因为数字产品作为数字经济中的重要组成部分，与数字经济有着密切的关系。G20杭州峰会发布的《二十国集团数字经济发展与合作倡议》指出，数字

---

* 邱磊菊，经济学博士，中央财经大学中国互联网经济研究院助理研究员，主要研究方向为应用经济学、互联网经济、房地产经济。

经济是指以使用数字化的知识和信息作为关键生产要素、以现代信息网络作为重要载体、以信息通信技术的有效使用作为效率提升和经济结构优化的重要推动力的一系列经济活动。关于数字经济的具体含义和测度，没有形成统一的看法。欧阳日辉、鞠雪楠及霍达在《关于数字经济若干问题的研究》中归纳总结了以往的研究成果①，指出数字经济包括数字基础设施、数字服务、数字产品、数字技术融合四个部分。

（1）数字基础设施

既包括通信管网（由光纤 PSTN、同轴电缆、以太网线及其管道资源等组成）、无线基站、中继设备、各级机房以及相关配套的电源、建筑等信息基础设施，也包括对物理基础设施的数字化改造。

（2）数字服务

包括电子商务、数字公共服务、互联网金融、社交网站服务、搜索引擎服务和其他数字服务（包括云计算、大数据分析、在线服务）。

（3）数字产品

包括应用程序和软件、游戏、电子图书、电子报纸、电子期刊、图像图形、音频产品和视频产品等用计算机能够数字化处理和存储的信息等。

（4）数字技术融合

信息网络技术对其他产业融合渗透带来的产出增加与效率提升，传统产品数字化改造升级、增加数字化成分和智慧化，如数码相机、数字电视机、数码摄像机、MP3 播放器、DVD、CD 等。

数字产品是数字经济的重要组成部分。

其次，数字产品与信息、信息产品既有联系又有区别。美国著名经济学家夏皮罗（Shapiro）和瓦里安（Varian）在《信息规则：网络经济的策略指导》一书中认为，任何可以被数字化（即可以被编码成一段字节）的事物都是信息，因此信息产品即为任何可以编码为二进制流的数字化格式的交换物，如书、杂志、股票指数、棒球分数、数据库、音乐、电影和网页等。而普遍

---

① 资料来源：欧阳日辉、鞠雪楠、霍达：《关于数字经济若干问题的研究》，2017。

数字经济

数字基础设施　　数字服务　　　数字产品　　　数字技术融合

```
┌─ 信息基础设施      ┌─ 电子商务      用计算机能够数字化      信息网络技术对
│                  │               处理和存储的信息       其他产业融合渗
│   ┌─ 通信管网    ├─ 数字公共服务                       透带来的产出增
│   │              │               ┌─ 应用程序           加与效率提升
│   ├─ 无线基站    ├─ 互联网金融    │
│   │              │               ├─ 软件              传统产品数字化改
│   ├─ 中继设备    ├─ 社交网站服务  │                   造升级、增加数字
│   │              │               ├─ 游戏              化成分和智慧化
│   └─ 机房及配套电源 ├─ 搜索引擎服务 │
│                  │               ├─ 电子图书          ┌─ 数码相机
└─ 物理基础设施     └─ 其他数字服务  │                   │
   的数字化改造      │              ├─ 电子报纸          ├─ 数字电视机
                    ┌─ 云计算       │                   │
                    │              ├─ 电子期刊          ├─ 数码摄像机
                    ├─ 大数据分析   │                   │
                    │              ├─ 图像图形          ├─ MP3播放器
                    └─ 在线服务     │                   │
                                   ├─ 音频产品          ├─ DVD
                                   │                   │
                                   └─ 视频产品          └─ CD
```

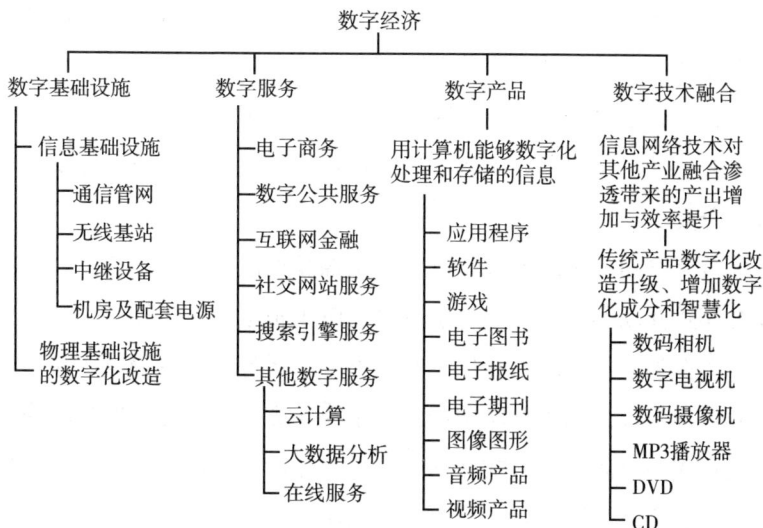

图1　数字经济的范围和界定

资料来源：欧阳日辉、鞠雪楠、霍达：《关于数字经济若干问题的研究》，2017。

认为的数字产品有狭义和广义之分。为区别于数字服务，如电子商务、数字公共服务、互联网金融、社交网站服务、搜索引擎服务和其他数字服务（包括云计算、大数据分析、在线服务）等，最狭义的数字产品为游戏、电子图书、电子报纸、电子期刊、图像图形、音频产品和视频产品等用计算机能够数字化处理和存储的信息，即欧阳日辉、鞠雪楠及霍达（2017）定义的数字经济中的数字产品。稍广义的数字产品定义为信息产品，基于数字格式的或通过因特网以二进制流运送的交换物，既包括数字服务又包括最狭义的数字产品。而广义的数字产品除了包括信息产品外，还包括基于数字技术的电子产品，如数码相机、数码摄像机、数字电视机等，或者存储于一定的物理载体而存在的产品，如DVD、CD等，也包括数字经济定义中的数字技术融合部分。

（二）数字产品的分类

根据数字产品的定义，其分类也有相应的区别。数字产品是随着数字技术的进步而产生的。如曾经的模拟产品，随着数字技术的发展已经被转换成

数字产品，如照片、图书和音乐等。随着技术的发展，各类数字产品相互融合，甚至发展出新的形态，因此严格的分类具有一定的局限性。如软件及应用程序等，不管是电子服务产品或是最狭义的电子产品都需要通过应用程序或软件来表达。本文根据数字产品的呈现形式、内容、有形或无形等性质进行大致的分类。

根据数字产品的呈现形式，有文字图像类产品、音频类产品、视频类产品以及交互式互动类产品，如电子图书、电子报纸、电子期刊、电子照片等属于文字图像类电子产品；音乐、有声书、广播等属于音频类产品；录播或直播类视频甚至包括电影等电子产品属于视频类电子产品；网络游戏及在线课堂等交互式产品属于交互式互动类电子产品。广义的数字产品还包括数字服务，如电子商务、数字公共服务、互联网金融、社交网站服务、搜索引擎服务和其他数字服务（包括云计算、大数据分析、在线服务）等。

根据数字产品的内容，有新闻、书刊、音乐、影视娱乐、教育、游戏等区分。

最广义的数字产品还能分为有形和无形的数字产品。有形的数字产品为原先的数码电子产品，如数码相机、数字电视机、数码摄像机、MP3 播放器、DVD、CD 等；无形的数字产品则是包括数字服务及最狭义数字产品的信息产品。

由于数字产品的边界和外延尚不清晰，目前还没有专门关于数字产品发展及其交易方面的统计。本文采纳最狭义的数字产品的定义，对数字产品的特征进行阐述，并对截至 2017 年中国数字产品的发展情况进行总结，主要关注文字图像类产品、音频类产品、视频类产品、交互式互动类产品的发展状况。本文还将根据电子产品的发展状况、发展趋势及存在的问题给出相应的对策建议。

二 数字产品的特征

（1）不可破坏性

不像传统的有形产品会随着使用时间而慢慢损耗，数字产品一旦被生产出来，就能永久保持其存在形式，没有损耗。

（2）存货无形性

数字产品的库存无须占据物理空间。

（3）可改变性

数字产品很容易被修改或重新组合。例如，很多图片、视频或音频被消费者从网上下载后，再重新编辑后在网上流传，数字产品改变了原样，而该数字产品原先的生产者很难控制消费者对其内容的修改。尽管有些加密技术和数字签名等办法可以保护数字产品被改变，但是保护的程度也相当有限。

（4）兼容性

数字产品是根据不同的数字技术设计创造而成的，生产者可以通过设计其产品的特性，而控制其产品与市场上其他数字产品的兼容程度。

（5）快速传播性

数字产品可以通过网络在很短的时间内，跨地区跨消费者进行传播、共享或交换。例如，不像购买纸质书刊一样，消费者在线购买电子书刊后，几乎瞬间就可以开始阅读。因其快速传播性，数字产品大大缩短了消费者等待的时间。

除了上述物理特性，数字产品还拥有特殊的经济学特征。

（1）成本结构特殊性

数字产品成本结构的特殊表现在生产第一个产品的成本极高，而复制的成本极其低廉。例如，创作一本书、一部影片、一个视频、一首歌及一个游戏都需要数年或数月的时间，投入大量人力、物力及财力才能生产出一个新产品。但是一旦第一个产品成形之后，用于复制的成本是极少的。因此数字产品的固定成本很高，而可变成本却很低。而且数字产品不像传统产品那样，停止生产后可以通过折旧等方式挽回部分成本，若停止生产数字产品，前期投入的固定成本将无法收回，也就是说，数字产品的固定成本大多属于沉没成本。对于数字产品的可变成本，如果生产的数量足够大，多复制一份的成本基本不会增加，也就是说，数字产品的边际成本几乎为零。边际成本是指企业增加最后一单位产量时总成本的增加量。在新古典经济学中，由于劳动和资本等生产要素的边际产量递减，企业生产的边际成本是递增的。而数字产品具有边际成本趋近于零的特性。

（2）个人偏好依赖性

从传统意义上说，数字产品不是"可消费"产品，被消费的是数字产品的内容，即所代表的思想和用处。任何产品的需求都随消费者的个人偏好差异而改变，如饭菜的口味等。但因数字产品的多样性，消费者对数字产品的口味差异则更突出。

（3）时效性及流行性

部分内容性数字产品具有很强的时效性，如新闻、证券、外汇、股票信息等。许多娱乐性数字产品具有很强的流行性，如许多音乐、视频、游戏等在一段时间内很流行，但不久就会有更受欢迎的产品替代它们。

（4）网络外部性

所谓网络外部性指的是随着使用者的增多，产品的价值会增大。这是数字产品不同于普通产品的一个重要特点。一般而言，越稀缺的产品价值越大，但对于数字产品来说，由于网络外部性的存在，产品会因其稀缺程度反而变得没有吸引力。很多网络互动游戏、流行音乐等都是很好的例子，例如绘画与猜测（Draw and Guess）游戏是一款网络互动游戏，如果玩的人少的话，就很难找到人一起猜测，该游戏的吸引力也会减小。

（5）需求方规模经济

普通产品的规模经济都是从生产者的角度来衡量其收益增加情况，即因为生产要素投入的增加而引起的收益递增。而数字产品基于网络外部性的规模经济完全是消费者的需求对收益的影响，因此被称为需求方规模经济。在传统经济中，随着生产要素的不断增加，生产者的内部协调成本不断增加而最终导致边际收益减小。而基于网络外部性的需求方规模经济却不会呈现收益递减现象，因此是一种新型的规模经济。

（6）锁定效应

由于不同数字产品的差异性，购买方在使用其他替代产品时发生了额外的成本，从而产生了重新选择的阻碍。造成锁定效应的根源在于消费者在尝试使用不同数字产品时存在转移成本（Switching Cost）。转移成本就是购买方使用另外一个不同的信息产品时必须付出的额外成本。转移成本的形式是多种多样的，有时甚至难以察觉。转移成本衡量了供应方对购买方的锁定程度。例如，消费者习惯了某种软件或平台的操作方式，就需要花费时间和精力来适应一个新的替代产品，因此轻易不变更所需的产品。

（7）长尾（Long - tail）效应

数字产品的消费者是通过互联网实现连接的。网络中个体间建立起来的连接遵循幂律（Power Law）分布，即拥有连接量为 k 的数字产品（如平台）数量同 $1/k^2$ 成比例。由于随着 k 的上升，$1/k^2$ 下降的速度相对较为缓慢，这意味着对于连接量较大的数字产品，其数量也比正态分布所对应的数量要多，于是幂律分布就会产生所谓的"长尾效应"。

（8）高附加价值特性

附加价值又被简称为附加值，即附加在产品原有价值上的新价值。数字产品的内容及思想可以通过技术创新而产生附加值，随着移动互联网的普及，数字产品的应用更加多元化。比如，游戏《植物大战僵尸》可以被改成动画片、音频故事等一系列相关 IP 的数字产品，这就是数字产品通过科技创新而产生的附加值，创造了游戏本身之外的新价值。

三　中国数字产品的发展状况

我国互联网及手机端移动互联网的普及率和使用率逐年上升。中国互联网络信息中心的《第 41 次中国互联网发展状况统计报告》显示，截至 2017 年底，我国网民规模为 7.72 亿，全年共计新增网民 4074 万。互联网普及率为 55.8%，较 2016 年底提升了 2.6 个百分点。而手机网民规模为 7.53 亿，较 2016 年底增加了 5734 万。网民中使用手机上网人群的占比由 2016 年的 95.1% 增加到 97.5%。随着互联网的普及，我国的数字产品行业蓬勃发展，本部分主要调研了一部分文字图像类产品、音频类产品、视频类产品及交互式互动类产品的发展状况。

移动应用程序（APP）的种类、数量及使用情况最能反映各类数字产品的规模。工业和信息化部的监测数据显示，2017 年，中国市场上的移动应用程序（APP）在架数量每月都维持在 400 万款左右，2017 年 9 月为 406 万款，其中游戏类 APP 一直占据较大比例。2017 年 11 月底，游戏类应用数量超过 111 万款，占比为 28.4%；规模第二大的是生活服务类 APP，超过 49.7 万款，占比为 12.7%；规模第三大的是电子商务类 APP，超过 40.8 万款，占比为 10.4%；办公学习类应用规模位于第四，数量为 31.4 万款，占比为 8.0%①。表 1 展示了一些近几年增长较快的数字产品在 2016 年底和 2017 年底的用户规模及网民使用率情况。

表 1   各类数字产品的用户规模及使用率

单位：万，%

应用 APP	2017 年 12 月		2016 年 12 月		
	用户规模	网民使用率	用户规模	网民使用率	年增长率
网络文学	37774	48.9	33319	45.6	13.4
网络新闻	64689	83.8	61390	84.0	5.4
网络音乐	54809	71.0	50313	68.8	8.9
网络视频	57892	75.0	54455	74.5	6.3
网络直播	42209	54.7	34431	47.1	22.6
网络游戏	444161	57.2	41704	57.0	5.9
在线教育	15518	20.1	13764	18.8	12.7

资料来源：中国互联网络信息中心：《第 41 次中国互联网发展状况统计报告》。

（一）文字图像类数字产品

文字图像类数字产品主要包括电子书刊、新闻资讯、图片照片等产品，主要集中在电子阅读产业。电子书、电子期刊、电子杂志、电子报纸等产品从原来的纸质媒介逐步被数字化，从而被搬上互联网。移动互联网的发展，正在加速其互联网改造，并使其呈现不同的形态。国家新闻出版广电总局于

---

① 数据来源于工业和信息化部。

2017 年 4 月发布的《2016 年度中国数字阅读白皮书》显示，2016 年全国数字阅读用户规模突破 3 亿，增长率达到 12.3%；数字阅读市场规模达到 120亿元，同比增长 25%，增速比 2015 年提升 6.5 个百分点。

电子阅读的兴起促进了网络文学的发展。根据 Frost&Sullivan 的调查数据，2016 年网络文学市场规模达 45.71 亿元，同比增长 60.72%；预计 2020年市场规模将达到 134.08 亿元，从 2016 年到 2020 年年均复合增速为30.9%，是一个快速成长的数字产品行业。CNNIC 的《第 41 次中国互联网发展状况统计报告》显示，截至 2017 年底，网络文学规模达到 3.78 亿，较2016 年底增加 4455 万，网民使用率为 48.9%。手机网络文学用户规模为3.44 亿，较 2016 年底增加 3975 万，网民使用率为 45.6%。对于移动数字阅读市场，易观智库预计，2020 年市场空间将为 2016 年的 1.73 倍，从2016 年到 2020 年年均复合增速将达到 14.7%。

中国数字阅读市场规模持续扩张主要受益于以下三个方面。第一，中国移动互联网的快速发展。中国移动互联网市场规模由 2012 年的 1835 亿元增长到 2016 年的 46721 亿元，而移动互联网的蓬勃发展为移动数字阅读带来了巨大的用户需求和可能的产业环境。第二，数字阅读的发展还归功于国内数字内容版权制度的完善。2017 年下半年网络文学行业进一步发展，网络文学业务开始全面盈利，标志性事件是国内两大网络文学平台阅文集团和掌阅科技相继上市。第三，IP 的兴起给数字阅读行业无论从供给端还是消费端都带来了热度。近年来，很多影视节目都是从网络文学改编而成的，如《欢乐颂》《盗墓笔记》《琅琊榜》等 IP 改编的影视剧广受消费者青睐，给影视公司和上游的文学网站带来了巨大的利润。而 IP 的运营能够给文学网站、阅读 APP 等优质 IP 的供应商带来额外的版权收入和用户流量。

从行业发展来看，2017 年网络文学行业发展的重要特点是扶持原创内容和发展听书业务。在行业内，各网络文学平台不断加大对创作者的扶持力度。比如，2017 年 6 月，阅文集团出版了"内容整体生态战略"，并成立了内容产业基金。它从内容发布、内容业务支持、内容品牌传播和优秀青年作家的创作和支持四个方面支持了创作者。阿里文学及其影视事业宣布，将为内容制作者提供一站式服务，包括平台、IP 和宣传资源。在行业外，听书作为衍生业务而快速发展。

传统纸媒被搬上互联网后，数字新闻作为文字图片类数字产品的经典产品蓬勃发展。CNNIC 的《第 41 次中国互联网发展状况统计报告》显示，截至 2017 年底，我国网络新闻用户规模为 6.47 亿，年增长率为 5.4%，网民使用率为 83.8%。其中，手机网络新闻用户规模达到 6.20 亿，网民使用率为 82.3%，年增长率为 8.5%。2017 年，新闻资讯领域呈现以下四个发展特点。

首先，与数字新闻相关的法律法规的进一步健全更加规范了行业发展。国家互联网信息办公室于 2017 年 5 月 2 日发布了新的《互联网新闻信息服务管理规定》。该规定于 2017 年 6 月 1 日开始施行后不仅保护了互联网新闻信息服务单位的合法权益，也促进互联网新闻信息服务行业更加健康稳定发展。

其次，传统新闻媒体加速互联网融合发展，加强优质平台的打造。各大报社和电视台，如人民日报社和中央电视台等传统主流媒体，都提高了对互联网媒介的重视度，快速开发和运用数字产品，深度融合内容、渠道、管理等，打造了一批内容丰富、形式多样，兼具新闻舆论传播力、影响力及公信力的新型新闻资讯平台。

再次，互联网新闻资讯平台的竞争发展为内容、形式及技术等多维度的竞争。优质内容成为各大新闻资讯平台竞争的焦点，各平台纷纷增强对原创内容扶持的力度。2017 年 7 月 21 日在上海举行的"2017 互联网原创新闻媒体外滩峰会"展现了中国主流新闻媒体的改革创新发展成果，并且探讨了中国原创新闻行业发展趋势和路径。为满足用户需求，视频、直播、VR 等新技术被广泛应用到新闻的呈现形式中。而人工智能和大数据分析技术的发展为咨询平台更好了解消费者提供技术支撑，在资讯推荐和营销推广方面提供更精确的目标，从而促使内容制作和互动沟通等方面的进一步发展。

最后，各大社交网络上的自媒体蓬勃发展。2017 年，各种社交平台都注重生产高质量的内容，以及主动和外部各行业的拼接和整合。内容已经成为社交平台体现价值的主要表现形式，成为连接优质内容生产者和使用者的纽带。内容生产者从专业媒体平台、公共关系机构、大 V、网红延伸至粉丝和普通用户，直接导致了自媒体的蓬勃发展。自媒体始于博客等网络原创文章的发布，而随着社交网络的发展，自媒体借助社交网络的及时性、互动性传播信息，以满足读者的个性化需求，微博、微信等都是典型的自媒体发展的平台。可以说，自媒体是为满足个性化需求而从主流媒体发展出的个性化衍生物。因为社交网络的及时性和互动性，自媒体上信息的传播不受时空限制，而且读者可以针对文章内容表达自己的观点。自媒体普遍靠创建者的个性化观点来吸引用户，如逻辑思维等。

（二）音频类数字产品

音频类数字产品主要包括音乐、广播等通过互联网传播的音频产品。20世纪 80 年代，数字录音技术的出现，使数字音乐能维持更好的保真度，并且因录制成本的下降而使其易于普及。最早出现的数字音乐载体就是 CD 唱片。CD 唱片的出现并没有冲击传统音乐产业，反而促进了音乐唱片业的繁华。到了 90 年代中期，动态影像专业压缩标准音频层面 3 格式（MP3 格式：Moving Picture Experts Group Audio Layer – 3）的音频文件提升了音频文件的质量，降低了文件的存储空间和可复制率，从而进一步实现了音乐作品与载体的分离。MP3 格式的出现开拓了数字音乐普及的新时代。伴随着高速发展的互联网技术，数字音乐实现了更高速、更广泛的传播。因此，MP3格式音乐的产生可以说是当下流行的网络数字音乐的开端。但网络音乐是一个比较特殊的市场，由于中国的网络音乐市场从一开始就是建立在资源免费的基础上的，而且因为中国网民的版权意识薄弱，免费音乐下载非常便捷，网络音乐基本没有盈利空间，并不受资本市场的重视。

如今，随着国家对音乐版权的保护力度加大，优质音乐很难免费获取，因而音乐类 APP 已经成为网民的必需品。网络音乐的欣赏不必考虑顺序，移动音乐的欣赏时间更加灵活。网络音乐风格多样使得用户的审美和喜好得到了充分的尊重，网络音乐因广受欢迎而蓬勃发展。CNNIC 的《第 41 次中国互联网发展状况统计报告》显示，截至2017年12月，我国网络音乐用户规模达到5.48亿，较上年底增加4496万，网民使用率为71.0%。手机网络音乐用户规模达到5.12亿，较上年底增加4381万，网民使用率为86.0%。近两年，同时受益于行业版权意识和用户付费意识的增强，网络音乐收益进入高速增长期，因此网络音乐开始成为互联网大佬需要抢占的地盘。

2017年中国网络音乐行业的发展呈现以下特征。第一，行业格局基本确立。随着近两年的一系列并购事件的发生，如阿里并购并整合了天天动听和虾米音乐，并且组建了阿里音乐；酷狗音乐、酷我音乐合并，与海洋音乐组建海洋音乐集团。网络音乐的行业格局基本确立，主流移动音乐平台为QQ音乐、阿里音乐、网易云音乐、海洋音乐集团。

第二，版权竞争。近两年网络音乐的版权监管越来越得到国家重视。2006年，文化部出台《文化部关于网络音乐发展和管理若干意见》；2015年，国家版权局相继出台《关于责令网络音乐服务商停止未经授权传播音乐作品的通知》和《关于大力推行我国音乐产业发展的若干意见》以加强对音乐版权的保护。网络音乐的正版化开启了各大网络音乐企业的版权争夺战，纷纷花巨资收购版权或与唱片公司进行独家版权合作。目前，QQ音乐因为与华纳、索尼、福茂、英皇、梦想当然、华谊、少城时代、乐华、YG、LOEN、CUBE、JVR等优秀唱片公司的合作而具有版权优势。2017年8月，腾讯音乐集团连续多次起诉网易云音乐的侵权行为，并暂停了与网易云音乐的部分内容转授合作。此后，网易云音乐只能通过与其他音乐服务公司进行合作以拓展版权资源。未来，版权还是各企业的竞争点。

第三，网络音乐和泛娱乐生态融合趋势得到延续，线上和线下音乐产业联系更加密切。QQ音乐独家合作音乐综艺节目《中国好声音》，而网易云音乐启动了中国和韩国歌手"音乐大战"，利用网易的跟帖文化做社交音乐。

第四，从网络音乐行业自身发展来看，网络音乐行业发展的另一个特点是UGC（User Generated Content）模式的发展。网络音乐平台加大了对内容生产（UGC）的音乐原创作者的扶持力度。

在各大集团大力投资数字音乐产品的同时，网络音频平台也受到投资者的青睐。不同于传统的网络音频平台，基于传统广播的播客平台也在2017年兴起并且蓬勃发展。广播节目不仅具有短、平、快的内容特征，更拥有与社会各大领域相关的精品节目。因为互联网及数字技术发展所带来的便利，这些播客平台的生产者呈现出多元化的特征。其生产者大体可分为两类：第一类为专业生产内容（Professional Generated Content，PGC），如大量由媒体人、大V、明星及其团队自制的节目在喜马拉雅、蜻蜓FM、考拉广播及苹果IOS APP"播客"等泛用型广播客户端上百家争鸣。第二类为用户生产内容（User Generated Content，UGC），这类音频节目主要在荔枝FM、喜马拉雅两大音频平台。用户自制节目上传，如中国最大音频平台喜马拉雅上，播客类型的用户自制节目占到全部音频节目数量的一半以上。

除了广播类音频产品，听书产品也在各大音频平台上大受欢迎。2017年4月国家新闻出版广电总局发布的《2016年度中国数字阅读白皮书》显示，超过1亿用户使用过听书功能，占数字阅读用户的七成，有付费意愿的用户比例达到65.3%。在这种趋势下，蜻蜓FM、懒人听书等垂直听书平台在2017年度都获得了上亿元人民币的融资。而7月，微信读书也发布了全面上线音频内容的新版本。

（三）视频类数字产品

视频类数字产品包括以数字形式存储、传播及播放的直播或录播的短视频及各种影视类节目。CNNIC的《第41次中国互联网发展状况统计报告》显示，截至2017年12月，我国网络视频用户（不包括网络直播）规模达到5.79亿，较上年底增加3437万，网民使用率为75.0%。手机网络视频用户规模达到5.49亿，较上年底增加4870万，网民使用率为72.9%。随着用户规模的不断扩大，用户的使用黏性逐渐增加，网络视频带来的商业资源不断升值，预计到2019年网络视频市场规模将发展成千亿级。2017年9月，爱奇艺、腾讯视频和优酷的月活动用户分别是4.8亿、4.7亿和3.3亿，三者凭借着庞大的用户规模而成为网络视频平台中的领先平台。因为网络剧的流行，用户也逐步养成了付费习惯。2017 年，视频付费会员规模超过 1 亿，视频付费市场健康稳定发展，并且成为网络视频行业的主要增长动力。

2017 年 6 月，国家新闻出版广电总局再次发布《关于进一步加强网络视听节目创作播出管理的通知》，强调网络视频音频节目要与传统的广播电视节目接受同一标准和尺度的内容监管审查。国家相关部门多次加强对网络视频行业的监管，进一步促进了网络视频行业的规范发展，并且提升了视频行业的内容质量。

网络视频行业的发展呈现以下两个特点：第一，网络视频的版权内容发展趋于稳定，自制内容迅速崛起，短视频内容再次得到用户关注。2017 年，版权剧和版权综艺节目仍然是各大视频网站的主要争夺内容，同时其也注重自制剧和自制综艺节目的开发和投入。相较于过去的小制作，目前网络剧和网络综艺节目呈大制作大阵容的发展态势。此外，凭借网络视频业务，大型平台集团内部的影视企业也开始对影视产业链的上游内容开发加强投资，影视 IP 的全产业链开发为视频网站提供内容动力，剧目数量剧增，截至 2017 年第三季度，全网网络剧数量为 251 部。爱奇艺在独播剧上有一定优势，从第一季度到第三季度共有 135 部，腾讯视频和优酷分别有 52 部和 19 部。

第二，网络视频网站的商业模式不断突破，盈利模式趋于多元化。网络视频的广告形式逐渐丰富，打赏、会员等用户付费形式逐渐形成，视频的衍生产品迅速发展。在广告形式方面，网络视频的内容营销迅速发展，除了直接的剧前剧中时间段的广告，以及后来发展的剧内植入广告外，在剧外的广告形式也逐渐丰富，如"原创帖""创可贴""移花接木"等创意式植入渠道广受用户及广告主的好评。在网络视频付费方面，用户的付费习惯逐渐形成。在视频衍生产品方面，依托于影视 IP 的其他模式，如游戏、衍生周边等业务规模也迅速增长，促进了视频行业良性循环发展。

除了传统的在线视频平台，以秀场直播和游戏直播为核心的网络直播业务在 2017 年蓬勃发展，多家大型直播平台在上半年得到巨额融资。CNNIC 的《第 41 次中国互联网发展状况统计报告》显示，截至 2017 年 6 月，网络直播用户共 3.43 亿，占网民总体数量的 45.6%。其中，游戏直播用户规模达到1.80亿，较上年底增加3386万，网民使用率为23.9%；真人秀直播用户规模达到1.73亿，较上年底增加2851万，网民使用率为23.1%。

网络直播行业的发展主要呈现以下两大特征。第一，网络直播的运营正规化。2016年11月4日，国家网信办发布《互联网直播服务管理规定》，明确禁止互联网直播服务提供者和使用者利用互联网直播服务从事危害国家安全、破坏社会稳定、扰乱社会秩序、侵犯他人合法权益、传播淫秽色情等活动。此后陆续展开对网络直播平台低俗内容的治理工作。例如，2018年1月，文化部召开网络表演企业通气会，要求各直播平台进行全面自查，重点清理"三俗"等违规内容。4月，北京市网信办等相关部门约谈火山直播、花椒直播等平台，依法查处其提供涉黄内容的违规行为，并责令限期整改。经过多番整治，网络直播平台的低俗内容大幅度减少，网络直播空间逐渐走向正轨化。

第二，内容精品化。与上年相比，网络直播行业在快速发展的过程中专业化程度越来越高。网络直播节目基于用户自创的UGC内容而崛起，但是2017年直播平台加大了对PGC内容创作的扶持力度，非专业的UGC内容很难再与之抗衡。如腾讯旗下NOW直播和YY旗下虎牙直播均在上半年推出激励专业原创内容生产者的生态扶持计划。网络直播行业的内容呈现精品化的发展趋势。

（四）交互式互动类数字产品

交互式互动类数字产品主要包括在线互动游戏、在线教育等产品。其中网络游戏是最流行的一种互动类数字产品，CNNIC的《第41次中国互联网发展状况统计报告》显示，截至2017年6月，中国网络游戏用户规模达到4.22亿，较上年底增长460万，网民使用率为56.1%。2017年国内网络游戏行业发展稳定，主要呈现以下特征。

第一，营收规模显著增长，市场规模初具格局。以手机移动端为主的移动游戏作为核心动力的网络游戏市场营收依旧高速增长。2017年，中国移动游戏全年营收约为1122.1亿元，同比增长38.5%，占网络游戏的市场份额达 55.8%。国内最大的两家游戏公司腾讯和网易的财报显示，2017 年第一季度的游戏业务营收同比增长分别达到 34% 和 78.5%。网络游戏行业的竞争基本实现了优胜劣汰，排名靠前的网络游戏企业占据市场主要份额，而中小企业的创业和生存成本变高。

第二，游戏与 IP 产业链上其他环节的联动不断加深。网络游戏企业与文学及影视企业的合作日益紧密，从上游 IP 生产到下游 IP 变现的产业链逐渐形成并日益稳固。比如，阿里游戏和蓝港互动等游戏厂商陆续在 2017 年上半年公布了 IP 改编游戏计划，并联合爱奇艺及优酷等视频网站进行游戏及影视作品的协同营销。因为网络游戏企业对 IP 的创造及培养，各 IP 相关的精品网络游戏不断涌现，同时对 IP 的使用也开始回归理性。

第三，2017 年竞技与社交依旧是拉动游戏营收能力增长的核心元素。从游戏类型上看，竞技类网络游戏是目前市场收益增长的核心动力，PC 单机游戏因转移至线上分发而重获市场青睐。竞技游戏持续火爆，PC 端和手机端在上半年均获得了高额营收，并衍生出电竞赛事活动，推动了周边产业链的完善。例如，《英雄联盟》总决赛以及《王者荣耀》移动电竞赛事活动的举办，推动了电竞产业链的完善。阿里巴巴、京东及苏宁等电子商务企业先后进入这一领域。此外，虽然 PC 端单机游戏已经沦为游戏行业的垂直小众市场，但因为网络分发渠道的扩展、版权环境的改善以及国内用户付费意识的增强，随着 PC 端单机游戏更加细化，其用户反而逐渐呈现发展潜力。

在交互式互动类数字产品中，在线教育产品也蓬勃发展。在线教育产品，种类丰富、形式多样。CNNIC 的《第 41 次中国互联网发展状况统计报告》显示，截至 2017 年底，在线教育规模达到 1.55 亿，较 2016 年底增加 12.7%，网民使用率为 20.1%。在线教育尤其以少儿英语培训项目为主，例如，以 VIPKID、哒哒英语、51Talk 青少英语等为代表的线上品牌英语培训，新东方、学而思等传统线下机构也都进军在线英语培训市场，行业竞争激烈。其中，一、二线城市因为经济水平较高、互联网科技较发达、父母教育观念较先进等原因成为在线少儿英语教育的主要发展区域。

此外，随着人工智能技术的进步，在线教育产业不断升级。2017 年人工智能教育产品相继问世，如沪江网的"Uni 智能学习系统"、学霸君的"高考机器人"、英语流利说的"AI 英语老师"。目前，人工智能技术在网络教育领域的应用主要包括自适应学习、虚拟学习助手和专家系统、口语测试、智能阅卷等，基本包括教育产业链的"教、学、考、评、管"各个环节。一些在线教育平台通过引入人工智能技术来提升服务效果，采用技术引流与直播课程形式相结合吸引用户付费。

四 数字产品市场的主要特征

2017 年中国数字产品的市场展现出以下特征。

第一，创新是企业的核心竞争力。企业在行业中突破、成长、壮大或维持都需要不断地创新。随着互联网及数字经济的发展，创新在数字产品企业中更加重要，只有通过创新，企业才能创造出具有竞争力的产品或产生独特的优势。对于数字产品，内容创新及技术创新尤为重要，特别是优质内容的创造及高新技术的培养，形成优质的知识产品，使企业在竞争中取得优胜地位。

第二，成本结构与网络外部性是行业格局的决定因素。数字产品的高固定成本及近零边际成本从供给端要求行业内存活的企业必将大型化，而数字产品的网络外部性从需求端决定了市场规模越大的企业越具有竞争优势。当创新者凭借优质技术及产品在市场上占领优胜地位后，因近零边际成本及网络外部性而发展壮大，并成为行业标准，用户黏性更强，进而导致更大的网络外部性。因此数字产品特有的成本结构与网络外部性决定了数字产品行业的竞争结果必然是形成寡头垄断格局。

第三，垄断。大企业牢牢把握用户的倾向及偏好信息进而打磨更新其产品，吸引更多的消费者。而因为时间、精力有限，很多消费者甚至不知道其他替代产品的存在。这样大企业的市场份额越来越大，甚至占据整个市场，而小企业很难进入或发展壮大，最终只能退出市场。而寡头之间也运用各种价格战，把对方打败或合并。这种现象是数字产品企业竞争的最终市场格局。

第四，数字产品虽然容易形成垄断格局，但是垄断只是一个暂时状态。企业需要不断地创新才能维持其垄断地位，但随着整个市场的创新不断涌现，很快某种创新又会脱颖而出，受到消费者的青睐而发展壮大形成新的垄断。暂时的垄断并不是竞争的最终结局，当新的内容取代旧的内容、新的技术标准取代旧的技术标准，企业间的市场格局就会发生新的变化，如谷歌替代微软的老大地位等。创新及垄断是一个循环往复的过程。

五　数字产品未来发展趋势

随着数字产品行业的高速发展，供给端与需求端将继续保持高速增长态势，供求两侧结构持续优化升级，数字产品行业必将进一步优化升级。总体来说，数字产品的未来发展趋势呈现以下特征。

第一，生产智能化。人工智能开始对各行各业产生深远的影响。随着深度学习、图像识别、语音识别等一系列关键技术的突破，结合大数据、云计算等技术水平的进一步发展，供给端的生产越来越智能化。比如在网络新闻行业，2017年8月8日最先发布四川九寨沟7.0级地震的是一个写稿机器人通过中国地震台网官方微信平台推送，其写作及报道过程总共用时25秒。当人类记者还在惊愕中，机器人已经完成写作并发稿。未来人工智能的发展必定对数字产品的供给产生深远影响。

第二，需求定制化。数字产品将朝着定制化与个性化方向进一步转型升级。通过对大数据的深度分析，企业对用户的认知及偏好将越来越了解，因此在目标市场定位和用户体验方面能够提供更加个性化的服务。在满足用户个性化定制需求方面势必会出现一些行业领军力量。根据目标用户群的需求与行为特征，将特定的数字产品投放在特定的推广平台，这种方式将成为重要的趋势。另外，企业通过更加灵活的技术、提供个性化的内容与服务，进而满足用户对个性化内容及服务体验的需求。

第三，体验互动化。数字产品未来将更注重用户的体验与互动，并进一步增强其自身的社交性质。通过虚拟现实（VR）设备，用户可以身临其境地体验数字产品，现实世界与虚拟世界的界限将变得模糊。数字产品的设计也将创造出更加动态的社交体验来加强其社交属性，如通过融入社交分享功能，用户不需要离开节目就可以轻松地截图、录制视频并发送到社交网络中。

第四，运营平台化。数字产品的运营将逐渐集中在平台进行。数字经济下，网络信息技术的不断进步和普及使经济社会分工模式发生巨大的变化，生产者和消费者的边界将被打破，而平台为他们提供了交易的场所，正好符合这一趋势。与传统线下市场不同，平台是一组共享的能力和要素，平台不直接提供产品和服务，而是通过提供安全的线上交易系统，为平台上的用户赋能，促成他们之间的交易和交互，从而实现平台和用户的各方获益。顺应数字产品生产的智能化及需求的个性化趋势，平台是数字产品运营的未来潮流。

第五，创新开放化。随着数字技术的进步，数字产品的创新也在发生全方位的变化。在创新主体上，从原来企业内部的研发部门为主向多主体演进。企业可以将其研发难题发放到众包平台或在论坛里发布内容促进讨论。在创新流程上，从串行方式向并行方式演进。论坛或众包平台上的问题是面向整体用户或全社会的发放，其参与者或独立或合作同时进行着创新。在创新手段上，从以物理试验为手段的"试错法"向以数字仿真为手段演变。随着数字技术的进步，未来的很多创新并不需要实际投放市场来看市场的反应，而是通过数字仿真手段就能确定其演化路径而预先做出调整。

六　问题与对策

（一）主要问题

目前数字产品市场存在以下主要问题。

第一，数字产品存在信息安全、用户信息泄露及恶意欺诈等问题，而国内对信息安全投入不足,远低于美国和日本。2017 年 5 月,WannaCry 勒索病毒在全球蔓延,至少 150 个国家 30 万用户中毒,造成约 80 亿美元的损失。WannaCry 勒索病毒影响到金融、医疗、能源等众多行业,造成严重的社会问题。数据显示,2016 年共发生 1093 起数据泄露事件,近 14 亿条记录外泄。金雅拓公司的数据泄露水平指数(BLI)显示,2017 年仅上半年泄露的数据就已经超过了 2016 年全年泄露的数据。2017 年上半年,19 亿条记录被泄露或被盗,较 2016 年下半年超过 160%。2017 年上半年,平均每天有 1050 万条记录被盗,总共有 918 起记录在案的数据泄露事件,其中 22 起被泄记录超过 100 万条,很多泄露事件中没有被泄记录的明确数量,因此泄露数据总量可能远比公布出来的多。Identity Theft Resource Center 和 CyberScout 的数据显示,截至 2017 年 11 月,数据泄露事件继续猛增,数量增加到 1202 起,这比 2016 年全年的 1093 起多出了 10%。而据估算,2017 年,因垃圾短信、诈骗信息、资料泄露等原因,造成网民的经济损失高达 915 亿元。其中著名的泄露事件涉及脸书、德勤、美国证券交易委员会、优步等著名公司或机构。恶意软件问题在移动端应用市场更为突出。很多应用程序在使用过程中点击一下便可在没有提示的情况下自动扣费。很多应用窃取用户的个人隐私信息。例如,在网上查看了某类信息便经常有相关产品的广告推荐,甚至短信及电话推荐,这说明用户的个人联系方式已经被窃取了。这些问题困扰着大部分用户,令人深恶痛绝。

第二,在数字产品市场,知识产权保护比较困难。如果数字产品的生产者可以低成本地进行复制,那么别人也可以很容易地复制它。因此要对数字产品进行一定程度的"私有化",才能促进研发与创造生产。但是通过版权、专利和商标等形式授予的合法权利并没有使生产者对数字产品拥有完全控制权。实施是一个更加重要和棘手的问题,这个问题随着数字技术和互联网的发展变得越来越重要。互联网像一台巨大的无法控制的复制机器,数字产品可以被完全复制并瞬时传遍各地。如果盗版复制挤掉了合法销售,数字的生产者可能无法收回生产成本。而长此以往,就没有生产者愿意投入高昂的固定成本进行创造。

第三，数字产品市场中的垄断现象严重。在某些领域已经呈现平台企业寡头垄断或一家独大的状态。近些年，平台企业间并购整合加速，平台企业的横向和垂直一体化整合趋势明显。有的并购大幅提高了市场集中度，有的近乎垄断整个市场。例如，滴滴和 Uber 合并后市场占有率大幅度提升，经常出现高峰期间司机坐等加价而不接单的行为而使打车费剧增。头部公司大肆收购潜在竞争者，许多有潜力的中小企业在崛起之前就被收购了，而有些互联网行业平台巨头凭借其掌控的互联网资源和资本优势，直接"复制"其他中小企业的产品和经营模式，不断向更多领域延伸，挤压中小企业生存空间，以中小企业为代表的创新力量被扼杀于摇篮之中。在平台企业的竞争过程中，域名抢注、商业诋毁、山寨抄袭、虚假宣传、搜索排名、阻碍软件安装运行、诱导或恶意卸载软件、安装恶意插件、窃取信息和流量劫持等恶性竞争、不正当竞争手段花样百出。有的企业采取捆绑搭售、拒绝交易或兼容、价格歧视等方式赤裸裸地获取垄断利润，损害消费者利益。

（二）政策建议

目前，我国数字产品市场的发展仍有较大的提升空间，为了更好地扶持数字产品的发展，需要为数字产品发展创造良好的客观条件。一是通过消除数字产品规则壁垒，推广标准，营造公平、活力和安全的发展环境。加强信息技术标准的制定与推广、核心技术与网络安全能力建设以及人力资源培养，营造公平、良好的竞争环境；最大程度挖掘数字产品的内在潜力，制定数字产品市场的基本标准与准则，为数字产品的自由流动创造更为良好的条件。二是综合利用立法、财政支持等多种举措，为促进数字产品市场的公平竞争和创新发展创造适当的条件。加强数字产品的立法工作，促进前瞻性、共性技术研发，打造数字产品创新体系；灵活利用税收、财政、金融等政策工具，确保政策措施落地；健全更现代的产权保护法律体系，减少数字产品企业的行政管理税费负担。

具体来说，发展数字产品类产业的着力点主要如下。第一，移动应用端市场应着力增强应用平台的监督力度，将存在问题的软件下架，特别是对于那些盗取用户信息或者恶意窃取用户流量的开发商，应用平台应建立负面清单，在企业和开发者实名制的基础上，维护好应用平台的声誉机制，有效保障移动应用用户的合法权益。第二，国家应对数字产品的内容加强监管，对版权加强保护。国家应将数字阅读、网络广播、网络直播等，特别是 UGC 内容纳入监管范围，有效解决这些新兴市场的低俗、盗版、抄袭等问题，提高这些市场的用户体验，加强数字产品素养的培养，完善国家相关政策，不断加大支持力度。第三，规范数字产品行业，扶持创新，促进数字产品企业之间的良性竞争。首先，政府需要规范平台企业间的恶性竞争，防止垄断企业的不正当行为。其次，协同创新过程离不开政府的引导，良好的指导政策可以增强产学研合作的动机，提高产学研的创新协调效率，促进创新行为，因此，政府要充分发挥其在产学研协同创新中的作用。

参考文献

欧阳日辉、鞠雪楠、霍达：《关于数字经济若干问题的研究》，2017。

卡尔·夏皮罗、哈尔、罗·瓦里安：《信息规则：网络经济的策略指导》，张帆译，人民大学出版社，2002。

中国互联网络信息中心（CNNIC）：《第 41 次中国互联网发展状况统计报告》。

B.13
中国数字技术融合发展情况

何伟 孙克 汪明珠 王超贤*

摘　要： 2016年，全球数字经济规模持续扩张，占GDP比重快速提升，正成为全球竞争新制高点。中国数字经济持续蓬勃发展，总体规模稳居全球第二，增长速度位居全球前列，是推动我国经济发展质量变革、效率变革、动力变革的重要引擎。其中，基础型数字经济呈平稳增长趋势，融合型数字经济已成为我国数字经济发展的主要动力，在制造业转型升级的大背景下，为我国的经济发展持续注入新动能。中国各省数字经济发展表现出明显的梯级分布特征，数字经济发展地区集聚效应显著。

关键词： 数字经济　融合　总量　结构

一　数字经济保持快速发展势头

近年来，中国数字经济发展势头良好，自2013年首次超过日本跃居全球第二位以来，领先优势不断加大，与美国的差距也在逐渐减小，数字经济增速更是居全球"领头羊"位置，虽然占GDP比重与发达国家相比仍有差距，但总体来看，中国数字经济发展潜力十分巨大。

---

* 何伟，中国信息通信研究院政策与经济研究所副所长；孙克，中国信息通信研究院政策与经济研究所高级工程师；汪明珠，中国信息通信研究院政策与经济研究所工程师；王超贤，中国信息通信研究院政策与经济研究所工程师。

（一）中国数字经济总体规模稳居全球第二

2016年，中国数字经济同比增速达18.9%，总量达到22.6万亿元（折合34009亿美元），相比2015年增加3.97万亿元，稳居全球第二位，领先排名第三位的日本（22935亿美元）11074亿美元，与排名第一位的美国的差距仍较为明显，仅达到美国数字经济总量（108318亿美元）的31.4%，如图1所示。总体来看，中国数字经济发展态势良好，呈现快速上升趋势，对整体经济的发展起到至关重要的作用。

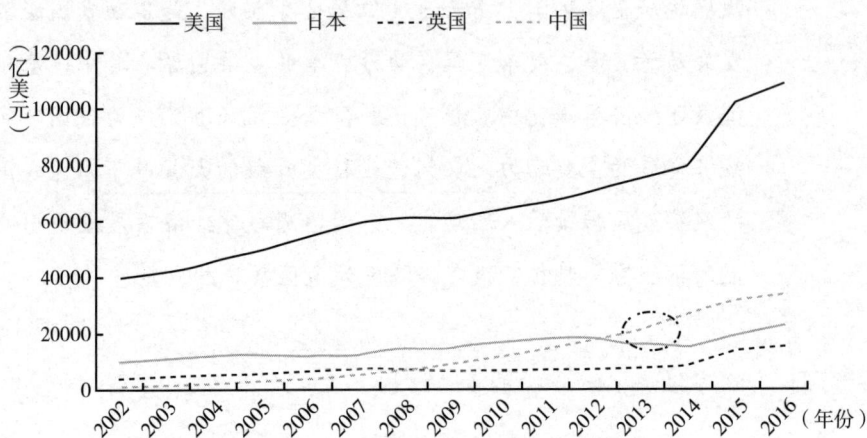

图1　中国与主要国家数字经济规模比较

资料来源：课题组测算。

（二）数字经济占GDP的比重较低，增速较快

近年来，世界主要国家数字经济总体保持增长势头，在各国国民经济中的重要性持续提升。从中、美、日、英四国数字经济规模占GDP比重情况看，中国数字经济占GDP的比重为30.3%，显著低于全球其他主要国家，分别比美国（58.3%）、日本（46.4%）和英国（58.6%）低28个、16.1个、28.3个百分点，其在国民经济中的重要作用尚未完全发挥出来。尽管中国数字经济占GDP的比重不高，但增速较快。2016年，中国数字经济增

速高达 18.9%，分别比美国（6.1%）、日本（17.0%）和英国（11.5%）高出 12.8 个、1.9 个、7.4 个百分点。未来几年，在高增速带动下，中国数字经济占比将有望逐渐逼近全球主要国家的平均水平，数字经济在推动中国经济社会发展、构建全球竞争新优势的重要作用将愈发凸显（见图 2）。

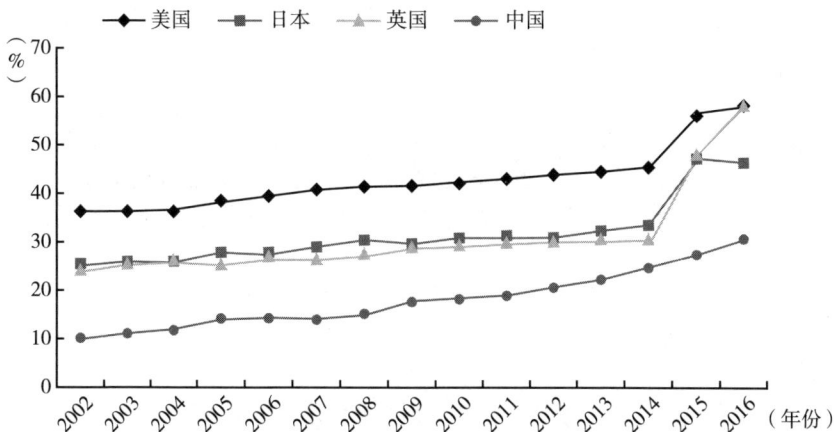

图 2　中国与主要国家数字经济占比比较

资料来源：课题组测算。

（三）数字经济对 GDP 增长的贡献率保持较高水平

中国数字经济增速一直高于 GDP 增速。尤其是 2011 年之后，中国 GDP 增速逐年放缓，而数字经济的增速却连续走高，与 GDP 增速的差距逐渐拉大，并带动中国数字经济占 GDP 的比重持续上升。2016 年，中国数字经济增速 18.9%，是 GDP 增速（6.7%）的 2.8 倍，数字经济占 GDP 的比重上升至 30.3%，相比 2015 年提高 2.8 个百分点，是 2002 年数字经济占 GDP 比重的 3 倍（见图 3）。

数字经济对 GDP 增长的贡献率保持较高水平。2016 年，中国数字经济对 GDP 增长的贡献率达到 58.7%，从 2002 年至 2016 年，数字经济对 GDP 增长的平均贡献率高达 34.3%。现阶段我国实体经济增速持续放缓，在此背景下，数字经济增速逆趋势而上，呈现出加速增长的态势，对我国 GDP

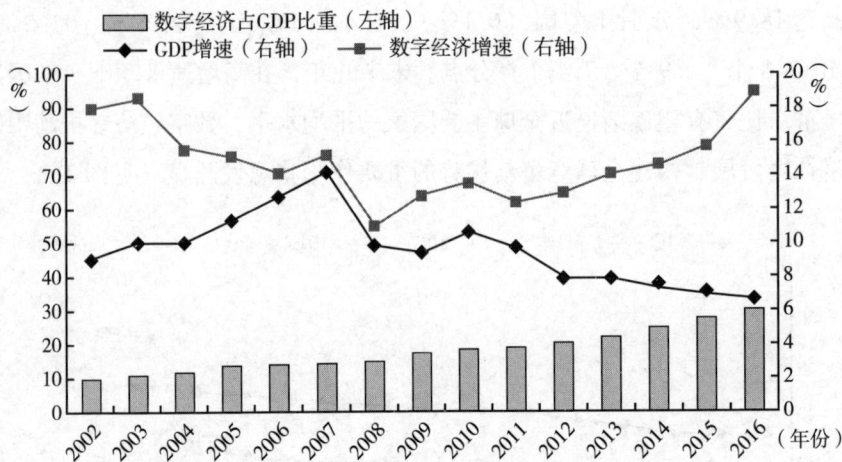

图3 2002~2016年中国数字经济占比与增速情况

资料来源：课题组测算。

增长的贡献率不断攀升。另外，数字经济在直接创造价值收益的同时，也可以通过降低实体经济运行成本、提升全要素生产率等方式，间接对GDP增长做出贡献。数字经济在国民经济中的地位不断提升，已成为国家经济稳定增长的重要引擎（见图4）。

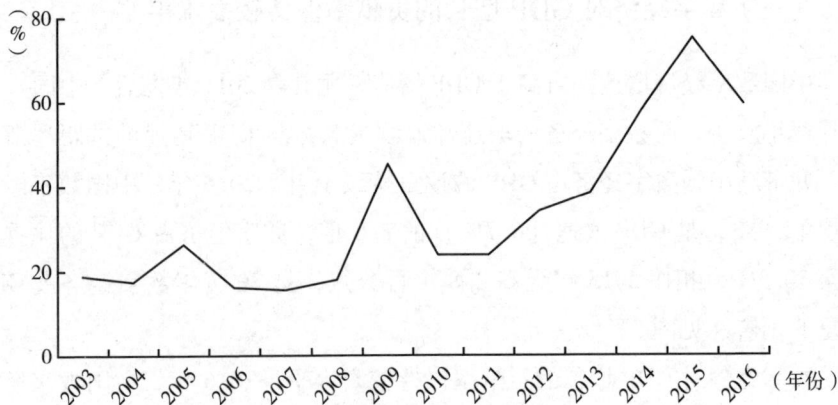

图4 中国数字经济对GDP的贡献率

资料来源：课题组测算。

二 融合型数字经济成为驱动中国数字经济
增长的核心动力

从中国数字经济的发展历程来看，2007 年是中国数字经济内部结构发生变化的重要拐点，2007 年以后，基础型数字经济占数字经济比重逐年下降，但仍然保持稳定增长，并为融合型数字经济提供有力的基础支撑；融合型数字经济增速与贡献率均创近年新高，是中国数字经济发展的主要动力。

（一）数字经济内部结构演进呈明显阶段性特征

从 2002～2016 年数字经济内部结构演进过程来看，中国数字经济内部结构变化呈明显的阶段性特征。2002～2006 年，数字经济发展的基础条件逐步完善，为融合型数字经济发展提供了条件，基础型数字经济与融合型数字经济同步发展，二者在数字经济中的占比均维持在 50% 左右；2007 年之后，基础型数字经济发展相对成熟，增长趋于平缓，而融合型数字经济则依托于中国量大面广的传统产业转型升级的旺盛需求，呈现高速增长态势，在数字经济中的占比逐年提升，逐渐占据主导地位。2007 年，中国基础型数字经济占比大幅下降至 47.1%，相比上年下降了 3.3 个百分点，成为中国数字经济内部结构突变的重要拐点。2016 年，中国基础型数字经济占比仅为 22.8%，而融合型数字经济在数字经济中的比重已高达 77.2%（见图 5）。

（二）基础型数字经济继续保持稳定增长

一方面，数字经济基础部分在 GDP 中的占比始终维持在 6%～7%，增长态势与宏观经济发展趋势大体相似。另一方面，数字经济基础部分内部结构持续软化。2008 年至今，电子信息制造业占比持续下降，软件和互联网行业增速迅猛，在数字经济基础部分中占比显著提升。以 2016 年为例，我国信息通信服务业收入超过 2.1 万亿元，同比增长 11.5%，基于互联网的

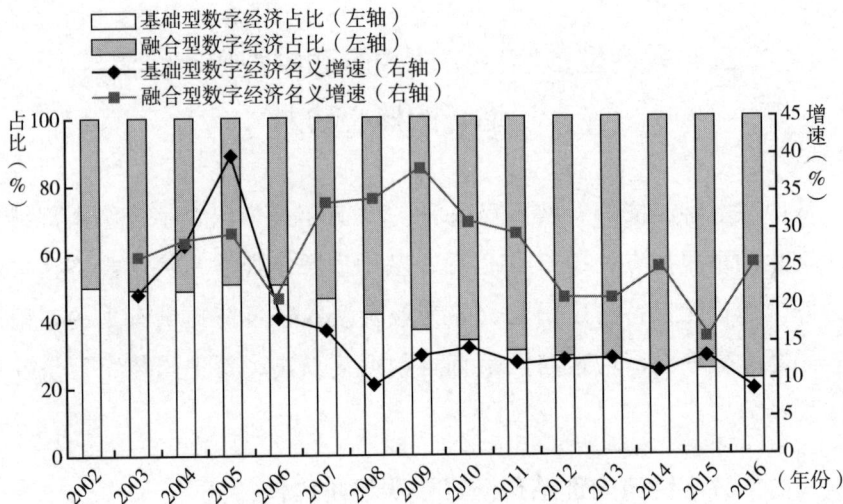

图5　中国数字经济内部结构及增速比较

资料来源：课题组测算。

业务收入突破 1.3 万亿元，同比增长 28.7%，占全行业比重由 2010 年的 21% 提升至 2016 年的 63%，成为信息通信行业发展的主导力量；规模以上电子信息制造业增加值同比增长 11.5%，高于工业平均水平（6.0%）5.5 个百分点；软件和数字技术服务业共完成软件业务收入 4.9 万亿元，同比增长 15.9%。①

　　建成全球领先的信息基础设施。截至 2016 年底，我国固定宽带已覆盖全国所有乡镇和 95% 行政村。据宽带发展联盟统计，我国固定宽带用户平均接入速率达到 39.2Mbps，实际可用下载速率 11.9 Mbps、进入全球较快梯队，超过法国等发达国家。宽带用户普及率达到 21.6%，与 OECD 国家平均水平差距快速缩小，其中，光纤用户占比达 76.6%，已超过所有 OECD 国家水平，居全球首位。预计到 2020 年，我国固定宽带用户将达 3.5 亿户，家庭普及率将超 70%，其中光纤用户占比达 97%（见图7）。②

① 数据来源于工业和信息化部。
② 数据来源于工业和信息化部。

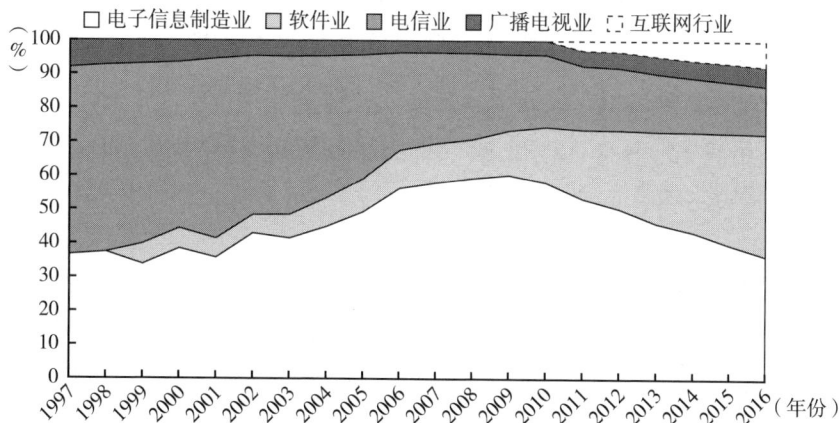

图6 数字经济基础部分结构变动趋势

资料来源：课题组测算。

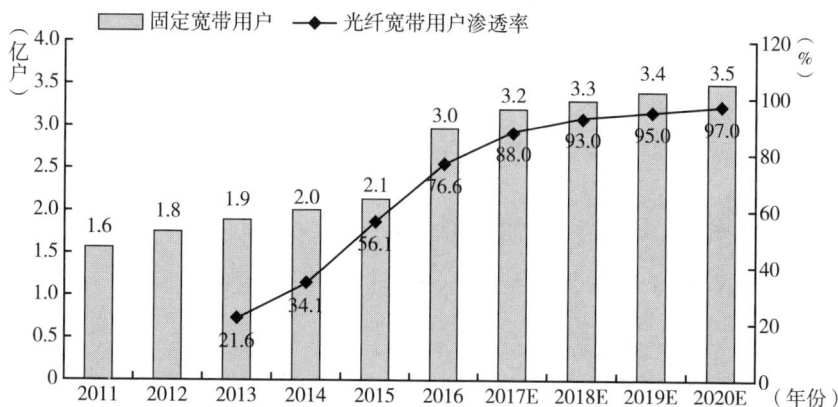

图7 2011～2020年我国固定宽带用户发展情况

资料来源：工业和信息化部。

4G用户规模跨越式增长。虽然我国4G牌照发放较晚，但4G建设与发展势头迅猛，目前网络规模和用户规模均排名全球第一。据工信部统计，2016年全国新建4G基站86.1万个，总数达263.2万个，实现城区、县城深度覆盖，乡镇、重点行政村以及高铁、地铁、景区等重点场所基本覆盖。

281

移动网络用户平均下载速率超过美国。2016 年 4G 用户数新增 3.8 亿户，总数达到 7.7 亿户，规模世界第一。4G 用户占移动电话用户比重达 58.2%，超 OECD 国家平均水平，与美国、日本等同处全球领先水平。预计到 2020 年，4G 网络将全面实现深度覆盖，4G 用户占移动电话用户比重达 95% 左右，继续保持全球领先地位（见图 8）。

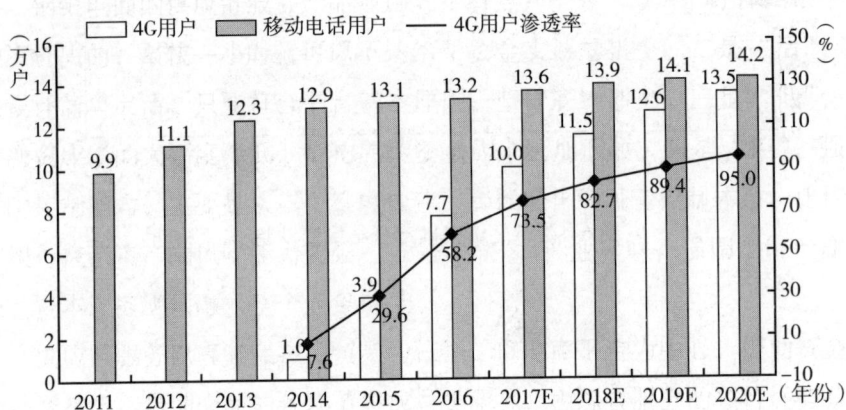

图 8   2011～2020 年我国移动电话用户发展情况

资料来源：工业和信息化部。

物联网连接成为新热点。根据 GSMA 发布的数据，截至 2016 年底，中国蜂窝物联网 M2M 连接数 1.4 亿，占全球 M2M 连接数的 35%，位居全球第一。随着物联网技术成熟发展，社会将进入万物互联时代，连接对象将从人、家庭、企业扩展到万物，连接规模将成倍增长。据麦肯锡预测，未来 5 年将是物联网发展的爆发期，到 2020 年全球市场连接规模将达到 500 亿，中国市场的连接数有望突破 100 亿。

移动通信等优势领域实现全球同步。我国移动通信经历"1G 空白、2G 跟随、3G 突破"，已实现"4G 同步"，正迈向"5G 引领"的新阶段。我国主导的 TD－LTE 成为 4G 国际标准，并在全球广泛应用，"第四代移动通信系统（TD－LTE）关键技术与应用"项目荣获国家科学技术进步奖特等奖。2016 年，中国移动成功牵头 5G 系统设计；华为主导推动 Polar Code 码成为

5G 标准，中国开始引领全球 5G 标准制定与发展。

新兴领域紧跟全球先进水平且潜力巨大。在大数据、云计算、人工智能等重要新兴领域，我国相关技术产业紧跟发达国家步伐，成长性突出。阿里巴巴已成为世界云计算领域的"领跑者"，搭建了全球最大的弹性混合云架构，云服务收入排全球第三。百度、科大讯飞积极布局人工智能领域，在无人驾驶、语音识别等方面具备国际领先水平。据 Gartner 和中国信通院统计，2016 年全球云计算市场规模超过 650 亿美元，预计 2020 年将达到 1435 亿美元，年复合增长率达 22%；2016 年我国云计算市场规模达 493 亿元，预计 2020 年将达到 1317 亿元，年复合增长率达 28%。

（三）融合型数字经济成为数字经济增长主要引擎

2005 年至 2016 年，数字经济融合部分占数字经济比重由 49% 提升至 77%，占 GDP 比重由 7% 提升至 23.4%。在 2016 年的数字经济总量中，数字经济基础部分的规模约为 5.2 万亿元，同比名义增长 8.7%，占同期 GDP 的比重为 6.9%；而数字经济融合部分规模约为 17.4 万亿元，同比增长 22.4%，融合部分占数字经济比重高达 77.2%，对数字经济增长的贡献度高达 88.2%（见图 9）。

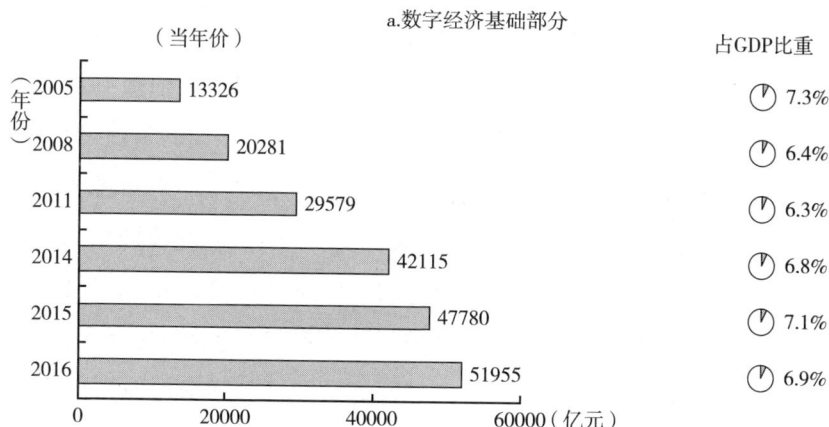

a.数字经济基础部分

（当年价）　　　　　　　　　　　　　　　占GDP比重

（年份）	（亿元）	占GDP比重
2005	13326	7.3%
2008	20281	6.4%
2011	29579	6.3%
2014	42115	6.8%
2015	47780	7.1%
2016	51955	6.9%

0　　20000　　40000　　60000（亿元）

b.数字经济融合部分

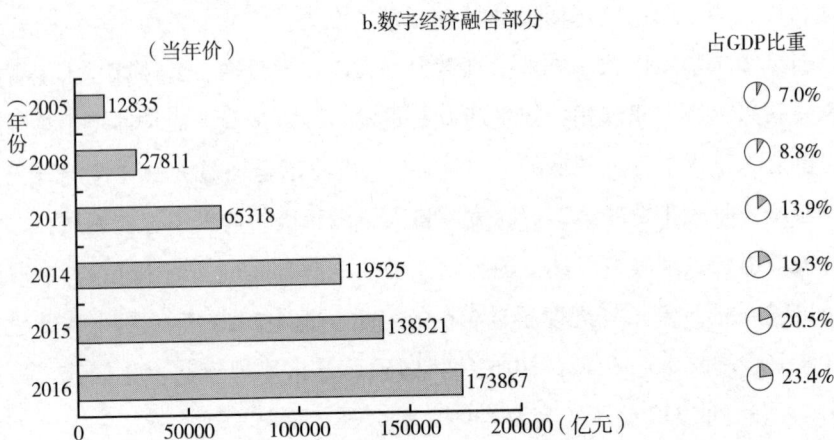

图9　我国数字经济构成及增长

资料来源：课题组测算。

公共服务数字化转型正在加速。当前，以数字化、网络化、智能化为特征的信息化浪潮蓬勃兴起，互联网与公共服务体系迈入深度融合发展阶段。以数字技术创新公共服务，保障和改善民生，大力推进社会事业信息化，优化公共服务资源配置，开始受到各阶层广泛重视。基本公共服务领域，横向到边、纵向到底的数字化服务体系日臻完善。一是以各部委信息化重大工程为牵引，持续推进各领域基本公共服务数字化发展。如教育方面，目前以"三通两平台"建设为重点，建成广覆盖、多层次的教育信息化系统，全国中小学互联网接入率达到85%，优质网络教育资源覆盖全国6.4万个教学点，网络师生空间开通4200万个，教育资源共享平台年访问量超过5000万次，资源下载超过3000万次。社保方面，以"电子社保"工程建设为突破口，推动社保服务向网络化、数字化转变。累计发放社会保障卡8亿余张，在广西、吉林等地积极探索基于社保卡的医保异地结算，初步实现跨地域"一卡通用"。推动劳动就业、社会保险一体化网上申报，试点开通"五险合一"参保登记、信息变更、网上缴费等业务功能，加快社保自助服务终端全面覆盖。二是以国家系列重大政策为指导，以互联网＋政务服务建设为抓手，各地掀起政务服务体系改革创新发展的浪潮，目标是以数字技术破除跨部门数据共享和业务协同机制壁垒，以数据驱动政务服务流程和服务模式更加简单便捷，切实方便群众办事。目前部分东南沿海省份以及 80 个信息惠民试点城市已先后启动"互联网 + 政务服务"体系改革工作，并取得了良好的示范效果。在"一号申请"方面，目前福建、广东等地先后有六个地市基本建成涵盖各市级部门的电子证照库和电子证照目录系统，基本实现了城市公民所有证照材料的电子化建档。"一窗受理"方面，所有试点城市均已建成线下政务服务中心，推进各涉及政务审批、公共服务部门统一入驻，设立跨部门服务事项综合受理窗口，基本实现公共服务事项的"一窗受理"。"一网通办"方面，一方面各地陆续启动和不断完善省、市、区县三级一体化网上政务大厅，公开省直、市属和区县各级政府部门各类公共服务事项办事指南，明确各类服务事项标准办事流程、网上申请、表格下载、法律法规介绍等基本信息，推动部分事项在线办理。另一方面积极推进线下政务便民服务渠道建设，推动政务便民服务自助终端进村入区，把政务服务推送至市民身边。

经济性公共服务领域，社会资本抢滩布局，初步形成千亿级消费市场。在国家进一步推动公共服务体系开放发展的基本要求下，社会资本已开始规模化进入社会公共服务市场，立足自身平台、供应链、用户群体等资源优势，积极运用互联网、云计算、物联网等技术手段，汇聚市场公共服务资源，提高配置效率，创新服务模式。目前在养老、社区、家庭等领域已经形成较为完善的产业生态链，部分细分领域如社区 O2O 服务产业规模已超过千亿元。与此同时，腾讯、阿里等互联网巨头，以及城市水电气、银行、电信运营商等企业纷纷开始加强与政府的紧密合作，基于政府开放数据资源推出的移动终端惠民公共服务平台，在提高自身业务用户黏性的同时推动公共便民服务渠道更加多元，实现政府、企业、市民多方共赢。例如目前支付宝的城市服务平台业务已覆盖全国 347 座城市，覆盖用户规模达到 1 亿，社保、交通、警务等几项服务流量贡献达到 80%。微信基于政务服务公众号的轻量级 APP 服务模式，实现了大量政府部门移动式便民服务入口的快速部署和上线。据统计，我国各地方政府部门公开的政务微信公众号从 2014

年的 4 万个快速增长到 2016 年 6 月的 10 万余个，累计覆盖 68 座城市 2 亿人口，提供出入境、交通、税务等 800 项服务。国家电网、自来水公司、燃气公司先后与金融机构、电信运营商、互联网企业合作，基于一卡通、便民服务终端、移动 APP 等渠道，推出网上查询、缴费、故障申告等服务，便民服务新模式层出不穷。

三 中国省域数字经济发展态势

中国各省数字经济的发展因战略导向、经济基础、产业结构、资源禀赋等不同而表现出明显的梯级分布特征，数字经济发展地区集聚效应显著，数字经济规模、增速、占比在稳步提升中呈现明显的区域差异。2016 年，中国各省数字经济的良好发展势头更加强劲，各省数字经济高速增长，占GDP 的比重明显提升，基础型数字经济稳步推进，融合型数字经济的增长引擎作用进一步凸显，新生型数字经济蓬勃发展。

（一）数字经济规模区域差异明显

2016 年，中国各省数字经济规模稳步增长，但省际间差距有拉大趋势，各省数字经济规模呈现自东向西逐级递减的梯级分布特征，短期内各省在梯队间和梯队内排名有小幅调整。

2016 年主要省份数字经济总体规模从高到低依次为：广东、江苏、山东、浙江、上海、北京、福建、湖北、河北、天津、陕西、吉林、广西、黑龙江、贵州、内蒙古、山西、新疆、甘肃、宁夏、青海。① 2008 年和 2016年中国各省数字经济总体规模情况如图 10 所示。

各省数字经济规模稳步增长，但省际间差距有拉大趋势。2016 年，广东、江苏、山东 3 个省份数字经济规模超过 2 万亿元，分别为 2.71 万亿元、2.39 万亿元和 2.10 亿元，浙江、上海、北京数字经济规模超过 1 万亿元。

---

① 鉴于数据可靠性及可获取性，本报告仅汇报了 21 个省份的测算结果。

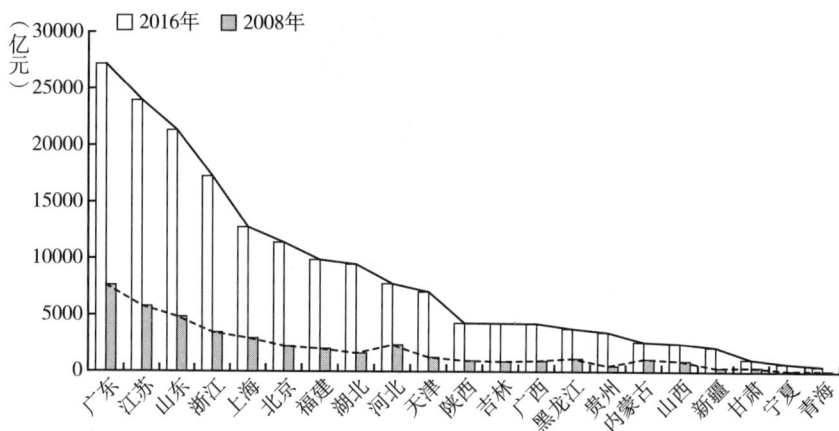

图10　2008年和2016年主要省份数字经济规模

资料来源：课题组测算。

与2008年相比，各省数字经济规模均呈现不同程度的增长，其中增长幅度最大的5个省份分别为广东、江苏、山东、浙江、上海，增长幅度最小的5个省份分别为内蒙古、山西、甘肃、宁夏和青海。但省际间数字经济规模差距在拉大，排名第1的省份与排名第21的省份数字经济规模差距已由2008年的7503万元扩大到2016年的26670万元。

各省数字经济规模梯级分布特征明显。各省数字经济规模是省域数字经济活动的总和，反映了该省以信息通信技术产业（ICT）为内核，ICT制造、服务与集成的总量。按照2016年各省数字经济规模大小，可将全国各省划分为四个梯队：第一梯队包括广东、江苏、山东、浙江、上海、北京6个省份，数字经济规模均在10000亿元以上；第二梯队包括福建、湖北、河北、天津4个省份，数字经济规模在6000亿~10000亿元；第三梯队包括陕西、吉林、广西、黑龙江、贵州、内蒙古、山西、新疆8个省份，数字经济规模在2000亿~6000亿元；第四梯队包括甘肃、宁夏、青海3个省份，数字经济规模在2000亿元以下（见图11）。

主要省份数字经济规模呈现自东向西逐级递减趋势。第一梯队省份集中在东部沿海，广东、江苏、山东、浙江、上海、北京等地不仅是信息通信技

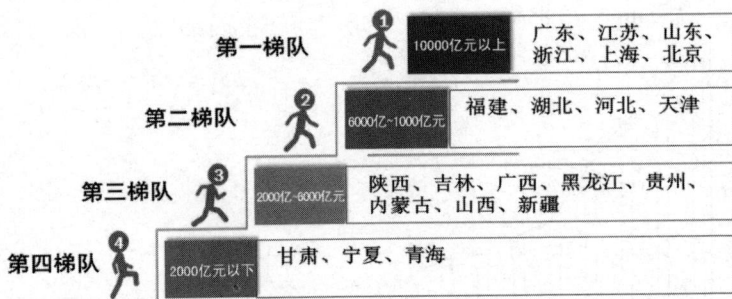

图11   主要省份数字经济规模四个梯队

资料来源：课题组绘制。

术产业大省，也是传统产业发达的强省，以信息资本投入传统产业而带来的增长份额也较大；第二梯队省份集中在东部和中部省份，福建、湖北、河北、天津等地 ICT 产业规模较大，河北等地虽不是 ICT 产业大省，但传统产业发展聚集，使得数字经济总量跻身于第二梯队；第三梯队省份散布于中部、东北和西南地区；第四梯队省份主要集中于西北地区。

短期内主要省份在梯队间和梯队内有小幅调整。首先，各梯队之间的数字经济规模差距相对较大，同一梯队内数字经济规模差距相对较小。2016 年，北京与福建、天津与陕西、新疆与甘肃分别是四个梯队的"分水岭"省份，后一梯队第一名与前一梯队最后一名数字经济规模的差距分别达到 1529.94 亿元、2759.59 亿元和 851.42 亿元；其次，2015 ~ 2016 年间各省数字经济规模全国排名在所属梯队间和梯队内都有小幅调整。与 2015 年相比，2016 年北京由第二梯队跃升至第一梯队，天津由第三梯队跃升至第二梯队。

（二）数字经济呈现持续快速增长态势

各省数字经济保持良好增长态势，2008 年至 2016 年，增速显著提升和严重放缓的省份并存，领先地区更具备可持续增长动力。

2016 年主要省份数字经济增速由高到低依次为：山西、广西、内蒙古、广东、湖北、上海、浙江、北京、山东、宁夏、江苏、陕西、青海、河北、

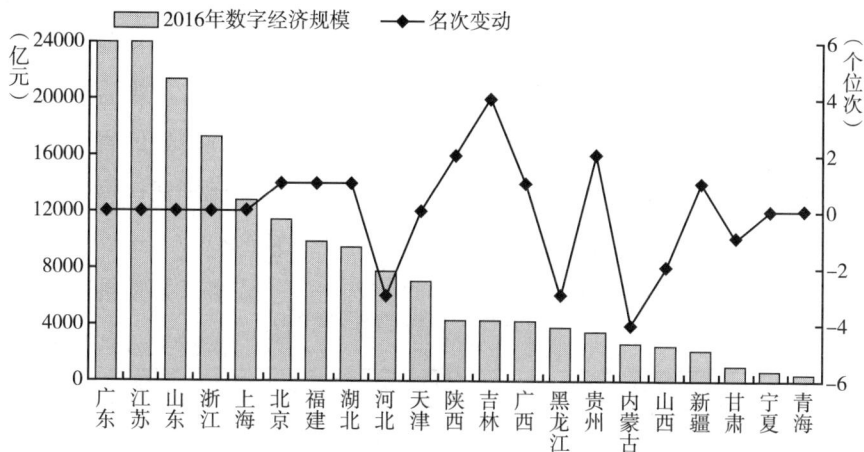

图12 2008年和2016年主要省份数字经济规模排名变化

资料来源：课题组测算。

福建、甘肃、新疆、黑龙江、天津、吉林、贵州。2008年和2016年中国各省数字经济增速情况如图13所示。

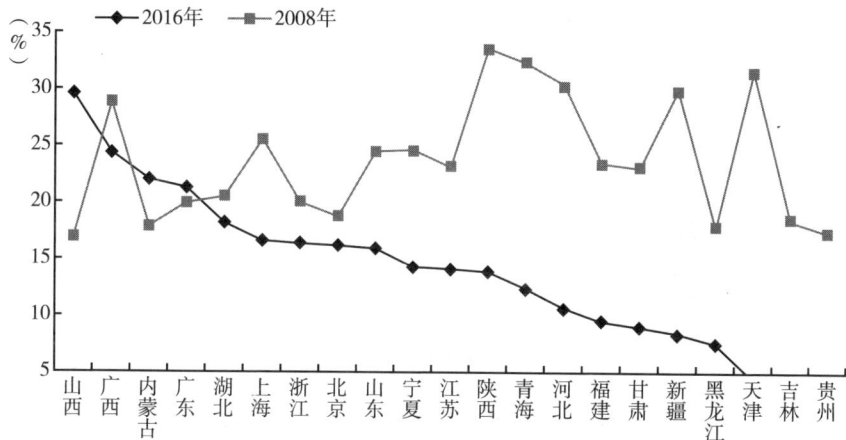

图13 2008年和2016年主要省份数字经济增速

资料来源：课题组测算。

数字经济规模增速显著提升和严重放缓的省份并存。2008年至2016年间，东部地区大部分省份数字经济保持较快增长，中西部地区呈现明显的两极分化态势。从2016年数字经济增速较2008年提升前三名与放缓前三名省份的对比情况来看，增速提升最快的地区既有像广东这样发达的省份，也有像山西、内蒙古这样的中西部省份；增速提升较慢的地区同样也包含了东部的天津和中西部的青海和新疆（见图14）。

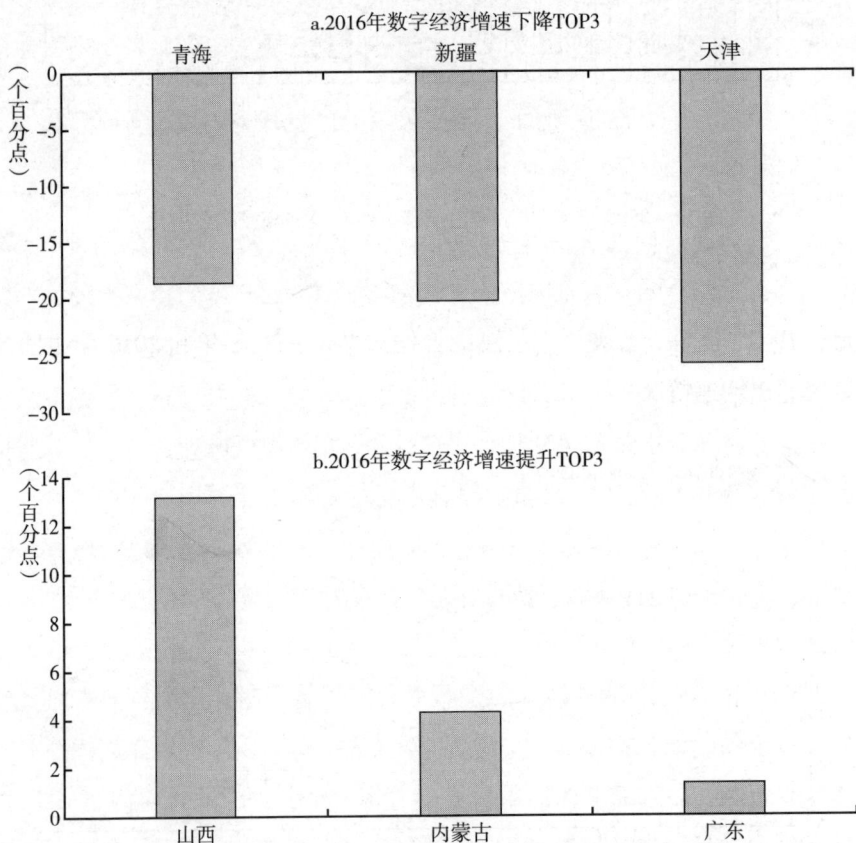

图 14 主要省份数字经济增速提升/下降 TOP3 对比

资料来源：课题组测算。

领先地区数字经济继续保持良好增长态势，数字经济具备可持续增长动力。2016年，广东、北京、浙江等发达地区数字经济增速仍高于全国平均水平，在规模、占比、增速方面均引领全国发展。随着信息技术，特别是互联网在各个行业的深度融合渗透，领先地区的数字经济新模式、新业态不断创新，新市场、新空间不断拓展。一方面，领先地区互联网金融异军突起，电子商务快速成长，智能汽车、可穿戴设备等智能产品层出不穷，以互联网为载体、线上线下互动的新兴消费蓬勃发展。另一方面，领先地区融合创新正在沿着产业链下游的消费品行业向中游装备及上游原材料行业不断延伸，催生出众包研发、柔性生产、智能制造等新型生产模式。

（三）融合型数字经济突飞猛进

2016 年，中国各省融合型数字经济规模从东部到西部逐渐下降，排名靠前的省份大部分集中于东部沿海、环渤海以及中部地区。2008 年至 2016 年，北京、贵州、天津、上海、新疆、广东等省份融合型数字经济增长幅度最大，也成为这些省份数字经济总体规模排名跃升的主要推动力。

2016 年，全国主要省份融合型数字经济规模排名从高到低依次为：山东、广东、江苏、浙江、上海、北京、湖北、福建、河北、天津、吉林、黑龙江、广西、陕西、贵州、内蒙古、山西、新疆、甘肃、宁夏、青海。各省2008 年和2016 年融合型数字经济的规模情况见图15。

2008～2016 年，主要省份融合型数字经济规模均有不同程度的增长。从融合型数字经济规模绝对增长量来看，山东、广东、江苏提升幅度最大（分别增长 13792.2 亿元、13405.2 亿元、10902.8 亿元），浙江、上海、北京、湖北、福建 5 个省提升幅度均在 6000 亿～10000 亿元（分别为9468.2 亿元、8306.7 亿元、7204.1 亿元、6443.1 亿元、6329.5 亿元），天津、河北 2 个省市提升幅度则均在 5000 亿元以上（分别为5087.8 亿元、5012.2 亿元）；从融合型数字经济规模相对增长量来看，北京增长最快（为2008 年的7.32 倍），贵州、天津、上海、新疆、广东、宁夏等17 个省份则增长较快，2008 至 2016 年的七年间，融合型数字经济规模均实现了翻两番以上。

2008～2016 年间，部分省市融合型数字经济规模排名变化明显。天津、

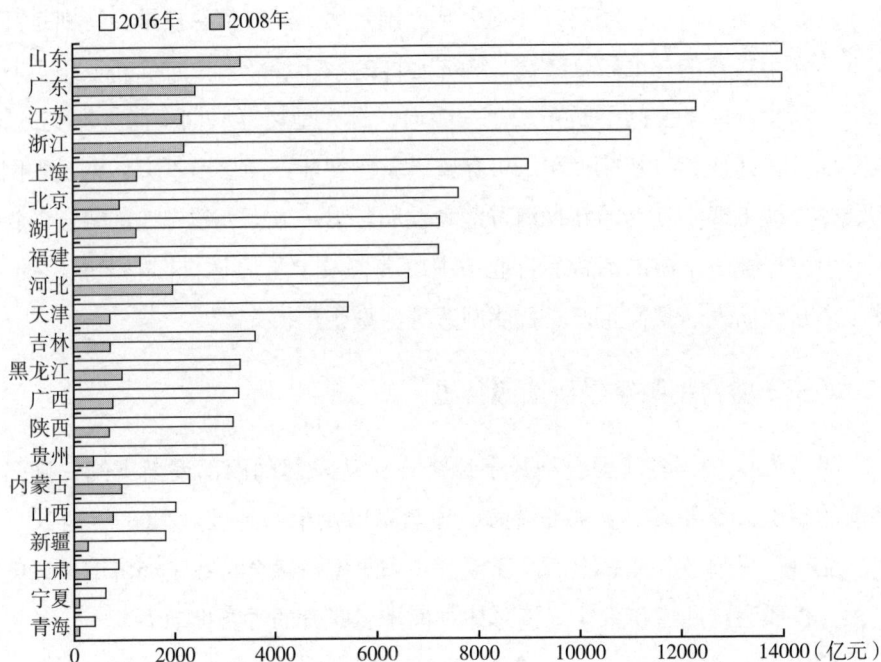

图15　2008年与2016年主要省份融合型数字经济规模

资料来源：课题组测算。

上海、广西、河北4个省份排名显著上升，较2008年分别上升6个、4个、4个、3个位次。湖北、内蒙古、山西、陕西、吉林、贵州6个省份融合型数字经济排名下降较为显著，较2008年分别下降2个、2个、2个、3个、5个、5个位次（见图16）。

各省融合型数字经济规模地域分布呈现明显差异，按规模大小可分为四个梯队。2016年，各省融合型数字经济规模从东部到西部逐渐下降，排名靠前的省份大部分集中于东部沿海、环渤海以及中部地区。

第一梯队包括山东、广东、江苏、浙江4省，均位于东部沿海地区，其融合型数字经济规模均达到10000亿元以上，4省规模总和约占全国规模总和的44.59%。

第二梯队包括上海、北京、湖北、福建、河北、天津6省，其融合型数字

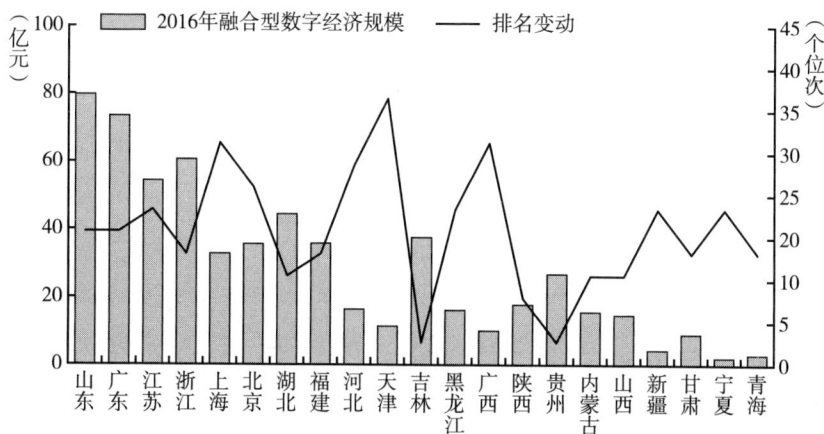

图16　2016 年主要省份融合型数字经济规模及其与 2008 年排名变化

资料来源：课题组测算。

经济规模在 5000 亿~10000 亿元，6 省规模总和约占全国规模总和的 35.39%。

第三梯队包括吉林、黑龙江、广西、陕西、贵州、内蒙古、山西 7 省，其融合型数字经济规模在 2000 亿~5000 亿元，7 省规模总和约占全国规模总和的 16.97%。

第四梯队包括新疆、甘肃、宁夏、青海 4 省，其融合型数字经济规模均在 2000 亿元以下，4 省规模总和占全国规模总和的 3.05%。

各省数字经济结构与其产业构成存在明显正相关性。

（1）以山东、广东、浙江、江苏为代表的东部沿海地区经济大省呈现了基础型数字经济排名与融合型数字经济排名双高现象。

（2）以河北、河南、湖南为代表的重工业大省，传统产业占比较大，在传统产业转型升级过程中，融合型数字经济蓬勃发展，排名也跻身全国前列。

（3）北京市制造业占 GDP 比重相对较小，且随着近年来非首都功能迁出，融合型数字经济规模在全国并不靠前。

案例篇

B.14

互联网经济下的新设施：成都跨境贸易
电子商务公共服务平台

亿邦动力研究院

摘　要：　跨境电子商务公共服务平台是我国"跨境电子商务综合试验区"建设任务中重要的线上基础设施，通过打通海关、检验检疫、国税、外汇、工商等监管部门信息系统，以及金融、物流、供应链服务等业务系统，实现"单一窗口"功能，提供一站式跨境电子商务服务。跨境电子商务公共服务平台已经成为我国跨境电子商务发展中不可或缺的重要基础设施之一。一方面通过一站式服务大幅提高跨境电子商务进出口交易效率；另一方面规范跨境电子商务进出口交易流程，实现统计数据的从无到有。

关键词：　跨境电子商务　公共服务平台　单一窗口

一　平台简介

成都跨境贸易电子商务公共服务平台（以下简称"平台"），于 2016 年 2 月正式上线，由成都产业投资集团旗下成都信通信息技术有限公司建设运营。平台意在为跨境电子商务企业提供阳光通关绿色通道，为跨境电子商务交易提供专业服务，积累产业大数据，提升跨境电子商务产业的服务能力和统计分析能力，全面推进跨境电子商务通关服务升级，带动产业整体发展。平台合作伙伴涉及电商购物平台、支付、物流等领域企业。

图1　成都跨境贸易电子商务公共服务平台上线发布会

二　两大核心服务

平台将原本独立、零散的通关环节和各类商务服务进行整合，实现"一站式"服务，主要提供两大核心服务，即政务服务和通关服务。

在政务服务功能上，平台连接了成都海关、四川出入境检验检疫局、成都市工商管理局、成都市国家税务局、国家外汇管理局四川分局和成都市商务委，将各部门针对跨境电商的主要服务内容嵌入平台，实现一键跳转。方便企业自助办理多种业务，如检验检疫服务常用的原产地证书联网核查、HS 编码查询、CIQ 代码查询等，海关服务常用的汇率、税率、行邮税号查询等，工商服务常用的格式条款备案、行政审批状态查询等。

表 1   政务服务部门服务介绍

政务服务部门	服务类型	服务内容
四川出入境检验检疫局	在线查询	HS 编码查询
		CIQ 代码查询
		检验检疫机构查询
		国家地区查询
		包装种类查询
		CIQ 代码 HS 编码对照查询
		国际口岸查询
		更多查询
	在线办理	原产地证书联网核查
		进口废料国外供货商管理
		报检企业备案登记
		出口货物电子监管
		原产地企业备案
		区域性优惠关税查询系统
		动植物检疫许可证申请
		更多查询
	业务咨询	办事指南
		资料下载
		问题解答
成都海关	外贸业务	申报要素
		税率查询
		行邮税号
		汇率查询
		在线办事
		网上查询
		业务咨询
		统计咨询
		办事指南
		现场人员
		社会监督

政务服务部门	服务类型	服务内容
成都市工商管理局	公共查询	企业信息查询
		电子营业执照查询
		格式条款备案查询（四川省）
		格式条款备案查询（成都市）
		行政审批状态查询
		政风行风热线
		直销企业查询
		网上亮照
成都市国家税务局	涉税查询	纳税人信息查询
		出口退税率查询
		申报缴款日历查询
		税收法规查询
		发票信息查询
		增值税一般纳税人资格查询
		普通发票准印企业查询
	办税指南	税务登记
		税务认定
		发票办理
		申报纳税
		优惠办理
		证明办理
		宣传咨询
		权益维护
		场景办税
国家外汇管理局四川分局	网上办事大厅	一键跳转
成都市商务委	对外贸易	对外贸易经营者备案登记
		对外贸易经营者备案登记表
		国际货运代理企业备案
		对外贸易经营者备案登记补办表
		国际货运代理企业备案表
		进出口企业加工贸易业务审批
		办理出口许可证
	经济合作	外商来华邀请申请表
		被授权单位邀请函
		企业申请对外劳务合作
		对外承包工程及劳务合作
		境外客商来访邀请函办理

在通关服务功能上，平台梳理并规范了服务流程，经过备案登记的各交易主体登录后进入通关系统，进行在线通关，通关服务能够全程记录贸易环节，为跨境电商统计监测体系的建立提供了真实的数据支撑。

图2　平台官网首页

三　打造"1213"体系

目前平台已具备跨境电商直购进口、一般零售出口、网购保税进口和特殊监管区域出口四种模式的绿色阳光通关服务能力，基本形成"一门户、两监管、一验证、三网络"体系，即：跨境电商一站式统一门户；海关和国检的跨境电商通关管理系统；公安个人身份验证系统；海关、国检、公安的跨境电商专用网络。平台已与海关总署跨境电子商务进口统一版信息化系统接通，实现与全国统一标准相接轨的高效通关通道，目前已在双流邮办、双流空港快件、双流保B、双流综保和青白江铁路口岸实际投运，下一步将拓展龙泉公路口岸等监管口岸。

为保证平台的稳定运行，运营方组织了专业的技术团队提供系统对接指导和系统运维服务，帮助企业完成数据申报全流程，网络传输采用专线专网，确保跨境交易通关数据的安全性。

四 平台运营成绩

截至 2018 年 2 月，公共服务平台接入与正在接入的跨境电商各类企业近 170 家，完成跨境电商申报 36 万余单，申报货值超 1.2 亿元人民币，下一步将积极对接京东全球购、网易考拉、小红书、聚美优品等其他国内知名跨境电商平台，把握 2018 年 1 月 1 日跨境电商"过渡期"政策实际落地成都的重大机遇，2018 年力争接入企业达到 300 家，通关申报实现 80 万单，成为全国前列的跨境电商公共服务平台。

为了营造本土跨境行业的良好发展氛围，公共服务平台还多次携手本土跨境电商企业走进市政府，举办了"成都出发 蓉购全球"系列体验展活动，不仅为消费者带来优质低价、品种繁多的跨境商品，更是铺设一条成都跨境商品电商交易高速通道，助力本土跨境电商行业发展。

图 3 成都青白江国际铁路口岸

公共服务平台工作人员还多次赴成都铁路保税物流中心（B 型）运营管理中心，中国邮政速递物流（成都·双流）跨境电子商务出口产业园，

图4 "成都出发 蓉欧全球"活动现场

各区县商务局、海关、国检等驻口岸部门举办跨境电商专场培训与交流会，助力行业氛围的快速提升。

图5 平台工作人员赴成都铁路保税物流中心（B型）
运营管理中心宣讲跨境电商业务

未来平台整体建设将紧紧围绕成都市跨境电商发展战略，加强关检汇税跨境电商监管融合，进一步夯实基础资源保障，提升跨境电商企业综合服务水平，形成持续高效运营支撑能力。

（1）平台发展历程

2015年8月，启动跨境电商公共服务平台建设。

2016年2月，成都跨境贸易电子商务公共服务平台正式发布上线，直邮进口通关服务实现。

2016年4月，国家"48新政"出台后，平台迅速响应并根据新政进行了调整。

2016年7月，直邮出口通关服务实现。

2016年10月，保税进口通关服务实现。

2016年11月，平台改版升级完成，新版平台正式提供服务。

2016年12月，个人身份验证信息系统上线。

2017年1月，海关总署进口统一版接入，实现与全国跨境电商海关进口统一标准接轨的通关服务。

2017年4月，保税出口通关服务实现。

2017年12月，国检地方版上线试运行。

2018年2月，平台实现"一单双报"。

（2）成都跨境电商发展大事记回顾

在公共服务平台支持下，跨境电商企业在成都口岸顺利开展跨境业务，创下成都乃至全省多个第一。

2016年10月27日，成都双流综保区正式启动B2B2C跨境电商进口商品保税备货业务。成都跨境电商保税备货的第一批海外货物（洗衣液、柔顺剂等家居用品，共计42单货物）到达成都双流综保区。

2017年1月17日，成都本地跨境电商企业四川澳美优品国际贸易有限公司进口的澳大利亚车厘子（共计1.3吨，货值约2万美元）经成都空港水果指定口岸清关入境，存入保税仓库开展跨境电商保税备货业务。这标志着成都空港保税物流中心跨境生鲜业务正式运行，也是四川省第一票跨境电商保税备货进口水果通关业务。

图6 "双流综保区跨境电商保税进口启动仪式"现场

图7 四川卫视报道全省第一批跨境电商进口水果到达成都保税物流中心

2017年4月1日，一批成都女鞋以跨境电商保税备货出口模式顺利从双流综保区通关放行，通过空运发往加拿大萨斯喀彻温省萨斯卡通市的消费者手中。这是中国（四川）自贸实验区揭牌后，第一单跨境电商保税备货出口业务。

2017 年 5 月 27 日，四川汇通天下供应链有限公司采用蓉欧快铁进口的首批奥地利厨具通过 BBC 业务的 25 个订单货物顺利通关，订单包裹从成都空港保税（B 型）物流中心出区，发往消费者手中。

图 8　蓉欧快铁进口的首批奥地利厨具顺利通关

2017 年 8 月 8 日，由成都双流综保区君品供应链管理有限公司从法国波尔多采购的一批葡萄酒，由荷兰蒂尔堡经蓉欧班列运输至成都青白江，再经区港联动至成都双流综保区，全程历时 24 天。

2018 年 1 月 2 日，一批总价值 4000 余欧元的德国爱他美奶粉、Balea 化妆品、Lamy 钢笔、WMF 餐具等商品入区完成分拣、包装、查验并装载出区配送，标志着跨境电商零售进口监管过渡期政策在成都跨境电商综合试验区顺利落地起效。

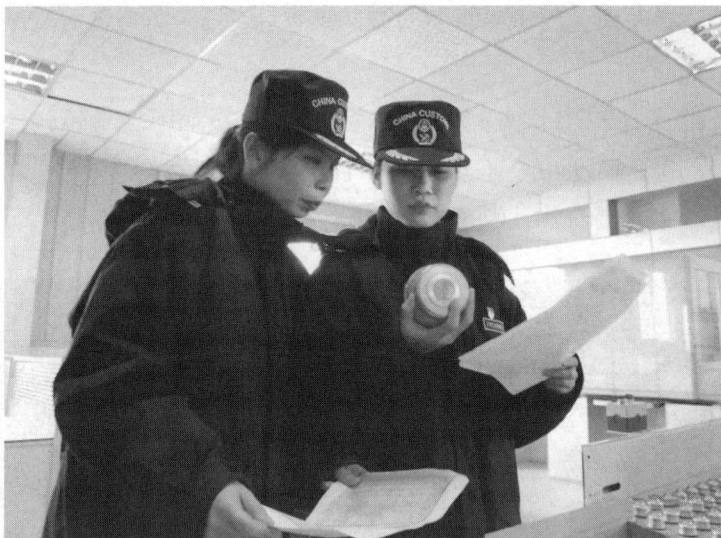

图 9　成都海关工作人员认真核验进口商品

2018 年 1 月 19 日，通过中欧班列（蓉欧快铁）运输的进口红酒顺利从成都国际铁路港清关出区，这是在跨境电商零售进口监管过渡期政策使用范围扩大至成都、合肥等 5 个综试区城市后，成都国际铁路港完成的第一单网购保税备货免核通关单业务。

图 10　"成都国际铁路港跨境电商保税备货业务启动仪式"现场

B.15

互联网经济下的新电商：钢银电商

亿邦动力研究院

摘　要：　1995 年左右，中国电子商务从 B2B 开始，表现形式为供求信息服务，即网页版企业黄页。受 2008 年金融危机影响，企业级市场需求遇冷，面向个人的 B2C 模式爆发；2015 年，网民规模增速基本停止，个人消费市场红利基本消失，B2B 迎来第二轮发展热潮，表现形式为垂直行业的创新创业；2016 年，随着钢铁行情走高，钢铁电商从众多 B2B 新模式中脱颖而出，钢铁行业成为 B2B 电子商务的首个爆发点；2017 年起，钢铁电商进入了规模盈利期。以上海钢联旗下的钢银电商为例，2017 年在强卖方市场行情下，钢银电商营业收入同比上升 78.73%，净利润同比上升 127.36%，实现持续盈利，标志着钢铁电商逐步走向成熟。

关键词：　B2B　钢铁电商　钢银　寄售　供应链

钢银电商是由国内上市公司"上海钢联集团"投资控股的 B2B 钢材现货交易平台，成立于 2008 年，注册资金 10.2 亿元，2015 年新三板挂牌。钢银电商采取寄售的业务模式，面向钢铁行业上下游企业提供一站式配套服务，包括交易结算服务、供应链服务、仓储加工服务、物流配送服务、数据信息服务等。

一　钢银电商模式的三个阶段

钢银电商平台的探索钢铁 B2B 的商业模式之路历经了三个阶段。

（一）阶段一：流量撬动交易

2014～2015 年，处于起步阶段的钢银电商需要尽快加入市场，撬动钢铁电商交易。流量在该阶段发挥了至关重要的作用，通过自营吸引客户，推动客户形成交易习惯，当规模交易逐渐形成后加快向"寄售"转型，2015年寄售交易量即达 1089.06 万吨，寄售交易季度复合增长率达 38.23%。平台注册用户数 5 万多家，全年实现销售收入 211.97 亿元，同比增长187.69%。2017 年，平台注册用户已超过 8 万家，增长明显。

（二）阶段二：供应链服务驱动交易

抓住钢贸环节先天的资金需求，2016 年钢银电商应用低成本资金，提供基于供应链金融的交易服务，驱动交易规模放量，溢出供应链金融交易服务价值空间。2017 全年钢银供应链交易收入达 136.08 亿元，另有寄售交易额 598.41 亿元，寄售交易量 2219.11 万吨。

（三）阶段三：效率驱动交易

形成一定规模之后，平台供应链协作效率优势被逐步释放，"卖得快、买得快、低成本/高效率金融物流等配套服务"价值逐步被上下游客户所认可，平台交易服务对应的交易额和交易佣金表现为稳步升高。钢银电商2017 年人均效能达 25955 吨，同比增长 29.34%，平台围绕"效率"加速实现系统化、自动化、标准化，提高人均效能。

二　钢银电商创建的"三级生态"

1993 年，美国著名经济学家穆尔开创性地提出了"商业生态系统"的概念。他认为，商业生态系统指的是由组织和个体组成的经济联合体，包括但不限于金融机构、政府、市场中介、主要生产者、竞争者、供应商、消费者等。这些成员之间构成了不同的价值链，不同的价值链之间又相互交织、相互作用，由此形成了价值网。人、财、物和信息等商业要素通过价值网的联通，在联合体各成员之间不断地流动和循环，成员间在不断的交互作用中形成了价值和利益交换的共存共生关系，最终形成了"商业生态系统"。

钢银电商创建了与经济学家穆尔所阐述的"商业生态系统"相仿的"三级生态系统"——包括在线交易产品、电商集团企业、新型钢铁产业链在内的功能网链。具体来讲，一是以"寄售"（委托代售的贸易方式）为核心的"在线交易产品生态"。二是以钢银电商平台为核心，协同和整合上海钢联母公司及各个子公司的业务，形成以"生态型电商交易服务"为核心的"电商集团企业生态"。三是以"上海钢联集团生态"联动和辐射相关服务企业，形成以"生态型电商集团企业"为核心的"钢铁产业新生态"。

1. 以"寄售"为核心的"在线交易产品生态"

寄售模式破除钢贸规模天花板。首先，钢铁行业需要大量的技术设备并且需要投入大量资金用于技术研究和开发，资金周转较慢，属于典型的资金密集型行业；其次，在传统国际贸易的流程下，交易周期过长，企业将同时面临价格和汇率的双重不确定性。由此，大部分钢贸企业存在资金大量占用和收益不确定的两大风险。有限的风险承担能力和资金筹措能力使得传统企业的钢材贸易规模一直以来被限定在一定范围内，根据对行业内众多企业贸易量的长期观察我们发现，年销售量 100 万吨以上已经算是相对规模比较大的钢贸企业了。随着企业规模的不断增大，规模报酬虽然呈现递增态势，但与此同时企业也将面临更多的交易风险，规模收益与规模风险同向增加，产业链规模运营效率受到较大的干扰。

通过充分的市场调研，钢银电商平台转换了交易模式，从传统的撮合交易模式逐步演进为寄售模式。寄售交易模式一般由交易平台设立寄售卖场，提供自主挂牌和结算服务，即价格完全由客户决定，平台是独立的第三方，不参与价格制定。由于平台并不是卖家，不掌握钢材商品所有权，在寄售钢材出售之前，钢厂始终持有钢材的所有权，这样的做法有利于随行就市。同时寄售模式也大幅提升了成交率，因为这种模式将实物现货与需求客户进行了有效对接，使得买卖双方直接进行交易，规避了传统贸易模式下经常出现的有价无货的情况。在钢材出售前，钢银电商不拥有货物所有权，也就无须承担附着在货物上的价格波动风险和相关费用，由此资金和价格波动的风险对钢贸规模的限制得到极大缓解，钢材交易的规模风险明显下降、规模效益逐步显现。寄售模式破除了长期限制钢贸行业发展的天花板，使增长空间得以释放，成为钢银电商的基础交易模式。

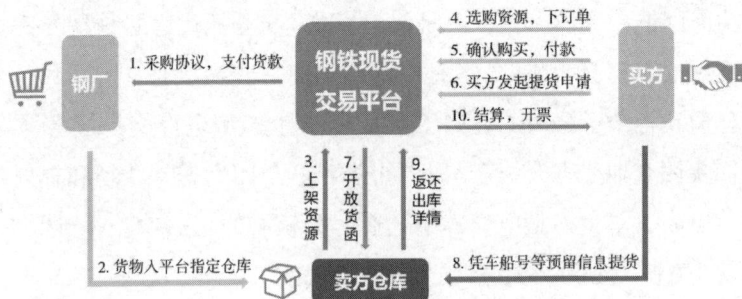

图1　钢铁电商 B2B 自营交易流程

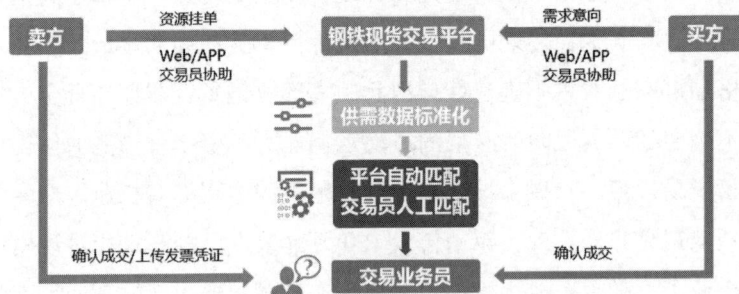

图2　钢铁电商 B2B 撮合交易流程

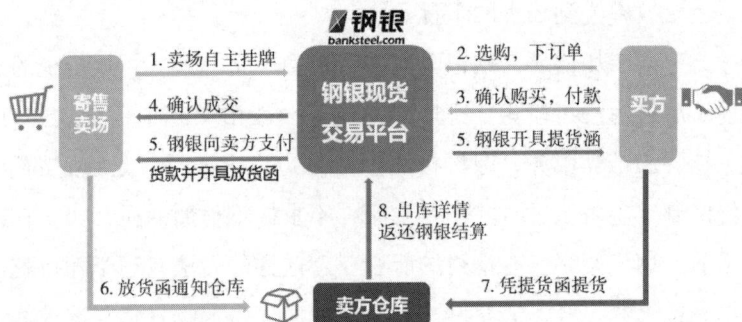

图3　钢铁电商 B2B 寄售交易流程

"寄售+供应链服务"生态型在线交易服务。2015年，有90%的中小企业账期被严重拖欠，90%中小企业为了成单而被迫接受赊账，90%中小企业接单后没有足够的现款用以采购原材料，三个"90%"足以略窥中小企业的资金现状：不仅资金被严重占用，而且由于交易对方可能的违约行为而面临着极高的信用风险。虽然银行的大规模参与曾在一定程度上缓解了钢贸商的融资问题，但银行业务流程周期过长而带来的效率低下又成了新问题——申请时银行放款慢，赎货时银行放货慢，钢材销售之后物流系统烦琐冗杂，使得客户和钢贸商双方都极其被动。更重要的是，近几年，由于钢材需求下行、利润空间压缩等，钢贸行业风险增大，银行对于钢贸企业的贷款资格审核更为严格，放款额度也有所降低。

钢银电商通过寄售模式获得和积累了大量的在线交易数据，形成底层风控体系，为需求端（客户）提供赊销和代理采购服务，为供给端（钢厂）提供在库融资服务，同时针对平台会员提供定制服务——资金增值服务，先后推出"任你花""帮你采""随你押""为你赚""订单融"等产品，逐渐形成了投融资产品的生态闭环，实现一站式供应链金融服务。

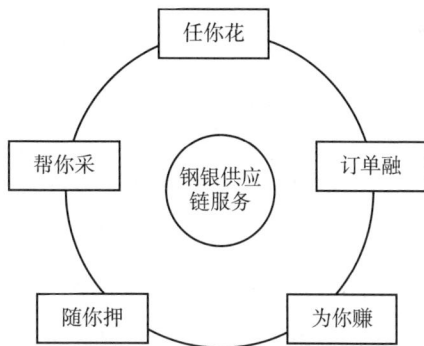

图4　钢银电商供应链金融产品布局

钢银电商的产品衍化路径十分清晰，其推出的产品逐级递进，从传统以撮合交易为主向以寄售为核心的交易服务逐步演进，关注行业交易中各环节的痛点。再围绕寄售交易的流程，针对掣肘大部分企业尤其是中小企业的资金流问题，创造性地推出供应链服务，继而衍生出仓储、数据、物流等领域的增值服务，最终形成以寄售为核心的良性循环产品生态系统。在这个系统中，产品之间相互依存、相互诱发、相互补充，形成协同交织的有机整体。

2. 以"生态型电商交易服务"为核心的"电商集团企业生态"

2006年帕德和吕兰德提出"价值生态网络"的概念。价值生态网络认为"服务"是很重要的成功要素，通过流程管理、知识分享、合作协同、信息共享以及投资行为的多维度一体化运作来形成最终的价值生态网络。2011年瓦戈和勒斯科将"价值生态网络"重新命名为"服务生态系统"，进一步强调"服务"这一商业要素的重要意义，认为"服务生态系统"的重点在于资源整合。只有通过资源的充分整合，行动主体之间才能进行有效的合作，继而产生孤立主体自身无法产生的关系租金，实现价值共创与共享。在这一级生态中，更加强调跨组织协作，以期不同组织之间能够互信互动，实现协同效应，达到收益倍增的目的。这些理论都在某些角度上契合了钢银电商的第二级生态，即"集团企业生态"。"集团企业生态"从母公司上海钢联的核心"交易"出发，随着业务范围的不断增长，钢银电商不断扩展自己的投资范围，逐步形成旨在服务钢铁行业的企业联盟。

已形成跨组织协作的电商企业集团。在上海钢联的企业生态系统中，钢联资讯研究中心（MRI）负责行业研究和咨询业务，我的钢铁网（MySteel）负责资讯和信息的沟通传递业务，钢银电商负责交易和金融业务，钢联物联网负责仓储业务，运钢网负责运输与物流业务。上海钢联通过数据平台积累了海量的钢铁行业资讯数据，再将这些资讯数据共享给钢银电商的交易平台，实现行业发展信息、供需资讯与具体交易的无缝对接，将数据和信息转化为交易和服务。除了资讯与交易之外，数据还来源于研究、物流、仓储、金融等商业活动的各个环节，同时钢银电商平台在运营过程中不断产生新的高频交易数据，这些源源不断的数据共同构成了上海钢联的大数据闭环。交易产生数据，数据优化交易，上海钢联企业生态中的子业务间组成相互依赖、相互作用、共同发展的有机整体，最终形成为整个钢铁产业链提供电商综合服务的集团企业生态。

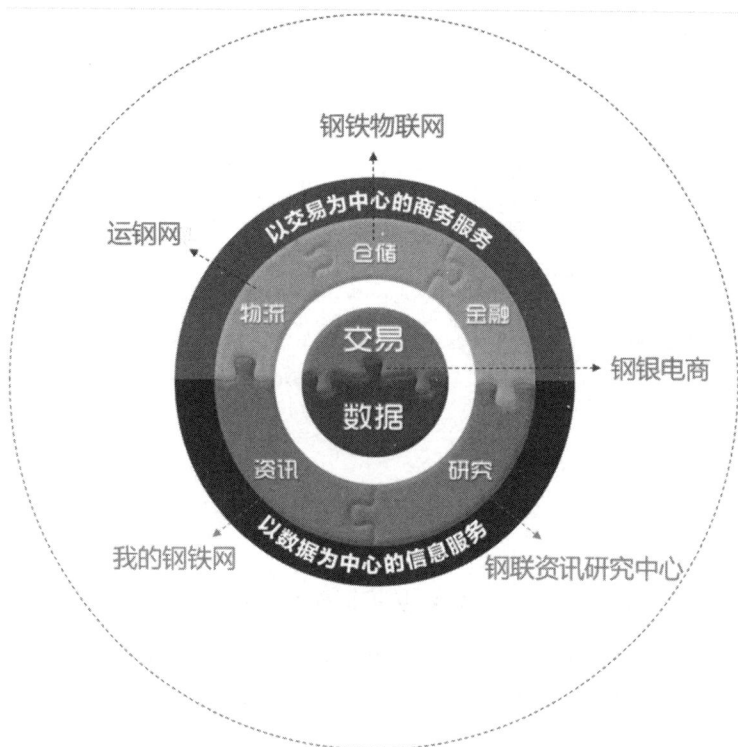

图5 上海钢联企业生态系统

大数据成为集团企业生态黏合要素。依托上海钢联积累18年的用户资源，钢银电商积极整合自身平台积累的数据及钢联系统各部分的海量数据，形成了钢银电商的底层数据库。与此同时，钢银电商还创立了底层BCS信用模型。该模型的工作原理是对不同数据进行灵活组合，以实现数据应用的个性化。比如，将客户的身份特质数据与其在平台的行为数据进行组合，构建了"3+3会员评分模型"；对下单数、成交数以及异常订单等交易数据进行监测，能够对交易及风险实现实时把控和风险预警；利用全时段的实时交易数据，构建钢银独特的"数据产品"，并积极维护数据、实现数据的更新迭代，并将这些数据与用户共享从而帮助用户更好地了解真实的交易情况；对商家在平台的各项交易数据进行有针对性的分析，为入驻卖家构建了功能齐全的商家管理系统，提升商家的交易效率；利用大数据构建了SAAS系统，帮助平台卖家对采购、运营、库存及财务进行全方位的管理，实现个性化一站式服务。

图6 钢银电商"平台＋服务"大宗商品生态闭环

从企业组织形态来看，上海钢联将钢铁行业需要的所有相关服务有机组合在一起，提供一站式整合服务，形成互融共生、彼此协作的企业生态。通过形式多样、充分融合的线上线下服务，促进了钢铁行业供应链向智慧供应链的发展。

3. 以"生态型电商集团企业"为核心的"钢铁产业新生态"

第三级生态不仅单单关注单个钢铁企业的效率提升，而且渗透全产业链，通过资源的极大整合，联合上下游企业共同获利，促成钢铁产业形成新的生态系统。钢银电商与天津物产电子商务有限公司、南京钢铁股份有限公司、平安银行股份有限公司上海分行、中建材工程材料有限公司等产业链上下游企业形成战略合作关系，与产业中相关的组织和个体实现资源共享、互利共存，共同维系产业链生态系统的可持续发展。

2014年Chakkol等学者提出了供应链四边结构，在不同因素对供应链的影响中创造性地加入了"其他利益相关者"，这使得供应链分析模型更加多维和全面。由此，如何协调和整合四方关系（尤其是利益关系）和行为成为产业生态的核心。在产业生态这一级，更加强调跨部门、跨利益、跨领域相关者之间的互联互动，需要产业链中所有的参与方能达成真正一致的目标、彼此协同行动，最终形成共生、互生和再生的产业链生态系统。

钢银电商的三级生态是互联共生的递进关系，针对市场痛点打造产品生态服务核心利益相关方（如供应链上下游参与者），整合资源形成企业生态服务战略利益相关方（如金融机构、第三方物流仓储等），联合环境利益相关方（政府、行业协会等）构建形成新的钢铁产业生态。

钢铁产业新生态
电商综合服务平台为核心
• 政府、银行、非银金融机构、钢厂、终端用户、投资者、物流服务商、仓储服务商、数据服务商、行业协会

电商集团企业生态
交易为核心
• 钢银电商、运钢网、我的钢铁网、钢联物联网、研究中心

产品生态
寄售+供应链服务为核心
• 任你花、帮你采、随你押、为你赚、订单融

图 7　钢银电商的三级生态

三　供应链金融撬动的 B2B 交易

有色金属、钢铁、煤炭、石化、木材等大宗商品行业存在交易量大、标准化程度高的特点，所以业内一直在探求这些行业电子商务的路径模式。但是，由于交付过程涉及多方主体流程复杂、全产业链普遍存在的互联网参与程度低等原因，大宗商品 B2B 交易创新滞留在电子盘的尴尬地带。近年来，B2B 供应链金融以"从贸易需求中来，服务实体经济"的优势，逐渐成为撬动整个 B2B 交易的突破点。

钢铁行业是供应链金融和网上交易协同模式的先导行业。2016 年起，钢银电商不断完善供应链金融服务。为创新供应链金融服务，钢银电商先后推出了"任你花"（应收账款）、"帮你采"（预付类）、"随你押"（在库融资）、"为你赚"和"订单融"等服务产品，构建了电商供应链服务圈层。钢银电商创立了钢铁行业 O2O 一体化交易服务网链，提供包括数据信息、仓储加工、物流配送、在线交易等在内的全链条服务，取得了立竿见影的效果。2017 年钢银平台总成交量 4797.31 万吨，其中公司寄售交易量达 2219.11 万吨，同比增长 23.29%；营业收入 734.50 亿元，同比上升 78.73%；净利润同比上升 127.36%，达到 4148.44 万元。钢银电商 2017 年营收保持稳定增长态势，实现全面盈利。

钢银电商的供应链服务产品强调五个特点：一是"快"，符合钢银平台融资资质的，最快一小时就可以下达给予资金支持的指令。二是"活"，产品设计简单灵活，只要符合平台基本原则、坚守底线即可。三是"低"，企业融资成本的大幅度降低，货物周转资金成本更加低廉。四是"控"，强化风险控制能力，主要是从三个维度构建一套标准化的风险控制体系，比传统的银行控制资产端风险能力要强。五是"联"，产业串联，强调围绕产融结合，资本服务必须融入整个业务链条。

供应链服务以真实存在的贸易为依托、以电商平台为中心，借助资金流撬动交易流，借助交易的各环节集成各类服务，由综合服务的独特优势获得大量客户、形成大量交易，进而沉淀和积累海量数据，再通过整合和分析海量数据发现客户的行为特点与特定风险的对应关系以及各个环节的关键节点，从而打造低成本的风控系统，继而支持降低资金成本，形成交易规模滚动式增长的产业链闭环。

四　寄售型钢铁 B2B 的持续盈利能力

风控能力持续提升，拉高供应链金融收益。2017 年毛利率持续提升的主要原因之一就是钢银电商的供应链金融服务（"任你花"、"帮你采"、"随你押"、"为你赚"和"订单融"）市场渗透率继续稳步提升，全年带来收入 136.08 亿元，同比增长 145%，在公司收入中占比从 2016 年的 13.51% 大幅提升到 18.53%，带动了公司钢材交易服务板块毛利率的大幅度改善。

钢银电商交易规模持续扩大，平台数据资源丰富度持续提升，基于信息网络和可控仓储的信用体系将发挥更大作用，服务更多中小型下游用户，支撑更高收益的供应链金融产品。根据金融服务的一般性收益估测，钢银电商供应链服务年化收益率尚有 4～6 个百分点的提升空间，扣除资金成本后的收益率有望增长 100%～150%，大幅度拉高毛利率。

以规模效应提升交易佣金收入。互联网平台一般会按照用户、营收、利润的先后顺序组织竞争发展。钢铁电子商务平台也普遍遵循此经营规律，在竞争初期，通常会以零佣金或者极低佣金的方式迅速扩大本平台的市场份额。通过研究消费类产品电子商务平台的发展规律，我们发现，当平台交易量达到一定规模后，价格和毛利率就会上升，从而带动服务价值和电商平台带来的交易佣金逐渐走高。截至目前，钢银电商平台交易量存量为 4797.31 万吨，企业客户超过 8 万家，合作的供应商为 350 多家，基本覆盖了市场上的主流钢厂。由于嗅到新的商业机会和降低成本的可能性，一部分传统钢厂逐渐开始主动与钢银电商洽谈合作事宜，电商平台对下游采购商的影响力也在逐步加大。事实证明，2017 年钢银电商寄售量超过预期水平，达到 2219.11 万吨；寄售交易服务收入 598.4 亿元，同比增长 68.4%；未来佣金有望单向或双向拉高至 10～20 元/吨，增量空间值得期待。

生态型 B2B 带来了增值服务收入。基于 B2B 平台的建设和发展，将有望集聚三类供应链配套服务。在这种模式下，无论是平台本身、传统服务的提供商还是接受服务的企业客户，都将因这些服务的整合而获益。第一类是 O2O 物流仓储加工服务。一方面平台通过提供信息资讯和促成订单达成的服务获取收益，另一方面传统服务商借助平台完成数字化经营流程改造升级，扩大服务的对象范围，逐渐形成"信息网络 + 分布式服务"的新型配套服务，交易平台叠加发展为能集约化对接产业配套服务的平台。第二类是基于交易的商务管理服务，如提供电子商务客户关系管理系统、电子商务 SAAS 分销系统、大数据分析等。第三类是基于趋势行情和行业资讯的数据分析服务。随着钢银平台上达成的交易日益增多和交易规模的持续扩大，用户在加工、仓储、物流等方面的服务需求随之增加，钢银电商已经依托钢银平台自身的资源及生态系统中的战略合作伙伴，通过 O2O 方式为客户提供相应数字化配套服务，并实现创收。另外，钢银电商于 2016 年 10 月在钢银平台首页新增钢银数据栏目，并于 2017 年 10 月更新迭代至钢银数据 3.0，在"价格""成交""库存"三大板块升级迭代，价格更精准、成交更真实、库存更全面。

期现结合有望成为新的盈利点。期现套利通过在期货和现货市场进行低买高卖的操作来攫取价格差带来的收益，有时会因为价格的剧烈震荡而获取十分可观的收益。但与此同时，期现套利的进入壁垒高，并且面临着很大的判断失误风险，因此要求参与者必须具有足够量的现货交易。钢银电商 2017 年全年寄售交易量 2219.11 万吨，高峰时日寄售交易量破 17.20 万吨，实际现货交易量充足。同时，钢银电商通过全产业链上下游布局可控来实现交割成本可控以及风险可控，未来有望成为公司新的盈利点。

钢银电商 2017 年毛利率为 0.36%，其寄售模式毛利率起点较低，但呈稳健上行趋势。一是以"第三方服务"为主的钢铁电商平台具有强抗行情波动风险特征，二是交易规模带动供应链金融、佣金和数字化服务等营收能力增长，为毛利增长不断提供支撑。

参考文献

亿邦动力研究院：《钢铁生态型 B2B 崛起》，2017。
亿邦动力研究院：《B2B 缘何标配供应链金融》，2017。
亿邦动力研究院：《寄售型钢铁电商毛利辨析》，2017。

B.16
互联网经济下的新制造：海尔顺逛

亿邦动力研究院

摘　要：　技术创新、业态变革、消费升级、结构优化、数字经济是新时代我国经济发展表现出的新特征，海尔集团适应经济新特征的需要，创造性地提出"社群＋物联网＋OSO＋平台"的顺逛模式，满足了用户对于消费品质与体验的追求。顺逛平台以其独特的产品优势、营销优势、金融优势和平台优势实现了自身的高速发展，解决了传统电商发展的难度和痛点；与此同时，顺逛平台继续把握新经济和物联网时代的发展机遇，创新发展模式，完善自身生态体系，为用户提供完善的智能家庭解决方案。

关键词：　制造业　物联网　海尔　顺逛　社群交互

　　顺逛是海尔集团官方社群交互平台，旨在打造线上店、线下店、微店"三店合一"，通过个性化小数据为用户提供智能家庭解决方案的物联网平台。"社群＋物联网＋OSO＋平台"是海尔顺逛的模式特征，自成立以来实现高速增长，截至2017年3月，仅微店月销售额就已经突破3亿元，微店主超过40万，UV（独立访客）日均6万人次，流量转化率达8%，复购率高达46.67%。海尔顺逛平台的产生是新经济时代下制造业进行供给侧改革的有力探索。

　　在海尔集团首席执行官张瑞敏看来，"从来没有成功的企业，只有时代的企业"。时代在变，因此商业模式也必须变化。2016年是物联网元年，并将在 2019～2020 引爆物联网时代，海尔必须要构建与物联网时代相适应的商业模式。张瑞敏认为，规模与品牌是工业时代的核心、平台是互联网时代的核心，而用户才是物联网时代的核心。

一 一台悄然逆袭的冰箱

一款名为"御厨"的冰箱在 2017 年"双十一"狂欢购物节成绩惊人。该款冰箱的生产商虽然是海尔公司，但不是由海尔设计和研发的，而是由 3000 位社群用户联合定制的。2017 年 10 月 27 日下午，14 位顺逛微店主在海尔冰箱沈阳互联工厂见证了他们定制的"御厨"冰箱出厂。"双十一"当天，"御厨"正式在顺逛发售，从收集个性化用户需求到直达海尔工业物联网平台 COSMOPlat 的制造并上市，只用了短短一个月时间。以"御厨"为起点，海尔顺逛在"双十一"购物节以"定制美妙生活"为主题，把差异化竞争方式的着眼点放在家庭个性化定制解决方案上，在不依赖阿里、京东两大平台的情况下，当天引发 2.5 亿元销售额，同比增长 247%，不仅销售成绩喜人，由此带动的社区活跃度也大幅提升，"美妙生活"话题交互突破 8 万个，继而带动海尔 7 大产业及 100 多个品牌商依托社群交互 6 小时销售额破亿。

4 个月前，"云熙"洗衣机就曾以两个小时销售超过 10 万台而成为洗涤市场的瞩目产品。相比较"御厨"冰箱，"云熙"从创意到实产所耗费的时间更短——从交互创意到产品上线只用了 15 天。这款洗衣机专供农村三、四级市场，虽然相较以往产品的价格翻了将近 1 倍，但成交量超过以往产品的 3 倍。顺逛平台通过用户需求倒逼产品创新，印证了消费者可以为高价值的消费体验付费的意愿。

二 冰箱背后的物联网大生态

顺逛是用户触点级平台，背后包括制造、产品、物流等链条在内的海尔物联网大生态。其中，产品端的智能家电系列"网器"，包括洗衣机、空调、冰箱等家用电器在内，均能实现互联网接入功能，支撑智慧生活解决方案；生产端的智能制造平台直连互联网工厂，社会化开放式链接服务全球企业；智慧物流平台"日日顺"无缝覆盖全国2915个区县。

（一）社群交互成为首触点

在海尔的物联网大生态中，引发用户全流程体验的关键在于情景感知和个性定制。与传统电商"卖货"不同，顺逛经营的是"人"，也由此决定了顺逛承担着海尔物联网大生态前端信息收集的关键任务，通过打通线上店、线下店和微店，搭建了"三店合一"的社群经济平台。并且通过70万微店主、基于社群效应大面积覆盖用户，与用户一对一的深度交互精准直击用户痛点，形成个性化数据反馈给创意及制造平台。

1. 线下店重视用户体验

在线上店、微店两大新兴渠道分流了大量线下销量之后，海尔线下店早已从单一的商品售卖场所转型为集售卖、体验、服务于一体的线下交互平台。除了日常销售外，用户可以在线下店接触、体验新品，店员根据用户的特定需求精准推荐商品，并介绍相关电器的使用方法和注意事项。部分专卖店还承接了末端配送工作，组织专业团队为线下店、线上店及微店的订单提供送装一体服务。

2. 线上店主打便利快捷

海尔商城与天猫、京东等平台的海尔旗舰店涵盖了海尔集团的全部商品，具有随时下单、快速交付的特点。用户可以根据各平台的不同优惠活动有选择地下单消费。在"三店合一"模式下，线下店与线上店紧密融合，前者为后者提供了售前体验及售后服务保障。

3. 微店打造人与人关系

顺逛微店是"大顺逛"体系中的"主菜"，也是社群交互模式的核心载体。顺逛强调微店主与用户的交互，在商品选购、交易、交付的过程中，双方反复多次的线上沟通让微店主对用户的实际需求、使用习惯甚至家庭情况非常了解，可以精准推荐商品，也可以持续、长期为该用户提供服务。此外，顺逛作为开放的社群交互平台，不仅销售海尔家电产品，也覆盖了家庭消费领域的其他社会化商品，涉及母婴、零食、运动户外等多个品类，满足家庭的多元化需求。

（二）物联网场景生态

物联网经济的主要理念是万物互联互通、互相依赖，将逐渐取代传统经济模式中互为沟壑的理念。由此，依靠生态系统的平台对平台、生态对生态的竞争，将逐渐替代单一品牌对品牌的单打独斗竞争方式。在海尔的物联网生态圈里，"体验"与"共享"成为关键词，即用户参与全流程的体验与社群交互实现的共享。因此，海尔物联网大生态中有三类人群，即"平台主、小微主和创客"。平台主运营的生态实现对用户需求的快速响应，如顺逛社群交互平台、COSMOPlat智能制造平台和日日顺智慧物流平台；小微主对内创建并联生态，对外创建社群用户体验圈；创客是小微企业的创业者，创客和用户连在一起，形成一个个社群，从而构成小微生态圈。

交互运行的物联网。海尔"御厨"冰箱和"云熙"洗衣机的引爆就是物联网大生态下各个生态圈交互运行的结果。通过前端"三店合一"触点网络收集用户需求，再通过COSMOPlat平台完成对产品的升级。在此过程中，各个平台的小微团队并联协同，不仅捕捉用户精准需求，还将与用户交互快速代入产品的下次迭代。"产品传感器只是工具，用户传感器才是目的"，在这样交互运行的协同体系中，海尔通过社群交互完成了大规模生产与个性化定制的融合，从而牵引消费体验升级。

三 顺逛的断腕改革

三年前，在讨论未来海尔要怎样变革的时候，张瑞敏提出了"企业平台化、员工创客化、用户个性化"。海尔一直在探索如何由"生产为中心"转向"用户为中心"，如何从"生产价值"转向"服务价值"，如何从"管理信息化"走向"智能互联网"。

供给侧改革是国家"十三五"规划中的重要举措，顺逛模式推进线上线下融合，以用户需求为出发点，通过准确感知用户需求倒逼供给侧结构与技术改革，明确了供给侧改革的方向，增强了供给侧改革的动力。

顺逛旨在为用户提供全方位的智慧家庭解决方案，共筑智能化、数字化的美好生活，是海尔学习十九大精神的重要体现。顺逛注重用户体验和资源共享，针对用户痛点进行重点布局，不断改善自身产品和服务，依托"网器"交互推进共享生态，以生态收入补贴"网器"成本，用实际行动贯彻"创新、协同、绿色、开放、共享"的新时代发展理念。

海尔集团不断革新自身商业模式，始终把握用户价值这一核心要素，围绕用户进行组织结构变革和模式创新。在组织结构上，海尔裁掉1万多名中层管理人员，打破部门和行政边界划分，将海尔重塑为一个大的创业生态平台，以各种小微代替原有的垂直化组织结构，各种小微直接围绕用户进行运营；在商业模式上，推行"三店合一"的顺逛模式，注重挖掘用户的终身价值，进一步激发了海尔小微机构的活力。

四　新经济下的新制造思维

（一）探索定制化家电的发展路径

定制化家电是传统家电制造业向智能制造转型的重要一步。顺逛"三店合一"之下的社群交互模式则成为定制化家电的助推器。顺逛通过微店主、社区驿站等网络触点与用户进行交互，收集到大量用户对家电的个性化需求，包括功能、功率、大小、颜色甚至所需数量等不同参数。这些需求将快速送达海尔研发部门，对产品进行针对性的研发和迭代。新产品会交付用户进行评测，经过二次反馈与改良后，在顺逛微店首发，并同步线上店、线下店等多个渠道。社群定制为用户提供了满足个性化、碎片化需求的家电产品，为海尔家电的新品研发提供了需求依据，是定制化家电发展的一次有效探索。

（二）形成完整的用户画像数据

传统线下家电卖场的用户往往是"即买即走"，即使留下联系方式也难以收到关于产品的使用反馈。顺逛的社群交互模式改变了这一情况。用户在顺逛平台购买商品后，将长期留存在顺逛社群当中，购买电器型号、电器使用情况、用户反馈建议等数据都会第一时间上传。此外，用户所在家庭的全部购买数据都会进行沉淀，帮助顺逛描绘个人、家庭、社区乃至地市的不同层级用户消费画像，为顺逛的未来布局与发展提供有力的数据支撑。

（三）与物联网相结合的美好生活

党的十九大报告提出，"永远把人民对美好生活的向往作为奋斗目标"，"加快建设制造强国，加快发展先进制造业，推动互联网、大数据、人工智能和实体经济深度融合，在中高端消费、创新引领、绿色低碳、共享经济、现代供应链、人力资本服务等领域培育新增长点、形成新动能"。海尔集团首席执行官张瑞敏在分享对十九大报告体会时表示："这个时代就是物联网时代，有体验经济和共享经济两大特征。而共享经济最主要的特点就是不要所有权，只要使用权。那就是说，我们把'电器'变成'网器'后，将来很可能硬件是低价或者免费，但更多的是得到生态收入。"

"十三五"国家信息化规划将发展物联网技术作为优先战略布局，海尔紧紧抓住物联网技术带来的发展机遇，通过使物联网技术与大数据、云计算等其他信息网络技术相结合，充分发挥了物联网技术在获取用户个性小数据、联通产品生态、构筑新零售方面的优势。"从来没有成功的企业，只有时代的企业"，在张瑞敏看来，时代在变，因此商业模式也必须改变。2016年是物联网元年，并将在 2019~2020 年引爆物联网时代，海尔必须构建与物联网时代相适应的商业模式。规模与品牌是工业时代的核心、平台是互联网时代的核心，而物联网时代的核心则是用户。

B.17
互联网经济下的新产品：科沃斯机器人

摘　要：　智能家居产品是互联网经济发展过程中出现的科技创新型产品，随着我国消费升级步伐加快，智能家居产品广受消费者热爱，其中扫地机器人成为市场热度最高的智能家居产品之一。科沃斯机器人是国内家庭服务机器人行业的领先企业，在国内家庭服务机器人市场，科沃斯机器人在扫地、擦窗等清洁机器人领域拥有显著的品牌与市场优势。根据中怡康的监测数据，2014~2016 年度，其扫地机器人产品在线上线下渠道的市场份额始终处于国内第一的地位。

关键词：　智能家居　智能制造　机器人　科沃斯

科沃斯机器人科技有限公司（原科沃斯电器有限公司）成立于 2006 年 11 月 6 日，主要经营智能化清洁机械及设备的销售业务。科沃斯机器人的销售渠道主要分为自营平台和第三方平台，目前电子商务平台的销售收入占总营业收入的 80% 以上。

截至 2017 年上半年，科沃斯营业收入已超过 19.6 亿元，营业利润达 1.97 亿元。目前，科沃斯销售范围已覆盖主要大中型城市，并设有东北、华北、西北、鲁豫、华东一、华东二、西南、华南 8 个销售大区。科沃斯在开拓国际市场方面也取得了一定成绩，已在美国、德国、日本设有子公司，负责开拓北美、欧洲及日本的家庭服务机器人市场。

科沃斯清洁类小家电产品的主要市场为国外市场，其中欧洲、北美、东亚的市场均保持稳定。从出口结构来看，科沃斯最主要的出口市场为欧洲和北美，这些地区人口密集、经济发达、消费能力强且需求量大，是中国最重要的清洁类小家电出口市场。

一 创新驱动构建产品核心竞争力

随着互联网和科技的高速发展，以创新、知识为基础的竞争越来越白热化，创新能力的重要性日益凸显，企业只有保持持续的创新能力才能在市场上赢得竞争优势。面对这一市场现状，科沃斯通过技术产品创新和高科技探索、信息化建设知识产权保护以及人力资源打造来实现可持续的发展。

在技术产品创新方面，创新是企业发展的动力。母公司在组织架构上设有研发中心，下设研发部、项目部、知识产权部、工业设计部、中心实验室等部门。在人员配备上有主管技术的副总经理、总工程师、研发总监、工业设计总监、知识产权总监、研发经理、工程师等，专职从事研发的科技人员达400多人，研发费用每年以20%的速度递增。每年研发新技术、新产品近10项。这是企业生存、发展、竞争、创新的客观需要。自品牌创立以来，公司相继推出地宝、窗宝、沁宝以及管家机器人等划时代的机器人创新产品，确立了自身在家用机器人领域的先驱地位。同时，科沃斯机器人不断创新，开辟了商用机器人这一新领域。目前，科沃斯产品覆盖家庭服务机器人和商业服务机器人两大领域六大类。科沃斯家庭服务机器人产品线包括地面清洁机器人——地宝、擦窗机器人——窗宝、空气净化机器人——沁宝和机器人管家——亲宝；科沃斯商业服务机器人产品线包括公共服务机器人——旺宝和太阳能电池板无水清洁机器人——锐宝。而对于这些成果，科沃斯机器人科技有限公司作为全资子公司，可以完全地受益。科沃斯"地宝"D76在波兰的PH&I博览会上荣获"最佳技术创新"及"最佳设计"两项大奖，这是欧洲消费者对科沃斯创新能力的充分肯定。德国的权威机构CT-Magazin对包括IROBOT及LG在内的全球24家国际知名品牌清洁机器人产品进行综合测评，测评报告显示科沃斯的清洁机器人性价比最高，无论是清洁范围还是清洁能力都远远超过同类产品。

科沃斯"窗宝"在 2013 年荣获中国家电艾普兰科技创新奖，同时，在 2013 年美国芝加哥展会上荣获最佳创新奖，科沃斯的家庭服务机器人荣获 2013 年度美国创新金奖，这是对科沃斯产品创新能力的又一力证。

目前科沃斯已形成了一条以地宝、沁宝、窗宝、亲宝为主打产品的家庭服务机器人产品线，并将本着"面世一代、储备三代"的创新理念让机器人服务全球家庭。

在高科技探索方面，科沃斯机器人始终坚持着家用机器人从"工具"到"管家"再到"伴侣"的这一产品理念。2016 年 5 月，全球首款管家机器人 UNIBOT 发布，不仅能够快速、有效地达到清洁环境的目的，还能带来其他人性化的功能应用，成为联结各个终端的中枢，初步实现由人联结机器人、机器人联结万物的智能家居新构想，标志着家用机器人从"工具"阶段迈入"管家"元年。

在信息化建设方面，公司高度重视信息化建设。设有 CIO（IT 总监），下设持续改进部、电商技术部、系统运维部、数据技术部、业务规划部等部门。公司 2013 年成为江苏省信息化和工业化融合试点企业，2016 年荣获江苏省互联网与工业融合创新示范企业称号。从 2013 年起公司逐渐加大对信息化的投入，包括人才引进、软硬件、网络、数据中心、终端、运维、人员培训、咨询服务。在"企企通"建设基础上，继续与三大运营商合作，引入"全渠道运营大平台"概念，先后建成上线 OA、HR、ERP（SAP）、OMS、MES 等系统，关注信息安全，实时做出信息安全预警。

在知识产权保护方面，科沃斯设立了知识产权部门，建立了规范的知识产权管理机制，在资金投入、资源配置方面都给予高度重视和优先支持，建立了长效知识产权保护机制，从而使知识产权工作部署得当、组织有力、措施有效、管理规范。通过对知识产权的研究、运用、保护和管理，有效避免专利纠纷，降低新产品开发的风险，为企业的经营起到了支撑作用。为保护企业专有技术和知识产权，公司长期与国内外知识产权机构及顾问合作，制定并实施了适合企业发展的商标与知识产权战略，截至 2016 年 12 月，科沃斯机器人已在国内外申请专利达 1000 余件，其中 2016 年当年新申请专利近 100 件。授权维护专利近 700 件，核准注册商标近 300 件。公司自成立以来，多次获得知识产权方面的奖励。2016 年第十八届中国专利奖，江苏省共获得两个专利金奖，其中一个就是科沃斯机器人的擦玻璃装置。除此之外，公司还荣获了国家知识产权优势企业、国家专利运营试点项目、国家知识产权示范企业、江苏品牌紫金奖/富有创新活动的江苏品牌等多项荣誉称号。

在人力资源打造方面，科沃斯以科学发展观为基础，在选人、用人、留人方面始终坚持"人尽其才，才尽其用，以培养一流的人才来创建一流的企业"的理念，给员工提供最适合的培训机会和发展空间，通过激励与考核相结合的方式，充分挖掘每个员工的潜力和才智，把员工的职业生涯与企业整体发展规划相结合，为企业和品牌的持续发展奠定了牢固的人力资源基础。为了充分挖掘和激发研发、技术人员的创新热情和创造潜力，科沃斯建立了系统的技术创新激励机制，营造了一个良好的、维持企业持续发展的创新环境和创新氛围，形成了以技术创新为共同目标的企业文化。自 2006 年起，公司每年投入科技创新经费超过 5000 万元人民币，每年研发新品不低于 20 个。坚持以市场为导向，从战略高度适时地对研发产品进行规划及调整，使科技创新具有高度的战略性和方向性。新产品的不断涌现及高端机器人科技的应用，充分证明了科沃斯自主创新的实力。科沃斯在注重培养企业内部科技人员研发能力的同时，不断加强与科研院所的交流及合作，公司先后与多所高等院校进行产学研合作、资源共享，由此拓宽了知识和信息渠道，促进了技术创新能力的提升，为企业持续发展奠定了基础。

二 高标准造就实力机器人

科沃斯通过"技术专利化、专利标准化、标准国际化"的模式，组织和引导企业加强技术标准的研究，促进自主创新与技术标准的融合，积极参与制定行业标准、国家标准和国际标准，抢占产业制高点。

在国内，2010 年 6 月初，科沃斯被国家标准化委员会委任为"机器人与机器人装备分技术委员会服务机器人工作组组长"及"家庭机器人技术标准化工作组组长"，这不仅是对公司在行业中的技术领先地位的认可，同时也赋予了公司新的使命和挑战。

在国际上，公司于 2010 年加入了两个国际标准化组织——IEC TC59/SC59F/WG5（家庭清洁机器人）和 ISO TC184/SC2/WG8（服务机器人），并于 2012 年 10 月获批成为 IEC TC59 WG16 国际机器人标准工作组组长单位，累计参加 IEC、ISO 会议 15 次，成功举办国际清洁机器人工作组会议 3 次。目前，科沃斯在机器人行业的地位已经得到国际标准化委员会的认可。

据市场调查机构 GFK 中国分公司的调查统计，从 2007 年到 2013 年，科沃斯机器人在国内清洁机器人市场的占有率依次为 56.5%、64.2%、67.3%、66.2%、62.3%、55.9%、64.9%。在电子商务领域，2014 年"双十一"期间，科沃斯机器人全网总成交额再创新高，达到 1.52 亿元；其中天猫官方旗舰店的单店成交额突破了 1.04 亿元，成功卫冕生活电器类目销售冠军，在天猫全类目单店成交额排名第 20，总成交额在全网家电类排名第九。从 2011 年"双十一"创始年的 200 万元到 2014 年的 1.52 亿元，科沃斯机器人用"3 + 1"年实现了超高速增长和家庭服务机器人一天成交额破亿的成绩。不完全统计显示，2016 年"双十一"期间，公司成交额突破 4.11 亿元，继续创下历史新高。2016 年 8 月公司在亚马逊美国正式上线，并在当年亚马逊黑色星期五购物季中，获得了扫地机器人品类第一名、厨房家具品类第四名的成绩。其旗舰机型 DN78 一款单品在感恩节当天累积销售额则高达 176 万美元。

家庭服务机器人的国际营销网络建设将是科沃斯"国际化"发展战略的重要落脚点。未来科沃斯将以国际事业部和海外下属公司为依托，逐步升级营销网络信息化管理平台，扩充海外营销团队，并在现有的以海外分销商为主的营销渠道基础上，通过携手第三方电商渠道、搭建自营电商平台、增设线下体验店等形式，进一步丰富海外销售途径，逐步增强与消费者的直接沟通，培养海外消费者对科沃斯产品及品牌的认同感。

地域上以欧洲、美国、日本及东南亚等国家和地区为重心，率先在欧洲、美国、日本等三个机器人产业最为发达的国家和地区取得突破，不断完善全球化的营销网络。此外，科沃斯还将不断挖掘国际知名品牌客户的业务潜力，促使现有的清洁类小家电 ODM 业务平稳增长。

三 多元化产品开拓多种服务领域

基于持续的产品创新和技术迭代升级，科沃斯将自主研发应用到各类清洁产品上，提高各个产品的应用效率，开拓了完整的家庭服务机器人产品线，并积极探索商用服务领域的应用场景。

在家庭服务市场上，科沃斯机器人拥有到目前为止全球最完整的家庭服务机器人产品线，包括地面清洁机器人地宝、擦窗机器人窗宝、空气净化机器人沁宝、管家机器人 UNIBOT，从地面清洁到高空作业，为消费者打造全方位的智慧生活。例如，科沃斯扫地机器人"地宝"，与市场上其他同类商品相比，由于产品技术先进，且价格适中，性价比高，目前年销售近 200 万台。又如，2017 年初，科沃斯推出的扫拖合一的扫地机器人 DE3 系列产品，以"地图记忆，扫拖合一"为特点提升清洁效率。科沃斯为 DE3 系列产品搭载科沃斯 Smart Navi 全局规划系统，可以实现全局规划，一次见图，永久记忆。通过科沃斯机器人 APP，用户可以在清洁地图上查看清扫状态、清洁进度等，整个清扫过程可视可见，出门在外也能实时查看 DE3 的清洁状态，提高了清洁效率。同时，科沃斯还在 DE3 系列产品中搭载蓝鲸清洁系统，扫拖一体，更符合中国家庭的清洁习惯。通过深度精扫、超强劲吸、精细过滤、细致拖擦使地面清洁一步到位。滚刷吸口互换，可根据地面灰尘状况更换清洁组件，无惧灰尘、毛发。

科沃斯在擦窗机器人产品方面，为窗宝 W830 配备高速真空离心风机，使其运行时能够产生 2.5KPA 吸力，持续施加均匀的 6KG 的水平拉拽力，最大限度地保证了清洁抹布与玻璃之间的接触面和作用力，实现对重度灰尘的窗户的清洁。同时，科沃斯在窗宝 W830 的清洁抹布设计上，采用包围式结构，使窗宝 W830 对清洁区域进行条块式的清洁。窗宝工作时，前进方向一侧的抹布对污渍进行第一遍擦拭，对面一侧的抹布则会对可能留下的小污点、小水渍进行补充擦除，清洁效果进一步升级。

图1　科沃斯窗宝 W830

在商用服务领域上，科沃斯主要推出公共服务机器人旺宝以及太阳能电池板清洁机器人锐宝。同时，科沃斯已经实现了近千台人形服务机器人在银行业的落地，并为人形服务机器人在终端找到明确商业价值的应用场景：银行机器人营销助理——机器人在银行营业网点协助大堂经理工作，一方面承担了业务咨询办理等基础工作，另一方面通过互动能力帮助用户挖掘营销场景、增加营销机会，并将科沃斯银行机器人营销助理分为两个阶段。

第一阶段的人形商用服务机器人为智能＋人工的组合，面对机器智能目前还做不到或做不好的部分，由人工管理员予以支撑，以更好地提升用户体验、满足用户需求、增加交互频次、延长交互时间，并累积真实应用场景数据，而这些难能可贵的数据未来无疑将成为机器学习和训练最重要的基础。第一个阶段的科沃斯银行机器人营销助理已经表现出了比传统营业厅服务模式要明显得多的优势：以远低于传统方式的成本实现了高达40％的营销成功率，尤其是扫码获客或下载手机银行等二维码入口类营销工作。

第二阶段的人形商用服务机器人能切实地根据场景需要，植入基于人工智能和深度学习的全自动接待功能模块，这个模块全方位涉及自然语音理解、语义分析、深度学习及图像识别等。目前，这个新功能模块已经在近百个银行营业厅正式启用，3 个月来，产生了这样两组数据：首先，平均每台机器人每天的工作时长增加了 20%；其次，每个机器人群组与顾客关于银行业务的内容交互量增加了 15%。也就是说，人工智能的引入让机器人每天的工作时间增加了，同时它的工作内容中那些有价值的部分也增加了。这才是值得人工智能和机器人企业欣慰乃至骄傲之处——它们创造了真正的价值。

在此基础上，科沃斯积极探索新的商业模式，并通过行业定制化深耕真正有应用场景需求的领域，在金融、政务、旅游等垂直行业中接地气地扎实前行，进一步为机器人和人工智能的落地应用开拓更多的新场景及平台，并在此过程中让机器人成为用户业务体系不可或缺的一部分，进而能与业务流程更加紧密地关联，优化出更好的结果，甚至改变原有的结构。

四　多方位营销全面覆盖市场

科沃斯通过以线上为主、多渠道并举的多元化销售体系覆盖各类消费群体。在线上，科沃斯形成了以天猫、京东、苏宁、唯品会为代表的第三方平台与自营科沃斯官网商城相结合的销售渠道；在线下，科沃斯主要通过线下商超、电商连锁店、电视购物、礼品团购等销售渠道相结合，实现对各类市场的全面覆盖。

在天猫旗舰店的运营方面，科沃斯天猫旗舰店自 2010 年开设，服务超 150 万个家庭，每日进店流量 8 万次以上，店铺各项服务遥遥领先行业平均水平。2011 年开店以来销售额连续多年翻倍增长，时至今日已经发展为一个年销售额超过 8 亿元的天猫超级大店。2015 年"双十一"单品销售额过亿元，2016 年"双十一"单品销售额过 2 亿元。仅 2016 年"双十一"当天，销售额就逼近 2.5 亿元，取得了家庭服务机器人市场占有第一、小家电单店销售第一、小家电单品销售第一、天猫预售家电类第一的成绩。

营销方面，科沃斯开创活动前 10 元预定、前 N 台限量抢购等一系列行业领先玩法，屡屡创造销售额高峰，成功保障了活动效果。营销宣传方面整合品牌资源、站内外资源以及微博达人 KOL 等集中制造全网霸屏，炒热话题达到传播活动与品牌理念的效果。科沃斯天猫旗舰店作为科沃斯电子商务标杆，销售额占科沃斯电商的近 50%，为了满足消费者需求，产品从随机向规划转型，从单一扫地向扫拖合一转型。2017 年针对扫地机器人行业痛点——拖地不干净，成功推出年度爆款新品科沃斯 DD35，一经推出就得到消费者的一致好评，首发仅 3 天就完成了过万台的销售目标。

在京东平台的运营方面，科沃斯的销售节节攀升，持续多年年度销售额呈几何倍数增长。2014 年品牌在京东平台销售额过亿元，2015 年过 2 亿元，2016 年过 4 亿元。在家庭服务机器人行业占有率持续多年稳居榜首。2016 年"6·18"期间，魔镜 S 单品销售量居京东商城第一、品牌销量位居京东小家电销售额品牌第六。

在苏宁易购官方旗舰店方面，科沃斯自 2012 年在苏宁平台开设官方旗舰店科沃斯生活电器以来，每年销售额以迅猛的速度增长，至今已经发展为年销售额过亿元的店铺。店铺各项指标也远远高于同行业。2015 年科沃斯与苏宁洽谈了第一款针对苏宁量身定制的 O2O 型号"绝尘"，苏宁将线上的便利特性和线下展示、体验与服务的功能进行完美的融合，将互联网的技术应用与零售核心能力进行充分融合，从而更好地满足消费者的需求，形成 O2O 的商业模式。"绝尘"自 2015 年 7 月上市以来，借助苏宁线上线下强有力的渠道资源，在 2016 年取得了相当不错的成绩，截至目前单品销量逼近 5 万台。随着销量的日益提高，销售端对系统及平台体系的要求也日益提高，为了保障运营，科沃斯开发了订单处理的中台系统、库存处理的 WMS 系统、客户关系处理的 CRM 系统，以及呼叫中心系统等多项业务支持系统，在提高效率的同时，保障客户的满意度。

在科沃斯官网商城（ecovacs. cn）自营电子商务平台的运营方面，2015

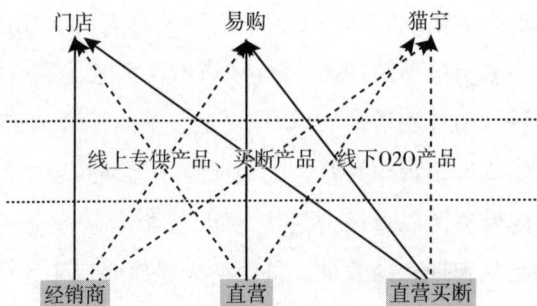

图 2　科沃斯针对苏宁定制的 O2O 模式

年 1 月正式运营科沃斯官网商城，2016 年手机 APP 上线，功能模块逐步完善成熟。商城是以营造智能机器人化品质生活为服务宗旨的互联网商务平台。提供科沃斯地宝、窗宝、亲宝、沁宝等全系家庭服务机器人产品的预约和购买，最新科沃斯产品资讯以及最贴心完善的售后服务。同时专设科沃斯官方正品验证通道、全套产品手册下载专区、全系产品配件专区以及机器人爱好者交流分享体验专区。

图 3　科沃斯官网商城主页

2015 年 4 月，科沃斯官网连续举办了公益机器人赛事——机器人创想秀大赛。该比赛受到了社会各界的广泛关注，同时与创客、高校、相关行业平台、专业网站、行业媒体等建立了合作、互助的可持续发展关系。2015

年 8 月，官网商城进行业务盘整优化并对网站进行全新改版，提升业务扩展性和用户体验；农历七夕节主题"爱·不将就"结合社交媒体推广，取得阅读量 30.6 万次。2015 年 9 月邀请钟汉良代言科沃斯，官网建立代言人专区，汇集代言人的各类图文视频以及粉丝互动信息，突出钟汉良与品牌之间的互动关系。面向钟汉良粉丝推出"DIY 扫地机器人面盖设计稿"的活动，受到粉丝热情关注，共收到 50 个高质量作品，根据人气作品生产定制产品并开展限量抢购活动，与粉丝进行深度互动。2015 年 11 月，科沃斯官网第一次举办"双十一"，取得了当天销售额突破 200 万元的佳绩。2016 年 1 月，基于公司"机器人化""互联网化"的品牌战略，推出科沃斯机器人 APP，提供基于产品操控的品牌服务、商城和会员互动，打造科沃斯机器人闭环生态圈。通过大数据等技术应用，在产品改进、主动服务和用户满意度上进一步持续提升水平。2016 年 3 月 11 日，正直科沃斯成立十八周年庆，在开展的官网线上大型品牌活动中，当天销量突破了 200 万元的成绩，提升了科沃斯品牌知名度。根据此次活动经验，打造每月 11 日的科沃斯"品牌会员日"，主要提供给会员优惠产品、配件、积分兑换等品牌服务，提升服务满意度。2016 年 10 月，随着对全网用户的承接功能逐步健全，官网对首页进行了改版，主要强调品牌和会员服务，与科沃斯用户第一的公司文化相契合。

截至目前，科沃斯官网商城已经形成了集商城、品牌、社区、博物馆、服务等多渠道的电子商务平台，承接了产品销售、品牌宣传、行业资讯等多项功能，目前该平台共有注册会员 49 万，2016 年平台交易额突破 4000 万元。

在线下的销售方式上，科沃斯主要通过 OEM/ODM 的方式生产，并向海外品牌商直接出口销售。科沃斯家庭服务机器人产品线下销售渠道主要包括线下零售渠道和电视购物、线下团购等。科沃斯构建了覆盖全国主要大中型城市的销售服务网络，覆盖了全国大部分省份的购物中心、百货商场或家电连锁商超等线下终端渠道；同时，设有专门的销售团队对电视购物、礼品团购、批发等渠道进行覆盖。

图4 科沃斯业务平台

参考文献

《科沃斯机器人展现创新实力 中国智造点亮 AWE2017》，小熊在线，2017。
《科沃斯蓝鲸清洁系统 2.0 发布：打造机器人互联网生态圈》，赛迪网，2017。

B.18
互联网经济下的新技术：慧聪集团区块链技术

亿邦动力研究院

摘　要：　区块链是一种按照时间顺序将数据区块以顺序相连的方式组合成的一种链式数据结构，并以密码学方式保证不可篡改和不可伪造的分布式账本。广义来讲，区块链技术是利用块链式数据结构来验证与存储数据、利用分布式节点共识算法来生成和更新数据、利用密码学的方式保证数据传输和访问的安全、利用由自动化脚本代码组成的智能合约来编程和操作数据的一种全新的分布式基础架构与计算方式。慧聪集团将防伪溯源纳入区块链技术集中落地的首个领域，2017 年，慧聪集团旗下兆信股份将区块链技术应用到防伪溯源中，已为东阿阿胶、同仁堂、联想控股佳沃股份等多家企业提供落地解决方案，并基于上链后的数据创新供应链服务场景。

关键词：　区块链　慧聪　慧链

慧聪网（HK8292）成立于 1992 年，是国内领先的 B2B 电子商务服务提供商，依托其核心互联网产品买卖通，通过专业服务及先进的网络技术，为中小企业搭建诚信的供需平台，提供全方位的电子商务服务。慧聪网 2003 年在香港创业板上市，是国内最早的互联网上市企业之一，开创了

B2B 领域"南阿里、北慧聪"时代。2014 年转至香港主板市场，同时开始向 B2B 2.0 转型。2017 年上半年，慧聪网营收实现 188% 增长，转型成效快速释放，并于 9 月 4 日正式进入深港通，接入 A 股市场。

兆信股份是慧聪集团子公司，1996 年成立后一直从事防伪溯源技术服务业务，2010 年挂牌新三板，2014 年被慧聪集团收购，2016 年底慧聪 CTO 郭刚调任兆信总经理，着手搭建区块链系统——慧链，形成了品质链、金融链、知识产权链基本构架，开始向基于区块链技术的数据服务企业转型。

一　慧聪的区块链布局

（一）区块链与"一带一路"相结合

2018 年 3 月 9 日，慧聪集团与丝绸之路国际合作工作委员会签署了合作框架协议。慧聪集团将通过区块链技术服务优势，帮助丝路工委会在消费日益升级、品质要求不断提升的市场环境中，提升各国企业、不同行业的合作信誉，协助推进国际间贸易合作标准的展开应用，推动建立和完善行业性解决方案，促进"一带一路"沿线国家开展贸易合作，区块链技术将广泛应用于"一带一路"中国企业与沿线国家，同时为全产业链合作对接提供了更好的技术支持。

慧聪集团将通过区块链服务优势，为中外企业全产业链搭建完整的技术解决方案，实现中外企业全产业链的资产数据化，通过基于经济、技术、文化三大领域的全产业链品质溯源、边贸业务等的信用体系建设，解决未来各国间交易中的信用问题，从而打造更加完善的国际化发展服务体系，利于推动中国智造、中国标准"走出去"，助力在消费日益升级、品质要求不断提升的市场环境中各国各行业间的诚信合作，提高企业参与国际产能合作的能力和水平，打造政治互信、经济融合、文化包容的利益共同体。

图1　慧聪集团 CEO 刘军（右）与丝绸之路国际合作工作委员会
理事长曹志辉（左）签订协议

图2　丝路委员会启动典礼

（二）布局农业领域区块链产品

农业是慧聪集团在区块链上的第一个应用场景。2018年1月31日，慧聪集团与佳沃股份签署了合作框架协议。通过慧聪集团的区块链服务优势，与公司在品牌防伪、智慧溯源、场景应用、区块链打造、供应链创新和智慧营销六大场景进行结合，以实现现代农业产业链应用平台建设。慧聪集团为佳沃股份基于区块链技术搭建完整的技术解决方案，打造基于农业的全产业链品质溯源、边贸业务等信用体系建设，解决未来交易中的信用问题。帮助佳沃股份在消费日益升级、品质要求不断提升的市场环境中取得优势地位。同时，慧聪集团和佳沃还将和政府海关、出入境检验检疫局等机构共建边贸业务区块链信用体系，实现简化食品领域通关流程、减少环节提升效率、缩短通关时长的目标。

慧聪从农业领域入手打造区块链产品，借助产业大数据及区块链应用场景优势，拓展区块链市场。加快基于农业的全产业链品质溯源、边贸业务等信用体系建设，解决未来交易中的信用问题。

（三）与IPChain打造区块链生态产业系统

慧聪集团与知产链IPChain正式达成区块链产业战略合作意向，是互联网企业与新技术企业的深度合作。慧聪看重知产链IPChain摆脱了固有的区块链炒币概念，给出了新的市场认知，在公有链的领域里，知产链IPChain对传统知识产权有着全新的推动作用。作为国内B2B电子商务服务提供商，未来慧聪会将相关业务搭载在知产链上，使数据更安全，更容易溯源，进而谋划产业互联网转型。

知产链IPChain是专为数字知产打造的区块链商业应用公有链，是结合IP与区块链技术创造出的一种新的商业应用和模式，链上可承载与知识相关的方方面面，去除中心化商业机构，真正做到创作者与消费者的直连。利用区块链技术构建去中心化的知产发布交易平台，IPChain能够实现知产的确权、打赏、交易、众筹、众包等应用，真正做到消除中间商，保护创作者利益。

图3　慧聪集团总裁刘小东（左）与 IPChain 签署合作协议

目前，慧聪集团正在全力打造区块链生态产业系统，建立慧聪区块链产业研究中心，并选择与清华大学签订项目合作协议，以投资入股的形式，快速进入几个专业领域，多维度夯实慧聪的区块链技术能力。

（四）与同仁堂老字号构建中药区块链

以往健康服务产业关于信任问题的解决方式单一、被动，缺乏实际可行的解决方案，但将区块链技术广泛应用到实际场景中，能够避免很多因信息不对称而导致的问题和纠纷，解决很多其他技术无法解决的信用问题。

北京同仁堂高度关注区块链技术在中药领域的场景应用，慧聪集团利用"慧链"为北京同仁堂安宫牛黄丸产品打造中药信用体系，主要解决供应链管理信息流，包括生产、物流以及销售等各个环节在内的信用问题，合作表明区块链技术在改变医疗医药保健行业方面拥有巨大的潜力。

区块链技术的应用，最大优势在于遏制不合格、假的、不实标签，以及假冒药物的冲击，防止其继续在医药品供应链上扰乱市场，帮助参与者通过供应链跟踪药品信息。传统的纸质记录在密集的过程中容易被篡改，而这一技术将使得过程透明化。透明性和可追溯性是区块链在医药供应链中应用的关键。如果药品在运输途中被中断或丢失，在普通分类账（区块数据包）上存储的数据为所有各方提供了快速追踪信息的途径，并且，可以确定谁最后处理了这批药品。参与者可使用分类账追踪每一种药品，可直接追溯其原材料来源。

安宫牛黄丸属于北京同仁堂十大重点中药产品之一，是北京同仁堂第一次尝试使用慧聪集团"慧链"技术建设区块链信用体系，而区块链技术在其他产品的应用空间依旧非常大。除此之外，慧聪集团区块链技术"慧链"有望在医疗器械、药品保健品、医疗服务、医疗信息流通等场景都能得到很好的应用，进一步解决医疗医药行业相关的信用问题。

二 共识产业基金支持区块链发展

2018 年 1 月 25 日，慧聪集团联合嘉楠耘智、科达股份、人民创投、云游控股、掉之阖共同启动了 10 亿元规模的区块链产业基金，旨在推动区块链技术与相关产业在中国的加速落地。

图 4   慧聪集团区块链产业基金启动仪式

　　区块链构建的更加可信的互联网系统，孕育着不可估量的商业价值，前景可观。不过当下国内缺乏足够规范的区块链项目投资体系，区块链产业联盟和区块链产业基金的诞生正是为了发掘有潜力的项目和优秀的区块链应用场景，驱动区块链技术的加速落地，开拓未来业态，打造区块链的生态共赢。

　　区块链产业联盟的发展和推动，将加速区块链技术和规则的进一步拓展，同时有效吸纳优秀团队，为实现其区块链技术与实体商业业务的对接赋能，致力于促进整个区块链的应用与进步。慧聪网总裁刘小东表示："只有与趋势共舞才能造就伟大的公司，我们要探索顶级的区块链技术，探索区块链与大数据、数字营销、互联网内容的产业结合应用。"

　　六大巨头的强强联合，在推动区块链技术标准和应用场景落地方面有得天独厚的优势。嘉楠耘智是国内三大（比特币）矿机芯片生产商之一，旗下 Avalon 是全球第一台专业矿机；科达集团则是 A 股上市的数字营销龙头；慧聪集团是与阿里巴巴齐名的国内两大 B2B 电商服务公司之一；人民创投是隶属于中央第一媒体网站旗下的创投公司；云游控股同为国内领先的轻游戏研发和发行公司，并在港股上市；掉之阖则是杭州知名创投。

　　近些年，全球各国都在加速进军区块链，有预测称，到 2025 年之前，全球 GDP 总量的 10% 将利用区块链技术储存。未来，六家联盟成员将依托各自产业的优势和行业经验，在行业内开展更多的易用性探索，积极撬动区块链的正反馈效应，带动整个行业发展。

三　数据上链后的三个改变

　　商品的防伪溯源有两大痛点：一是外部不法商贩造假、仿造，二是生产流通环节的内部作案。过去的"一物一码"已经能够实现产品防伪、防窜货、全流程溯源、个性化营销等功能，但仍存在篡改数据、数据造假等漏洞。2017 年开始，在区块链技术引入后，市场对防伪溯源领域的态度发生质变，互联网巨头纷纷涌入，那么，数据上链后到底能带来哪些变化？

（一）不可篡改数据溯源为品牌增信

区块链上记录的数据具有不可篡改的特性，记录在链上的数据一经确认，就会在每个节点上形成最新拷贝，修改单个节点的数据是无效的，系统会自动比对，认定出现次数最多的相同数据记录为真。在防伪溯源应用中，产品生产、流通过程的相关数据都记录在链上且不可更改，从两个层面为品牌增信：一是防伪溯源数据记录从原材料到消费者手中的全流程、多节点指标数据不可篡改，屏蔽造假；二是强化了流通链条上各方主体的行为监督，配合一些节点数据的自动化采集和上传，即使发生违规操作或上传虚假数据，也可随时追溯，提升品牌信誉。

（二）改变数据传输方式提升供应链效率

区块链分布式记录的特征，通过非对称加密、分发密钥，可以让链上的不同节点读取到想要的数据，改变了供应链上各节点企业间信息的交互方式。如将上下游企业纳入联盟链，通过区块链写入和读取，实现企业供应链管理创新。而在监管创新方面，可通过在防伪溯源公链内引入监管机构的方式，实现便利化监管。以跨境电商为例，跨境电商平台、卖家、跨境电商服务平台、海关、检验检疫、物流承运商等主体进入同一个公链，既可实现商品全流程监管信息的同步，又可通过提前比照相关信息，提高海关检验效率。

（三）全渠道真实流通数据价值

数据是企业做战略决策的基础，电子商务让企业能够获得线上数据，但因为刷单等行为的存在，线上数据需要通过大数据技术进行抓取、清洗、去噪等处理。而基于区块链的溯源信息，可以复原完整的商品流通轨迹，采集从原材料采购、生产、流通到消费等多个环节数据，并通过消费者扫码行为进行用户画像，所获取的数据真实有效。在获得数据的基础上，可实现个性化营销、定制化生产、供应链金融等各种应用场景。

四　慧链撬动数据服务创新

（一）"四库一平台"支撑防伪溯源

品质链是兆信区块链技术在防伪溯源领域的应用，配套构建了"供应商数据库、生产数据库、流通数据库、消费者数据库，以及防伪追溯云平台""四库一平台"底层支撑。通过四个数据库，兆信从上游供应商、企业自身、各级代理商和消费者四个环节，通过 RFID、二维码等商品唯一身份标识采集数据，并记录在区块链上，用于防伪追溯。以宏济堂阿胶产品为例，区块链可以记录从毛驴养殖、检疫、炼胶到各渠道流通、线上线下销售的多个节点数据，通过各个节点记录到区块链上，实现产品整个生命周期的数据可追溯。同时，经区块链追溯的原材料价格较同类高 20%，通过信任增值覆盖了区块链技术的应用成本。

（二）联盟链创新供应链服务

在跨境贸易中，产品在产地国和进口国都要进行备案、检验检疫，以及相关单证录入、比对等操作，必要流程限制了商品的通关效率。尤其是生鲜类产品，较长的流程造成了大量额外损耗。在兆信与联想控股佳沃股份的合作中，通过构建联盟链 CBFT，口岸、国外监测机构、佳沃、高校等各方成为联盟链上的节点，只有经过 CBFT 组织认证通过的机构才允许加入该联盟，并通过区块链技术将相关数据在联盟各方节点上加密保存。而在实际应用中，佳沃在海外采购的生鲜产品，通过区块链完整记录其溯源数据，联盟内的海外监测机构完成检验检疫后，将检疫数据继续写入区块链，在联盟内口岸通关时只需读取数据进行比对无误即可验放。对于企业，能够节省通关环节的仓储费用，而且能够通过缩短供应链周期提高资金周转率。

（三）多领域探索慧链应用场景

品质链应用场景的落地，既得益于兆信多年来在防伪溯源领域的积累，也让兆信开始了从防伪溯源服务向区块链服务的转型，而后者对应的应用场景和市场远大于前者。慧链重点布局三个领域：一是品质链在防伪溯源应用基础上，借助数据创新供应链服务，慧聪已经和海尔就基于区块链开发工业互联网达成合作意向；二是依托知识产权链，将区块链技术应用到数字及虚拟财产确权中，目前已与丝绸之路国际合作工作委员会、联合国教科文组织签署合作协议；三是金融链将支撑慧聪集团交易服务，应用区块链技术建立基于交易数据的风控模型，提升供应链金融风控水平。

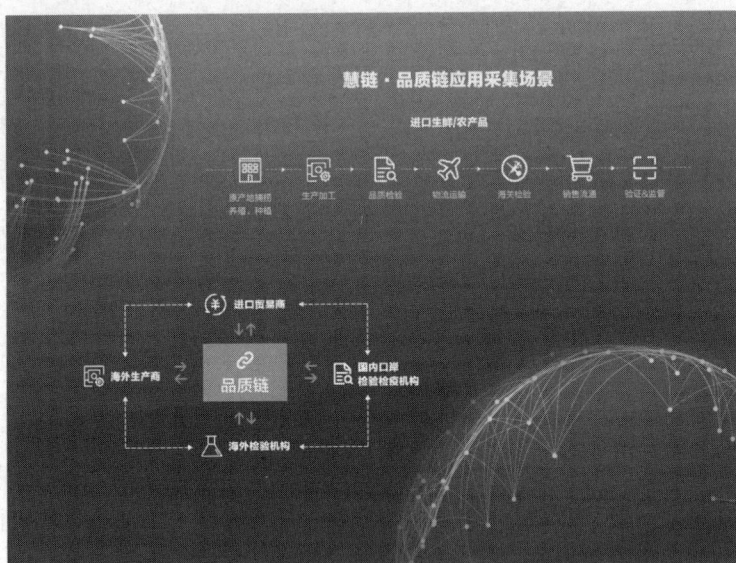

图5　慧链·品质链应用场景

五　数据服务实现慧聪战略闭环

战略调整后，信息服务、交易服务和数据服务构成慧聪集团战略三角。信息服务是慧聪的"老本行"，中关村在线和慧聪网都是以信息服务为主的知名网站，积累了大量的行业客户，2017年慧聪信息服务收入占比27%，未来细分领域将逐渐向交易服务转化。交易服务是在垂直领域B2B交易线上化的趋势下，慧聪集团的转型方向，自 2016 年起开始爆发，目前已有棉联、买化塑、中模国际三家子公司，2017 年交易收入超过 20 亿元，同比增长 67%，在集团营收中占比 67%，已成为慧聪集团的业务核心。数据服务由兆信股份和慧嘉支撑，目前营收占比仅为 6%，同比增长 221%，是增速最快的部分。数据的获取和应用能力决定平台供应链服务价值潜力，而兆信加码区块链恰好帮助慧聪完成交易闭环。

图 6　慧聪集团最新战略构架

政 策 篇

B.19
2017年互联网经济政策法规综述

闫德利　李家琳*

摘　要： 互联网经济是依托信息网络的迅速发展而形成的新兴经济形态，近些年其发展风险与机遇并存，给宏观监管带来严峻的挑战。本文通过整理2017年党中央和地方政府颁布的各项法律法规，发现在宏观层面上，网络安全、数字经济、数据保护、分享经济、网络舆论、工业互联网、人工智能等逐渐成为我国互联网政策立法领域的热点问题。从微观层面上来看，政策涵盖的范围广泛，新兴商业模式的政策也在逐步跟进。但同时，现有的法规政策存在诸多局限性，未来亟待完善，本文也提出相关政策建议。

关键词： 互联网经济　政策法规　立法

---
* 闫德利，腾讯研究院产业与经济研究中心秘书长，北京交通大学兼职教授，工信部信息通信经济专家委员会委员；李家琳，腾讯研究院助理研究员，中国科学院大学经济与管理学院硕士研究生。

互联网经济是依托信息网络，以信息、知识、技术等为主导要素，通过经济组织方式创新，优化重组生产、消费、流通全过程，提升经济运行效率与质量的新型经济形态。[①] 近些年伴随着大数据、云计算和人工智能等网络技术的进步，以及信息化基础设施建设的完善，互联网经济的外延逐步扩大，多种新型领域正在形成。究其源头，互联网经济是由"互联网＋"概念演变而来，是互联网在与传统行业深度融合中形成的新经济形式，进而推动传统经济领域的繁荣发展。其中，互联网是基础，在这种新经济形式中发挥着引领性的作用。在我国，互联网经济增长迅速，2013年中国网络经济整体规模为6004.1亿元，而到2017年，网络经济规模约为17234.5亿元，其中移动互联网是重要的助推力。[②]

由于互联网经济发展迅猛，宏观背景逐渐复杂化，这让互联网经济发展风险与机遇并存。一方面，现有的监管政策和法律法规开始面临新的挑战；另一方面，经济活动的深刻变革也会推动现有法律、政府监管方式以及政策规划进行创新。如何保障新兴商业活动健康有序地开展，从而为互联网经济的运行保驾护航，这成为目前立法的重要议题。

互联网是治理监管的核心。自党的十八届四中全会提出《中共中央关于全面推进依法治国若干问题的决定》（以下简称《决定》）以来，依法治网纲领实施成果显著。为贯彻《决定》的各项要求，党中央各级部门积极推动互联网领域立法，完善网络信息服务、网络安全保护、网络社会管理等方面的法律法规，依法规范网络行为。而2017年是中国共产党第十九次全国代表大会召开之年，习近平总书记在《决胜全面建成小康社会 夺取新时代中国特色社会主义伟大胜利》的报告中八次提及互联网建设，并强调要建立网络综合治理体系，营造清朗的网络空间，这表明党中央和政府高度重视网络经济环境的规范和治理。本文通过梳理2017年发布的各项政策法规，发现网络安全、数字经济、数据保护、分享经济、工业互联网、人工智能等

---

① 孙宝文等：《互联网经济：中国经济发展的新形态》，经济科学出版社，2014。
② 艾瑞咨询：《中国互联网经济趋势洞察报告》（2014～2017年）。

成为我国互联网政策立法领域的热点问题，政府积极出台相关法律和政策，探索创新性解决路径。

一　发展情况

纵观 2017 年国内互联网经济相关立法项目，整体设计框架清晰，治理目标明确，涵盖范围丰富。主要以促进互联网经济有序发展为核心，宏观上兼顾互联网安全、信息服务、信息资源及信息技术等，微观上考虑互联网融合各个领域的经济活动。

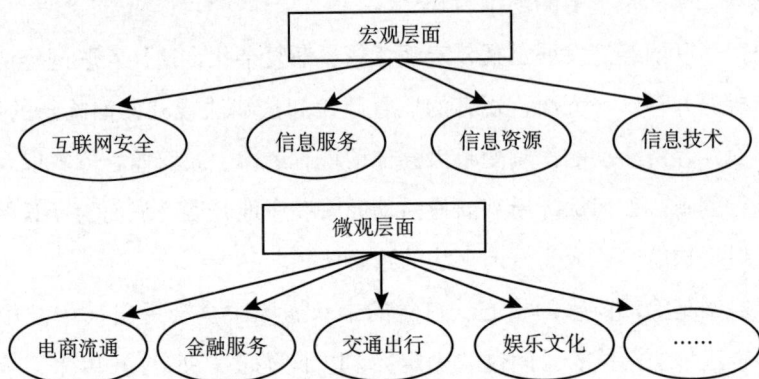

图1　互联网经济政策法规分类

（一）中央高度重视互联网经济立法

在互联网安全领域，全国人大常委会早在 2016 年 11 月 7 日就通过《中华人民共和国网络安全法》，自 2017 年 6 月 1 日起开始施行。该法规从宏观层面提纲挈领，从而保证网络安全，维护网络空间主权和国家安全，保障公民权益，促进经济社会信息化健康发展。各级部委也对网络安全方面有所指示，中央网信办于 2017 年 1 月发布规范性文件《国家网络安全事件应急预案》，针对不同等级的危机事件准备预防措施。5 月又发布《网络产品和服务安全审查办法（试行)》，规定不同产品的安全审查标准。除此之外，工业和信息化部相继发布的规范性文件《公共互联网网络安全威胁监测与处置办法》和《公共互联网网络安全突发事件应急预案》，同样对基础电信企业、域名注册管理和服务机构、互联网企业潜在可能发生的网络安全突发事件做应急预案。以上法规综合、全面地涵盖网络层面、信息安全，甚至整个网络空间安全，是否需要大篇幅涉及个人信息保护内容，以及对整个网络安全体系无所不包仍然值得斟酌。①

　　在信息服务上，国家政府高度重视移动互联网、分享经济、"互联网＋"以及信息消费等服务的持续发展。中共中央办公厅、国务院办公厅于2017年1月发布《关于促进移动互联网健康有序发展的意见》，将强化移动互联网的引领作用，发挥其智能、连接、泛在等优势，同时也要防范潜在的安全风险。8月，国务院继续发布《关于进一步扩大和升级信息消费持续释放内需潜力的指导意见》，指出信息消费在扩大内需、引领产业升级中发挥的重要作用，针对生活、公共服务、行业以及新型信息产品消费等领域提出三大政策。国家发改委等八部委在7月推出《关于促进分享经济发展的指导性意见》，面向分享经济领域的创新创业活动做出指导，以维护公平竞争，激发新业态新模式的涌现。之后还组织开展"互联网＋"行动实施效果评估工作，并推动发展一批共享经济示范平台。关于网络平台上信息内容的规范，国家互联网信息办公室在2017年开始加大整治力度，自6月起发布《互联网新闻信息服务管理规定》以来，又于8月开始集中发布一系列规范性文件，如《互联网论坛社区服务管理规定》《互联网跟帖评论服务管理规定》《互联网群组信息服务管理规定》《互联网用户公众账号信息服务管理规定》等，以上文件对互联网上信息发布的内容给予引导，旨在构建文明和谐的网络社区，塑造健康有序的信息环境。

　　在信息技术上，国家较为重视大数据、云计算、人工智能等技术的创新。1月，工业和信息化部印发《大数据产业发展规划（2016－2020年）的通知》，4月又出台《云计算发展三年行动计划（2017－2019年）》。多部委都陆续发布人工智能领域的规范方案，国务院于7月发布《新一代人工智能发展规划》，12月，国家发展改革委办公厅决定组织实施2018年"互

───────────────

　　① 蔡雄山：《网络安全立法是否需要大而全?》，《人民邮电报》2015年8月24日。

联网 + "、人工智能创新发展和数字经济试点重大工程，工信部也一并发布《促进新一代人工智能产业发展三年行动计划（2018～2020年）》，以上文件对信息技术的推陈出新做出指导和支持。

在信息资源上，工信部非常重视信息基础资源的建设与完善，1月出台多项文件，《信息产业发展指南》《关于进一步推进中小企业信息化的指导意见》《关于清理规范互联网网络接入服务市场的通知》《信息通信行业发展规划（2016－2020年）》《关于印发软件和信息技术服务业发展规划（2016－2020年）的通知》，11月又发布《中国互联网络域名管理办法》，同时，国家发展改革委办公厅也发布《关于组织实施2018年新一代信息基础设施建设工程的通知》，从底层设施着手支撑互联网经济的发展。

微观层面上，各个部委均积极响应国家号召，落实网络强国发展战略，在电商流通、金融服务、交通出行、娱乐文化、工业制造等方面的法规政策不断完善，权责范围逐渐清晰。

1. 电商流通

全国人大常委会按照"鼓励创新、包容审慎"的原则于11月再次修订《中华人民共和国电子商务法（草案二次审议稿）》，界定应用范围为通过互联网等信息网络进行商品交易或者服务交易的经营活动。商务部还创新性地提出"数字商务"的概念，大力发展数字商务、建设"丝路电商"，组织开展数字商务理论框架研究，起草相关政策举措，推动数字商务成为商务改革发展新动能。国家发展改革委等六部委于2月出台《"互联网＋"招标采购行动方案（2017～2019年）》，国家工商行政管理总局在1月发布《网络购买商品七日无理由退货暂行办法》，10月财政部出台《关于政府购买服务信息平台运行管理有关问题的通知》，以上办法条文旨在提高商品的交易效率，深化供给侧改革，保证商品在流通过程的公开透明。

2. 金融服务

为规范网络借贷信息中介机构业务活动，保护出借人、借款人、网络借贷信息中介机构及相关当事人合法权益，促进网络借贷行业健康发展，银监会等金融监管机构在2017年前后相继推出一个办法三个指引，分别是《网络借贷信息中介机构业务活动管理暂行办法》《网络借贷信息中介机构备案登记管理指引》《网络借贷资金存管业务指引》《网络借贷信息中介机构业务活动信息披露指引》，指引中的重点从以往互联网金融市场的事前管理逐步转移到事中和事后的监管。

3. 交通出行

随着网约车、共享单车的出现，如何平衡新技术和旧制度的冲突，监管治理的同时遵循市场规律成为政府监管的难题。历史上，新生科技事物都受到利益集团的限制，但实际上技术的进步能极大增进人们的福祉。[①] 网约车、共享单车在一定程度上提高供需匹配效率，促进环境改善，也对社会大有裨益。但由于管制措施不当，新生科技也会成为双刃剑，给交通秩序带来巨大负担。

交通运输部和住房城乡建设部等多部委在深思熟虑后推出相关规章制度，8月发布《关于促进小微型客车租赁健康发展的指导意见》，用以保障商业活动中各主体的利益，维持市场交通秩序，发布《关于鼓励和规范互联网租赁自行车发展的指导意见》，解决车辆乱停乱放、车辆运营维护不到位、企业主体责任不落实、用户资金和信息安全风险等问题。

4. 娱乐文化

日常的娱乐生活趋于多样化，音像制品、游戏产品、文艺节目、小说文学等通过互联网得到广泛生产、传播和流通。草根文化、粉丝经济崛起，互联网的低门槛、快传播不断激发娱乐产业的潜力。但与此同时，山寨现象制约着原创内容的保护与鼓励，低俗内容也影响线上传播的质量，游戏娱乐的泛滥也导致青少年深受其害。针对这些管理对象，文化部颁布《"十三五"时期公共数字文化建设规划》，加强对网络文化产业的指导。8月，全国"扫黄打非"办公室等开展互联网低俗色情信息专项整治行动，中央宣传部等也在12月出台《关于严格规范网络游戏市场管理的意见》，努力营造清新健康的网络环境。

5. 工业制造

国务院颁布纲领性文件《关于深化"互联网+先进制造业"发展工业

---

① 蔡雄山、李汶龙：《打车软件：旧制度与新技术的革命》，《经济观察报》2015年5月30日。

互联网的指导意见》，以全面支撑制造强国和网络强国建设为目标，明确了我国工业互联网发展的指导思想、基本原则、发展目标、主要任务以及保障支撑。工业和信息化部也相继出台《工业电子商务发展三年行动计划》和《关于组织开展2017年制造业与互联网融合发展试点示范工作的通知》，以供给侧结构性改革为主线，重点关注工业互联网的发展。

（二）地方立法积极跟进

2017年，各个省份也在积极推进互联网经济法规政策相关工作，并取得初步进展。1月，重庆市率先举行新闻发布会，会上就《建设互联网经济高地"十三五"规划》（以下简称《规划》）发布有关情况，这成为全国首个正式提出打造互联网经济高地的省级"十三五"规划。《规划》表明，到2020年重庆将建成国内互联网经济高地。除此之外，互联网经济发展领先省份浙江省也出台指导性文件《2017年浙江省网络监管与服务示范区 创建办法（试行)》，重点布局大数据的贵州省于11月发布了国内首个数字经济规划《贵州省数字经济发展规划（2017～2020年)》。福建省也是较早一批将数字化建设列入政府战略计划的省份，印发的《2017年数字福建工作要点》提出围绕落实国家信息化发展战略纲要、国家"十三五"信息化规划部署和福建省"十三五"数字福建专项规划要求，进一步提升信息化应用水平，大力发展信息经济。

其余各省份关注焦点多为互联网＋制造业、互联网＋政务、互联电商流通等方面。工业互联网是2017年国家重点扶持对象，虽然仍处于起步阶段，但发展趋势明朗，各级省份均推出相应发展政策，如《上海市工业互联网创新发展应用三年行动计划（2017～2019年)》《安徽省人民政府关于深化制造业与互联网融合发展的实施意见》《陕西省人民政府关于深化制造业与互联网融合发展的实施意见》《广西深化制造业与互联网融合发展实施方案》等。电子政务也是各省政府未来管理的发展方向，今后在政务活动中，政府人员将全面应用现代信息技术、网络技术以及办公自动化技术等进行办公、管理和为社会提供公共服务，如《2017年山东省政务公开工作要点》、2017年5月的《湖南省加快推进"互联网＋政务服务"工作实施方案》、

2017 年 1 月的《云南省人民政府关于加快推进"互联网＋政务服务"工作的实施意见》《甘肃省 2017 年政务公开工作要点》等。电子商务也会是互联网经济应用最广泛的形式，各省也非常注重电子商务交易、商品流通的规范指导，如《北京市推进"互联网＋"招标采购行动工作方案》《天津市网络食品交易主体备案管理办法（暂行）》《河北省消费者权益保护条例》《江苏省"互联网＋"公共资源交易实施方案（2017–2018 年)》《河南省人民政府办公厅关于深入实施"互联网＋流通"行动计划的意见》等。

二 互联网经济政策法规发展特点

通过梳理相关法律法规，本文分别从宏观层面和微观层面上总结 2017年互联网经济政策法规的发展特点。

（一）宏观层面特点

1. 重视信息资源的建设与完善

习近平总书记在中央网络安全和信息化领导小组第一次会议讲话中就指出，信息资源日益成为重要生产要素和社会财富，信息掌握的多寡成为国家软实力和竞争力的重要标志。2017 年，各项法规政策都在强调信息基础资源的建设，工信部更是接连发布多项政策文件，如《信息通信行业发展规划（2016–2020 年)》《工业和信息化部关于清理规范互联网网络接入服务市场的通知》《中国互联网络域名管理办法》等。我国正高速迈向数字经济时代，习近平总书记在中共十九大报告中提出要加快推动大数据与实体经济的深度融合，建设数字中国。随后在中共中央政治局第二次集体学习时也强调应审时度势、精心谋划、超前布局、力争主动，实施国家大数据战略，加快建设数字中国。这意味着我国数字经济建设上升为国家战略高度，即将迎来新局面。而数据作为数字经济的核心资源，在经济活动中将扮演着日益重要的作用。《工业和信息化部关于印发大数据产业发展规划（2016–2020年）的通知》也指明了未来数据产业发展的思路，将从技术产品、行业应用能力、产业生态、产业支撑体系以及保障体系五个方面开展相关工作。

2. 网络安全的防范工作趋于细化

随着我国互联网行业的创新发展，网络系统中的安全事故也开始频发，从硬件、软件到数据、服务等方方面面，2017 年，强化网络安全漏洞管理工作也引起国家的高度重视。由中华人民共和国最高国家权力机关——全国人民代表大会的常设机构全国人大常委会制定相关法律，委员会在 2016 年底推出了《中华人民共和国网络安全法》，并于 2017 年开始正式实施，分管各领域的部委如工信部、中央网信办也相继发布文件，如《公共互联网网络安全威胁监测与处置办法》《国家网络安全事件应急预案》等。这些办法规定的管理对象较以往更加细化，针对具体情况分类治理。《国家网络安全事件应急预案》就根据事件的类型将网络安全事件分为四级：特别重大网络安全事件、重大网络安全事件、较大网络安全事件、一般网络安全事件，从而对症下药，对待不同的事件类型分别采取红色、橙色、黄色和蓝色预警，以及Ⅰ级、Ⅱ级、Ⅲ级和Ⅳ级响应。

同时，针对网络服务提供者，法规政策的责任界定更加聚焦，秉承"谁经营谁负责、谁办网谁负责"以及"以网管网"的思路，细化网络经营者和服务提供商的责任和义务，弥补现有立法执法机构的不足。

而且，管理对象不仅涵盖国家、部门机关、企业等大型组织，还将个人安全也纳入治理体系。对于泄露个人隐私数据、擅自获取私人信息等行为已有法律条例进行详细规范。

案例一：侵犯公民个人信息案：京东、腾讯协助破获 "50 亿条公民信息泄露"①

京东网络安全部前试用期员工郑某鹏，长期监守自盗，与黑客相互勾结，为黑客攻入网站提供重要信息——包括在京东、QQ 上的物流信息、交

---

① 中国电子商务研究中心：《2016～2017 年度中国互联网＋法律报告》，http：//100ec. cn/detail—6392629. html。

易信息等个人私密信息。警方经过长时期大范围精密部署，将犯罪嫌疑人抓获，该案件在进一步审理中。

据中国电子商务投诉与维权公共服务平台（www.100ec.cn/zt/315/）近年来接到的类似用户投诉案例表明，近年来互联网/电商行业泄密事件频频出现，其中重大典型的包括：中国网络服务网数次被"盗钱"、当当网多次用户账户遭盗刷、"1号店"员工内外勾结泄露客户信息、支付宝漏洞致用户信息泄露、如家和七天开房信息泄密、腾讯7000多万个QQ群信息遭泄露、携程技术漏洞导致用户个人信息和银行卡信息等泄露、微信朋友圈小游戏窃取用户信息等。

（1）法律法规

《中华人民共和国刑法》《网络交易管理办法》《最高人民法院、最高人民检察院关于办理侵犯公民个人信息刑事案件适用法律若干问题的解释》。

（2）律师点评

对此，国内知名律师、《2016~2017年度中国互联网+法律报告》联合主编、中国电子商务研究中心特约研究员、北京盈科（杭州）律师事务所吴旭华律师认为：

首先，员工郑某鹏监守自盗，为黑客提供个人信息的行为涉嫌侵犯公民个人信息罪。按照《中华人民共和国刑法》第二百五十三条之一以及《最高人民法院、最高人民检察院关于办理侵犯公民个人信息刑事案件适用法律若干问题的解释》规定，郑某鹏作为京东员工，利用其职务之便，向黑客提供个人信息，属于"将在履行职责或者提供服务过程中获得的公民个人信息，出售或者提供给他人的"，如其明知或应知黑客利用个人信息实施犯罪的，或其提供给黑客攻击网站的信息属于"行踪轨迹信息"的，即可构成"情节严重"；如其行为还造成重大经济损失或者恶劣的社会影响，或其提供的数量达到法定标准的，其行为性质可被认定为"情节特别严重"。

其次，黑客利用个人信息攻击网络的行为涉嫌侵犯公民个人信息罪和破坏计算机信息系统罪，但因其侵犯公民个人信息行为与破坏计算机信息系统行为之间具有行为和目的之间的牵连关系，应当在这两个罪名之间择一重罪处罚，黑客的行为可能将以破坏计算机信息系统罪予以处罚。

最后，电商平台可能需要承担相应的民事责任，赔偿用户的损失。电商平台作为网络平台的服务商，其与用户之间形成合同关系，负有保障用户信息安全的义务。郑某鹏作为京东内部员工，如京东未尽到相应的安全管理责任，京东应承担相应的民事责任，赔偿用户损失。

中国电子商务研究中心特约研究员、辽宁亚太律师事务所董毅智律师剖析认为：

因为公司与用户之间具备合同关系，有保障用户信息安全的义务。如果本次事故是内部人员所为，说明公司内部存在管理问题，没有尽到安全管理责任，应承担相应的民事责任，赔偿用户损失。如果本次事故是外部攻击造成，需要具体分析公司方面是否有采取基本的技术措施保障信息的安全，再来判定公司是否存在过错。其中一个重要的问题就是，当企业发现数据泄露后做了什么，是否第一时间发出警报并采取措施直接体现了当事公司是否尽到了相关责任。

在类似事件中，一些企业往往担心自身名誉受损，对数据泄露抱着遮遮掩掩的态度，这种心态正是网络攻击者所期望看到的，也是攻击者有恃无恐的原因之一。按照美国的法律，企业发生一次信息泄露事件就可能被罚得倾家荡产。根据我国法律对用户隐私的侵权行为约束力有限，用户维权、寻求民事赔偿胜诉率不大，对损失评估难以确定金额，所以想要对隐私泄露的责任人追究还是非常困难的。虽然大规模信息泄露、数据安全事件频出，却从未见到企业负责人被问责。

3. 网络言论出现"天花板"

在此之前，网络社区、论坛、贴吧等线上交流形式一直是非实名制，导致网络言论环境鱼龙混杂。为了获取超额利润，博取公众眼球，一些不法分子不惜雇用大量网络水军，肆意散播谣言，发布不良消息，甚至公开表现出格行为，造成不良影响。而针对这类违法人员，政府机关很难实施有效管制手段，难以捕获涉案人员的真实身份。习近平总书记在十九大报告中强调要为网络信息安全营造清朗舒适的网络空间，2017年颁布实施的《中华人民共和国网络安全法》以及中央网信办陆续出台的一系列整治规定都深刻表明政府坚决打击低俗媚俗之风，营造积极的主流舆论环境之决心。

（二）微观层面特点

1. 政策法规涵盖范围广泛

互联网经济是借助互联网技术开展的经济活动，而随着网络的普及和技术的进步，生产、交换、分配、消费等经济活动，以及金融单位和政府部门等的经济行为，都越来越多地依赖互联网媒介，不仅要从网络上获取大量信息，还会依赖网络进行预测和决策，而且许多交易行为也直接在互联网平台上进行。据不完全统计，2017年互联网经济政策法规分散在电商流通、金融服务、交通出行、娱乐文化、工业制造等多个维度，几乎涵盖经济生活服务的方方面面。

2. 新兴商业模式相关政策在逐步跟进

通过梳理2017年互联网经济领域的法规政策，本文发现，虽然法规制定具有滞后性，但对于互联网上出现的新兴商业模式，相关监管法规和政策正在逐步跟进。如线上小额借贷服务在国内蓬勃发展的同时也存在诸多隐患，平台跑路事件风波频出，为了及时保障投资者的资金安全，让这一新型金融模式能够健康持续发展，政府及时出台了《网络借贷信息中介机构业务活动管理暂行办法》等一系列规定。

近两年火爆大街小巷的滴滴打车和共享单车，在为市民交通出行提供便利的同时也带来不少烦扰，由于出现恶意竞争，市民深感打车难、打车贵；闲置的共享单车乱停乱放，严重影响交通秩序。不久，政府就发布了一系列规定要求，如《网络预约出租汽车监管信息交互平台总体技术要求（暂行）》、《关于促进小微型客车租赁健康发展的指导意见》和《关于鼓励和规范互联网租赁自行车发展的指导意见》等，以鼓励和规范网约车、互联网租赁自行车发展。

案例二：共享单车退押金问题[①]

现在非常流行的共享单车，在方便大家出行的同时，也很环保。而共享单车也是一种非常复杂的商业模式，其中多数经营共享单车的公司都承诺：只要消费者交付押金，并且支付一定费用，就可以使用单车。实际情况却是消费者的共享单车押金、余额退还迟迟不到账，优惠券不能正常使用，客服电话难打等投诉颇多，而行驶共享单车出现意外情况也屡有发生。

（1）法律法规

《中华人民共和国合同法》《消费者权益保护法》。

（2）律师点评

对此，国内知名律师、《2016~2017年度中国互联网+法律报告》联合主编、中国电子商务研究中心特约研究员、辽宁亚太律师事务所董毅智律师认为：

资本看上共享单车，一个很重要的原因是：大量的活跃用户，为共享单车平台带来了数以亿计的庞大押金总额，这是一笔相当大的现金流。当然，只要合法合规，企业利用闲置资金合理投资以保值增值无可厚非，但显然不足以上升为盈利模式。由于交易的特殊性，在整个交易过程中会产生时间差，而这小小的时间差，会形成巨大的资金沉淀，这部分资金在银行账户里产生的利息收入，就占到支付机构总收入的11%。这部分利息收入都归了支付机构，消费者并没有拿到。更重要的是，其中存在客户备付金被支付机构挪用、购买理财产品或其他高风险投资、为洗钱等犯罪活动提供通道等多重风险。对于这柄悬在金融行业上的达摩克利斯之剑，央行早已经出招，继2013年6月央行发布备付金存管办法，规范第三方支付备付金的存放、归集、使用、划转后，2017年1月13日，央行再次向支付市场祭出更严的监管举措——将直接收拢备付金统一管理权限，要求支付机构将一定比例的客户备付金交存至指定机构专用存款账户。而随着4月17日交存大限逼近，第三方支付"用别人的钱躺着给自己赚钱"的吃利息时代，正式走向终结。

---

① 中国电子商务研究中心：《2016~2017年度中国互联网+法律报告》，2017年6月27日。

针对共享单车平台押金不退还的情况，建议消费者向消费部门、消协和工商投诉，投诉解决不了的按照双方协议约定，向法院提起诉讼。其实共享单车本质上是一种租赁的关系。承租人交付租金，出租人将车辆出租给承租人并按照分时计费方式收取租赁费用，是营利行为。《中华人民共和国合同法》第216条规定，出租人应当按照约定将租赁物交付承租人，并在租赁期间保持租赁物符合约定的用途。第220条规定，出租人应当履行租赁物的维修义务，但当事人另有约定的除外。共享单车平台投放的产品，必须符合产品质量安全标准，运营过程中亦应做好维护保养检修，保障使用者人身安全。如因单车存在的质量缺陷和安全隐患而引发交通事故，并对租车者造成人身伤害，则平台应负相应责任；如果不是因车辆质量问题而是因骑行者本身违反交通规则等个人过错原因导致受伤，那么可由相关保险公司理赔。

三　互联网经济政策法规的局限性

虽然2017年互联网经济领域各项法规政策百花齐放，但仍然存在监管治理的局限性。

（一）法规发布滞后

"互联网＋"的渗透速度加快，广泛融入各行各业，随即带来不少新的社会问题。而在传统领域既定的法律法规不具有普适性，难以解决新兴商业模式中产生的纷争困扰。目前围绕互联网经济领域的新业态新模式而制定的相关法规政策正在逐步跟进，但还是有滞后性。诸如P2P在线借贷模式很早就进入我国，国内第一家P2P在线平台拍拍贷网站成立于2007年。自此以后，大量P2P借贷平台涌现，2014年也成为P2P借贷在我国的发展爆发期，国内P2P借贷平台超过2000家，资本市场活跃，平台公布的投融资事件约有52起。然而，直到2016年国家才开始实施一系列监管政策，通过提高行业准入门槛、推动平台有效审核信息等方式加强监管，P2P市场迎来

"规范元年"。法律法规的滞后造成网络借贷市场长时间得不到有效监管，各大平台风险暴露，大量个人投资者血本无归。同样在交通出行领域，网约车模式早在 2012 年就诞生，以滴滴和快的打车平台为代表，而《关于深化改革进一步推进出租汽车行业健康发展的指导意见》和《网络预约出租汽车经营服务管理暂行办法》两个文件的征求意见稿直到 2015 年才正式出台。共享单车在 2014 年起正式上线，2016 年逐渐蹿红，但直到 2017 年，交通运输部等 10 部门才联合发布《关于鼓励和规范互联网租赁自行车发展的指导意见》，开始推广电子围栏和规范停车点。

（二）地方特色不突出

互联网经济依托先进的网络技术开展经济活动，由于各省份具备的信息产业基础和区位优势不同，互联网融入经济的程度也不均。《国家信息化发展评估报告（2016）》① 对中国 31 个省份（不包括港澳台地区）进行信息化发展评价，得出北京、上海、广东、浙江、江苏、福建、山东和天津等东部省份始终居于我国信息化发展前列，其次是中部地区省份，西部地区省份最为落后。纵观 2017 年各省份出台的相关政策法规数量，东部地区确实更集中，而中部、西部出台政策频率相对较低、数量也较少。而且各个省份在 2017 年发布的互联网经济法规政策主要集中于互联网 + 制造、互联网 + 政务领域、商务流通领域，没有明显的地方规划特色，主要表现为扎堆式响应国家热点，治理方式缺乏创新。

（三）部门制定政策时联系不紧密

互联网经济的外延在不断扩大，经济活动往往会牵连多个领域，因此，制定相关法规部门需要统筹协调，共同协商治理范围。目前部门间的沟通不够有效，制定政策时缺乏核心主导，一方面导致部门间发布的文件内容彼此有交叉重复，另一方面可能引起冲突矛盾。2017 年是人工智能技术发展的

---

① 中国互联网络信息中心（CNNIC）：《国家信息化发展评价报告（2016）》，2017。

热潮期，国务院于 7 月及时发布《新一代人工智能发展规划》，重点任务是构建开放协同的人工智能科技创新体系，培育高端高效的智能经济，建设安全便捷的智能社会，加强人工智能领域军民融合，构建泛在安全高效的智能化基础设施体系，为了达成以上目标，国家将充分利用现有的资源保障人工智能的发展基础。同年 12 月，工业和信息化部也发布《促进新一代人工智能产业发展三年行动计划（2018～2020 年）》，强调加快构建智能化基础设施体系，同样指出要发挥资源优势保障人工智能未来的发展。总体而言，两项规划文件在内容上存在交叉重叠。

四 互联网经济政策法规未来发展的建议与对策

面对互联网经济的创新发展，我国政府机构应转变监管和立法思路。互联网时代出现大量经济体平台，呈现无清晰边界、融合、多样性等特征，多个立法部门在制定法规的时候会出现职责重叠、越位执法、法规空白等问题，因此急需坚持"包容性治理"的理念。[①] 具体而言，一是应差异化监管，对新兴商业模式坚持具体问题具体分析；二是应适度监管，遵循产业的稳步发展和监管程度的平衡；三是应柔性监管，加强协商；四是内生性治理，发挥市场的力量实现治理的目标；五是应多元合作治理，不仅是政府需要参与治理，企业、行业协会、消费者都应该参与其中。另外，为弥补现有法规政策的局限性，本文建议立法的改进方向如下。

（一）及时出台相关法律

针对目前互联网经济法规制定滞后的现象，本文建议未来有关部门应提高立法效率，尽快跟上互联网经济的发展速度。面对新兴商业模式，现有的法规体系可能无法适用，暂时出现法规制度缺位现象。未来互联网经济渗透

---

① 司晓：《"互联网＋"时代的立法与公共政策》，《汕头大学学报》（人文社会科学版）2016年第 6 期。

范围将更广，相关部门可以高频率、小范围地制定法规政策。确定的管理范畴可以先推法规，没有把握的部分可先观望，之后再讨论跟进。

（二）制定地方法规注意扬长避短

中央指示文件发布之后，地方应结合区域发展优势进行推陈出新。如今各个省份的区位优势不同，信息产业发展的基础不平衡，各省份政府在制定相关法规政策时应审时度势，认清本省份发展的重点，因地制宜。"互联网＋"将互联网逐渐连接到很多领域，各省份应该避开资源劣势，防止一味追热点而导致盲目出台法规政策。

（三）部门立法增进沟通

互联网经济中的许多领域会涉及多个部门的管理范围，可能导致多头并进，执行法规时缺乏主线；也有可能出现部门越权管理，或者互联网经济领域的监管盲区。因此在制定法规政策时，政府部门应多开展讨论会议，明确各方的管理职责，一方面避免部门间产生利益冲突，降低管理效率；另一方面避免多部门齐头并进，人浮于事，法规内容交叉重复。

参考文献

孙宝文等：《互联网经济：中国经济发展的新形态》，经济科学出版社，2014。
艾瑞咨询：《中国互联网经济趋势洞察报告》（2014～2017年）。
蔡雄山：《网络安全立法是否需要大而全?》，《人民邮电报》2015年8月24日。
蔡雄山、李汶龙：《打车软件：旧制度与新技术的革命》，《经济观察报》2015年5月30日。
中国电子商务研究中心：《2016～2017年度中国互联网＋法律报告》2017年6月27日。
中国互联网络信息中心（CNNIC）：《国家信息化发展评价报告（2016）》，2017。
司晓：《"互联网＋"时代的立法与公共政策》，《汕头大学学报》（人文社会科学版）2016年第6期。

附表 1   2017 年中央互联网经济政策法规汇总

宏观类别			
领域	名称	部门	日期
互联网安全	《中华人民共和国网络安全法》	全国人大常委会	2016 年 11 月 7 日通过 2017 年 6 月 1 日起开始施行
	《国家网络安全事件应急预案》	中央网信办	2017 年 06 月 27 日
	《网络产品和服务安全审查办法（试行）》	中央网信办	2017 年 05 月 02 日颁布 2017 年 6 月 1 日起实施
	《公共互联网网络安全威胁监测与处置办法》	工业和信息化部	2017 年 09 月 14 日
	《公共互联网网络安全突发事件应急预案》	工业和信息化部	2017 年 11 月 25 日
信息服务	《关于促进移动互联网健康有序发展的意见》	中共中央办公厅、国务院办公厅	2017 年 1 月 15 日
	《关于进一步扩大和升级信息消费持续释放内需潜力的指导意见》	国务院	2017 年 8 月 24 日
	《关于促进分享经济发展的指导性意见》	国家发展改革委、中央网信办、工业和信息化部、人力资源社会保障部、税务总局、工商总局、质检总局、国家统计局等	2017 年 7 月 3 日
	《互联网新闻信息服务管理规定》	中央网信办	2017 年 5 月 2 日颁布 2017 年 6 月 1 日起施行
	《互联网论坛社区服务管理规定》	中央网信办	2017 年 08 月 25 日颁布 2017 年 10 月 1 日起施行
	《互联网跟帖评论服务管理规定》	中央网信办	2017 年 08 月 25 日颁布 2017 年 10 月 1 日起施行
	《互联网群组信息服务管理规定》	中央网信办	2017 年 09 月 07 日颁布 2017 年 10 月 8 日起施行
	《互联网用户公众账号信息服务管理规定》	中央网信办	2017 年 09 月 07 日颁布 2017 年 10 月 8 日起施行
信息技术	《大数据产业发展规划(2016 - 2020 年)的通知》	工业和信息化部	2017 年 1 月 17 日
	《云计算发展三年行动计划(2017 - 2019 年)》	工业和信息化部	2017 年 4 月 10 日
	《新一代人工智能发展规划》	国务院	2017 年 7 月 8 日

续表

宏观类别			
领域	名称	部门	日期
信息技术	《2018年"互联网+"、人工智能创新发展和数字经济试点重大工程》	国家发展改革委办公厅	2017年10月11日
信息技术	《促进新一代人工智能产业发展三年行动计划(2018~2020年)》	工业和信息化部	2017年12月14日
信息资源	《信息产业发展指南》	工业和信息化部	2017年1月17日
信息资源	《关于进一步推进中小企业信息化的指导意见》	工业和信息化部	2017年1月24日
信息资源	《关于清理规范互联网网络接入服务市场的通知》	工业和信息化部	2017年1月22日
信息资源	《信息通信行业发展规划(2016-2020年)》	工业和信息化部	2017年1月17日
信息资源	《关于印发软件和信息技术服务业发展规划(2016-2020年)的通知》	工业和信息化部	2017年1月17日
信息资源	《中国互联网络域名管理办法》	工业和信息化部	2017年8月16日通过 2017年11月1日起施行
信息资源	《关于组织实施2018年新一代信息基础设施建设工程的通知》	国家发展改革委办公厅	2017年11月21日

微观类别			
领域	名称	部门	日期
电商流通	《中华人民共和国电子商务法(草案二次审议稿)》	全国人大常委会	2017年11月01日
电商流通	《"互联网+"招标采购行动方案(2017~2019年)》	国家发展改革委、工业和信息化部、住房城乡建设部、交通运输部、水利部、商务部	2017年2月23日
电商流通	《网络购买商品七日无理由退货暂行办法》	国家工商行政管理总局	2017年01月11日颁布 2017年3月15日起施行
电商流通	《关于政府购买服务信息平台运行管理有关问题的通知》	财政部	2017年10月26日

微观类别			
领域	名称	部门	日期
金融服务	《网络借贷信息中介机构备案登记管理指引》	中国银监会办公厅	2017 年 8 月 24 日
	《网络借贷资金存管业务指引》	中国银监会办公厅	2017 年 2 月 22 日
	《网络借贷信息中介机构业务活动信息披露指引》	中国银监会办公厅	2017 年 8 月 24 日
交通出行	《关于促进小微型客车租赁健康发展的指导意见》	交通运输部、住房城乡建设部	2017 年 8 月 8 日
	《关于鼓励和规范互联网租赁自行车发展的指导意见》	交通运输部、中央宣传部、中央网信办、国家发展改革委、工业和信息化部、公安部、住房城乡建设部、人民银行、质检总局、国家旅游局	2017 年 8 月 3 日
娱乐文化	《"十三五"时期公共数字文化建设规划》	文化部	2017 年 7 月 7 日
	《关于严格规范网络游戏市场管理的意见》	中共中央宣传部、中央网信办、工业和信息化部、教育部、公安部、文化部、国家工商总局、国家新闻出版广电总局	2017 年 12 月 28 日
	《中华人民共和国电影产业促进法》	全国人民代表大会常务委员会	2016 年 11 月 7 日发布 2017 年 3 月 1 日起施行
工业制造	《关于深化"互联网 + 先进制造业"发展工业互联网的指导意见》	国务院	2017 年 11 月 27 日
	《工业电子商务发展三年行动计划》	工业和信息化部	2017 年 9 月 11 日
	《关于组织开展 2017 年制造业与互联网融合发展试点示范工作的通知》	工业和信息化部	2017 年 2 月 28 日

附表2　2017年地方省份互联网经济政策法规汇总

地区	省份	文件	时间
东部地区	北京	《北京市推进"互联网+"招标采购行动工作方案》	2017年11月8日
	天津	《天津市网络食品交易主体备案管理办法(暂行)》	2016年12月21日发布 2017年1月1日起施行
	上海	《上海市工业互联网创新发展应用三年行动计划(2017~2019年)》	2017年1月26日
	河北	《河北省消费者权益保护条例》	2017年7月28日通过 2017年11月1日起实施
	辽宁	《工业控制系统信息安全行动计划(2018~2020年)》	2017年12月12日
	浙江	《2017年浙江省网络监管与服务示范区 创建办法(试行)》	2017年7月13日
	江苏	《江苏省"互联网+"公共资源交易实施方案(2017-2018年)》	2017年5月26日
	福建	《关于〈福建省互联网经济新增引导资金管理暂行办法〉的补充通知》	2017年1月23日
		《福建省发展和改革委员会关于开展2017年福建省互联网经济优秀人才创业启动支持计划申报工作的通知》	2017年11月3日
		《福建省"互联网+"招标采购行动方案(2017—2019)年》	2017年6月6日
	山东	《2017年山东省政务公开工作要点》	2017年5月15日
	广东	《广东省经济和信息化委办公室关于开展2017年"互联网+"试点项目推荐工作的通知》	2017年7月4日
	广西	《广西深化制造业与互联网融合发展实施方案》	2017年1月3日
		《"互联网+流通"行动计划实施方案》	2017年4月21日
	海南	《海南省人民政府关于加快推进"互联网+"行动的实施方案》	2017年4月18日

续表

地区	省份	文件	时间
中部地区	山西	《山西省大数据发展规划(2017~2020年)》	2017年3月30日
		《山西省"互联网+"招标采购行动方案》	2017年6月22日
	吉林	《吉林省工业转型升级行动计划(2017-2020年)》	2017年7月27日
	黑龙江	《黑龙江省加快电子商务平台建设促进电子商务加快发展的实施方案》	2017年8月28日
	安徽	《安徽省信息网络基础设施发展专项规划(2017—2021年)》	2017年5月31日
		《安徽省人民政府关于深化制造业与互联网融合发展的实施意见》	2017年1月20日
	江西	《江西省工商局2017年网络市场监管工作要点》	2017年2月27日
	河南	《河南省人民政府办公厅关于深入实施"互联网+流通"行动计划的意见》	2017年3月28日
	湖北	《湖北省"互联网+"招标采购工作方案(2017—2019年)》	2017年8月24日
	湖南	《湖南省加快推进"互联网+政务服务"工作实施方案》	2017年6月16日
西部地区	四川	《四川省互联网网络接入服务市场清理规范工作》	2017年3月21日
		《四川省深化制造业与互联网融合发展实施方案》	2017年7月3日
	贵州	《贵州省数字经济发展规划(2017~2020年)》	2017年2月16日
		《贵州省深化制造业与互联网融合发展实施意见》	2017年9月14日
	云南	《云南省人民政府关于加快推进"互联网+政务服务"工作的实施意见》	2017年1月4日
	陕西	《陕西省人民政府关于深化制造业与互联网融合发展的实施意见》	2017年2月10日
	甘肃	《甘肃省2017年政务公开工作要点》	2017年7月7日
	青海	《青海省人民政府关于积极推进"互联网+"行动的实施意见》	2017年2月21日

B.20
2017年互联网经济标准规范发展情况

陈晶晶*

摘　要： 本文将以网络零售为例，聚焦研究互联网经济标准规范发展情况，分为发展现状、发展特点、存在的问题、发展趋势、对策建议五部分。第一部分分类梳理标准发展现状，第二部分重点阐述现有196则标准发展特点，第三部分分析标准制定的滞后性、战略性与科学性不足、企业主导标准制定任重道远等突出问题，第四部分展望标准系统化推进、体系化发展、紧跟国家发展战略、制修订及宣贯机制更加开放等发展趋势，第五部分围绕强化标准化战略顶层设计、完善和创新标准管理机制、大力推动标准的宣贯工作等方面提出建议。

关键词： 网络零售　标准体系　互联网经济

　　标准化是互联网经济创新发展的技术基础和协调发展的必然要求，对维护互联网经济领域的市场秩序、规范市场主体经营行为、推动互联网与实体商业融合发展具有重要意义。2017年5月，《"十三五"信息化标准工作指南》的发布，体现了标准在我国互联网经济建设中的重要作用。在互联网经济浪潮中，我国网络零售发展最为迅速，其标准规范应用最为广泛，本文将以网络零售为例，聚焦研究互联网经济标准规范发展情况。

---

* 陈晶晶，工学学士，工程师，就职于中国互联网络信息中心（CNNIC），主要从事互联网经济、网络零售行业及标准、网约车等方面的研究。

一 发展现状

2017年，商务部办公厅、国家标准委办公室联合印发了《网络零售标准化建设工作指引》，提出了标准规范的体系化建设目标，并将网络零售标准，划分为四类："通用基础"、"运营服务"、"支撑配套"和"监督管理"。以下参照这一标准类别对网络零售标准进行系统化梳理。标准数据统计截至2017年6月底。

（一）通用基础标准现状

现行网络零售相关标准25个、在研标准8个，总计33个。

表1　通用基础标准

标准分类	标准名称	标准号	发布单位
通用基础标准	网络购物术语	SB/T 10693－2012	商务部
	电子商务基本术语	GB/T 18811－2012	国家质量监督检验检疫总局、国家标准化管理委员会
	基于XML的电子商务 第1部分:技术体系结构	GB/T 19256.1－2003	
	基于XML的电子商务 第2部分:协同规程轮廓与协议规范	GB/T 19256.2－2006	
	基于XML的电子商务 第3部分:消息服务规范	GB/T 19256.3－2006	
	基于XML的电子商务 第4部分:注册系统信息模型规范	GB/T 19256.4－2006	
	基于XML的电子商务 第5部分:注册服务规范	GB/T 19256.5－2006	
	基于XML的电子商务 第6部分:业务过程规范模式	GB/T 19256.6－2006	
	基于XML的电子商务 第8部分:报文设计规则	GB/T 19256.8－2009	
	基于XML的电子商务 第9部分:核心构件与业务信息实体规范	GB/T 19256.9－2006	
	基于XML的电子商务业务数据和过程 第1部分:核心构件目录	GB/T 20538.1－2006	

标准分类	标准名称	标准号	发布单位
通用基础标准	基于 XML 的电子商务业务数据和过程 第 2 部分:业务信息实体目录	GB/T 20538. 2 – 2010	
	基于 XML 的电子商务业务数据和过程 第 6 部分:技术评审组织和程序	GB/T 20538. 6 – 2006	
	基于 XML 的电子商务业务数据和过程 第 7 部分:技术评审指南	GB/T 20538. 7 – 2006	
	基于 XML 的电子商务发票报文	GB/T 26151 – 2010	
	基于 XML 的电子商务订单报文	GB/T 26152 – 2010	
	旅游电子商务网站建设技术规范	GB/T 26360 – 2010	
	电子商务业务过程和信息建模指南	GB/Z 20539 – 2006	
	信息安全技术 中小电子商务企业信息安全建设指南	GB/Z 32906 – 2016	
	商品条码 应用标识符	GB/T 16986 – 2009	
	电子商务技术要求 第一部分:基于扩充标记语言(XML)的企业对消费者(B2C)电子商务总体框架	YD/T 1322. 1 – 2004	工业和信息化部
	电子商务技术要求 第二部分:支付网关	YD/T 1322. 2 – 2004	
	电子商务技术要求 第三部分:证书及认证系统	YD/T 1322. 3 – 2004	
	电子商务技术要求 第四部分:票据的表示层句法	YD/T 1322. 4 – 2004	
	快递服务与电子商务信息交换标准化指南	YZ/T 0130 – 2012	国家邮政局
	电子商务数据交易隐私保护规范	20154003 – T – 469	国家标准化管理委员会
	电子商务数据交易准则	20154006 – T – 469	
	电子商务平台对第三方软件提供商数据开放总体要求	20151573 – T – 469	
	电子商务质量管理术语	20162521 – T – 469	
	电子商务业务术语	20161267 – T – 469	
	电子商务数据交易平台数据接口规范	20154004 – T – 469	全国电子业务标准化技术委员会
	保险电子商务服务平台数据交换接口	20130162 – T – 469	中国人民银行
	支付、物流通用型技术交换接口	—	中标院

从时间上来看，网络零售通用基础标准最早可追溯至 2003 年，正值我国电子商务快速发展时期，标志性事件是淘宝网诞生并逐渐发展为国内最大的网络零售平台。因此早期的国家标准都是围绕电子商务或网络零售的基础技术体系。随着电子商务的不断发展，网购用户数量和交易额的不断增加导致数据的产生量和存储量呈指数级增长。IDC 数据显示，人类文明起源至 2003 年，人类世界产生 5EB（ExaBytes）数据；但是在 2012 年前后，人类在两天内就创造出了相同的数据量，从而对数据库的管理、运维提出了更高的要求。因此 2006 年开始至今，国家标准和行业标准在电子商务的软件技术框架、网络协议、消息服务、业务数据与过程、业务信息目录等方面不断完善，为确保网上交易的稳定性提供技术保障。这些标准一直沿用至今。随着开放平台模式的推进和大数据技术的发展和应用，近年来在该领域着手研制数据交换接口、数据交易规则和数据隐私保护相关标准。

（二）运营服务标准现状

现行网络零售相关标准43个、在研标准26个（其中，已立项未发布标准6个），总计69个。

表 2　运营服务标准

标准分类	标准名称	标准号	发布单位
运营服务标准	电子商务平台运营与技术规范	GB/T 31524 – 2015	国家质量监督检验检疫总局、国家标准化管理委员会
	电子商务平台服务质量评价与等级划分	GB/T 31526 – 2015	
	电子商务主体基本信息规范	GB/T 32873 – 2016	
	电子商务参与方分类与编码	GB/T 32875 – 2016	
	电子商务交易产品信息描述 电子元器件	GB/T 32054 – 2015	
	电子商务交易产品信息描述 服装	GB/T 32670 – 2016	
	电子商务交易产品信息描述 图书	GB/T 32702 – 2016	
	电子商务交易产品信息描述 家用电器	GB/T 32928 – 2016	
	电子商务交易产品信息描述 数码产品	GB/T 32929 – 2016	
	电子商务交易产品信息描述 家居产品	GB/T 33995 – 2017	
	电子商务交易产品信息描述 旅游服务	GB/T 33989 – 2017	
	电子商务交易产品信息描述 食品接触塑料制品	GB/T 33986 – 2017	

续表

标准分类	标准名称	标准号	发布单位
	电子商务产品质量信息规范	GB/T 33992 – 2017	
	电子商务 仓单交易模式规范	GB/T 26839 – 2011	
	消费品质量安全风险信息描述规范	GB/T 30135 – 2013	
	电子商务企业核心元数据	GB/T 24663 – 2009	
	电子商务产品核心元数据	GB/T 24662 – 2009	
	电子商务药品核心元数据	GB/T 26840 – 2011	
	电子商务协议样本	GB/T19252 – 2010	
	消费品售后服务方法与要求	GB/T 18760 – 2002	
	质量管理 顾客满意 组织行为规范指南	GB/T 19010 – 2009	
	质量管理 顾客满意 监视和测量指南	GB/Z 27907 – 2011	
	质量管理 顾客满意 组织外部争议解决指南	GB/T 19013 – 2009	
	信息安全技术 中小电子商务企业信息安全建设指南	GB/Z 32906 – 2016	
运营服务标准	信息安全技术 信息系统安全等级保护基本要求	GB/T 22239 – 2008	
	信息安全技术公共及商用服务信息系统个人信息保护指南	GB/Z 28828 – 2012	
	电子商务交易产品信息描述 汽车配件	GB/T 33245 – 2016	
	电子商务商品理赔技术要求	SB/T 11133 – 2015	
	轮胎网上交易服务经营规范	SB/T 10936 – 2012	
	商品用电子标签应用规范	SB/T 11083 – 2014	
	贸易融资业务中第三方提供电子贸易信息查询服务规范	SB/T 11113 – 2015	
	电子商务商品验收规范	SB/T 11197 – 2017	商务部
	金属材料电子商务平台建设与管理规范	SB/T 10721 – 2012	
	电子商务企业认定规范	SB/T 11112 – 2015	
	社会商业商品分类与代码	SB/T 10135 – 1992	
	小商品分类与代码	SB/T 10454 – 2008	
	电子商务商品标价通用技术条件	SB/T 11134 – 2015	
	电子商务商贸服务标价通用技术条件	SB/T 11157 – 2016	
	全国主要产品分类与代码 第1部分:可运输产品	GB/T 7635.1 – 2016	国家质量监督检验检疫总局
	全国主要产品分类与代码 第2部分:不可运输产品	GB/T 7635.2 – 2016	
	投拆处理指南	GB/T 17242 – 1998	国家技术监督局

续表

标准分类	标准名称	标准号	发布单位
运营服务标准	电子商务 B2C 在线纠纷调解规范指南	20141740 - T - 469	标准化研究院
	互联网信息服务系统 安全保护技术措施 数据格式	GA 610 - 2006	公安部
	电信和互联网服务 用户个人信息保护技术要求 电子商务服务	YD/T 3105 - 2016	工业和信息化部
	旅游目的地信息分类与描述	LB/T 019 - 2013	国家旅游局
	电子商务交易产品信息描述规范 第7部分：玩具	20141735 - T - 469	国家标准化管理委员会
	电子商务交易产品信息描述规范 第6部分：家具	20141734 - T - 469	
	电子商务交易产品信息描述规范 第5部分：煤炭	20141733 - T - 469	
	电子商务交易产品信息描述规范 第4部分：矿用物资	20141732 - T - 469	
	电子商务交易产品信息描述规范 第2部分：装饰建材	20141730 - T - 469	
	电子商务交易产品信息描述规范 第1部分：塑料原料	20141729 - T - 469	
	电子商务交易产品信息描述 艺术品	20154009 - T - 469	
	电子商务平台商家入驻审核规范	20162524 - T - 469	
	电子商务平台产品信息展示要求	20162523 - T - 469	
	电子商务电子合同规范	20141105 - T - 469	
	电子商务模式规范	20081152 - T - 469	
	电子商务平台服务保障技术要求	20160634 - T - 469	
	跨境电子商务电子报关单规范	20141724 - T - 469	
	跨境电子商务电子订单规范	20141726 - T - 469	
	跨境电子商务电子舱单规范	20141725 - T - 469	
	电子商务交易 数据描述规范	20154005 - T - 469	
	质量管理 - 顾客满意 - B2C 电子商务交易指南	20141437 - T - 469	
	农村电子商务服务站(点)服务与管理规范	20161935 - T - 424	国家质量监督检验检疫总局
	农业生产资料供应服务 农资电子商务交易服务规范	20161928 - T - 424	

标准分类	标准名称	标准号	发布单位
运营服务标准	基于网络零售开放平台的第三方服务标准	已立项未发布	商务部
	第三方网络零售平台为入驻商户提供的基本服务		
	服装网上定制服务规范		
	移动无形商品（服务）电子商务经营服务规范		
	网络零售平台禁止虚假交易规范		
	社交电商经营规范		

从时间上来看，网络零售运营服务标准的制定主要集中在 2006 年以后。由于运营服务涉及比较细节的网购平台运营业务，如商品分类编码、订单、售后服务、在线纠纷调解等，行业性标准较多。商务部、国家旅游局、公安部等部门，面向各自负责的领域，如特定行业的商品或服务的分类编码、信息安全保护等，制定有针对性的标准。

（三）支撑配套标准现状

现行网络零售相关标准 26 个、在研标准 3 个（其中，已立项未发布 1 个），总计 29 个。

表 3 支撑配套标准

标准分类	标准名称	标准号	发布单位
支撑配套标准	电子合同在线订立流程规范	SB/T 11009 - 2013	商务部
	电子商务物流服务规范	SB/T 11132 - 2015	
	电子商务物流服务信息系统成熟度等级规范	SB/T 11155 - 2016	
	电子商务物流信用评价体系	SB/T 11156 - 2016	
	网络零售仓储作业规范与评价	SB/T 11068 - 2013	
	药品批发企业物流服务能力评估指标	SB/T 10767 - 2012	
	速冻食品物流规范	SB/T 10827 - 2012	
	快递服务 第 1 部分：基本术语	GB/T 27917.1 - 2011	国家质量监督检验检疫总局、国家标准化管理委员会
	快递服务 第 2 部分：组织要求	GB/T 27917.2 - 2011	

标准分类	标准名称	标准号	发布单位
支撑配套标准	快递服务 第3部分:服务环节	GB/T 27917.3 – 2011	
	快递封装用品 第1部分:封套	GB/T 16606.1 – 2009	
	快递封装用品 第2部分:包装箱	GB/T 16606.2 – 2009	
	快递封装用品 第3部分:包装袋	GB/T 16606.3 – 2009	
	第三方物流服务质量要求	GB/T 24359 – 2009	
	快递运单	GB/T 28582 – 2012	
	物流企业分类与评估指标	GB/T 19680 – 2013	
	冷链物流分类与基本要求	GB/T 28577 – 2012	
	药品冷链物流运作规范	GB/T 28842 – 2012	
	药品物流服务规范	GB/T 30335 – 2013	
	冷藏食品物流包装、标志、运输和储存	GB/T 24616 – 2009	
	冷冻食品物流包装、标志、运输和储存	GB/T 24617 – 2009	
	食品冷链物流追溯管理要求	GB/T 28843 – 2012	
	肉与肉制品物流规范	GB/T 21735 – 2008	
	生鲜畜禽肉冷链物流技术规范	NY/T 2534 – 2013	中华人民共和国农业部
	快递代收货款服务规范	YZ/T 0134 – 2013	国家邮政局
	快递服务	YZ/T 0128 – 2007	
	电子商务物流可循环包装管理规范	20170510 – T – 322	商务部
	跨境电子商务交易服务规范	20141727 – T – 469	国家标准化管理委员会
	电子商务绿色包装材料技术和管理规范	已立项未发布	商务部

从时间上来看,网络零售支撑配套标准主要集中于2007～2017年制定,说明由物流快递类电子商务支撑的服务行业,随着电子商务的快速发展,也逐步进入标准化、规范化、电子化的发展阶段。我国的物流快递行业在2000～2007年稳健向前发展,自2008年开始,在电子商务的推动下,我国物流快递行业逐渐进入新一轮发展高峰。在激烈的市场竞争环境下,行业开始调整,无论服务质量、运营模式还是员工素质,都与电子商务的发展高度关联。目前,快递行业70%以上的业务来自于网络零售,这就要求我国物流快递业的增长方式由粗放型转变为集约型,以适应用户规模不断增大、技

术与业态日新月异的电商环境。因此有关各类药品、生鲜食品的物流、冷链、快递的服务规范和技术规范应运而生。

（四）监督管理标准现状

现行网络零售相关标准44个、在研标准21个（其中，已立项未发布标准5个），总计65个。

表4 监督管理标准

标准分类	标准名称	标准号	发布单位
监督管理标准	消费类产品中有毒有害物质检测实验室技术规范	GB/T 27410 – 2010	国家质量监督检验检疫总局、国家标准化管理委员会
	商品质量监督抽样检验程序 具有先验质量信息的情形	GB/T 28863 – 2012	
	企业信用等级表示方法	GB/T 22116 – 2008	
	企业信用数据项规范	GB/T 22120 – 2008	
	企业质量信用等级划分通则	GB/T 23791 – 2009	
	国际物流企业信用管理规范	GB/T 30345 – 2013	
	国际物流企业信用评价指标要素	GB/T 28836 – 2012	
	电子商务统计指标体系 第2部分：在线营销	GB/T 31232.2 – 2014	
	基于电子商务活动的交易主体 企业信用档案规范	GB/T 26841 – 2011	
	基于电子商务活动的交易主体 企业信用评价指标与等级表示规范	GB/T 26842 – 2011	
	基于电子商务活动的交易主体 个人信用评价指标体系及表示规范	GB/T 28041 – 2011	
	基于电子商务活动的交易主体 个人信用档案规范	GB/T 28042 – 2011	
	电子商务可信交易要求	GB/T 31782 – 2015	
	电子商务信用 卖方交易信用信息披露规范	GB/T 29622 – 2013	
	电子商务供应商评价准则 优质制造商	GB/T 30698 – 2014	
	品牌价值评价 电子商务	GB/T 31482 – 2015	
	电子商务信用 网络交易信用主体分类	GB/T 31951 – 2015	
	预包装类电子商务交易产品质量信息发布通则	GB/T 32703 – 2016	

标准分类	标准名称	标准号	发布单位
监督管理标准	电子商务产品质量信息规范通则	GB/T 32866 – 2016	国家质量监督检验检疫总局
	第三方电子商务服务平台服务及服务等级划分规范 第2部分:企业间(B2B)、企业与消费者间(B2C)电子商务服务平台	GB/T 24661.2 – 2009	
	第三方电子商务服务平台服务及服务等级划分规范 第3部分:现代物流服务平台	GB/T 24661.3 – 2009	
	电子商务信用 网络零售信用基本要求 消费品零售	GB/T 34057 – 2017	
	电子商务信用 B2B 网络交易卖方信用评价指标	GB/T 34058 – 2017	
	电子商务商品口碑指数评测规范	GB/T 34051 – 2017	
	信用标准化工作指南	GB/T 23792 – 2009	
	企业信用评价指标体系分类及代码	GB/T 23794 – 2009	
	电子商务信用 网络零售评信用价指标体系	GB/T 34056 – 2017	中华人民共和国中国商业联合会
	电子商务信用 B2B 第三方交易平台信用规范	GB/T 33717 – 2017	全国社会信用标准化技术委员会
	商贸企业信用管理技术规范	SB/T 10444 – 2007	商务部
	零售企业信用等级评价规范	SB/T 10960 – 2013	
	网店信用评估要素指南	SB/T 10907 – 2012	
	网络团购企业信用评价体系	SB/T 10822 – 2012	
	电子商务信用评价指标体系 网络零售	SB/T 11051 – 2013	
	电子商务售后服务评价准则	SB/T 11052 – 2013	
	零售企业服务质量评价准则	SB/T 10636 – 2011	
	电子商务商品营销运营规范	SB/T 10469 – 2013	
	百货店促销活动规范	SB/T 10830 – 2012	
	网络交易服务规范	SB/T 10519 – 2009	
	网络团购企业管理规范	SB/T 10821 – 2012	
	商业零售业同质竞争管理规范	SB/T 10701 – 2012	
	商品售后服务评价体系	SB/T 10401 – 2006	国家发展和改革委员会
	旅行社产品第三方网络交易平台经营和服务要求	LB/T 030 – 2014	国家旅游局

标准分类	标准名称	标准号	发布单位
监督管理标准	互联网服务统计指标 第1部分:流量基本指标	YD/T 2134.1–2010	工业和信息化部
	市场准入与退出数据规范 市场主体分册	GS 7–2006	工商总局
	电子商务数据资产评价指标体系	20154002–T–469	国家标准化管理委员会
	电子商务交易产品质量网上监测规范	20154008–T–469	
	电子商务平台数据开放 第三方软件提供商评价准则	20154007–T–469	
	电子商务商户实名制规范	20162664–Q–469	
	电子商务交易产品可追溯性通用规范	20162522–T–469	
	电子商务产品执法查处取证规则	20162520–T–469	
	电子商务产品质量监测抽样规范	20162519–T–469	
	跨境电子商务物流信息申报和支付信息申报电子单证	20161268–T–469	
	电子商务信用 自营型网络零售平台信用管理体系要求	20151525–T–469	
	电子商务信用 第三方网络零售平台信用管理体系要求	20151524–T–469	
	电子商务企业信用档案规范	20141739–T–469	
	电子商务第三方交易平台信用评价规范	20141738–T–469	
	电子商务管理体系要求	20141722–T–469	
	跨境电子商务平台服务质量评价规范	20141723–T–469	
	电子商务供应商评价准则 在线销售商	20154000–T–469	
	电子商务供应商评价准则 优质服务商	20154001–T–469	
	电子商务企业信用信息共享规范	已立项未发布	商务部
	电子商务行业监测指标标准		
	电子商务标准消费品质量检查采样规范		
	网络零售平台自营业务评价指标与等级划分		
	电子商务产业基地建设与运营规范		

从时间上来看,网络零售监督管理标准集中在2006年以后制定,主要是为了应对电子商务发展过程中产生的服务规范、质量规范、信用规

范问题。网络零售市场竞争激烈，很多经营模式尚未定型，不少商业模式尚处于创新和竞争验证阶段，利益博弈普遍存在。针对这些问题，工商总局与国家发展和改革委员会于2006年先后出台针对市场准入与退出、商品售后服务的规范标准。2008～2017年，国家质检总局和商务部先后出台《基于电子商务活动的交易主体 企业信用档案规范》《基于电子商务活动的交易主体 企业信用评价指标与等级表示规范》《基于电子商务活动的交易主体 个人信用评价指标体系及表示规范》《网店信用评估要素指南》《网络团购企业信用评级体系》《电子商务信用评价指标体系 网络零售》《企业信用等级表示方法》《企业信用评价指标体系分类及代码》《企业信用数据项规范》《企业质量信用等级划分通则》等一系列关于网络零售信用管理规范的标准，对网购交易主体双方、网购平台及网店的信用评价、信用信息披露等做出了详细的规定。此外，为了整顿假冒伪劣商品市场，电子商务商户实名制、商品追踪溯源、产品质量监测等一系列规范即将发布。

二 发展特点

（一）网络零售相关标准196则，主体层面标准数量居多

基于网络零售标准"通用基础""运营服务""支撑配套""监督管理"分类，引入另外两个维度，分别与规范对象层面的三类标准（"主体""客体""数据"）及业务流程层面的五类标准（"平台建设""订单形成""在线支付""物流快递""售后服务"）进行交叉关联分析，梳理出网络零售标准体系总体分布情况如下。

从总体情况来看，全国有网络零售相关国家标准和行业标准（包括现行、在研的标准）共196个，其中，适用于网络零售行业或可参考的社会商业整体标准57个，可借鉴使用；电子商务行业整体标准127个，适用于网络零售行业或可供参考；专门适用于网络零售市场的标准12个。

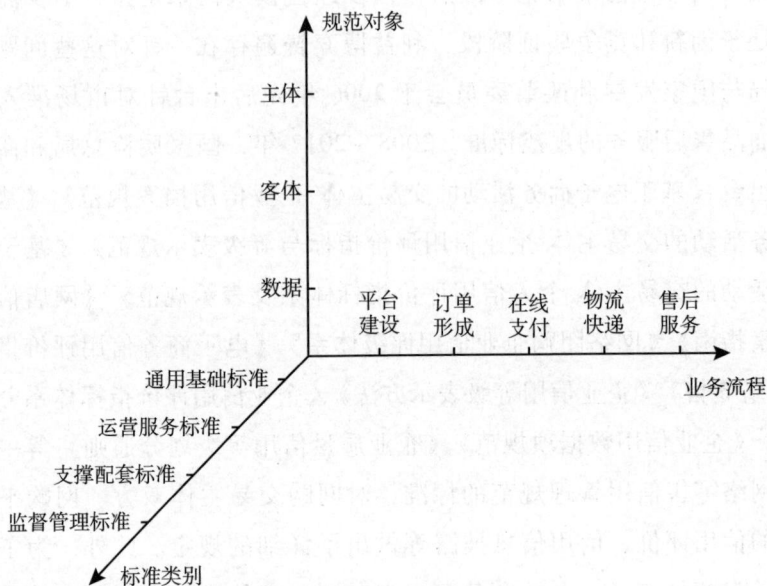

图1　网络零售标准框架体系模型

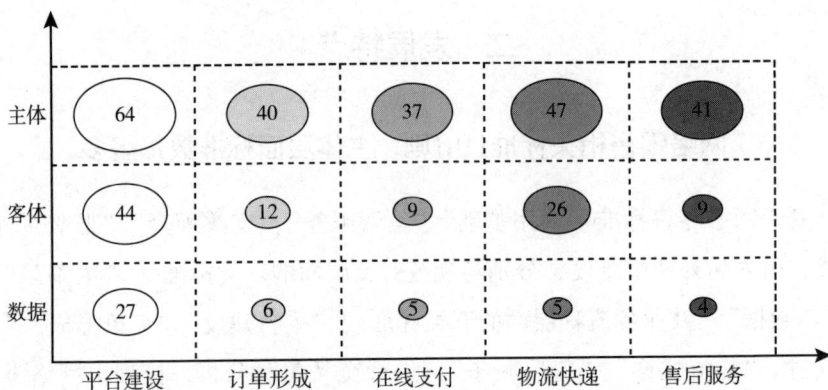

图2　我国网络零售标准各维度上数量对比（单位：个）

从各个维度的标准数量对比来看，网络零售主体标准数量是最多的，并且在各个业务流程的数量分配也较为平均，这是因为网络零售主体（网店、平台和消费者）的行为和相互关系是构成网络零售交易的前提，规定了在虚拟的网络空间里完成交易的基本秩序，因此大量的现行网络零售相关标准从技术框架、服务流程、管理规范等层面，对各个主体的行为和关系进行了规范；网络零售客体标准和数据标准在交叉维度均有分布，其中又以平台建设最多。

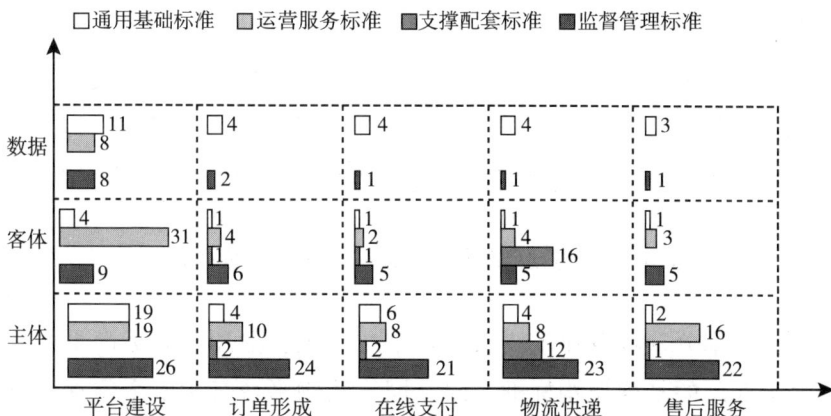

图例：□通用基础标准 ▨运营服务标准 ▩支撑配套标准 ■监督管理标准

	平台建设	订单形成	在线支付	物流快递	售后服务
数据	11 / 8 / 8	4 / / 2	4 / / 1	4 / / 1	3 / / 1
客体	4 / 31 / 9	1 / 4 / 1 / 6	1 / 2 / 1 / 5	1 / 4 / 16 / 5	1 / 3 / 5
主体	19 / 19 / 26	4 / 10 / 2 / 24	6 / 8 / 2 / 21	4 / 8 / 12 / 23	2 / 16 / 1 / 22

图 3　我国网络零售标准整体现状分布（单位：个）

可以看出，网络零售的各个业务流程（平台建设、订单形成、在线支付、物流快递和售后服务）都有相应的标准，而针对每一类规范对象（主体、客体、数据）也有对应的标准，因此大体来看是比较完整的，仅在个别领域还需进行补充调整。

（二）网络零售现有标准体系存在诸多空白领域

基于网络零售标准体系模型，就三个维度交叉领域下标准细化分析，发现目前的标准体系尚不完善，标准化建设存在空白地带。

1. 通用基础标准体系

图 4 中，虚线框区域代表需要加强标准制定的领域，主要为专业术语方面。目前专业术语标准体系包括《电子商务基本术语》《网络购物术语》。2016 年国家标准化管理委员会提出制定《电子商务质量管理术语》和《电子商务业务术语》，标志着专业术语开始向细分领域发展，未来需

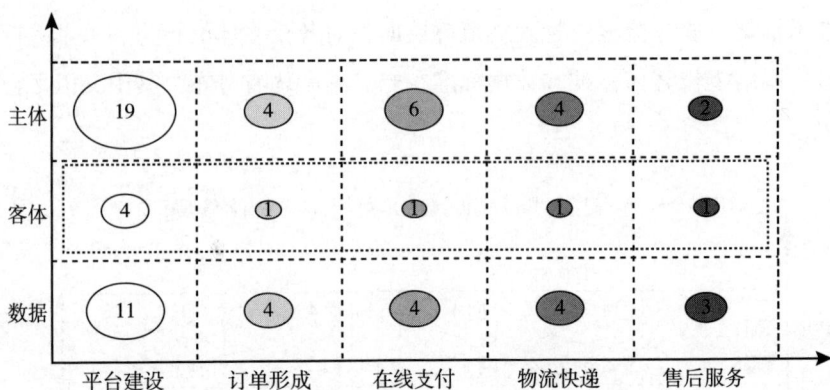

图4　通用基础标准体系标准情况分布（单位：个）

要对更多的细分领域专业术语实施标准化规范。通用基础标准平台建设方面多为底层的基础架构标准，缺乏网络购物平台日常安全管理和应急管理标准，涉及网购安全的标准也不多。随着网购数据的商业化应用，网络零售即将进入大数据驱动发展时代，现有和在研的数据标准远远不够。

2. 运营服务标准体系

图5中，方形虚线框代表需要加强标准制定的领域，圆形虚线圈代表在现有基础上还需进行修订、补充的部分。从图5来看，需要增加订单形成、在线支付、物流快递、售后服务等业务环节的数据标准，以及在线支付、售后服务等业务环节的客体标准。应对当前网络零售平台亟须提升产品质量的诉求，需要建立网络零售质量提升方面的标准规范。不仅如此，知识产权行政保护是打击假冒伪劣、促进商贸发展的重要环节，目前我国知识产权相关标准方面基本上处于空白，仍需巩固和加强。

3. 支撑配套标准体系

图6中，虚线框代表空白领域，灰色方块是不需要制定标准的领域。可以看出，目前的空白领域主要是在线支付、物流快递的数据标准，以及售后服务的客体标准，在线支付的主客体标准也明显不足。

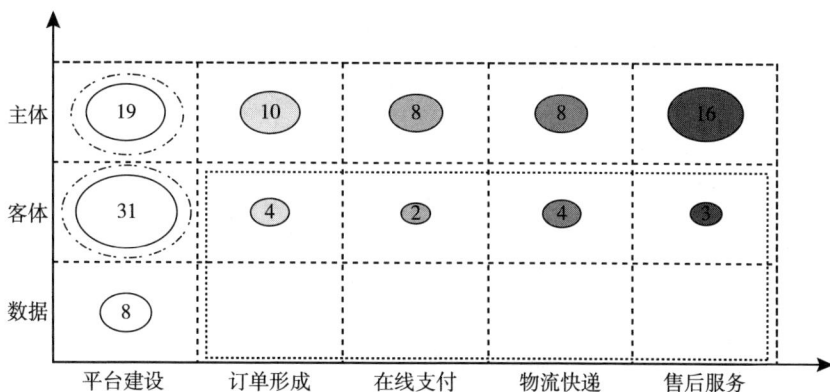

图5　运营服务标准体系标准情况分布（单位：个）

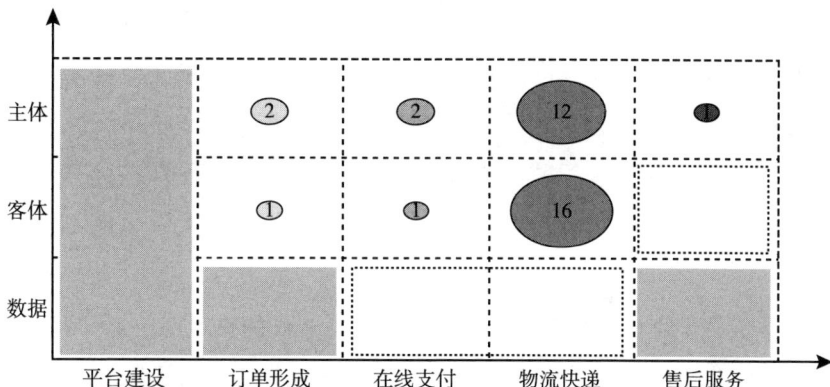

图6　支撑配套标准体系标准情况分布（单位：个）

4. 监督管理标准体系

从图7可知，监督管理类标准在标准体系框架下分布较为均匀，交易规则、服务管理、质量管理、数据管理、数据统计、信用评价等领域均有涉及，但仍需在现有标准的基础上进行补充和完善。

（三）网络零售标准规范"废修立定"持续推进

目前专门针对网络零售行业制定的标准较少，主要是对现有相关标

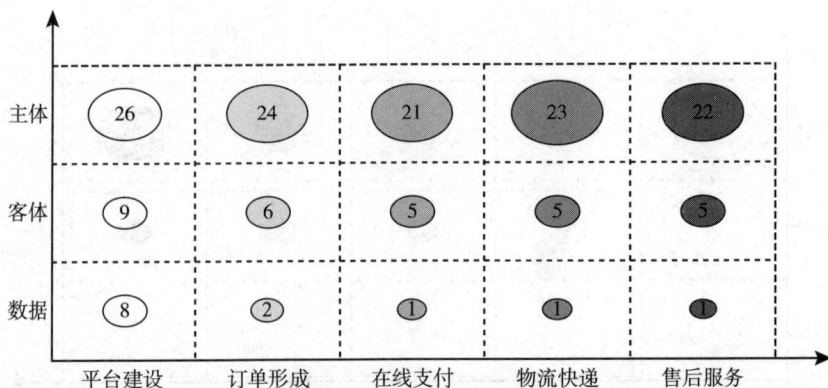

图 7　监督管理标准体系标准情况分布（单位：个）

准的沿用或延伸，包括零售业、电子商务行业的国家标准以及细分行业的行业标准等。这些标准中，有些虽然是传统行业的标准但完全适用于网络零售行业，可以继续沿用；但也有一些由于不能完全符合网络零售行业的现状或发展趋势，因此不具有适用性，建议修订或是废止；当前网络零售行业还有一些领域缺乏相应的标准，不便于政府进行有效管理和规范。因此，网络零售标准规范"废修立定"意义重大，应不断向前推进。

根据《关于废止和修改部分规章和规范性文件的决定》（商务部令 2016 年第 2 号），《第三方电子商务交易平台服务规范》（商务部公告 2011 年第 18 号）删去第五条第三款第一项中的"组织机构代码证、税务登记证"，删去第六条第一款第三项中的"税务登记证"，同时对相应条文顺序进行调整。① 2015 年由中国国际电子商务中心申报立项的《网络零售监测指标规范》，2016 年由北京大学法学院申报立项的《网络零售平台虚假交易管理规范》《网络零售平台自营业务评价指标与等级划分》，同年由商业科技质量中心申报立项的《电子商务消费品质量检查采样规范》《移动电子商务服务

_____

① 《关于废止和修改部分规章和规范性文件的决定》（商务部令 2016 年第 2 号），http://www.mofcom.gov.cn/article/b/c/201608/20160801384463.shtml，2016 年 8 月 13 日。

类商品经营规范》5 个标准于 2017 年 11 月公开征求意见。与此同时，2017
年 8 月，商务部公告 2017 年第 42 号审核批准《商贸物流园区建设与运营服
务规范》等 17 项国内贸易行业标准。[①]

（四）网络零售标准体系化、系统化建设提上日程

近年来，网络零售标准化工作成效明显，重点领域关键标准陆续发布，
网络零售标准化组织体系和技术体系初步建立，各市场主体和消费者对标准
化的认知水平大幅提升。但网络零售覆盖的领域多、下辖的范围广，应用的
新技术、新模式、新业态迭代更新快，导致现有标准不能有效满足网络零售
行业快速发展需求。网络零售市场仍存在假冒伪劣、虚假广告、消费欺诈、
不公平竞争等现象，针对网络零售市场当前存在的突出问题，加快推动网络
零售相关立法、构建科学合理的标准规范体系具有十分重要和现实的意义。
为落实《国务院关于大力发展电子商务加快培育经济新动力的意见》《电子
商务"十三五"发展规划》《国内贸易流通标准化建设"十三五"规划》
《"十三五"信息化标准工作指南》，加快重点领域标准建设，完善网络零售
标准体系，推动网络零售持续创新和规范发展，为各标准化技术委员会、行
业组织、商协学会制定标准指明方向，商务部办公厅、国家标准委办公室联
合印发了《网络零售标准化建设工作指引》（以下简称《指引》）。《指引》提
出，到 2020 年，要基本建成结构合理、衔接配套、覆盖全面、国际接轨、适
应网络零售快速健康发展需要的网络零售标准体系。重点领域标准时效性、
完备性、适用性显著提高；标准对网络零售主体责任、交易行为、市场秩序、
竞争环境、服务水平、认证监测、质量追溯、诚信建设等方面的指导和约束
作用明显增强。同时，《指引》进一步明确要在组织实施、人才培养、前沿研
究方面加大推动力度。

---

① 《商务部批准〈商贸物流园区建设与运营服务规范〉等 17 项国内贸易行业标准的公告》，（商务
部公告 2017 年第 42 号），http: // www. mofcom. gov. cn/article/b/d/201708/20170802634816. shtml，
2017 年 8 月 2 日。

三 存在的问题

（一）网络零售市场问题突出，标准制定仍存在滞后性

中国网络零售市场发展迅速，拉动消费的作用不断增强，对全球市场的影响力与日俱增。国家统计局数据显示，2017年全年，全国网上零售额为71751亿元，比上年增长32.2%。其中，实物商品网上零售额为54806亿元，增速28.0%，在社会消费品零售总额中占比15.0%。CNNIC数据显示，截至2017年底，我国网络购物用户数量为5.33亿，相比2016年增长14.3%，在总体网民中所占比例为69.1%。手机网络购物用户数量为5.06亿，较2016年增长14.7%，使用手机上网的网民比例由63.4%提升至67.2%。然而，在我国网络零售市场处于高速成长期的同时，突出的问题也不容忽视：一些网络商家肆意发布虚假宣传广告等信息，假冒伪劣商品频频出现，商品质量需要进一步提升，知识产权保护与管理需要进一步加强；部分网络商家雇用网络水军为其刷好评，欺骗消费者，导致商业欺诈和不正当竞争等行为，网络消费维权困难；网络市场诚信体系不健全，网络信用评价体系指标有缺陷，信用主体信息不完善，使得网络市场监管难度增大，信用管理与激励惩戒机制需加强等。

网络零售的标准化工作虽然在持续向前推进，但标准的制定仍存在一定的滞后性。全国有网络零售相关国家标准和行业标准（包括现行、在研的标准）共196个，但是专门针对并适用于网络零售市场的标准仅有12个。通过对网络零售标准进行梳理发现，现有标准体系尚不完善，存在很多空白领域，国家政策出台后，相应的标准制定工作有待推动和部署，疑难问题亟待解决。比如，网络零售数据管理层面的标准规范尚处于空白。《"十三五"国家信息化规划》中明确指出，"建立数据开放、产权保护、隐私保护相关政策法规和标准体系"，"制定政府数据资源共享管理办法，梳理制定政府数据资源共享目录体系"，"编制数据共享开放目录，依法推进数据开放"。

《网络零售标准化建设工作指引》提出加强该领域数据管理方面的标准建设。但是，网络零售数据权属问题仍然存在诸多争议，类似数据管理方面尚未解决的问题还有很多，阻碍了标准制定工作的进程。此外，网络零售在数据采集、交换、可读写、脱敏、共享、追溯、管理、匿名等方面的标准涉及的工作内容纷繁庞杂、巨系统化，制定相关标准任重道远。

（二）网络零售标准体系战略性与科学性不足

我国的网络零售标准体系在战略性与科学性方面存在不足。具体而言，其一，业务方面缺乏需求导向，大多数网络零售标准的制定由分技术委员会以下的组织进行，缺乏统一性和系统性，组织分散、关注点不同、工作交叉、无序竞争现象严重，导致标准制定违背促进流通消费的商业本质。其二，企业方面缺乏应用支撑。一些标准内容与企业实际业务脱节，指导性和实践性不强，导致使用率不高。标准的制定除了考虑规范化的重要性，还要兼顾企业实施难度和执行成本。其三，国际化水平不高。我国网络零售标准化的实施时间较短，在标准体系建设、标准制定方法以及关键技术等领域的探索研究尚不充分，仍然处于初始阶段。我国网络零售市场的发展模式与国际市场有明显差异，在国内标准与国际标准的适用性与接轨方面仍然有很多问题需要解决。其四，服务标准欠缺。我国现行适用于网络零售的标准多集中于技术标准领域，而忽略了其他相关方面的标准化建设，尤其是服务标准体系建设，导致整个网络零售标准体系无序化、完备性欠缺。

举例而言，与许多其他类别标准一样，我国物流快递标准各类别存在多寡不一的问题。大部分标准集中为主、客体标准，并且是从传统标准中沿用过来，关于数据层面的标准几乎属于空白。原因在于标准制定相关部门交叉多、层次多、组织多，相互之间沟通协调少、物流标准退出管理少、标准执行宣传贯彻力度不够。当网络零售企业与快递企业发生数据接口纠纷时，缺乏标准和规范的有效支撑。当评级类标准与国家补贴挂钩时，企业才会有积极性去贯彻落实标准规范。支付标准同样存在数量分布较少的问题，其原因在于多部门管理、职责交叉多、彼此之间协调沟通少等。

（三）企业落实主体责任、承担标准制定任重道远

我国网络零售标准化基本上由政府主导，各标委会推动执行，企业处于被动接受地位，不是标准制定的主体，缺乏自主制定和行业自律意识，参与度不够。其结果导致标准的制定和市场需求的协调性较低，标准的适用性不强，不利于标准的有效实施。一流的企业做标准是行业共识，个别网络零售企业成立了标准化部门，提出承担标准制定的主体责任，积极推动与国际接轨的技术标准的制定、合规标准的互认，在引领国际标准层面助力我国网络零售企业"走出去"。企业在主导行业标准的制定过程中仍然存在一些问题需要注意：其一，标准的公平性。行业标准不仅需促进本企业发展，更要有利于整个行业市场的充分竞争。其二，标准的尺度把握。行业标准需要具备先进性，也要兼顾中小企业的发展需求和标准实操性。其三，国际化成熟度。企业在促成国际标准的制定，或者把我国成熟标准推向国际时，要注意权衡利弊，避免存在漏洞成为国际机构质疑和声讨的对象。

举例而言，近年来我国的移动支付产业发展迅速，线上线下融合全面覆盖广大居民的衣食住行游，并横向拓展至交通、医疗、教育、政务等细分领域，在一定程度上推动了我国"普惠金融"和"数字经济"的发展。当前，我国移动支付的发展已经取得全球领先地位，国际影响力显著，为了保持这一优势应鼓励中国企业牵头制定国际支付行业标准，争取全球化发展的主动权和制高点，增强中国标准的话语权和影响力。2018年，全国政协委员、中央财经大学金融学院教授贺强在两会关于保持我国移动支付产业全球领先地位的提案中，强调了这一点。

四　发展趋势

（一）网络零售标准系统化推进、体系化发展

近年来，国家发布的一系列政策对标准化工作进行了战略性的规划和部

署。《国务院关于大力发展电子商务加快培育经济新动力的意见》《电子商务"十三五"发展规划》强调了电子商务标准制定的重要性，《国内贸易流通标准化建设"十三五"规划》《"十三五"信息化标准工作指南》明确了商贸流通和信息化标准建设的方向，《网络零售标准化建设工作指引》进一步确定了网络零售标准制定的总体要求、指引方向和实施保障。《指引》确立了标准化建设的六个原则：鼓励创新、规范发展、合理统筹、动态调整、问题导向、需求引领，以应对网络零售涉及领域多、范围广，新技术、新模式、新业态迭代更新快的特点。《指引》提出了到 2020 年的标准化建设目标并确定：夯实通用基础标准层面，加强网络零售数据管理、信用共享领域标准建设；提升运营服务标准层面，加强网络零售信息互认共享、快递物流支付领域标准建设；监督管理标准层面，加强网络零售商品质量、消费安全、知识产权领域标准建设，从而力求构建科学合理、层次分明、统筹协调的网络零售标准体系。

（二）网络零售标准规划紧跟国家发展战略

网络零售标准规划紧密结合国家的发展战略部署。质检总局发布《质量品牌提升行动计划（2016）》，发展改革委、商务部等发布的《促进电子商务发展三年行动实施方案（2016~2018 年)》提到"电子商务产品质量提升工程"，意在针对这一现象进行综合治理。应对当前网络零售平台亟须提升产品质量的诉求，标准指引搭建了网络零售商品质量提升标准体系。依据《促进电子商务发展三年行动实施方案（2016~2018 年)》中"电子商务支付安全服务工程"的要求，结合《关于加大对新消费领域金融支持的指导意见》发现，标准指引搭建了网络零售安全支付标准体系。依据《"十三五"国家信息化规划》中，"推动制定新兴行业监管标准，建立有利于信息化创新业务发展的行业监管模式"，结合《关于建立完善守信联合激励和失信联合惩戒制度加快推进社会诚信建设的指导意见》，标准指引搭建了网络零售信用管理标准体系。此外，网络零售标准指引还提出针对网络零售快速创新和跨界经营的特点，加强对分享经济、跨境电商、社交电商等新模式，人工智能、虚拟现实、区块链等新技术，无人商店、无人机送货、近场支付等新服务的前瞻性研究，推动形成研究成果。

（三）网络零售标准制修订及宣贯机制更加开放

政府主导电子商务标准制定的局面将被打破，开放式电子商务标准制定体制逐步建立。以产业联盟为主的行业组织与企业，联合高校和科研机构，根据网络零售标准化建设指引等相关标准规划，结合市场发展需求进行标准制定。我国网络零售标准制定机制转变为由企业积极参与制定、由国家与社团自愿参与标准制定、由国家制定强制标准，行业标准将等同于国家标准。与此同时，我国的标准化工作将以更加开放的态度与国际标准接轨，加大对国际标准的跟踪、评估和转化力度，积极参与国际标准的制定，将国内网络零售行业成熟的标准推向国际。在人才培养方面，通过专业培训、课题研究、交流分享经验等多种形式，充实网络零售领域标准化工作专家队伍，提高标准化工作人员职业素质和工作能力。在标准宣贯方面，组织相关行业协会、标准化技术委员会等标准研究和制定组织，针对地方商务主管部门、地方质量技术监督局（市场监督管理部门）、网络零售平台企业、网络零售经营者等标准的管理应用对象，以召开宣讲会、研讨会等形式进行培训和交流。在标准的宣传推广方面，将通过媒体报道、专家解读等方式，加强对标准多渠道宣传。充分发挥市场机制的调节作用，综合利用各类资源聚力，从而加强网络零售标准的市场推广和企业应用。

五　对策建议

（一）强化标准化战略顶层设计

我国已经在网络零售发展方面取得了较大的进步，处于全球领先地位，但是从未来的全球化战略来看，以标准化促发展的工作还处于初级阶段，与最发达国家相比尚存在一定的距离。要想实现全面跃进助力企业发展，还需进一步加强顶层战略设计。网络零售标准化建设需要同步实施"走出去"战略，既要与国际接轨确立国际领先优势，又要注意保护本国企业在国际化进程中的生态规则环境，包括：将国内成熟的网络零售模式和规则标准化、推向国际，抢占标准领域的"制高点"。完善网络零售标准体系设计和建设，使内容层层递进、环环相扣，标准制修订流程遵循自上而下的逻辑结构。

（二）完善和创新标准管理机制

积极开放网络零售标准管理体系、创新管理模式。除了推动"开放式"发展理念外，促进标准的制修订主体多元化，建立标准的第三方评估机制，具体制定遵循问题导向、需求引领、动态更新的原则。鼓励社会各界力量参与，立足国内需求，借鉴国际经验，针对网络零售发展中存在的共性问题、影响网络零售可持续发展的突出问题，加快推进重点领域、重要环节标准研制。收集标准实施效果的社会反馈，建立市场化的制修订与评估应用机制，增强标准的实用性和适用性，确保标准的应用价值和水平，形成"科学管理、机制创新、需求导向、动态优化"的组织管理机制。

（三）大力推动标准的宣贯工作

在制定相关标准的基础上，加强标准的贯彻和执行。组织标准起草专家、项目工作组成员，通过召开宣贯会、研讨会的形式，对地方商务主管部门、电子商务平台企业、电子商务品牌商户进行宣贯培训，对地方相关部门疑问进行解答。针对标准体系和每个正式发布的标准召开宣贯培训活动，培养一批掌握标准内容和标准实施方法的专业人员。标准发布后，起草专家和项目组成员深入企业走访，汇总标准在实施过程中遇到的问题，给予解答和指导，协助企业推进标准的执行。

B.21
互联网平台治理与政府治理

京东公共战略研究*

摘　要： 2017年我国互联网平台继续壮大，互联网平台治理的法规制
度不断完善，部门协同机制不断健全，治理手段不断创新，
平台责任意识增强。同时，仍然存在平台行为不规范、责任
界定不明确、行为规范有争议、政府治理滞后等问题。建议
围绕我国社会治理、经济治理和网络空间治理的目标，加强
对互联网平台的多方位治理和综合治理。

关键词： 互联网平台　政府治理　互联网平台经济

　　近年来，互联网的快速发展给社会生产和人们的生活方式带来了巨大变
化，在提高资源配置效率和改善人们生活的同时，互联网经济活动也带来了
许多新的问题，对现有的社会治理方式提出了新的挑战。其中，对于互联网
平台经济的治理成为社会广泛关注的问题，其核心是互联网平台的治理问题。

一　2017年我国互联网平台治理情况与特点

（一）互联网经济蓬勃发展

　　随着互联网、移动互联网的快速普及，互联网经济活动日益活跃，人们

---

　　* 执笔人京东公共战略研究院院长曾晨。

越来越多地通过互联网、移动互联网来解决衣、食、住、行等消费需求。商务部数据显示，2017 年，我国网络零售交易规模达到 7.18 万亿元，同比增长 32.2%，增速比上年提高 6 个百分点。其中实物商品网上零售额达到 5.48 万亿元，同比增长 28%，占社会消费品零售总额比重达 15%，对社会消费品零售总额增长的贡献率为 37.9%。2017 年上半年，通过移动终端完成的网络购物规模达到 2.2 万亿元，在网络零售中占比达到 71%。随着移动互联网的普及，基于移动端的网络经济形态快速发展，根据中国互联网络信息中心（CNNIC）的数据，到 2017 年 12 月，我国手机网民占比达 97.5%，网络外卖用户规模达到 3.43 亿，比上年增长 64.6%；手机旅行预订用户达 3.40 亿，比上年增长 29.7%；网约车用户规模达到 2.87 亿，比上年增长 27.5%；共享单车用户达 2.21 亿，半年增长率达 108.1%。随着我国"互联网＋"行动的深入实施，互联网与工业、农业、服务业等各个行业的融合不断深化，也促进了网络协同制造、个性化定制、农产品预售、在线旅游、在线教育等许多新型互联网经济活动。

（二）互联网平台经济日益壮大

与传统经济活动有所不同的是，互联网经济在发展过程中逐渐形成了以互联网平台为核心的经济结构，这种形态可以称为互联网平台经济。当前，我国已上市和未上市的领先互联网公司绝大多数都是互联网平台，排名前 10 位公司的总市值及估值已接近 10 万亿元，约比 2016 年增长一倍。

常见的互联网平台包括但不限于搜索平台、社交平台、电子商务平台、O2O 平台、分享经济平台、工业云平台、工业互联网平台等。按照中国信息通信研究院《互联网平台治理白皮书（2017）》的研究，从平台的功能或属性来看，互联网平台主要可以分为信息内容类平台、交易类平台和其他类平台（如技术服务类平台），从平台相关主体关系来看，可以分为第三方平台、自营平台和混合类平台。也有研究者提出其他分类方式，比如信息平台按照开放性可分为开放类平台和非开放类平台，按照服务涉及的行业领域可分为综合类平台和垂直类平台等。

从社会影响力来看，信息内容类和交易服务类、第三方互联网平台形成的影响最大，尤其以搜索、社交、电商三大类平台为代表。各大互联网平台在自身信息内容或交易服务核心业务的基础上，纷纷通过开放平台应用、利用流量引导、扩展服务功能、兼并收购或战略投资等措施，扩大自身的生态体系，扩张平台的经济影响和价值空间。BAT三大互联网平台公司已经构筑了超级互联网生态体系，直接开展或者投资参与的业务几乎涉及互联网所有领域，并且延伸到工业、农业、服务业、公共服务等，不仅影响到人们生活的方方面面，而且在社会生产领域也正在形成越来越大的影响力。按照中国互联网络信息中心（CNNIC）的数据，截至2017年12月，我国网民规模达到7.72亿，普及率达55.8%，即时通信、搜索引擎、网络新闻、网络视频、网络音乐、网络支付、网络购物和网络游戏是使用频率最高的互联网应用，其中即时通信用户达7.20亿，搜索引擎用户达6.40亿，网络购物用户规模达到5.33亿，网上支付用户达5.31亿，互联网经济已经深刻影响和改变了大多数中国人的工作和生活方式。

中国的互联网平台经济在全球互联网经济活动中也已经和正在占据越来越重要的地位。中国的网络零售规模已位居全球第一，移动支付技术先进、广泛覆盖并正在向全球推广，分享经济发展规模和速度居全球领先位置。中国互联网企业在国际互联网行业也占有了重要地位，境内外上市的中国互联网企业达102家，总市值为8.97亿元，在全球市值前10位的互联网企业中有4家是中国企业，在全球领先的独角兽企业中中国企业的数量和估值位居第二，仅次于美国企业。同时，中国互联网平台经济中的一些问题也被放大到全球范围，比如美国贸易代表办公室多次将中国互联网企业列入"恶名市场"名单，指责中国互联网企业在知识产权保护方面存在问题，其最近发布的2017年度知识产权保护报告再次将淘宝网等列入名单。

（三）互联网平台治理不断规范

1. 法规制度建设不断完善

对于新兴的互联网经济，我国采取了先创新发展再逐步规范的治理方式。近年来，针对互联网经济活动中出现的突出问题，国家和政府相关部门不断制定和实施相关的法律法规、部门规章、管理办法和标准规范，并通过对原有法律的修订和司法解释，逐步构建有利于互联网经济健康规范发展的法律法规制度体系。

针对互联网经营活动的制度法规包括但不限于以下：《互联网信息服务管理办法》《信息网络传播权保护条例》《规范互联网信息服务市场秩序若干规定》《互联网信息搜索服务管理规定》《网络交易管理办法》《网络零售第三方平台交易规则制定程序规定（试行）》《互联网广告管理暂行办法》《非银行支付机构网络支付业务管理办法》《网络借贷信息中介机构业务活动管理暂行办法》《互联网保险业务监管暂行办法》《网络预约出租汽车经营服务管理暂行办法》《互联网文化管理暂行规定》《网络出版服务管理规定》《移动互联网应用程序信息服务管理规定》《互联网用户账号名称管理规定》《全国人大常委会关于加强网络信息保护的决定》等。其中，对于互联网平台责任、义务和行为规范的规定是许多法规规章的主要内容。比如，《互联网信息服务管理办法》《规范互联网信息服务市场秩序若干规定》等对包括互联网平台在内的互联网经济相关各方的行为做出了普适性规定，《网络交易管理办法》《网络零售第三方平台交易规则制定程序规定（试行）》等则明确对互联网平台，尤其是交易类的第三方平台的责任、义务及行为规范做出了具体规定。针对互联网经济中金融、出行、文化、出版等细分领域，以及支付、借贷、广告等不同业务环节，相关法规也进行了有针对性的规范，其中都涉及对互联网平台责任、义务及行为规范的界定。

近年来，我国在制订和修订民商事法律法规过程中，充分关注了日益活跃的互联网经济，很多法律法规都制定或增加了专门规范互联网经济活动的条款，其中涉及互联网平台责任、义务与行为规范的包括但不限于：《侵权责任法》、2013 年修订的《消费者权益保护法》、2015 年修订的《广告法》《食品安全法》《著作权管理条例》《商标权管理条例》等。这些法律法规都针对互联网经济中出现的突出问题增补或修改了相关规定。比如，修订后的《消费者权益保护法》第四十四条规定，"网络交易平台提供者明知或者应知销售者或者服务者利用其平台侵害消费者合法权益，未采取必要措施的，依法与该销售者或者服务者承担连带责任"。

2017年，我国继续推进互联网相关法律法规的制修订，一些前期颁布的法律法规也正式付诸实施，互联网平台治理相关的制度法规体系不断完善。

在规范互联网经济市场秩序方面，2017年11月4日，十二届全国人大常委会第三十次会议通过了新修订的《反不正当竞争法》，自2018年1月1日起施行。新修订的《反不正当竞争法》专门增加了互联网领域的内容，第十二条对利用网络从事生产经营活动的经营者与行为做出了具体规定，禁止经营者利用技术手段，通过影响用户选择或其他方式，实施妨碍、破坏其他经营者合法提供的网络产品或服务正常运行的行为。此外，还针对互联网经济中刷单、炒信等问题做出了专门规定，禁止经营者对其商品的性能、功能、质量、销售状况、用户评价等进行虚假或引人误解的商业宣传，禁止经营者组织虚假交易和帮助其他经营者进行虚假或者引人误解的商业宣传。2017年11月14日，国家食品药品监督管理总局发布《网络药品经营监督管理办法（征求意见稿)》，加快网络售药相关制度的制定进程。

在网络安全方面，《中华人民共和国网络安全法》自2017年6月1日起正式实施，对于维护我国的网络安全、国家安全、社会公共利益，保护公民、法人和其他组织的合法权益，促进经济社会信息化，尤其是互联网经济的健康发展将起到积极的保障作用。《网络产品和服务安全审查办法（试行)》也于2017年6月1日起实施，要求关系国家安全的网络和信息系统采购的重要网络产品和服务应当经过网络安全审查。

在个人信息保护方面，《最高人民法院、最高人民检察院关于办理侵犯公民个人信息刑事案件适用法律若干问题的解释》于2017年6月1日起施行，明确向特定人提供公民个人信息，以及通过信息网络或者其他途径发布公民个人信息的，应当认定为刑法规定的"提供公民个人信息"，对于刑法相关规定中"情节严重"的认定标准，明确规定了十种情形，包括非法获取、出售或者提供行踪轨迹信息、通信内容、征信信息、财产信息五十条以上的；非法获取、出售或者提供住宿信息、通信记录、健康生理信息、交易信息等其他可能影响人身、财产安全的公民个人信息五百条以上的；非法获取、出售或者提供前两项规定以外的公民个人信息五千条以上的；违法所得五千元以上等。2017 年 12 月 29 日，国家标准化管理委员会正式发布了《信息安全技术 个人信息安全规范》国家标准，规范个人信息控制者在收集、保存、使用、共享、转让、公开披露等信息处理环节中的相关行为，意在遏制个人信息非法收集、滥用、泄露等乱象，最大程度地保障个人的合法权益和社会公共利益。

在互联网信息服务方面，修订后的《互联网新闻信息服务管理规定》于 2017 年 6 月 1 日起施行，明确了互联网新闻信息服务的许可、运行、监督检查、法律责任等，将各类新媒体纳入管理范畴。2017 年 10 月 8 日起，国家互联网信息办公室发布的《互联网用户公众账号信息服务管理规定》正式施行，以规范互联网用户公众账号信息服务。

2. 政府部门协同治理机制不断健全

随着互联网的快速渗透和创新发展，互联网经济已涉及从生产到交易再到消费的全部经济活动环节，同时互联网与实体经济及社会各领域深度融合形成很多新的经济活动形态，其中大量业务及融合点都集中在互联网平台侧或者由平台发起或控制，所以对于互联网平台的治理涉及许多部门的管理职能。比如，网络交易会涉及经营主体身份认定、网络信息服务、广告、合同签订、支付结算、物流快递、消费者权益保护、知识产权保护、税收、反垄断、反不正当竞争、网络安全和社会安全等许多部门承担的社会管理和监管职能。而网络交易的生产和服务提供者、消费者、平台经营者则往往不在同一地点，涉及不同区域社会管理职能。健全部门协同治理机制、提高部门协同治理能力、加强区域协同治理是互联网平台治理的必然选择。

2017 年，相关部门继续完善协同治理机制，进一步加强跨部门协同监管。国务院发布的《2017 年全国打击侵犯知识产权和制售假冒伪劣商品工作要点》指出，重点领域中的第一项重点工作就是"加大互联网领域侵权假冒治理力度"，由工信部等十四个部门共同开展 2017 年网络市场监管专项行动，深入开展"剑网行动"，指导和督促电子商务平台切实落实主体责任。2017年5月，由工商总局牵头、十个部门参加的网络市场监管部际联席会议召开了第一次全体会议，按照国务院批复的《网络市场监管部际联席会议制度》，建立相应协作机制，增强一线监管合力，推进依法管网、以网管网、信用管网和协同管网，并决定于5～11月联合开展2017年网络市场监管专项行动，严厉打击网络侵权假冒、虚假宣传、刷单炒信等违法行为，营造良好的网络市场准入环境、竞争环境和消费环境。此外，由交通部牵头、七个部门联合共同推进网络预约出租汽车管理办法的实施，各城市纷纷出台网约车实施细则，共同加强对网约车规范发展的治理。由中国人民银行牵头、十个部门联合推进互联网金融的健康发展。

3. 政府部门治理手段不断创新

互联网经济使原来很多线下活动转移到线上完成，尤其是交易信息主要经由网络完成交换，同时互联网经济具有典型的跨地域特点，对原有的属地管理方式提出新挑战。针对互联网经济新的技术特点，相关部门采用以网管网的思路，不断提高互联网经济治理的技术能力。比如，工商总局通过全国性的电商监测平台，形成线上线下一体的假货治理模式。交通部门专门建立了网络预约出租汽车监管信息交互平台，包括部级平台、省级平台和城市监管平台，要求网约车平台公司将相关信息传输到部级监管信息交互平台上，以提高对网约车经营的治理能力。发改委联合相关部门建设了全国信用信息共享平台，以及和44个部门及所有省区市、60多家社会机构建立了互联互通，整合多个部门、行业、地方的有关信息，形成了联合奖励与惩戒机制，改善互联网经济发展的信用环境。

4. 互联网平台责任意识不断增强

企业的社会责任是指企业在创造利润、对股东承担法律责任的同时，还要承担对员工、消费者、社区和环境的责任，包含了在特定时期内，社会对企业在经济上的、法律上的、伦理上的和自行裁量（如慈善活动）的期望。互联网平台，尤其是在资本市场公开上市的互联网公司在提高公司盈利水平、为股东利益负责的同时，也必须注重承担必要的社会责任。

尤其对于大型互联网平台而言，由于事实上承担了社会公共服务和管理的部分职能，平台的社会责任愈发重大。习近平总书记在 2016 年 4 月 19 日网络安全和信息化工作座谈会上对互联网平台应承担的社会责任提出了明确要求，"办网站的不能一味追求点击率，开网店的要防范假冒伪劣，做社交平台的不能成为谣言扩散器，做搜索的不能仅以给钱的多少作为排位的标准。希望广大互联网企业坚持经济效益和社会效益统一，在自身发展的同时，饮水思源，回报社会，造福人民"。

2017 年，各大互联网平台进一步增强主体责任意识，积极落实相关社会责任要求。电商、社交、搜索等平台积极采取措施，关闭侵权店铺，拦截网络谣言，加强辟谣宣传，配合相关部门检查虚假新闻，减小传播影响。此外，众多互联网平台还积极配合相关部门，落实在维护网络安全和信息安全、打击违法违规信息、网络欺诈、扫黄打非、反恐等方面的主体责任。

5. 社会监督机制逐步形成

随着互联网平台社会影响的日益强大，互联网平台治理问题也引起社会各界的广泛关注。社会舆论对互联网平台的监督不断强化，对规范平台行为起到了一定的制约作用，如 2017 年 "3·15" 晚会曝光了电商等领域存在的不规范问题。众多研究机构开始关注和专门研究互联网平台治理问题，从公法、私法等多个角度探讨互联网平台的责任和义务。许多人大代表和政协委员也关注互联网领域出现的不规范行为、不正当竞争等问题，积极发挥人民代表的社会监督职能。社会公众和消费者的权利自我保护意识不断增强，对互联网企业的行为规范提出了要高的要求。

二 互联网平台治理中存在的问题

（一）互联网经济活动中不规范现象仍比较普遍

在互联网经济活动中，虚假信息、虚假信用、售卖假货、侵犯知识产权、网络谣言、网络诈骗、网络传销、非法集资等不规范经营乃至违法犯罪活动仍然比较突出，造成了非常恶劣的社会影响。据国家工商总局发布的消息，在2017年以打击侵权假冒、刷单炒信、虚假宣传等为重点的网络市场监管专项行动中，前三季度查处网络交易违法案件1.2万件，同比增长124.7%，案件量为近五年之最。从违法载体看，网店占比最大，达66.8%，且增长迅猛，同比增长306.6%。

除了这些社会负面影响非常突出的问题以外，还有一些与互联网平台相关的不规范行为，也引起了社会关注，并带来了不良的社会影响。当前，交易服务类平台，尤其是第三方平台在社会经济活动中影响较大，涉及的不规范问题也比较集中。2017年发生了一些社会广泛关注甚至监管部门出面干预的典型事件。

一是对数据的无序争夺。随着数据成为互联网平台的核心资产，平台之间对数据的争夺也日趋激烈。2017年6月1日，顺丰宣布关闭对菜鸟的数据接口。菜鸟在官方微博上发声明表示，顺丰关闭整个淘宝平台物流信息回传，事发突然，导致部分商家和消费者信息混乱，可能会造成商家和消费者的重大损失。事发前，菜鸟正在对全网物流数据进行安全升级，但顺丰及丰巢并不配合。之后，顺丰发表紧急通告，表示不是顺丰关闭菜鸟数据接口，而是阿里系平台将顺丰从物流选项中剔除，菜鸟同时封杀第三方平台接口，并在5月要求丰巢提供与其无关的客户隐私数据，丰巢拒绝了这一不合理要求，菜鸟随后单方面于6月1日0点切断了丰巢信息接口。顺丰同时提醒所有快递行业同人警惕菜鸟无底线染指快递公司核心数据行为。6月1日晚间，国家邮政局在官方微博上表示对此事高度重视，及时与当事双方高层进行沟通，强调要讲政治、顾大局，寻求解决问题的最大公约数，切实维护市场秩序和消费者合法权益，决不能因企业间的纠纷而产生严重的社会影响和负面效应。

二是限制中小微企业的创新活力。2017年9月，互联网实验室发布的《中国超级电商平台竞争与垄断研究报告》提到，天猫频频要求商家"二选一"、签订"独家合作"、搞"数据垄断"等。报告认为，这些行为不仅阻碍了中小企业创新、降低了中小企业活力，更严重影响了整个行业的健康发展。报告显示，在网络平台滥用权力方面出现了以下变化：一是影响面不断扩大，从局部时点的行为扩展到常年性的行为；二是隐蔽性增强，包括以通话代替文字、从明示变为暗示，措施从减少流量变为直接降权和封杀；三是胁迫程度加重，包括要求商家撤出其他平台促销会场、逼迫商家诋毁竞争对手、关闭其他平台店铺等。阿里对商家收费不断提高和低价吸引用户的策略迫使中小微商家进入低价恶性竞争的循环，造成假货、刷单等不规范行为的盛行，降低了中小微企业持续发展和创新的活力。

三是用户信息收集使用的不规范问题。比如，支付宝用户通过年度账单可以看到个人年度网购总支出、不同商品占比、理财收益、点外卖、水电煤缴费、线下支付、共享单车等详细数据。2017 年支付宝年度账单发布后，引起了法律界人士的质疑，认为支付宝在页面上关于用户默认同意服务协议的一行小字，会导致平台在用户不知情的状态下获取用户信息，涉嫌违反相关法律。2018 年 1 月 6 日，国家互联网信息办公室网络安全协调局约谈了支付宝（中国）网络技术有限公司、芝麻信用管理公司有关负责人，指出这种收集使用个人信息的方式不符合《个人信息安全规范》国家标准的精神，也违背了其前不久签署的《个人信息保护倡议》的承诺，应严格按照《网络安全法》的要求，加强对支付宝平台的全面排查，进行专项整顿，防止类似事件再次发生。

四是平台内部治理和外部治理分离的局面仍然存在。目前，大型互联网平台基本都已形成对平台生态圈内相关各方（包括提供产品和服务的企业、商户，以及消费者等）强大的影响力，平台内部制定的规则对生态圈的调整效力很强，事实上具备了一定的社会公共管理功能。此外，平台借助积累的大数据已可以准确地为用户画像，事实上具备了类似公共监管的强大能力。与此同时，一些互联网平台相对独立于相关部门监管和社会监督之外，平台外部的治理力量难以真正发挥有效作用，往往处于隔靴搔痒的状态。对于互联网平台及其生态中存在的问题，大家从外部往往能看得见但摸不着，监管部门对于平台发生的不规范问题基本以约谈督促整改为主，平台内外治理基本隔离。

（二）关于平台责任的法律界定仍不明确

目前，关于互联网平台治理还没有明确定义。大家在讨论互联网平台治理问题时，有两种理解：一种是随着平台在经济活动中的影响力越来越大，探讨平台作为经济活动新的重要参与方，如何形成与政府、相关企业、消费者等参与各方之间的协作、互动关系，尤其是平台经营者在经济活动中的权利、责任和义务应如何界定。另一种是关注平台经营者如何制定和实施平台管理规则，规范平台生态圈内的双边或多边行为，维护平台内部管理秩序，促进平台生态系统健康发展。第二种理解方式实际上是在假定平台经营者具备明确的法律权利、责任和义务的情形下如何落实相关权责，但平台的责任和义务恰恰是当前关于互联网平台治理争论的焦点。

有观点认为，平台应当严格履行现行法律法规的精神和规定，切实履行应负的责任和应尽的义务。

也有观点认为，应当按照平台的技术和专业能力设定相应的责任边界，特别是在对平台用户违法行为的连带责任方面，不应增加平台负担不了的责任或加重连带责任的程度，尤其是让平台承担本应由政府部门承担的责任，以免限制和影响平台的发展。比如，第三方电商平台无法直接判断一些网店销售的商品是否侵犯知识产权，因而不应在此类问题上赋予平台过多过重的责任要求。在平台治理实践中，这类问题最为复杂。有观点认为，这个问题正是由于平台在事实上承接了原来由政府部门承担的公共服务和管理功能而引发的，但由平台这个并不具备专业判断和执法能力的私人机构来承担监管或类似监管的责任，既缺乏法律依据，也缺乏公平性和可操作性。

（三）关于平台行为规范的判定仍有争论

近年来，随着互联网平台的日益强大，平台的行为已产生非常广泛的社会影响，给市场公平竞争、社会正常运行和人民日常生活带来了巨大影响。比如，2017年6月国家邮政局官方微博表示，在菜鸟和顺丰关闭互通数据接口时，导致少量快件信息查询不畅，樱桃、荔枝等生鲜农产品寄递业务受到一定影响。

尽管社会各界都关注到互联网领域发生了不少高度疑似垄断和不正当竞争的行为，但由监管部门认定或司法判定互联网平台存在垄断或不正当竞争行为的案例并不太多。2017 年在网络搜索、O2O 服务等领域出现了少数几个判定互联网平台有不正当竞争行为，并做出经济赔偿的案例。

有观点认为，互联网经济是全新的经济活动，与传统经济活动的技术特征、行为特征和市场规律完全不同，基于工业经济实践制定的相关民商事法律不能很好地适用于互联网平台治理。比如，由于互联网内在的技术特征会自然导致互联网经济市场集中的特点，现行法律对于垄断的界定、不正当竞争行为的界定等条款不能简单适用于互联网经济竞争活动，关于互联网平台涉及垄断和不正当竞争行为的判定标准和尺度还需要进一步研究。

（四）政府治理和监管仍然滞后

相对于快速发展和不断变化的平台经济活动，政府部门在平台治理和行为监管方面仍存在边界错位、监管缺位、职能越位、治理不到位等问题。

一是边界错位。互联网经济是规模经济和范围经济，需要对内和对外的开放型市场体系，需要统一的大市场。互联网经济侧重于虚拟世界、传统实体经济侧重于物理世界，线上是一体化的、线下治理是条块化的，二者的治理边界不一致，融合需要打破边界。互联网与实体经济跨界融合与现行条块监管之间存在明显矛盾，在治理主体、手段、方式、目标等方面不协调。互联网经济与实体经济相向而行，不仅放大了现行市场治理体系的不足，更在以互联网经济的发展力量倒逼现代化经济体系的建立。扩大市场边界、进行全盘统筹，这不仅是传统实体经济一直以来的呼唤，更是互联网与实体经济融合发展的现实需要。

二是监管缺位。监管部门对互联网经济的监管空白和治理缺位问题并存，跨区域的统一透明监管体系没有形成，典型表现有：《电子商务法》等法律法规仍未出台；《反不正当竞争法》仍待完善；跨区域税收、跨区域执法、数据共享等市场服务不配套；用户个人信息经常泄露，数据安全得不到

基本有效保障；一些无证经营、虚假注册的店铺在互联网平台上销售假冒伪
劣商品、发布虚假广告等行为会侵害消费者或第三方权利人的利益，侵权责
任主体往往难以认定；在一些互联网平台开设的店铺不出具发票、不纳税等
行为仍普遍存在。监管真空和执法缺位的问题，使互联网经济领域形成了一
个灰色地带。如果没有行之有效、监管有力、双线同步的治理体系，互联网
和实体经济的融合就失去了现实意义，反而会成为一些企业以融合创新为借
口逃避监管的避风港。

三是职能越位。一些地方政府部门过度干预市场，该放给市场和社会的
权力没有放足、没有放到位，造成了资源浪费和效率低下。为加快互联网与
实体经济的发展融合，一些地方在政府支持下兴建电商、云计算、物流等园
区，前期起到了显著的拉动作用，但目前不少园区遇到发展瓶颈，经济效益
不高，园区的企业化和社会化运作程度低，其中的主要原因是政府投资使命
完成后未及时退出，形成对市场的直接干预。

四是治理不到位。随着互联网与实体经济融合的升级，用户的交易行
为、交易空间、交易途径和交易方式已经发生变化，在行业垄断、公平竞
争、质量监控、信息安全等领域存在的弊端亟待加强监管。比如，大数据已
成为一种新的权力来源和资源禀赋，保护个人隐私与掌握数据资源主导权不
仅是一种商业行为，更应该提升到国家战略高度。我国跨境电商监管模式仍
在过渡期，现行制度有待进一步优化，为中国互联网"走出去"铺路搭桥。
当前，诸多产业扶持政策落实不到位，电商、物流等扶持资金没有流向最有
效的渠道。互联网平台治理之所以不到位，既有制定政策法规时没有做到有
的放矢的原因，也有政策法规执行落地时没有贯彻公平合理原则的问题。

三 借鉴国际经验改进平台治理

（一）完善法律法规，加强依法治理

在制度法规方面，全球已有30多个国家和地区制定了互联网经济活动

相关法律法规，从信息安全、知识产权、隐私保护等方面保障企业和消费者权益。美国立足于从现有的法律法规中寻求监管依据，并对原有的法规进行相应的补充。如犹他州1995年颁布的《数字签名法》，是美国乃至全世界范围的第一部全面确立电子商务运行规范的法律文件。美国还制定并通过了《全球电子商务框架》《互联网免税法案》《金融服务现代化法》《互联网税收不歧视法案》《网络安全法案》等，提出联邦政府对电子商务的监管实行最低限度原则、禁止对电子商务实行多重征税或歧视性税收政策，实行功能性监管等。英国制定了《电子商务条例》，日本在内阁设立IT（信息技术）推进战略本部，负责制订实施有关IT促进计划。

（二）完善课税制度，促进公平发展

互联网经济具有快捷性、隐匿性、无纸化特点，加上目前现有税收征管技术、法律法规的滞后，出现了税源流失和税收征管真空问题，各国为此均采取了相应措施，以保障互联网经济主体与实体经济主体拥有均等、公平的竞争环境。

美国在电商的课税问题上一直坚持税收公平、中性的原则。到目前为止，美国在对无形商品的税收上依然采取了不征税的态度，给互联网经济更大的发展空间。涉及互联网与实体经济融合的部分，则转到线上线下统一的方向上来，2013年美国参议院通过的《市场公平法案》意在解决线上与线下市场活动税收政策的不同，促进线上线下一体的大流通市场形成。

2008年2月，欧盟议会通过了2008/8/EC指令，决定从2015年1月1日起开始对电子商务增值税进行改革，将课税权由卖方所属国改为消费者所属国。根据这一新规，在欧盟境内开展电子商务的企业需要对欧盟境内的销售按照消费者所属国的增值税税率缴纳增值税额。

日本早在2000年就成立了电子商务税收稽查队，它隶属于东京市税务局，分设个人线上卖家、公司线上卖家等15个部门，有效对电子商务进行征税，合理监督税收流向。

（三）完善保障体系，保护各方权益

为维护消费者权益，为互联网与实体经济实现良性互动营造良好的环境，发达国家在网络假货治理、防止垄断、支付安全与信息保护等方面进行了有益探索。

在网络假货治理方面，发达国家采用严格监管、提高违法成本的治理思维。美国、欧盟国家针对假货来源主要是输入型的情况，将监管重点放在入境假货的打击上。严格的法律约束，使得本土制假的违法成本非常高。各国还构建了多部门协同的假货监管体系，为利益相关方提供官方维权通道。

对于互联网领域的垄断问题，美国在《谢尔曼反托拉斯法》《联邦贸易委员会法》《克莱顿法》等法律基础上，在反垄断执法时对政策目标进行适当调整，从原来的保护消费者和促进市场有效竞争转向更加强调保护创新，以减少垄断可能对互联网行业创新发展形成的阻碍。美国司法部和联邦贸易委员会2010年联合发布了修订版的《横向合并指南》以指导并购交易的反垄断审查，降低了相关市场界定的重要性，增加了对并购交易是否会减少创新的影响分析。

针对网络支付和信息安全问题，欧美各国采取审慎管理原则。美国对第三方网上支付机构采用纵向双线的监督管理体制，联邦存款保险公司（FDIC）是对第三方支付最重要的监管部门，第三方网上支付机构的用户滞留资金，必须存放在银行开设的无息账户中，而这些银行是FDIC的被保险人，FDIC可以通过提供存款延伸保险实现监管；美国第三方支付的监管部门还包括横向的财政部、司法部、联邦调查局等，从联邦和州两个层面对第三方网上支付机构进行监管。欧盟一直致力于区域一体化和建立单一欧盟支付区（SEPA），以欧盟中央银行为重要监管部门，针对第三方支付建立了集中监管的体制。

（四）构建国际规则，参与多边治理

一些国际组织正在积极推动构建多边条件下的互联网经济制度规则框架，在数字化服务市场准入、跨境数据流动、税收等方面积极开展研究，为

各国互联网与实体经济融合发展过程中的统一规制提供框架体系。

联合国贸易法委员会于 1996 年通过了《电子商务示范法》、于 2001 年通过了《电子签名示范法》、于 2005 年通过了《电子合同公约》、于 2016 年通过了《关于网上争议解决的技术指引》。目前正在制定《电子可转让记录示范法》。

世界贸易组织（WTO）自 1998 年开始讨论电子传输及数字化产品的世贸规则适用性等问题，目前就通过电子方式传输临时性免征关税达成一致。

二十国集团（G20）于 2016 年杭州峰会上通过了《G20 数字经济发展与合作倡议》，提出了全球数字经济创新与合作的基本框架和原则。2017 年 G20 又发表了《G20 数字经济部长宣言》和《数字化路线图》，进一步明确了推进数字经济发展的路径。

亚太经合组织（APEC）于 1998 年发布《APEC 电子商务行动蓝图》，并设立了电子商务工作指导组。2014 年 APEC 成立互联网经济临时指导小组。2017 年 APEC 研究提出了《APEC 互联网和数字经济路线图》。

经济合作与发展组织（OECD）1998 年发布《关于电子商务中消费者保护指南》《电子商务税收政策框架条件》，以为发展中国家提供参考借鉴。

各国为促进本地互联网经济的发展、保护本国市场，正在就相关国际规则的制定展开博弈。美国在数字产品及服务领域占据优势，在国际场合大力倡导其提出的数字贸易规则，主要包括：主张自由开放的互联网、禁止对数字产品征收关税、促进跨境数据流动、保护关键源代码、反对服务器本地化、推广创新型加密产品等。欧盟则主要关注个人数据保护以及欧洲统一数字市场的构建等。发展中国家则主要关注改善电信、物流等基础设施，以及加强合作和能力建设等。

数字经济，尤其是互联网经济的发展对现行的国际贸易规则体系提出了新的要求，各国都在利用现有多边机制或者创造新的多边场合，争夺在新的国际贸易规则谈判中的有利地位。我国应积极参与国际多边数字经济、互联网经济治理规则谈判和治理体系的建设，结合自身的优势，积极推动形成于我有利的格局和规则体系。

四　对策建议

（一）高度认识互联网平台治理的重大意义

1. 互联网平台治理是国家治理现代化的重要组成部分

党的十八届三中全会将推进国家治理体系和治理能力现代化作为全面深化改革的总目标，社会治理的现代化是国家治理现代化的一个重要环节，核心目标是建立公正社会。党的十九大提出要"打造共建共治共享的社会治理格局"，"提高社会治理社会化、法治化、智能化、专业化水平"。互联网在经济社会各领域的全面渗透使全社会的信息更加公开透明，人们参与经济活动的便利性大大提高，在进一步释放经济活力的同时也给社会治理带来了新的挑战，同时互联网技术和经济正在由网络化向智能化迈进，正在与传统的社会治理方式形成多重复杂矛盾交织的局面。大型互联网平台往往连接着数百万家产品和服务提供企业，以及数亿名消费者，不仅具有社会组织和动员功能，而且具有公共服务和社会管理的属性。如何创新互联网平台治理模式，是关系到国家治理能力现代化建设、维护和促进公平社会的重要组成部分，也是提高社会治理社会化、法治化、智能化、专业化水平的重要手段。

2. 互联网平台治理是经济治理的重要抓手

互联网经济已成为全球经济治理中的核心议题。2014 年在北京亚太经合组织（APEC）会议上，我国倡导通过了《APEC 推动互联网经济发展合作倡议》。2016 年在二十国集团（G20）领导人杭州峰会上，我国主导通过了《G20 数字经济发展与合作倡议》，成为全球经济治理中国方案的重要组成部分。习近平总书记在 2016 年二十国集团工商峰会演讲中提出，全球经济治理应以平等为基础，以开放为导向，以合作为动力，以共享为目标，提倡所有人参与、所有人受益，不搞一家独大或者赢者通吃，而是寻求利益共享，实现共赢目标。互联网平台经济已经成为经济活动的重要组成部分，而且在国民经济和全球经济增长中占有越来越重要的地位，现代经济活动已经很难不与互联网产生联系。无论是国内经济治理，还是全球经济治理，互联网平台经济治理都已经成为最重要的内容。互联网平台经济治理也应当遵循平等、开放、合作、共享的理念，努力实现最大多数群体的共同利益。

3. 互联网平台治理是网络空间治理和互联网健康发展的重要保障

在第三届世界互联网大会开幕式上，习近平总书记通过视频讲话提出，要"推动全球互联网治理朝着更加公正合理的方向迈进，推动网络空间实现平等尊重、创新发展、开放共享、安全有序的目标"。互联网平台作为网络空间活动的重要载体，在网络空间治理中占有极为重要的地位，只有在平台上实现了公正、平等、尊重、创新、开放、共享、安全、有序，网络空间的治理目标才有依托，互联网的健康发展才有保证。

4. 互联网平台治理是维护社会稳定和正常运行的重要环节

互联网平台，尤其是信息内容类和交易类平台，事实上已经具有社会组织或者经济组织的功能，自媒体、经济主体自组织等通过互联网平台的连接已经极大改变了原有的社会信息传递及经济交换的结构和方式。因此，互联网平台更需要加强在信息真实性、引导人向美向善、发挥信息正能量方面的作用，并在避免社会利益结构变化导致冲突的方面发挥积极作用，以缓和互联网这一"破坏性创造"力量所带来的社会矛盾，维护社会稳定。

（二）加强对互联网平台的多方位治理

相关各方应围绕社会治理、经济治理和网络空间治理的目标，按照提高社会治理社会化、法治化、智能化、专业化水平的要求，结合不同类型互联网平台的技术特征和经济特征，研究推动对于互联网平台的分类治理，实现经济效益和社会效益的统一，实现公平、平等、开放、共享、安全、集体利益（而非平台自身利益或平台生态利益）最大化的互联网平台治理目标。

加强平台的多方位治理要做好几个方面的结合。

一是平台内部治理和外部治理相结合。平台内部治理中，应公平照顾平台公司、提供产品和服务的合作伙伴、消费者等相关各方的利益诉求。外部治理中，平台及围绕平台的生态圈与政府监管部门、社会监督力量等相关各方应该按照公开、透明、开放的方式进行有效合作，避免自成体系、封闭运行。

二是平台主体治理与对象内容治理相结合。一方面是促进平台经济各参与主体行为的规范，另一方面是要保证经济活动中发生的信息、商品、服务等内容合规。由于平台在互联网经济中的核心地位和大数据集中的能力，以及事实上承担的公共服务功能，平台在用户的身份管理、信息内容合规、数据安全与使用合规、消费者权益保护、知识产权保护、劳动者权益保护等方面应负有较大责任。

三是规则规范与技术手段相结合。一方面是要制定实施有效、便捷、可行的治理规则，另一方面是要利用技术手段提高治理效率，利用互联网、大数据、人工智能等信息技术，提高治理的智能化、专业化水平。

四是线上治理与线下治理相结合。随着互联网与经济社会的深度融合和"互联网＋"行动的深入开展，线上线下一体化已成为互联网经济越来越明显的特征，必须对线上线下进行一体化治理，才能有效解决互联网经济中的问题。

（三）加快建设互联网平台综合治理体系

1. 加快相关法律法规制修订和司法解释的系统性建设

相对于互联网经济的快速发展，法律法规建设相对滞后是常态。针对互联网经济中出现的种种问题，必须加快法律法规制修订和司法解释的节奏，尤其是要加快对有关法律的司法解释和修订，一是避免互联网平台治理中的一些突出问题长时间处于无法可依的局面，二是保持线上线下法律精神的一致性，避免造成线上线下的不公平，三是提高法律法规制修订和司法解释的系统性、互补性，四是减少相关法律法规衔接上的空白或重叠。针对互联网经济的新特点，提高法律法规的适用性和技术上的可操作性。

2. 加快完善市场公平竞争环境

面向建设公正社会的社会治理目标，按照公平竞争的市场经济法治精神，贯彻落实党的十九大提出的"清理废除妨碍统一市场和公平竞争的各种规定和做法""防止市场垄断"等要求，借鉴国际上线上线下公平竞争的经验，加强反垄断、反不正当竞争等执法活动，推进线上线下公平课税，营造公平竞争、健康有序的互联网经济发展环境。

3. 提高相关各方协同治理能力

互联网平台经济涉及多方面的利益主体和社会主体，对于互联网平台的治理本质上是要在多个利益主体之间寻求经济利益和社会效益最大化的平衡点，而不是以某个或部分主体利益最大化为目标、以其他主体为背景条件，是非常复杂的社会问题。贯彻落实党的十九大提出的要"打造共建共治共享的社会治理格局"，相关各方之间加强协调和协同，既包括政府监管部门之间的协同，也包括政府与平台企业间的协同，还包括区域之间的协同，上下级政府部门之间的协同，政府、行业组织与企业之间的协同，平台与商户、消费者、用户等利益相关方之间的协同等多个维度的协同关系，提高各方参与治理的自主性，形成有效的互动，共同提高事前、事中、事后的协同治理能力。

4. 完善互联网平台责任落实机制

加快并不断深化对互联网平台责任、义务和行为规范的研究与法律界定，明确互联网平台在刑事、民事、行政等方面应承担的法律义务和责任。按照促进创新与规范发展并重的原则，明确平台承担相关法律责任的程度。强化互联网平台的社会责任意识，提高平台履行社会责任的主动性。

5. 保证社会舆论公正监督

社会舆论监督是构建公平竞争市场经济和公正社会的重要保障，是社会综合治理体系的重要组成部分。通过社会舆论的公正监督，形成对互联网平台行为的制约，是提高互联网平台治理水平必不可少的重要环节。国家必须加强对社会化媒体的监管，保证社会舆论监督的公正性、客观性，避免社会媒体为少数互联网平台所控制、社会舆论被少数利益群体所左右、成为少数利益群体的喉舌，影响公众对社会公平公正的正常判断。

附　　录

B.22
2017年互联网经济大事记

1月

2 日　苏宁宣布 42.5 亿元收购天天快递全部股份。

5 日　丰巢科技对外宣布完成 A 轮 25 亿元融资，打造"最后一公里"智能快递柜公共服务平台。

5 日　中国人民银行在北京召开 2017 年工作会议，会上央行提出要着重防范金融风险，以促进金融市场的平稳健康发展。

9 日　微信推出了"小程序"。

12 日　Facebook 旗下社交图片服务 Instagram 宣布为 Instagram Stories 功能引进了 30 多个广告主，希望增加互联网广告收入。

2月

20 日　阿里巴巴集团和百联集团在上海宣布达成战略合作意向。

23 日   中国银监会发布《网络借贷资金存管业务指引》，直接否定了第三方支付公司存管以及第三方支付与银行联合存管的模式，明确了存管机构必须是一家商业银行，不能多家银行同时存管。指引将存管的范围扩大覆盖到网贷全业务流程，使得用户在网贷平台上的资金得到全流程的监管，并且与平台银行账户隔离，从根本上避免网贷机构触碰用户资金。

24 日   顺丰在深交所借壳鼎泰新材 A 股上市，上市公司名称变为顺丰控股，股票代码 002352。

3 月

1 日   《杭州市跨境电子商务促进条例》正式实施，这也是全国首部跨境电子商务地方性法规。

1 日   京东集团签署了关于重组京东金融的最终协议。依照该协议，京东集团将出让其持有的所有京东金融股份，京东集团将不再拥有京东金融的法律所有权或有效控制权，京东金融正式独立运营。

5 日   国务院总理李克强在十二届全国人大五次会议上做政府工作报告。其中，"互联网金融"再次被提及，这是"互联网金融"连续第四年被写进政府工作报告，其表述也从"促进"到"异军突起"再到"规范"，直至 2017 年的"高度警惕风险"。

22 日   马来西亚数字经济发展机构（MDEC）宣布与阿里巴巴集团达成战略合作，双方将联手在马来西亚打造中国以外的第一个 eWTP（Electronic World Trade Platform）世界电子贸易平台试验区，帮助马来西亚乃至整个东南亚地区的年轻人和小企业更好地参与全球贸易。

28 日   阿里巴巴、蚂蚁金服宣布将与中国建设银行开展战略合作。双方将共同推进线下线上渠道业务合作，加深电子支付业务合作，打通信用体系。

4 月

10 日   京东集团创始人刘强东表示，未来五年，京东将在全国开设超过 100 万家京东便利店，其中一半在农村。

12 日 网易严选正式宣布上线,作为网易公司旗下的原创生活类电商品牌,网易严选成为国内首家 ODM(Original Design Manufacturer)模式的电商品牌。

14 日 P2P 网络借贷风险专项整治工作领导小组下发《关于开展"现金贷"业务活动清理整顿工作的通知》和《关于开展"现金贷"业务活动清理整顿工作的补充说明》,提出将"现金贷"纳入风险专项整治工作。

18 日 北京银监局、金融局下发"现金贷"排查方案,确定 70 余家北京地区从事现金贷业务的机构,其中 APP 端 50 多家,PC 端 10 多家。上海市互联网金融行业协会于同日下发《现金贷产品统计表》,对旗下会员单位涉及现金贷业务的情况进行摸底排查。广州互联网金融协会也下发通知,要求已开展"现金贷"业务的单位需将自查自纠进展情况及时报送协会,协会将密切关注并督促已有"现金贷"业务的会员单位自查整改,并配合市互金整治办开展清理整顿工作。

25 日 京东物流宣布独立,正式组建物流子集团。

5月

1 日 中国比特币价格从 8000 元左右一路飙升至 5 月 25 日的 19000 元,国际比特币价格也一度冲破 2700 美元大关,25 日当天出现的盘中最高价比上月涨逾 130%。

15 日 唯品会宣布正式分拆互联网金融和重组物流业务,形成电商、金融和物流"三驾马车"格局。

25 日 成立 47 年的"环球资源"被黑石集团收购,引发业内普遍关注。

30 日 《王者荣耀》注册用户突破 2 亿,渗透率达到 22.3%。

6月

1 日 因"物流数据接口"问题,顺丰与菜鸟陷入纠纷当中。

5 日 中国互联网金融协会正式上线了互联网金融登记披露服务平台,

首批 10 家互联网金融企业作为试点单位正式接入信披系统。

13 日　悟空单车宣布退出共享单车市场，成为共享单车失败第一品牌。随后，3vbike、町町单车、小鸣单车、小蓝单车、酷骑单车等相继宣告失败。

16 日　京东集团与工商银行正式签署全面合作协议。双方宣布未来将在金融、零售、电商等方面展开深入合作。

16 日　亚马逊以 137 亿美元收购全食公司。

20 日　百度与中国农业银行达成战略合作，双方组建联合实验室，在金融与科技领域融合方面进行探索。

20 日　Uber 公司开始在手机程序中加入了小费功能，首先在西雅图、休斯敦和明尼阿波利斯实施，其他城市将在 7 月底前陆续实施。

22 日　"中国银行—腾讯金融科技联合实验室"挂牌成立，双方未来将就金融与科技结合等方面展开深度合作。

28 日　中国银行业监督管理委员会、教育部、人力资源社会保障部联合印发《关于进一步加强校园贷规范管理工作的通知》。通知叫停了当前网贷机构在高校开展的针对在校大学生的网贷业务，并提出制定正负面清单，明确校园贷市场参与机构。

30 日　网联平台正式上线运营，与此同时，网联平台官方也给出了第三方支付机构直连银行的模式将被立刻叫停的时间表：到 2018 年下半年，网联将完成与所有第三方机构和银行的对接。截至 2017 年 3 季度末，已有包括中国银行、交通银行在内的 15 家全国性商业银行和包括支付宝和财付通在内的 9 家支付机构完成接入。

7月

6 日　乐视网公告称，贾跃亭辞去乐视网董事长一职。当月 21 日乐视网发布公告，董事会选举孙宏斌为公司第三届董事会董事长。

7 日　阿里巴巴集团第一家无人超市"淘咖啡"正式落户杭州。

19 日　京东商城突然向平台商户发出通知，将关闭天天快递服务接口。

8月

2日 交通运输部等10部门联合出台《关于鼓励和规范互联网租赁自行车发展的指导意见》，要求各部门明确责任分工，加强社会公众治理；各城市要规范自行车停车点位设置；运营企业要落实对车辆停放管理的责任等方面的要求，引导用户增强诚信和文明意识，遵守交通规则，遵守社会公德。

15日 MoviePass宣布，客户每月支付9.9美元，就可以在任何一天去美国任何一家电影院观看一部电影，当订阅会员观看电影时，MoviePass会向影院支付全额票价，但是不包括3D或IMAX电影。

25日 银监会正式印发实施了《网络借贷信息中介机构业务活动信息披露指引》《信息披露内容说明》，在制度政策方面对网贷行业进行了规范引导，明确了在网贷业务活动中应当披露的信息内容，强调了相关披露主体责任及管理要求，明确了整改的过渡期限，配套的说明还重点对披露的口径、披露标准予以规范。

9月

4日 央行等7部委联合下发《关于防范代币发行融资风险的公告》，叫停各类代币发行融资活动，同时将ICO定性为"涉嫌从事非法金融活动"且严重扰乱了经济金融秩序。

10日 Netflix上调了某些服务的价格，比如高清套餐计划的价格由10美元/月提高到11美元/月，4K流媒体套餐计划的价格由12美元/月提高到14美元/月。提高服务价格后，Netflix股价持续攀升，现在已经逼近每股200美元的大关。

14日 上海及北京下达关停比特币交易平台的通知。国内首家比特币交易所比特币中国发布公告，将于9月30日停止所有交易业务。火币网和OKCoin币行也在公告中称将停止所有虚拟货币交易业务。受此影响，比特币价格急速暴跌。

20 日　国务院总理李克强主持召开国务院常务会议。会上研究决定，将跨境电商零售进口监管的过渡期政策再延长一年至 2018 年底。这已经是第二次过渡期政策的延长。

26 日　中欧班列首列跨境电商专列抵达重庆。

10月

5 日　国务院办公厅出台《关于积极推荐供应链创新与应用的指导意见》。

7 日　AOL 母公司 Oath 在一篇博文中宣布，AOL Instant Messenger 在正式运作二十年后，将于 2017 年 12 月 15 日正式停止服务。

17 日　京东、腾讯联合宣布推出无界零售解决方案。

18 日　趣店集团正式登陆纽交所，以每股 24 美元发售 3750 万股 ADS（美国存托股票），开盘之后即直线拉升，开盘价为 34.35 美元，大涨 43.13%，趣店的市值达到了惊人的 110 亿美元，成为 2017 年以来美国第四大规模的股票发行，也是迄今为止中国企业在美国的最大一单 IPO。

19 日　美团点评宣布完成合并后的第二轮 40 亿美元融资，投后估值 300 亿美元。

25 日　亚马逊发布了智能锁和摄像头系统 Amazon Key，并允许用户远程控制这套系统让快递人员把商品送到他们家中。用户也可以创建临时密码，以允许好友和其他服务专业人员进入他们的家中。

11月

1 日　WhatsApp 将在新版本增加 "Delete for everyone"，这是一个类似微信 2 分钟内 "撤回" 消息的功能，不过 WhatsApp 允许用户在消息发送 7 分钟内撤回。

3 日　中国互联网金融企业 "和信贷" 正式在美上市。发行价为每股 10 美元，共计发售 500 万股 ADS（美国存托股票），共融资 5000 万美元，成为国内互联网金融公司在美国纳斯达克上市第一股。

3日 互联网安全企业360公司借壳江南嘉捷回归A股,周鸿祎持股63.7%,成为上市公司实际控制人,360公司从纽交所退市到完成A股借壳上市经历了1年零4个月。

11日 0点03分,阿里巴巴天猫交易额突破第一个100亿元;9点4秒,天猫交易额冲破1000亿元,速度远远超过上年(2016年天猫达到1000亿元交易额用了接近19个小时,比2017年多了10个小时),截至11月12日0点0分,共达成1682亿元交易额。

11日 速卖通联合菜鸟网络、阿联酋航空等多家航空公司签署包机协议,首次实现了大规模包机送货。

14日 亚太经合组织第二十五次领导人非正式会议上,《APEC跨境电子商务便利化框架》获得通过。在业内看来,APEC新框架的落地将有效提升跨境电商在亚太国家的利用水平,作为跨境电商大国,与APEC众多成员都保持着良好贸易往来的中国,无疑也迎来了新的行业发展黄金期。

16日 百度世界大会上正式对外发布了集搜索和信息流双引擎一体的手机百度10.0版本。

20日 阿里巴巴224亿港币入股高鑫零售,两者作为线上与线下的龙头企业,未来将携手新零售。

12月

1日 互联网金融风险专项整治工作领导小组联合P2P网贷风险专项整治工作领导小组共同发布了《关于规范整顿"现金贷"业务的通知》,明确了开展"现金贷"业务需把握的原则。

5日 网易游戏《荒野行动》官方宣布《荒野行动》的注册用户破1亿。

5日 Facebook发布了一款专为13岁以下儿童设计的手机应用软件Messenger Kids,在这款软件里,家长能完全控制他们的孩子所能看到的内容。

7日 中国互联网金融行业协会下发《互联网金融个体网络借贷资金存

管业务规范》和《互联网金融个体网络借贷资金存管系统规范》。两份文件明确了资金存管系统在功能、技术、业务和风险管理方面的要求，用于协助解决可能存在的假存管、只存不管等行业问题。

8 日 P2P 网络借贷风险专项整治工作领导小组办公室印发《小额贷款公司网络小额贷款业务风险专项整治实施方案》，要求 2018 年 1 月底前完成摸底排查。

14 日 京东集团与中海地产签订战略合作协议，将利用双方优势在全国主流城市建设数百家无人超市，联合布局无界零售。

19 日 阿里联合美的发布了无人零售新产品小卖柜，"淘咖啡""缤果盒子""F5 未来商店"等各类无人零售已在全国近 10 座城市迅速铺开。

21 日 滴滴出行宣布完成新一轮超 40 亿美元的股权融资，投后估值560 亿美元。

权威报告·一手数据·特色资源

皮书数据库
ANNUAL REPORT(YEARBOOK)
DATABASE

当代中国经济与社会发展高端智库平台

所获荣誉

- 2016年，入选"'十三五'国家重点电子出版物出版规划骨干工程"
- 2015年，荣获"搜索中国正能量 点赞2015""创新中国科技创新奖"
- 2013年，荣获"中国出版政府奖·网络出版物奖"提名奖
- 连续多年荣获中国数字出版博览会"数字出版·优秀品牌"奖

成为会员

通过网址www.pishu.com.cn访问皮书数据库网站或下载皮书数据库APP，进行手机号码验证或邮箱验证即可成为皮书数据库会员。

会员福利

- 使用手机号码首次注册的会员，账号自动充值100元体验金，可直接购买和查看数据库内容（仅限PC端）。
- 已注册用户购书后可免费获赠100元皮书数据库充值卡。刮开充值卡涂层获取充值密码，登录并进入"会员中心"—"在线充值"—"充值卡充值"，充值成功后即可购买和查看数据库内容（仅限PC端）。
- 会员福利最终解释权归社会科学文献出版社所有。

社会科学文献出版社 皮书系列
SOCIAL SCIENCES ACADEMIC PRESS (CHINA)

卡号：666674228633
密码：

数据库服务热线：400-008-6695
数据库服务QQ：2475522410
数据库服务邮箱：database@ssap.cn
图书销售热线：010-59367070/7028
图书服务QQ：1265056568
图书服务邮箱：duzhe@ssap.cn

S 基本子库
UB DATABASE

中国社会发展数据库（下设 12 个子库）

全面整合国内外中国社会发展研究成果，汇聚独家统计数据、深度分析报告，涉及社会、人口、政治、教育、法律等 12 个领域，为了解中国社会发展动态、跟踪社会核心热点、分析社会发展趋势提供一站式资源搜索和数据分析与挖掘服务。

中国经济发展数据库（下设 12 个子库）

基于"皮书系列"中涉及中国经济发展的研究资料构建，内容涵盖宏观经济、农业经济、工业经济、产业经济等 12 个重点经济领域，为实时掌控经济运行态势、把握经济发展规律、洞察经济形势、进行经济决策提供参考和依据。

中国行业发展数据库（下设 17 个子库）

以中国国民经济行业分类为依据，覆盖金融业、旅游、医疗卫生、交通运输、能源矿产等 100 多个行业，跟踪分析国民经济相关行业市场运行状况和政策导向，汇集行业发展前沿资讯，为投资、从业及各种经济决策提供理论基础和实践指导。

中国区域发展数据库（下设 6 个子库）

对中国特定区域内的经济、社会、文化等领域现状与发展情况进行深度分析和预测，研究层级至县及县以下行政区，涉及地区、区域经济体、城市、农村等不同维度。为地方经济社会宏观态势研究、发展经验研究、案例分析提供数据服务。

中国文化传媒数据库（下设 18 个子库）

汇聚文化传媒领域专家观点、热点资讯，梳理国内外中国文化发展相关学术研究成果、一手统计数据，涵盖文化产业、新闻传播、电影娱乐、文学艺术、群众文化等 18 个重点研究领域。为文化传媒研究提供相关数据、研究报告和综合分析服务。

世界经济与国际关系数据库（下设 6 个子库）

立足"皮书系列"世界经济、国际关系相关学术资源，整合世界经济、国际政治、世界文化与科技、全球性问题、国际组织与国际法、区域研究 6 大领域研究成果，为世界经济与国际关系研究提供全方位数据分析，为决策和形势研判提供参考。

法律声明

　　"皮书系列"（含蓝皮书、绿皮书、黄皮书）之品牌由社会科学文献出版社最早使用并持续至今，现已被中国图书市场所熟知。"皮书系列"的相关商标已在中华人民共和国国家工商行政管理总局商标局注册，如LOGO（ ）、皮书、Pishu、经济蓝皮书、社会蓝皮书等。"皮书系列"图书的注册商标专用权及封面设计、版式设计的著作权均为社会科学文献出版社所有。未经社会科学文献出版社书面授权许可，任何使用与"皮书系列"图书注册商标、封面设计、版式设计相同或者近似的文字、图形或其组合的行为均系侵权行为。

　　经作者授权，本书的专有出版权及信息网络传播权等为社会科学文献出版社享有。未经社会科学文献出版社书面授权许可，任何就本书内容的复制、发行或以数字形式进行网络传播的行为均系侵权行为。

　　社会科学文献出版社将通过法律途径追究上述侵权行为的法律责任，维护自身合法权益。

　　欢迎社会各界人士对侵犯社会科学文献出版社上述权利的侵权行为进行举报。电话：010-59367121，电子邮箱：fawubu@ssap.cn。

社会科学文献出版社